权威·前沿·原创

皮书系列为
"十二五""十三五""十四五"时期国家重点出版物出版专项规划项目

BLUE BOOK

智库成果出版与传播平台

新媒体社会责任蓝皮书

BLUE BOOK OF NEW MEDIA SOCIAL RESPONSIBILITY

中国新媒体社会责任研究报告

（2024）

REPORT ON THE CHINA'S NEW MEDIA SOCIAL

RESPONSIBILITY (2024)

主 编／钟 瑛 芦何秋

副主编／余 红 李亚玲 孙 亮

社会科学文献出版社
SOCIAL SCIENCES ACADEMIC PRESS（CHINA）

图书在版编目（CIP）数据

中国新媒体社会责任研究报告 . 2024 / 钟瑛，芦何秋主编；余红，李亚玲，孙亮副主编 . -- 北京：社会科学文献出版社，2025.5. --（新媒体社会责任蓝皮书）. -- ISBN 978-7-5228-5402-1

Ⅰ . G219.2

中国国家版本馆 CIP 数据核字第 2025BM1560 号

新媒体社会责任蓝皮书

中国新媒体社会责任研究报告（2024）

主　　编／钟　瑛　芦何秋
副 主 编／余　红　李亚玲　孙　亮

出 版 人／冀祥德
组稿编辑／陈　颖
责任编辑／连凌云
责任印制／岳　阳

出　　　版／社会科学文献出版社·皮书分社（010）59367127
　　　　　　地址：北京市北三环中路甲 29 号院华龙大厦　邮编：100029
　　　　　　网址：www. ssap. com. cn
发　　　行／社会科学文献出版社（010）59367028
印　　　装／三河市东方印刷有限公司

规　　　格／开　本：787mm×1092mm　1/16
　　　　　　印　张：29.25　字　数：438 千字
版　　　次／2025 年 5 月第 1 版　2025 年 5 月第 1 次印刷
书　　　号／ISBN 978-7-5228-5402-1
定　　　价／168.00 元

读者服务电话：4008918866

新媒体社会责任蓝皮书

主办机构

华中科技大学新闻与信息传播学院

中国网络传播学会（CNMCA）

顾问委员

巢乃鹏（深圳大学）　　　　董天策（重庆大学）

杜骏飞（南京大学）　　　　金兼斌（清华大学）

李双龙（复旦大学）　　　　刘丽群（武汉大学）

彭　兰（中国人民大学）　　韦　路（浙江大学）

谢耘耕（上海交通大学）　　熊澄宇（清华大学）

杨伯淑（北京大学）

新媒体社会责任蓝皮书
编　委　会

主要编撰者简介

  钟　瑛　华中科技大学新闻与信息传播学院教授，华中科技大学新媒体实验室主任，博士，复旦大学新闻学院博士后。1997年英国北伦敦大学信息传播学院访问学者，2008年美国密苏里大学新闻学院访问学者。主要从事信息管理、网络传播与新媒体等领域的教学与研究工作。在权威及核心期刊上发表论文百余篇。独著、合著学术著作十余部。主持和主要负责不同类型的科研课题十余项，2007年主持国家社会科学基金重大项目"互联网管理与中国特色网络文化建设研究"，结项成果《网络传播管理研究》入选2013年度国家哲学社会科学成果文库，2020年荣获第八届高等学校科学研究优秀成果二等奖。

  芦何秋　湖北大学新闻传播学院副教授，博士，华中科技大学新闻与信息传播学院博士后。主要研究方向为新媒体与社会、新媒体意见领袖。先后在《新闻与传播研究》《国际新闻界》《当代传播》《新闻与传播评论》等刊物上发表论文14篇。主持国家社会科学基金项目、教育部人文社会科学研究青年基金项目、湖北省社会科学基金项目、中国博士后科学基金面上资助项目、中国博士后科学基金特别资助项目各1项。

  余　红　华中科技大学新闻与信息传播学院传播系主任，教授，博士，博士生导师，兼任全国传播学暨网络传播与新媒体专业本科教育联席会议理事、副秘书长，2012年入选湖北青年学者名录。主要研究方向为政治传播和网络传播，在《社会学研究》、《新闻与传播研究》、SSCI 等权威学术期刊上发表论文 30 余篇，主持国家和省部级课题多项。

李亚玲　中南民族大学文学与新闻传播学院副教授，博士，硕士生导师，曾赴美国威斯康星州立大学普拉特维尔分校短期访问。主要研究方向为新媒体研究和民族文化传播，在《国际新闻界》《当代传播》等期刊上发表学术文章多篇，主持国家社会科学基金项目 1 项及参与国家社会科学基金重大项目、国家民委科研项目和湖北省社会科学基金项目多项。

孙　亮　北京恺华科技有限公司 CEO，从事智能化传播在新媒体领域的理论研究和实践转化。曾负责百度 TV 视频广告平台、天脉 TV+融媒体互动平台、华彩指数新媒体监测平台的运营管理，目前致力于人工智能在法治传播领域的理论研究和产品服务。

摘　要

　　本书以"新媒体社会责任"为核心主题，运用"新媒体社会责任评价指标体系 3.0"对 2023～2024 年国内主要新媒体平台的社会责任履行情况进行了系统性评估和深度考察。自 2022 年以来，生成式人工智能技术的快速发展深刻改变了媒介生态和传播格局，成为推动媒介技术创新的重要驱动力，同时也引发了诸多新的社会责任议题。本书聚焦生成式人工智能、短视频算法推荐、鸿蒙生态等智能技术，重点探讨其在重塑信息生产流程、提升传播效率中的积极作用，以及由技术应用带来的伦理风险、算法偏见和数据隐私等新型挑战。

　　总报告梳理了自 2014 年以来的新媒体社会责任研究进展，发现新媒体平台在履行社会责任方面整体处于中等水平，均分超过 2.5（得分率 50%），但各平台的评价差异较大，呈现显著分化趋势。新媒体社会责任领域研究焦点主要集中在六大议题：平台管理与内容规范、政务新媒体与公共治理、技术发展与伦理责任、新闻实践与报道责任、健康传播与公共卫生、意见领袖与舆论引导。在智能时代，新媒体社会责任面临平台与技术带来的新主体困境。针对这一困境，应从责任技术系统、责任内生平台和责任伦理教育三个方面，探索新媒体社会责任的创新实践路径。

　　评价篇使用"新媒体社会责任评价指标体系 3.0"，对国家级新闻网站、媒体微博、媒体微信公众号、地方新闻网站、县级融媒体、平台视频号等 6 类典型新媒体平台进行实证分析与理论探讨。研究发现：国家级新闻网站的社会责任践行表现出阶段性重心转移与多元化特征。通过打造优质信息、创

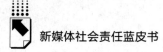

新价值引领模式及强化信息反馈，其履责能力逐步提升。地方新闻网站历经初步探索、快速发展及挑战并存阶段，社会责任意识与能力呈波动性趋势。随着体制机制改革难度加大及新媒体的冲击，其发展面临机遇与挑战并存。县级融媒体在信息传播与政策解读方面成效显著，能够有效传递主流价值观，但在内容原创性、互动性及多样性上存在不足。媒体微信公众号在信息生产与主流价值传播方面具有显著优势，但受社交媒体生态变化影响，仍需在新闻专业性及价值理性上持续优化。媒体微博履责能力呈阶段性上升趋势，在公共议题讨论中具有一定引导力。部分媒体微博过度追逐热点，缺乏深度分析与独立判断，需进一步提升议题参与深度与传播质量。视频号则面临信息生产能力不足、价值引导缺失、内容传播乏力等问题。建议通过扶持优质内容生产、鼓励多元主体参与及优化算法，促进其社会责任履行能力的提升。本书通过对2024年新媒体社会责任现状的横向分析与重点平台历时性履责情况的纵向评估，揭示了新媒体平台在信息生产、价值引导、文化教育、协调关系等方面的责任表现与差异，厘清了平台类型与社会责任履行水平之间的关联性。

专题篇围绕2023~2024年新媒体发展的典型现象、热点议题与重点人群展开深入研究，聚焦智能技术变革与社会责任履行的多重维度，展现了新媒体在技术、政策与社会层面的复杂互动，为探索智能化时代的新媒体社会责任提供了学理依据和实践参考。

案例篇通过三个典型案例，聚焦新媒体社会责任在政务传播、企业社会责任、媒介素养、场景传播和数据安全等领域的表现与问题。案例篇以具体情境剖析新媒体社会责任问题，为完善行业治理提供了路径参考。

最后附有"十周年特别访谈"，回顾中国新媒体履行社会责任的历程，剖析核心问题与关键要素，并探讨未来治理体系的优化路径。

关键词： 新媒体　社会责任　评价指标体系

目 录

Ⅰ 总报告

Ⅱ 评价篇

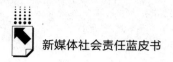

Ⅲ 专题篇

Ⅳ 案例篇

V　十周年特别访谈

皮书数据库阅读**使用指南**

总报告

B.1

智能升级与治理创新：新媒体社会责任
十年研究述评与未来趋势展望

钟　瑛　芦何秋　马文婷*

摘　要： 本报告对自 2014 年以来的新媒体社会责任研究进展进行了梳理，研究发现新媒体平台的社会责任履行情况整体处于中等水平，均分超过 2.5（得分率 50%），但各平台的评价均分差异较大，表现出显著分化趋势。新媒体社会责任研究的焦点议题包括平台管理与内容规范、政务新媒体与公共治理、技术发展与伦理责任、新闻实践与报道责任、健康传播与公共卫生、意见领袖与舆论引导六个方面。智能时代新媒体社会责任围绕平台和技术形成新的主体困境。本报告从责任技术系统、责任内生平台和责任伦理教育三个方面对智能时代新媒体社会责任的实践路径提出了创新性建议。

关键词： 新媒体社会责任　智能媒体　困境与调适　媒体治理

---

* 钟瑛，华中科技大学新闻与信息传播学院教授，博士，主要研究方向为信息管理、网络传播与新媒体；芦何秋，湖北大学新闻传播学院副教授，博士，主要研究方向为新媒体与社会、新媒体意见领袖；马文婷，华中科技大学新闻与信息传播学院博士生，主要研究方向为网络传播。

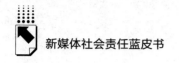

一 实证考察：新媒体社会责任的 履责概况与焦点议题

过去十年，"新媒体社会责任蓝皮书"课题组持续关注并研究中国新媒体的发展轨迹，尤其聚焦其在社会责任方面的表现与挑战。自 2013 年项目启动以来，课题组每年通过系统的评价和分析，对不同类型的新媒体平台、内容形态及其社会责任进行了系统探讨。相关研究从新闻网站、视频平台、社交媒体、短视频应用等典型新媒体空间展开，不仅涵盖了不同的媒体类别，还延伸到内容治理、风险传播、用户互动等关键领域。

十年来，"新媒体社会责任蓝皮书"研究表现出以下特征。

第一，研究主题的动态性与适应性。"新媒体社会责任蓝皮书"课题组紧跟中国新媒体发展步伐，研究对象围绕媒体发展、生态变化和技术进步展开，不断针对新问题、新现象和新趋势展开研究。课题组从微博、微信等早期社交媒体的社会责任出发，逐步扩展至视频平台、短视频应用和直播平台，探讨这些新兴媒体在内容审查、未成年人保护和网络暴力治理方面的责任表现。随着算法推荐技术的普及，课题组进一步关注技术偏见、信息茧房等由算法引发的现实问题，深入分析了平台在信息透明度与内容分发中的责任义务。近年，智能技术的崛起引发了生成式人工智能内容的责任讨论，蓝皮书从信息准确性和伦理风险等方面出发，持续探索智能内容生产的责任边界。

第二，评价体系的系统性与持续性。课题组构建并持续完善了一套系统的社会责任评价框架，以适应新媒体形态的快速发展和行业需求的变化。随着新媒体平台发展的多样化和复杂化，课题组在评价体系上经历了 1.0、2.0 和 3.0 三个迭代阶段，通过科学系统的指标设计，实现了对新媒体社会责任的动态监测和规范指导。"新媒体社会责任评价体系（1.0）"初步构建的多维度指标，重点对常规性网络平台进行评价，如新闻网站、社交媒体等。"新媒体社会责任评价体系（2.0）"扩展到多类型媒体的责任评估。

随着视频平台、短视频应用、网络直播等新媒体形态的出现，课题组在2.0版评价体系中引入了针对不同媒体类型的定制化指标，并在细分维度上进行调整，以反映视频、直播等平台在社会责任履行中的特定问题，力求更准确地刻画出各类媒体的责任表现。"新媒体社会责任评价体系（3.0）"力求适应智能技术发展的进程。进入智能时代，算法推荐、生成式人工智能等技术广泛应用于新媒体内容生产和分发中，媒体的责任边界和风险治理变得更加复杂。3.0版评价体系强调了平台在"算法治理""智能内容生产"方面的责任，为新兴技术背景下的社会责任研究提供了标准化依据。

第三，研究方法的多元化与科学性。课题组为了全面、深入地剖析新媒体的社会责任表现，采用了多元化的研究方法，力求从多个维度揭示新媒体生态中的责任问题。课题组以指标体系量化评价作为实证方法的核心支撑，通过系统的数据收集和统计分析，为评价新媒体社会责任提供量化依据；以内容分析聚焦新媒体内容的社会责任表现，通过内容分析，课题组能够量化、分类和深度解读复杂、多元的新媒体传播现象，明确新媒体在多元场景中的责任边界；以个案研究深入剖析典型案例中的责任议题。通过典型案例分析，课题组揭示了新媒体在重大事件中的责任缺失问题，同时也总结了平台在风险应对与社会责任承担中的经验和教训。

"新媒体社会责任蓝皮书"课题组的研究不仅反映了中国新媒体社会责任议题的演变，也为构建负责任的新媒体生态提供了学术支持与治理路径。蓝皮书的成果系统地提出新媒体在不同发展阶段的责任问题，推动了新媒体行业的责任意识和规范化发展。

（一）新媒体社会责任履行概况

总体上，新媒体平台的社会责任履行情况处于中等水平，26类平台中有18类平台的均分超过2.5（得分率50%），展现了一定的社会责任意识。然而，新媒体平台的社会责任履行表现出显著的层次性差异。地方新闻网站、省级主流新闻网站、商业门户网站表现突出，均分得分率达到80%以上；视频和直播类平台得分普遍偏低，大部分得分率低于50%（见表1）。

表1 目标平台社会责任得分对比

序号	评价对象	平台均分	均分得分率(%)	评价年份
1	地方新闻网站	4.203600	84.07	2023
2	省级主流新闻网站	4.080000	81.60	2019
3	商业门户网站	4.038176	80.76	2018
4	科普网站	3.959500	79.19	2016
5	国家级新闻网站	3.956600	79.13	2024
6	网络音频产品	3.861800	77.23	2022
7	媒体微博	3.787800	75.76	2024
8	县级融媒体客户端	3.704000	74.08	2023
9	音频平台	3.650800	73.01	2020~2021
10	主流媒体Vlog	3.623175	72.46	2020~2021
11	微信公众号	3.039100	60.78	2024
12	县级融媒体中心	3.122126	62.44	2024
13	政务类微信公众号	3.00820	60.16	2017
14	传媒类微信公众号	3.016575	60.33	2023
15	募捐平台	2.841200	56.82	2017
16	搜索网站	2.689230	53.78	2015
17	移动视频直播平台	2.578000	51.56	2018
18	新闻客户端	2.506517	50.13	2019
19	VR新闻频道	2.242442	44.84	2019
20	短视频网站	2.185500	43.71	2022
21	视频网站	1.956400	39.12	2018
22	网络平台视频号	1.920000	38.46	2024
23	青少年网站	1.877700	37.55	2015
24	视频自媒体	1.739100	34.79	2022
25	儿童门户网站	1.403000	28.06	2016
26	文学网站	0.891740	17.83	2016

注：目标平台被多次评价的，以最新一次评价结果为准。

资料来源：《中国新媒体社会责任研究报告》往年数据整理。

1. 社会责任履行情况两极分化

从数据来看，各平台的评价均分差异较大，表现出显著的分化趋势。新闻资讯类平台大多数集中在高分段，尤其是地方新闻网站、省级主流新闻网站、商业门户网站，这三类平台的得分率均在80%以上。高分段平台通常具备较强的新闻报道能力、较为成熟的技术架构以及较为规范的内容审核流程。这些平台不仅在信息内容的及时性、准确性、专业性上表现突出，还具有较高的公众影响力和社会责任感。尤其是地方新闻网站，得分率达到84.07%，说明其在本地区的传播能力和社会参与度较强，能够有效承担信息传播和舆论引导的社会责任。

中分段平台如科普网站、国家级新闻网站、网络音频产品、媒体微博、县级融媒体客户端等，这些平台的得分存在一定的提升空间。这些垂直平台一般能够较好地服务特定受众群体，尤其在内容丰富度、平台交互性以及传播速度上有一定优势。然而，在内容质量的精细化、危机管理等方面存在不足。例如，科普网站尽管具有较强的专业性和内容价值，但其在用户体验或技术细节上存在差距，导致其评分略低于高分段平台。

低分段平台如视频自媒体、儿童门户网站、文学网站等，其社会责任评分普遍较低。特别是文学网站和儿童门户网站，这些平台普遍面临内容、版权以及监管机制等方面的挑战。

2. PGC 模式优于 UGC 模式

在新媒体社会责任履行中，PGC（Professional Generated Content）模式优于 UGC（User Generated Content）模式。PGC 模式的核心在于由专业团队生产内容，确保信息的真实性、准确性和高质量。商业门户网站、国家级新闻网站等中高分段平台都以 PGC 信息生产模式为主，其因专业的内容生产和严格的审核机制，在社会责任履行上表现出色。相比之下，UGC 模式在新兴媒体平台中更为普遍，尤其是在短视频网站、网络直播平台上。UGC 模式的内容由用户生成，虽然有助于丰富内容生态和增加互动性，但也带来了显著的内容质量和责任履行问题。由于缺乏专业审核，UGC 内容容易产生虚假信息、低俗内容和未经验证的信息传播，使得这些平台的社会责任履行得分偏低。例如，直播平台中用户生成内容的迅速传播和难以实时审核，导致了社会责任履行的严重不足，增加了内容失控和低质传播的风险。PGC 模式保障了更高的内容标准和责任履行，而 UGC 模式在快速扩展和用户主导下，面临内容质量和社会责任的双重挑战。

3. 普遍注重信息生产

整体上看，绝大部分评价对象平台都注重"信息生产"的社会责任，

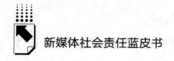
表现在无论总分高低，不同的评价对象得分最高的一级指标一般都为"信息生产"，原因如下。

平台基于风险控制会对信息生产进行专业管理。多数平台在信息生产中注重专业管理，主要原因在于平台在传播过程中面对巨大的社会风险。信息传播不当，尤其是错误信息、虚假新闻和谣言信息的扩散，会对平台造成声誉损害，并可能引发社会、法律责任。平台通常会通过多层级的审核机制、人工智能技术与人工审核相结合的方式，来过滤潜在的虚假信息、恶性舆情和违法内容。这些措施在较高得分的平台上表现尤为突出。

受众对高质量信息的需求。随着信息社会进程的加快，受众对信息的需求已经从单纯的"知情权"转变为对"有价值内容"的追求。这种需求推动了平台更加注重信息生产的质量。随着受众，尤其是中高端用户群体的成熟和信息需求的多元化，平台不得不加大对信息生产的投入，提升内容的深度和专业性。例如，不少非专业媒体平台都推出长篇深度报道（分析）、数据新闻等，以吸引那些渴望获得更有价值内容的受众。

平台社会责任意识的提升。当下，平台不仅仅是内容的提供者，还是信息生态的建设者。随着社会对平台责任的呼声逐渐增高，许多平台开始意识到必须承担更大的社会责任。信息生产的质量不仅关乎平台本身的利益，更直接影响到社会的公共利益。平台的社会责任包括但不限于信息的真实性、客观性和多元性。社会责任意识的提升促使平台更加注重内容管理和传播的伦理。

（二）新媒体社会责任焦点议题盘点

皮书相关研究例证了新媒体在社会责任履行中的多样化挑战和重点议题，每类研究议题不仅揭示了新媒体当前的履责水平和不足之处，还为未来平台加强内容监管和社会责任履行提供了重要的学术依据和实践参考。

1. 平台管理与内容规范

聚焦新媒体平台在内容生产、审核中的实践问题，重点讨论短视频、直播和算法推荐等领域的社会责任履行。随着平台商业化的快速扩张，内容失控、低俗化以及责任缺失现象较为严重，在短视频和直播平台上表现得尤为突出。相关研究提出了优化政策监管与技术手段、建立透明责任体系、推动政府与平台协同治理、完善法律法规等一系列对策建议（见表2）。

表2　平台管理与内容规范研究代表性论文

序号	年份	板块	论文标题
1	2014	专题篇	基于"善治"：我国网络媒体社会责任治理路径研究
2	2017	专题篇	网络视频直播的共同治理模式：基于政策网络分析的视角
3	2018	专题篇	我国短视频发展乱象：表现、成因及治理
4	2023	专题篇	算法推荐新闻的社会责任：问题与反思
5	2024	专题篇	中国短视频和直播政策十年变迁（2014~2023）

2. 政务新媒体与公共治理

政务新媒体在政策传播、危机管理和政府形象塑造中的作用日益重要，其实践过程与效果成为研究的重点。政务微博、微信以及短视频凭借快速传播和高效互动的技术优势，已成为政府与公众沟通并进行公共治理的重要工具，尤其在突发事件中能够快速发布权威信息、缓解社会恐慌，并提升政府公信力。研究也揭示了政务新媒体在内容同质化、舆论引导能力不足和危机应对滞后等方面的局限（见表3）。对策包括：加强内容生产的专业化和差异化；优化舆论引导策略，注重舆情分析和多元传播渠道的整合；建立快速反应机制，提升突发事件中的应急管理能力；通过公众参与和多元主体合作，进一步提高政务新媒体的传播效能等。

表3　政务新媒体与公共治理研究代表性论文

序号	年份	板块	论文标题
1	2014	专题篇	政务微博在突发事件中的信息发布及其影响
2	2015	案例篇	政务微信、微博中的政府形象协同治理研究——以上海"12·31"外滩拥挤踩踏事件为例
3	2016	专题篇	突发事件涉腐舆情中政务微博的响应机制与社会责任
4	2020~2021	专题篇	"县长抖音"政务短视频运营逻辑与新媒体社会责任研究
5	2022	专题篇	疫情防控常态化背景下政务新媒体疫苗话语建构与责任担当——以人民日报微博平台为例

3.技术发展与伦理责任

技术创新在新媒体中的广泛应用带来了传播效率的提升，但同时也引发了一系列伦理挑战。隐私权保护是这一领域研究的核心，技术进步虽然优化了信息传播和用户体验，却因不完善的规范和透明度不足，导致用户权益受损以及潜在的信息操控风险。相关研究提出加强行业自律和法律监管；建立技术开发中的伦理评估机制；增强用户对数据隐私和算法运作的知情权与选择权等建议（见表4）。

表 4　技术发展与伦理责任代表性论文

序号	年份	板块	论文标题
1	2018	专题篇	移动互联网时代 App 的隐私政策与社会责任探讨——基于 50 款移动 App 隐私保护政策内容的分析
2	2019	案例篇	移动阅读 App 用户个人信息安全研究——基于 10 款移动阅读 App 的调查分析
3	2022	专题篇	个人数据跨境流动中平台企业履行隐私保护责任状况调查及治理对策研究
4	2022	案例篇	我国网络信息安全与隐私保护优化路径研究——基于 2021 年典型个人信息(保护)事件的分析
5	2023	案例篇	新媒体社会责任下 ChatGPT 的内容生产与信息责任分析

4.新闻实践与报道责任

新媒体环境下的新闻实践面临诸多社会责任困境，虚假新闻和道德失范是其中突出的挑战。相关研究指出，这些问题的根源在于新闻生产的商业化导向和内容审核流程的松散化。为了追求流量和广告收益，少数媒体在新闻发布中忽视真实性审查，甚至刻意迎合受众偏好，导致信息失真、误导公众的现象屡见不鲜（见表5）。此外，部分新闻从业者的伦理意识薄弱，以及公众对虚假新闻的辨别能力不足，也加剧了这一问题的复杂性。对此：应加强新闻从业者的职业道德教育与培训，提升其伦理责任感；完善内容审核体系，通过技术与人工结合的方式优化审核流程；加强公众媒介素养教育，提升公众识别虚假新闻的能力；政府与行业应制定更明确的新闻传播法规和责任体系，对失范行为予以严肃惩戒等。

表5 新闻实践与报道责任研究代表性论文

序号	年份	板块	论文标题
1	2014	案例篇	媒体微博话语权的建构和传播责任失范——以李某某案为例
2	2015	专题篇	从网民热评看新媒体环境下新闻报道的社会责任
3	2017	专题篇	热点事件中媒体新闻客户端的报道框架与责任分析
4	2023	专题篇	数字时代新闻记者的伦理实践困境研究
5	2024	专题篇	生成式人工智能在新闻业中的社会责任：机遇、挑战与应对策略

5. 健康传播与公共卫生

讨论新媒体在健康信息传播和社会性议题中的责任履行，尤其是在公共卫生事件和风险传播中扮演着重要角色。健康类微信公众号和短视频账号因其易于获取、传播范围广等特点，成为传递健康知识、引导公众行为的重要工具，这些平台在普及健康知识、提高公众健康意识和引导科学行为方面取得了积极成效。但是，新媒体在突发公共卫生事件中的情绪化传播也存在引发恐慌或被误解的风险，可能加剧社会不安情绪。相关研究提出：提升健康传播的针对性，结合数据分析了解不同受众群体的需求，实现精准传播；强化公众媒介素养教育，帮助受众更好地识别和筛选健康信息；等等（见表6）。

表6 健康传播与公共卫生研究代表性论文

序号	年份	板块	论文标题
1	2015	专题篇	社交媒体的健康信息传播及其社会责任建构
2	2016	案例篇	新媒体在健康风险传播中的角色研究——以转基因食品为例
3	2020~2021	专题篇	健康类微信公众号女性健康传播研究——基于微信公众号"健康时报""脉脉养生"的内容分析
4	2022	专题篇	性知识寻求与科学传播伦理责任研究——以微博青少年用户为例
5	2023	案例篇	主流媒体新媒体账号医患关系报道研究——以《人民日报》微信公众号为例

6.意见领袖与舆论引导

意见领袖在新媒体舆论生态中扮演着关键角色，其身份构建、传播行为及社会责任履行成为研究重点。作为信息传播的核心节点，意见领袖在突发事件、政策传播和社会议题讨论中能够有效强化信息扩散和议题关注，推动公众对重要问题的理解与参与。相关研究表明，部分意见领袖责任失范行为亦会引发舆论偏向甚至社会冲突，特别是在突发事件中的不当言论，容易导致误导性舆论扩散（见表7）。不同类型的意见领袖（如知识型领袖、区域性意见领袖）因受众群体、传播渠道和影响范围的差异，在社会责任履行上表现出明显的分化，这种多样性对研究意见领袖的责任履行提出了更高要求。

表 7　意见领袖与舆论引导研究代表性论文

序号	年份	板块	论文标题
1	2014	专题篇	微博反腐中意见领袖的身份构建与社会责任
2	2015	案例篇	环保动员中微博意见领袖的传播功能与社会责任——基于对《穹顶之下》首发事件的实证分析
3	2018	专题篇	微博平台中知识型意见领袖的社会责任评价
4	2019	专题篇	微博意见领袖的社会责任评价与治理
5	2023	专题篇	网络意见领袖社会责任的政策治理研究

二　十年回顾：新媒体社会责任研究进展梳理与进路探讨

（一）新媒体社会责任理论内涵廓清：从西方范式到中国范式

不同制度背景下的媒介责任体系都呈现着"供其运作的政治和社会结构的形式和色调"①，因此中国媒体社会责任研究需要对中国与西方不同制

---

① 严晓青：《媒介社会责任研究：现状、困境与展望》，《当代传播》2010 年第 2 期。

度背景进行充分考虑。近年来国内媒体社会责任研究的进路之一体现在，在充分借鉴西方学界的相关理论精髓的基础上，将理论基础与中国现实有机结合，推动了新媒体社会责任研究从西方范式走向中国范式。

1. 西方范式：扎实理论根基中融汇多学科视角

媒体社会责任是与"社会责任论"密切相关的概念，西方理论界有关"社会责任论"的讨论已近百年，1947 年，哈钦斯委员会发布《一个自由而负责的新闻界》(*A Free and Responsible Press*)，第一次明确提出报刊的社会责任概念，强调新闻自由的模式应建立于坚守媒体社会责任和新闻伦理之上①，为西方社会责任理论发展发挥了奠基作用。1956 年，威尔伯·施拉姆等在《报刊的四种理论》(*Four Theories of the Press*)② 一书中系统阐述了媒体社会责任理论的基本观点。自此，相对完整的社会责任理论框架得以构建。

新媒体社会责任与传统媒体社会责任一脉相承，是媒体社会责任在新媒体时代的发展与延伸。西方学界对新媒体的社会责任研究议题多元，主要围绕网络欺凌现象、网络仇恨言论、在线隐私侵犯、网络性别暴力等负面网络行为 (negative online behaviors) 展开，主张从道德准则、伦理规范和社会责任等层面，关注如何以健康信息环境实现新媒体与社会整体的和谐发展。整体来看，国外新媒体社会责任研究多置于传播学、管理学、法学、计算机科学等学科语境下展开，广泛融入现代信息哲学、人工智能伦理等新视角，很早就以指标体系等标准化评价结果来增强新媒体社会责任研究的科学性、可验证性。

2. 中国范式：在本土语境特色下探索量化标准

相对而言，国内媒体社会责任研究起步较晚，因受政治体制与社会文化影响，相当长一段时间内主流话语中的媒体社会责任与西方传播学中的"社会责任论"有显著区别。早期研究多将媒体社会责任简化为"针对某种负面传播现象，媒体应当承担某方面的责任"，这种工具论思想指导下的研究整体

---

① 〔美〕新闻自由委员会：《一个自由而负责的新闻界》，展江、王征、王涛译，中国人民大学出版社，2004。

② 〔美〕威尔伯·施拉姆等：《报刊的四种理论》，中国人民大学新闻系译，新华出版社，1980。

来说没有跳出大众媒体基本职能的局部框限，仅将"媒体应当切实履行社会责任"作为最终结论，而很少对媒体社会责任本身进行详细拆解与深入剖析。

《中国新媒体社会责任研究报告》在本土语境下，就如何界定新媒体社会责任、如何评价与测量新媒体社会责任、如何履行新媒体社会责任等方面作出了详细解答。《中国新媒体社会责任研究报告（2014）》完成了对新媒体社会责任的界定，建构出新媒体社会责任评价指标体系。《中国新媒体社会责任研究报告（2015）》分四阶段考察了我国新媒体社会责任的实践发展。此后的报告不断在移动互联、平台转型、智能升级等时代背景统摄下深度细化社会责任的统一内涵，明确到底是谁来负责（责任主体）、是针对谁的责任（责任对象）、责任的具体内容是什么（责任内容），以此实现我国本土社会语境下的新媒体社会责任理论内涵廓清。

长期以来，国内传播学界中媒体社会责任定量与定性研究比重失衡，使用量化方法对媒体社会责任进行探索性研究与解释性研究的探讨十分有限，描述性研究呈现冗余状态，多围绕媒体社会责任重要性、责任缺失现状及原因、社会责任履行路径等议题进行内容阐述，部分文献还存在媒体责任、媒体职能与媒体职责之间边界模糊，社会责任、社会治理与社会责任治理等概念区别不清的弊病。《中国新媒体社会责任研究报告》明确界定了新媒体社会责任的内涵与外延，结合本土语境下的责任研究理论与媒体实践表现，开发出科学合理、更具共识的评价指标体系，从而对新媒体社会责任进行准确评判与科学测量，使媒体社会责任研究的科学性、客观性得到有效提高，更好地推动了中国新媒体社会责任研究从西方范式走向中国范式。

（二）新媒体社会责任指标体系开发：1.0~3.0与技术随行

2014年8月18日，中央全面深化改革领导小组第四次会议审议通过《关于推动传统媒体和新兴媒体融合发展的指导意见》（以下简称《意见》），出台一系列措施为全面推进媒体融合提供方向、政策、资金等全方位的保障和支持[1]。

---

[1] 王海涛：《定位演进·功能拓展·价值重构：我国媒体融合十年的三重意蕴和实践取向》，《中国出版》2023年第20期。

此后在《意见》的指引和推动下，我国传统媒体和新兴媒体融合发展不断向纵深推进，"媒体融合"成为一项重大时代课题。不仅业界纷纷在技术逻辑导向下不断尝试调整产业布局，涌现出一批批优秀的媒体融合创新实践案例，学界也针对"媒体融合"开展了大量具有时代性、紧迫性、开创性的议题讨论与研究规划。

华中科技大学"新媒体社会责任"课题组的媒体责任研究恰起始于"媒体融合元年"，《中国新媒体社会责任研究报告（2014）》开发出学界首个新媒体社会责任评价指标体系，报告运用该指标体系对当时的主要新媒体类型进行量化考察，开启新媒体社会责任研究从质性考察到量化探索的重要转变。随着媒介融合深入推进与智能技术不断迭代，为增强评价标准的科学性与评价效力的客观性，新媒体社会责任评价指标体系共进行了两次框架调适，指标体系的调适始终与新媒体行业的新平台、新问题、新现象息息相关，将十年媒介融合在技术层面划分为"移动化—视频化—智能化"三个阶段，新媒体社会责任的三套指标体系在维度划分变动与评估对象增减等方面与这三个发展阶段基本保持一致。

1. 新媒体社会责任评价指标体系1.0：移动化时代（2014~2015年）

2013年12月4日，工业和信息化部正式向中国移动、中国联通、中国电信三大运营商发放第四代移动通信技术（4G）业务经营许可权，4G牌照的发放带动手机终端的升级换代，也促进了更先进、更丰富的终端产品的诞生。传统媒体移动端建设是移动化阶段的主要工作，微博、微信和新闻客户端组成的"两微一端"成为传统媒体进军移动互联网的主要端口。2014年6月人民日报客户端上线，2015年6月新华社客户端新版正式发布，以智能手机、平板电脑为载体的新媒体成为这一时期人们获取信息的最主要手段。在移动端广泛成为媒体融合传播主战场的背景下，移动媒体、新闻客户端等新媒体类型成为新媒体社会责任评价指标体系1.0的重点评估对象。

新媒体社会责任评价指标体系1.0设有5个一级评价指标，分别为"信息生产"、"教育大众"、"文化传承"、"提供娱乐"与"协调关系"。

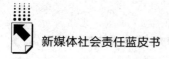

围绕 5 个一级评价指标，结合新媒体发展特点与现状，分别构建二、三级指标，使用德尔菲法，根据来自学界、业界与管理界的专家问卷构造矩阵并计算权重，最终确定新媒体社会责任评价指标体系 1.0。完整的指标体系 1.0 共由 5 个一级指标、10 个二级指标和 28 个三级指标构成（见表 8）。《中国新媒体社会责任研究报告》使用该指标对新闻客户端、移动媒体、媒体微博、微信公众号等对象的社会责任指标得分和社会责任履行的具体状况展开了详细考察。

表 8　新媒体社会责任评价指标体系 1.0

一级指标	权重	二级指标	权重	三级指标	权重
信息生产	0.2553	信息质量	0.5618	权威	0.1355
				真实	0.1649
				时效	0.1554
				全面	0.1386
				深度	0.1271
				原创	0.1271
				客观	0.1512
		流程控制	0.4381	信息把关	0.3577
				广告控制	0.2926
				侵权控制	0.3495
教育大众	0.1943	塑造共识	0.4548	社会核心价值	0.5060
				传统文化价值	0.4939
		社会监督	0.5451	监督公共政策	0.3365
				监督公共权力	0.3461
				监督社会现象	0.3173
文化传承	0.1894	对内文化传承	0.5185	内容传播	0.5343
				功能设计	0.4656
		对外文化输出	0.4814	内容传播	0.5450
				功能设计	0.4549
提供娱乐	0.1713	娱乐类应用	0.5021	娱乐内容	0.5065
				娱乐功能	0.4934
		娱乐性内容	0.4978	娱乐内容	0.5109
				娱乐功能	0.4890

续表

一级指标	权重	二级指标	权重	三级指标	权重
协调关系	0.1894	线上沟通	0.5657	公共服务	0.3231
				用户体验	0.3396
				互动	0.3372
		线下活动	0.4342	商业性活动	0.4801
				非商业性活动	0.5198

资料来源：华中科技大学"新媒体社会责任"课题组调查统计结果。

《新闻客户端竞争及其社会责任评价》对传统媒体新闻客户端、商业网站新闻客户端、网络技术公司新闻客户端三种类型的新闻客户端进行社会责任评价后指出，不同类型的新闻客户端因受制于定位差异，承担的社会责任各有偏重。整体来看，新闻客户端社会责任评价得分中等偏低，履责能力有待进一步加强。其中"信息生产"社会责任整体较好，"教育大众"社会责任一般，而承担的"文化传承"、"提供娱乐"和"协调关系"的功能有待提升。

《移动媒体的社会责任及其评价》将通信运营商作为移动媒体社会责任的考核对象。评价结果显示，三家运营商的媒体社会责任总体得分不高，中国移动的得分率为65%，中国电信得分率为56%，中国联通得分率为53%。总体来看，三家运营商均在"信息生产"指标上得分最高，主要得益于通信运营商和具有资质的专业机构合作来保证信息生产职责得以更专业地执行，三家均在"教育大众"指标上得分最低。通信运营商作为移动媒体，在公共议题上的互动功能有待进一步深化完善，其企业文化修养和传承文化的使命感需要提升。

《媒体微博传播社会责任及其评价》对媒体微博典型账号的社会责任进行实证评估后发现，媒体微博承担社会责任整体水平中等偏下，除较为重视"信息生产"社会责任外，普遍缺乏"文化传承"的责任意识，承担"提供娱乐"社会责任的水平受其内容定位的影响，在"教育大众"媒介功能发挥上呈现较明显的两极分化，多数媒体微博采取自保的安全生产策略，信息生产较少涉及"社会监督"内容。

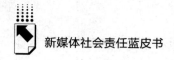

《媒体微信公众号社会责任及其评价》选取 9 个媒体微信公众号作为观测对象进行社会责任情况评价。数据结果显示，总体上中央级权威媒体的社会责任得分最高，央视新闻、央视财经和人民网分列前三位。《中国新闻周刊》的"文化传承"功能最为显著，《广州日报》的"协调关系"总评分最高。由于微信平台的社交和互动特性突出，大多数媒体微信公众号更注重用户互动与客户服务，故"信息生产"的功能相对弱化。

2. 新媒体社会责任评价指标体系2.0：视频化时代（2016~2018年）

智能移动终端普及带来互联网产品形式的升级迭代，短视频、视频直播等成为网络信息传播的主流形式，互联网发展逐渐进入视频化时代。互联网企业开始大举进军短视频领域，移动短视频应用井喷式增长，早期的秒拍、小咖秀、美拍等第一代短视频应用为短视频的后期爆发奠定了坚实用户基础。2015 年 6 月到 2016 年 2 月，快手用户数量实现从 1 亿到 3 亿的飞跃；2016 年 9 月，字节跳动产品抖音诞生，移动短视频热度进入高潮。凭借庞大用户体量与广泛社会影响，短视频、视频直播等迅速成为学界和业界关注的重要热点。

集刺激性影像与情境性音乐等特征于一体的短视频，在短时间内以强势话语文本形成了一种新兴舆论形态①，短视频成为公众舆论监督的新方式和网络舆情传播的新载体。短视频去精英化的传播秩序促进了舆论的民主化，其可复制性与强互动性的特征也有利于提高社会议题的可见性和底层话语的能见度。自互联网发展进入视频化时代以来，网络舆情事件短视频在社会监督方面呈现显著的公共属性与较强的责任意义，短视频传播形态的爆火与其强大的舆论功能使得新媒体社会责任在社会监督维度上强势崛起，是新媒体社会责任课题组进行指标体系框架第一次调试的主要原因。

新媒体社会责任评价指标体系 2.0 对部分指标进行了合并、删减和重新提炼，首先保留了 1.0 版本中"信息生产"和"协调关系"这两个原有的指标构成，其次将 1.0 中的"教育大众""文化传承""提供娱乐" 3 个一

---

① 汤天甜、周经伦：《作为舆论的短视频：影像表达、功能属性与风险争议》，《福建师范大学学报》（哲学社会科学版）2023 年第 1 期。

级指标合并为 2.0 的新指标"文化教育"，最后为 2.0 版本新增一级指标"社会监督"。新增的"社会监督"指标下包含"国家治理"、"社会风险"、"行为失范"和"其他现象"四个二级指标。整体来看，新媒体社会责任评价指标体系 2.0 由 4 个一级指标、11 个二级指标和 36 个三级指标构成（见表 9）。《中国新媒体社会责任研究报告》中多篇文章使用调适后的指标体系 2.0 对短视频、视频直播发挥社会监督作用的履责行为进行了有效评价。

表 9　新媒体社会责任评价指标体系 2.0

一级指标	权重	二级指标	权重	三级指标	权重
信息生产	0.5286	信息质量	0.8333	权威	0.4007
				真实	0.1333
				时效	0.1412
				全面	0.0906
				深度	0.0775
				原创	0.0540
				客观	0.1026
		流程控制	0.1667	信息把关	0.6505
				广告控制	0.1579
				侵权控制	0.1916
社会监督	0.2755	国家治理	0.4927	司法公正	0.6080
				政府管理	0.2721
				涉外关系	0.1199
		社会风险	0.2959	生产事故	0.1475
				环境污染	0.2321
				食品安全	0.2273
				校园事故	0.1473
				交通事故	0.0767
				城市拆迁	0.0855
				警民冲突	0.0836
		行为失范	0.1435	官员腐败	0.4545
				学术腐败	0.4545
				性与婚姻道德	0.0909
		其他现象	0.0679	体育赛事	0.5
				自然灾害	0.5

一级指标	权重	二级指标	权重	三级指标	权重
文化教育	0.1037	塑造共识	0.5559	主流价值	0.7727
				社会风尚	0.2273
		文化传承	0.3537	传统文化	0.6080
				民俗文化	0.2721
				红色文化	0.1199
		提供娱乐	0.0904	娱乐健康度	1
协调关系	0.0922	线上沟通	0.5	公共服务	0.5401
				用户体验	0.2831
				互动	0.1767
		线下活动	0.5	商业性活动	0.6154
				非商业性活动	0.3846

资料来源：华中科技大学"新媒体社会责任"课题组调查统计结果。

《移动短视频应用社会责任的实证研究》选取抖音、火山小视频、美拍、快手、秒拍共 5 个具有影响力和代表性的移动短视频应用作为研究对象，使用指标体系 2.0 对其进行新媒体社会责任测量。研究发现，短视频发挥"社会监督"作用时，在"社会风险"（均分 1.0297）和"行为失范"（均分 0.4821）这两个方面表现更为突出，其中代表性平台是上述两项得分均高于均分的抖音（1.2428；0.6026）与美拍（1.1836；0.5452）；但样本平台在"国家治理"方面普遍得分极低，短视频内容中有关司法公正、政府管理、涉外关系的国家治理内容非常少，涉及体育赛事和自然灾害的内容比重也很低。

《我国网络视频直播平台社会责任及其评价》以国内 16 家代表性网络视频直播平台为研究对象评估其社会责任履行的整体情况。研究发现斗鱼、YY、花椒等直播平台在首页总分类中开设了类别丰富的"正能量"板块，设置公益现场、警营参观、消防直播、走进军营等多项体现主流价值或社会风尚的直播内容。研究认为使用透明、开放的网络直播平台承担社会监督职责，有利于改变传统政府一元主体支配、民众无条件服从的管理模式，实现公共事务的多元主体共同治理。

除关注短视频的社会监督功能外，有关短视频政策传播责任、短视频内容创作责任、政务短视频履责实践等问题的探讨也在《中国新媒体社会责任研究报告》中占据重要篇幅。文章《短视频平台的政策传播社会责任履行的实证研究——以中央一号文件为例》中指出，短视频平台的政策传播在落实政治责任、实现责任共担、政策信息传递、适应融合创新、用户协调沟通等方面履责较好，但存在主动性和持续性不够、内容创新与把关意识不强、人文关怀与专业观照不足、互动反馈与社会监督乏力等问题。《中国视频内容创作者的社会责任体系建构》通过扎根理论的方法提出短视频创作者社会责任体系，认为法律法规和社会主义发展大局是视频内容创作者责任体系的基础和底线，监管部门、视频平台、新闻机构、审核人员、公众和具体的视频作者等多元主体在这一庞大责任体系中各自履行不同职责。《2020年中国"县长抖音"政务短视频运营逻辑与新媒体社会责任研究》通过评估"县长抖音"的账号运营，分析其内容生产中的特点与趋势，指出政务短视频普遍存在定位模糊、特色不足、运营管理缺失等问题，其整体呈现类似差序格局的特征，虽然政务短视频的扩散力和覆盖面有限，但是基层政府积极探索社会治理新模式的有益尝试。

3. 新媒体社会责任评价指标体系3.0：智能化时代（2019年至今）

2019年3月，习近平总书记在《求是》杂志上发表的文章《加快推动媒体融合发展 构建全媒体传播格局》中指出，"从全球范围看，媒体智能化进入快速发展阶段"[①]。2019年6月6日，我国工业和信息化部正式向中国电信、中国移动、中国联通、中国广电发放5G商用牌照，中国正式进入5G商用元年。在高速度、低时延、高可靠的基础设施和数据、算法、算力的助推下，互联网走向智能化发展的新阶段。智能技术成为媒介生态场域内的积极变量，开始全面介入甚至主导新媒体的信息生产、分发、传播及反馈等多项环节[②]。

智能技术与传播媒介的深度融合变革了社会连接的方式、标准与尺度，

---

① 习近平：《加快推动媒体融合发展 构建全媒体传播格局》，《求是》2019年第6期，第4~8页。

② 漆亚林：《新质生产力全域赋能：智能媒体高质量发展新路向》，《编辑之友》2024年第6期。

互联网应用从中介属性向平台属性逐渐过渡，由于在用户积累、资源聚合、内容分发与传播生态建设方面具有开放、连接、共享的天然优势①，社交媒体、新闻聚合、视频分发等数字平台日渐成为当前信息传播与舆论扩散的主要场域。虽然平台如今明显具有了媒介传播偏向，其媒体属性与"喉舌"功能却常被无视，在传播中的主体责任并没有被明确地提出。重视对数字媒体平台的专业把关与意义引导，通过价值规训与伦理约束实现对智能媒体的有效治理，是新媒体社会责任研究的重要议题之一。

在这一背景下，新媒体社会责任评价指标体系进行了第二次框架调整：指标体系 3.0 由"信息生产"、"价值引导"、"文化教育"和"协调沟通"4个一级指标构成，下设 9 个二级指标和 27 个三级指标（见表 10）。3.0 对 2.0版本的"社会监督"和"文化教育"的二级指标进行了降级、合并，增列后"价值引导"成为新的一级指标；此外，对"协调关系"的整个三级框架进行了重建，重建的"协调沟通"由"协调信息"和"沟通效能"两个二级指标组成，其中"沟通效能"的三级框架由"公众参与度"、"公众认同度"、"平台互动度"和"平台回复度"四项组成。由于在媒体融合的十年发展历程中，媒体功能不断拓展，实现了从信息传播告知到公共对话平台的转变，因此当前智能媒体平台在价值引导、信息协调和公众沟通方面的责任承担尤为重要。

表 10　新媒体社会责任评价指标体系 3.0

一级指标	权重	二级指标	权重	三级指标	权重
信息生产	0.5013	信息质量	0.8300	权威	0.1038
				真实	0.3653
				时效	0.0942
				全面	0.0836
				深度	0.0906
				原创	0.0620
				客观	0.2007

---

① 李彪：《主流媒体深度融合与传媒业高质量发展的价值逻辑与实践进路》，《编辑之友》2023 年第 3 期。

续表

一级指标	权重	二级指标	权重	三级指标	权重
信息生产	0.5013	流程管理	0.1700	信息把关	0.4472
				广告控制	0.1890
				侵权控制	0.3638
价值引导	0.1760	塑造共识	0.4193	主流价值	0.5176
				社会风尚	0.4824
		社会监督	0.5801	国家治理	0.3849
				社会风险	0.3751
				行为失范	0.2400
文化教育	0.1177	传播科教	0.3594	教育传播	0.5225
				科技传播	0.4752
		文化传承	0.4605	传统文化	0.5277
				当代文化	0.4723
		提供娱乐	0.1810	内容健康度	0.6291
				内容丰富性	0.3662
协调沟通	0.2050	协调信息	0.3293	议题公共性	0.7422
				身份多样性	0.2578
		沟通效能	0.6707	公众参与度	0.3331
				公众认同度	0.2815
				平台互动度	0.2356
				平台回复度	0.1505

资料来源：华中科技大学"新媒体社会责任"课题组调查统计结果。

"十四五"规划中明确提出，要"推进媒体深度融合，做强新型主流媒体"[1]，智能时代全新逻辑的技术变革使媒体深度融合的发展重心向"平台化"和"互联化"转移[2]，因此兼备专业性与互联化特征的县级融媒体平台，作为智能融合时代新型主流媒体建设代表性举措之一，成为这一阶段新媒体社会责任的重要考察对象。2020年初，新冠疫情突如其来，重大公共突发卫生事件对县级融媒体中心建设的成果与响应能力开启了一场大检阅。

---

[1] 《中华人民共和国国民经济和社会发展第十四个五年规划和2035年远景目标纲要》。

[2] 彭广林、曾晨：《专业化·互联化·平台化：5G时代县级融媒体深度融合发展路径》，《吉首大学学报》（社会科学版）2021年第6期。

《中国新媒体社会责任研究报告》多篇文章对县级融媒体中心在新冠疫情中的社会责任表现进行了实证评价，并指出其提升社会责任履行水平的有效路径。

《2020 年中国县级融媒体中心在新冠肺炎疫情中的社会责任及评价》选取 20 个县级融媒体中心微信公众号作为研究对象，使用指标体系 3.0 对县级融媒体中心在新冠疫情期间的社会责任履行状况进行评价。研究发现县级融媒体中心在发挥价值引导作用时，"主流价值"指标得分普遍较高，样本间差距较小甚至部分样本取得满分，表明县级融媒体在宣传国家政策和树立主流价值观等方面作用重要。但其在发挥协调沟通作用时，所涉指标不仅得分均值低且数值差距大，表明县级融媒体中心总体看来受众数量有限且普遍缺少与受众间的有效互动。

《新冠肺炎疫情多点散发背景下县级融媒体中心社会责任及其评价》使用指标体系 3.0 考察作为基层信息传播中心的县级融媒体如何在社会治理中发挥关键力量，研究指出各疫情发生地的县级融媒体均能较好地履行信息传播、舆论宣传的社会责任，在信息生产指标上表现较好，能以用户为中心了解群众信息多元化需求的变化，但在协调沟通、社会监督、文化教育方面的履责状况不尽如人意，应围绕区域政治、经济、文化特色不断拓展基层治理空间。

《县级融媒体做好健康科普的社会责任及其评价》使用指标体系 3.0 考察县级融媒体如何作为全媒体健康科普机制中的重要主体，在新冠疫情"乙类乙管"期间承担健康科普的社会责任。研究发现县级融媒体微信公众号能够较好地履行信息传播、舆论宣传、服务群众的社会责任，通过各种媒介手段帮助公众了解传染病防控知识、科学养生方法等，提高了公众的健康素养和科学素养，但在内容传播形式、原创性、社会风险、行为失范、内容丰富性等指标上依然表现欠缺，未来仍需将健康科普宣传作为县级融媒体一项重要任务并加大宣传力度。

（三）新媒体社会责任履行情况考察：评价、案例与热点

基于对现有研究成果的提炼和对媒体行业现状的考察，华中科技大学

"新媒体社会责任"课题组通过建构一套完整科学的指标体系，完成了新媒体社会责任研究从理论导向到实践导向的转变。《中国新媒体社会责任研究报告》总共包含三个部分：评价篇、专题篇、案例篇。评价篇主要根据新媒体社会责任指标体系对新媒体履责情况进行数据上的系统评估。专题篇与案例篇则针对每一年的年度热点展开深入分析。专题篇的研究对象为具有较高关注度的典型现象、热点议题和重点人群，案例篇的研究对象主要为具有强烈社会影响力的重大公共事件，这为新媒体社会责任从理论探索走向实践考察提供了有力抓手。

1. 指标评价："信息生产"始终保持最高得分

评价篇对各类新媒体网站、应用、平台的履责情况考察工作已持续整整十年，综观十年数据可知，在新媒体社会责任的所有一级指标中，大部分新媒体平台都在"信息生产"指标上处于较好水平，"信息生产"指标也始终在每年的所有一级指标中得分率最高（见图1）。"信息生产"指标评价围绕新媒体的信息传播质量展开，由于人类需要及时了解和把握社会环境的最新变化，以便调节自己的行为来适应环境，因此新媒体同传统媒体一样扮演着"瞭望塔"的角色，衡量这一重要功能实现程度的评价指标即是"信息生产"。"信息生产"一级指标下设的2个二级指标分别是"信息质量"和"流程控制"，"信息质量"主要包含真实性、权威性、时效性、全面性、深度性、原创性、客观性七个考察指标，"流程控制"主要包含信息把关、广告控制、侵权控制三个具体衡量指标。

"信息生产"指标能够多年来始终保持最高得分率，与新媒体技术应用对信息生产的持续赋能息息相关。互联网时代，技术成为媒体融合过程中不可回避的重要环节，技术进步为媒体转型升级提供了充足动力和支持，通过采取先进多样的技术手段保证信息采集、获取、制作、发布等环节的高效实施，当前新媒体平台在新闻生产主体、模式、流程、内容等方面均发生了结构性变革。《中国新媒体社会责任研究报告》辩证看待各项新技术在新媒体领域的运用，始终警惕技术缺陷给信息传播及社会稳定造成的负面影响，多篇文章对算法、VR、ChatGPT等技术伦理及其归责问题提出了相关治理意见。

图1　2014~2023年"信息生产"指标得分情况

自2012年"今日头条"首次将算法引入新闻客户端实现"无编辑化"式新闻分发以来，个性化新闻推荐系统（Personalized News Recommendation System）及其背后的算法技术架构备受学界和业界关注。算法推荐技术有利于用户节约时间成本，实现新闻信息分发效率的大幅提高，但算法歧视、智力阻隔、认知偏差等固有技术弊端也带来不少消极影响，因此积极反思算法推荐的信息伦理失责并探索应对措施有着深刻必要性。文章《算法推荐新闻的社会责任：问题与反思》指出，除了提高算法推荐新闻的透明度和加强算法创新及治理外，应当健全算法推荐问责机制，强调主客观相一致的算法责任。《移动短视频算法推荐的信息伦理与社会责任》也提出短视频互联网公司应当有承担信息伦理责任的主体意识，具体表现为主动提供高质量的内容、提供安全可靠的社交平台、满足用户多样的信息需要、尊重用户价值和保护用户知识产权等。

2016年，微软推出Hololens和Windows MR，索尼推出PSVR，AR和VR概念同时火爆，被学界、业界公认为虚拟现实元年[①]。VR作为以虚拟现实技术为特征的媒介形态被广泛运用到新闻行业，实现了"VR新闻"的传

---

① 钟祥铭、方兴东、陆舒怡等：《数据崛起和智能时代的全景扫描——2022年中国新媒体研究综述》，《传媒观察》2023年第2期。

播样式革新与信息产品迭代，在 VR 新闻繁荣发展背后，其责任承担与履责实践也具有重要社会意义。《我国 VR 新闻频道的社会责任分析及评价》评估了我国 VR 新闻频道信息生产社会责任的履行水平，指出 VR 新闻频道受平台差异影响导致得分两极分化。在信息质量方面，我国 VR 新闻频道时效性有待提升，主要表现为信息更新频率低与新闻时效性滞后，部分频道热情持续度低甚至停止更新，VR 新闻频道成为综合性视频网站代名词。此外，多数 VR 新闻频道普遍缺乏规范化转载，不仅信源具有不确定性，无法进行真伪验证，还导致内容侵权现象频发，整体来看追求原创内容的 VR 新闻频道数量十分有限。

2022 年 11 月 30 日，由人工智能实验室 OpenAI 推出的聊天机器人 ChatGPT 正式发布，它以超强的语言理解能力和对话生成能力，突破传统人工智能技术的短板，实现了自然语言处理模型技术的巨大飞跃。ChatGPT 在推动新媒体传播模式变革的同时，也引发了对人工智能生成内容质量与信息责任的讨论与争议。《新媒体社会责任下 ChatGPT 的内容生产与信息责任分析》结合 ChatGPT 的功能特点，构建出包含"内容质量责任"、"法律责任"、"文教责任"、"政治与公共事务报道责任"、"公益责任"和"受众主观评价"6 个一级指标和 33 个二级指标在内的 ChatGPT 内容生产与信息责任评价指标体系，通过对 ChatGPT 信息质量与社会责任表现进行评估分析，指出 ChatGPT 在内容虚假、伦理偏见等方面的责任缺失行为并提供了建议与对策。

2. 案例讨论：边缘弱势人群引发研究关切

《中国新媒体社会责任研究报告》在专题篇上具有更强针对性与实操性，文章与每年的典型社会现象与社会重要人群密切相关。数据显示，专题篇共 75 篇文章，总研究对象 59 个。其中"意见领袖"、"政策传播"、"算法推荐"、"视频创作"、"科学传播"、"政务微博"、"健康类微信公众号"和"突发公共卫生事件谣言"类文章最多，文章涉及微博、微信、新闻客户端、直播 App、短视频 App、音频 App、电商 App 等多类平台，部分文章还关注到 ACG 社群、抗癌人群、公益群体等小众或边缘人群。

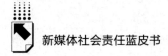

当前 ACG 社群已成为网络空间中一股充满活力和影响力的亚文化力量，《中国网络 ACG 社群的发展：文化实践、社会作用与调适路径》关注社群成员极具风格特征和情感热度的参与式文化实践，指出 ACG 社群存在成员媒介素养参差不齐、管理规制滞后及"饭圈"逻辑渗透等沉疴新疾，应当促进理性娱乐价值的复归、实现社群的健康发展，政府、平台、社群成员应各尽其责，在提升监管水平、完善法律法规、引导社群氛围等方面做出努力。

随着互联网在公共卫生领域的渗透，社交媒体成为大众了解癌症最便捷的渠道之一。《增能与重塑：社交媒体何以赋权癌症患者》发现癌症患者在环境与角色的双重压力下承受巨大的情绪冲击，但新媒体提供的叙事空间为患者—网友搭建了支持通道，新媒介时代的叙事治疗不仅成为癌症患者线下困境的解决路径和重构人生的出口，也能有效地打破人们对癌症的固有认知，消解社会对癌症的文化偏见。

《微信公众号公益动员的组织规范与社会责任——基于对"罗一笑事件"的社会资本分析》将视角聚焦于社交媒体平台的公益动员活动，指出仪式感的强化和情感化的叙事有利于形成快速、大量的人群聚集，但也容易在动员发起者的动机、动员对象的说辞、动员信息传播者的关系网络等方面招来真实性和可靠性的质疑，损耗公益动员主体的信任资本。应明确动员相关主体的功能定位，合理约束动员活动的不当行为，有效保障动员主体的信任资本，以此实现公益动员的目标。

3. 热点聚焦：年度热议事件提供问责切口

《中国新媒体社会责任研究报告》案例篇共 45 篇文章，研究对象 42 个。文章主要结合年度热点议题、重大公共事件及分析媒体的社会责任问题，如"暴力伤人""虐待儿童""问题疫苗"等社会热点事件，这类事件不仅传播范围广泛引发较高社会关注度，通常还伴有"网络暴力""反转新闻"等典型媒体伦理失范现象，典型案例不仅能针对新媒体内容、用户、平台提供问责切口，也在"健康传播""科学传播""风险传播"等研究方向上具有现实启示意义。

2018 年 10 月，重庆万州一公交车在万州长江二桥桥面与一小轿车发生碰撞后坠江，事故原因尚未查明之时，多家媒体报道引导轿车女司机为事故诱因，引发社交媒体大面积舆论暴力。但随着警方调查结果的公布，该私家车正常行驶的真相使舆论得以扭转，"重庆公交车坠江事件"成为近年来反转新闻的典型代表。《反转新闻中关于自媒体新闻报道策略的思考——以"10·28"万州公交车坠江事故为例》指出自媒体在报道过程中无法保证新闻真实，采用情绪化的叙事策略对新闻做标签化的处理。预防反转新闻、纠正行业乱象和维护风清气正的媒体环境需要媒体、政府部门和公众三方共同努力。

2018 年 11 月，人民网深圳频道文章《世界首例免疫艾滋病的基因编辑婴儿在中国诞生》发布后，在新媒体平台迅速发酵，微博实时热搜的话题等级为"沸"，11 月 27 日事件达到舆论顶峰，当日微信公众号有关"基因编辑"10w+的文章高达 50 篇，日阅读量 24509153 次。《科学传播中的新媒体呈现与伦理责任——以"基因编辑婴儿"事件为例》，分析了新媒体在"基因编辑婴儿"中的角色呈现、议题建构与舆论引导，指出新媒体空间开放、多元、互动的特征为公众参与科学事件讨论提供了平台，信息的快速传播、意见的动员聚合催生着网络空间到现实空间公共议题的形成，在信息层、传播层、价值层对新媒体提出了更高的要求，应当重新审视与聚焦科学传播中的新媒体责任，以期更好地发挥媒体价值与实现公共服务。

2022 年 7 月，"粉发女孩"郑灵华因染着粉色头发在爷爷病床前分享考学成功的喜讯，在社交平台遭到长达近半年的极端网络暴力，最终不堪重负于 2023 年 1 月离世。"知微事见"平台显示该事件的舆论影响力高于 83%的社会类事件，议题热度高且参与者众多，在道德、文化和网络暴力等议题上具有很强的代表性。文章《网络暴力事件中的平台责任问题研究——"粉发女孩网络欺凌事件"案例》通过对"今日头条"、"百度百家号"及"新浪微博"三大平台的网民评论进行内容分析，从"数据化"、"商业化"及"选择"三层机制出发，探讨了网暴案件伴随平台机制发生的过程，指出了平台在网络暴力问题中的社会责任。

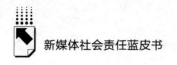

三　智能化冲击与展望：新媒体社会责任履行的环境变革与应对调适

党的十九大以来，在全国各地部署"国家新一代人工智能创新发展试验区"成为我国加快实施创新驱动发展战略的关键举措。在科技进步主义话语主导社会发展的语境下，不断更新的媒介科技强势驱动我国新媒体迈入以人工智能为核心的新发展阶段，传媒生态在用户、渠道、终端、场景、应用情境、商业模式等领域发生全面变革。但智能技术在创新的同时也带来了一系列"创造性破坏"，传媒伦理失范与责任异化现象的频发一定程度上侵蚀了公共利益，在智能技术背景下，针对新媒体履责场景的环境变革和针对媒体责任伦理的应对调适展开探讨具有时代紧迫性。

（一）智能时代新媒体社会责任的全新冲击

智能媒体时代，算法、算力和数据三大要素协同爆发，促进了传媒新质生产力要素的不断优化。在智能技术的应用过程中，技术本身的复杂性或行为主体违背基本伦理规范造成价值失衡与行为失当，给个人与社会带来了多方面的不确定损害，并对现有的新媒体伦理规范与责任秩序产生强烈冲击。"智能陷阱"对当前信息场域造成的秩序失控包括智能写作及新闻失实风险、算法推荐及舆论分化风险、数据挖掘及隐私侵犯风险等，智能媒体社会责任应重点关注技术带来的伦理道德与责任秩序的变化。

1. 智能写作及新闻失实风险

人工智能技术嵌入新闻业引发了新闻传播实务诸多流程的根本性变革，智能生成自动化新闻（Automated Journalism）便是其中之一。在NLP（自然语言处理）和NLG（自然语言生成）技术辅助下，机器逐渐摆脱传统传播的"中介"角色，成为人机传播（Human-Machine Communication）视域下动态参与传播的主体之一。作为传播主体的智能机器在进行新闻写作时，主要依靠自动化数据采集与结构化处理分析来判定新闻价值，提炼报道选题后通过套用预设模板转化成叙事体新闻文本。智能写作的代表性应用包括《洛杉矶时报》的 Quakebot、《华盛顿邮报》的 Heliograf、"新华社"的"快笔小新"、"今日头条"的"Xiaomingbot"、"第一财经"的"DT 稿王"、腾讯的"Dreamwriter"以及《南方都市报》的"小南"等。

从新闻生产的角度来看，智能机器写作一定程度上变革了传统新闻业的信息采集环节，将记者从繁杂的重复劳动中解放出来，使新闻生产效率极大提高。但正如 Narrative Science 公司创始人 John Templon 所说："算法新闻有一个至关重要的要素——底层数据质量，坏的数据产生坏的报道。"[①] 一旦缺乏对所抓取数据质量与真伪的深度分析与详细甄别，就会存在新闻失实、新闻反转和"后真相"的风险陷阱，对负责任的新媒体形象造成极大冲击[②]。并且随着当前智能技术的革新，智能写作的新闻失实风险已不再局限于图文形态，基于"深度伪造"（deepfake）技术的虚假视频内容具有极强的迷惑性与欺骗性，更是无形之中提高了虚假新闻的甄别难度与进行信息辟谣的资源消耗，带来不容小觑的社会隐患。

2. 算法推荐及舆论分化风险

就驱动新闻传播的人工智能技术而言，其核心构成是算法与数据，内在逻辑是基于机器学习形成自主决策[③]。在数据收集的基础上，使用算法逻辑替代人类判断，个性化新闻推荐系统将媒体对公众进行议程设置的权力转移到了算法生成上。传统新闻业的分发环节主要依赖人工价值判断，不仅时刻体现公平、公正、客观、专业主义等核心精神，也承担着善良、平等、自由、道德无缺等伦理价值。但算法推荐颠覆了传统"把关"模式的分发原理，通过挖掘浏览偏好、个人特征、地理环境和历史足迹等数据总结用户兴趣图谱，再将标签化的用户与信息产品适配，这种个性化信息服务虽然有利

---

① https://www.sohu.com/a/117363665_465296.
② 杨保军、杜辉：《智能新闻：伦理风险·伦理主体·伦理原则》，《西北师大学报》（社会科学版）2019 年第 1 期。
③ 许根宏：《人工智能传播规制基础：伦理依据与伦理主体的确立》，《学术界》2018 年第 12 期。

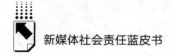

于提高用户获取新闻内容的效率，但随之而来的算法权力操纵与舆论分化风险也在一定程度上体现着新闻媒体责任的缺位。

英国文化研究学者斯科特·拉什（Scott Lash）认为，"在一个媒体和代码无处不在的社会，权力越来越存在于算法之中"[①]。首先，既然算法是由人设计的，那么算法不可能会比算法设计者更客观，算法设计者对问题的理解、对数据的选取、对变量的选择、对效果的评估等操作，使算法不可避免地体现着人的主观判断与价值立场[②]。其次，算法是通过现实社会中已存在的数据进行训练和学习的，这些数据很可能是有局限的、有缺陷的甚至是错误的，只要人类社会还存在意识偏见和道德瑕疵，那么看似"价值无涉"的算法就可能会被渗透特定的价值观和意识形态。算法在潜移默化之中行使的社会权力主要体现在，通过塑造新的认知与行为模式来控制人们对世界的看法，进而对信息环境和舆论场域进行操控。算法推送看似迎合个性化取向实则侵蚀自由选择权，通过强化个体原有的态度立场窄化了社交网络的对话空间，并最终形成"过滤气泡""信息茧房""信息孤岛""回音室效应"等现象，同质化群体的内部一致性和异质化群体间的区隔无限加剧，带来社会舆论分裂的潜在风险，使得民主社会得以良性运转的社会共识难以达成。

3. 数据挖掘及隐私侵犯风险

从新闻线索自动采集到新闻机器写作再到新闻资讯个性分发，人工智能新闻生产的核心在于海量数据的搜集、存储和处理，以及算法模型的生成、优化与应用。在传统媒体时代，对个人隐私披露是否允许以及如何使用的权力主要掌握在职业新闻工作者手中，在专业人士职业伦理操守与法律法规外部制约的双重力量下，形成了一套对受访者/当事人的成熟的隐私保护策略。但随着智能媒体的普及，曾经清晰可见的公私领域区隔趋向消融，个人隐私

---

① 王茜：《打开算法分发的"黑箱"——基于今日头条新闻推送的量化研究》，《新闻记者》2017年第9期。

② 张超：《作为中介的算法：新闻生产中的算法偏见与应对》，《中国出版》2018年第1期。

边界也出现本质性的变化①。在数字化社会中，自然人以虚拟实体的"数字人"形式存在，人类言行举止以数字化方式呈现和传播，这意味着个人数据能被放置于纯粹私人空间的现象已不复存在，相反，对智能设备、信息系统、数字平台而言，个人隐私信息成为无私可隐的"公共数据"。

"被遗忘权"是近年来公民个人隐私的探讨焦点，牛津大学教授维克托·舍恩伯格（Viktor Schönberger）认为"遗忘变成例外，记忆变成常态"已经成为智能时代信息安全的一个隐患。公民拥有隐私权与"被遗忘权"意味着个人可以自主决定在什么时候、以什么方式和在何种程度上将自己的信息向别人传播。但当前，在智能媒体提供的个性化、沉浸式新闻消费中，用户信息常在并不知情或无法自控的状态下被挖掘、监视和跟踪，智能技术监控造就出渗透性极强的"数字全景监狱"，除了带来隐私泄露、数据安全方面的隐患外，还极易造成媒体平台的数控垄断和算法操控现象。因此，在保护用户隐私、善用数据资产、维护信息安全方面实现数据善治②，是智能媒体时代必须考虑的法律与伦理议题。

（二）智能时代新媒体社会责任的未来展望

智能技术在新闻生产传播中的应用会造成一定的负面社会影响，但智媒时代的媒介生态是由多元化主体构成的，除新闻机构、新闻工作者、新闻受众外，现已延伸至算法工程师团队、内部和外包的程序员、数据收集者和挖掘者等人群，且互联网平台以及算法技术本身作为伦理行动者也进入新媒体社会责任的话语框架。因此，对新媒体失范现象进行问责时的"主体困境"成为突出问题，围绕全新问责主体而衍生的"如何施加责任、如何承担责任、承担责任能否为当事人所接受"等一系列问题也亟待探索。

---

① 顾理平：《超越边界：智媒时代公民隐私保护的核心逻辑》，《湖南师范大学社会科学学报》2023 年第 1 期。

② 张虹、熊澄宇：《用户数据：作为隐私与作为资产？——个人数据保护的法律与伦理考量》，《编辑之友》2019 年第 10 期。

1. 智能时代新媒体社会责任的主体困境

传统认知中在线数字平台是传输和交换数据的信息技术基础设施，平台作为网络服务提供者时有中立性，由于并不直接涉足新闻内容制作，因而不属于新闻传播范畴，很多互联网平台企业往往也不承认自身的"喉舌"属性与媒体性质。但当今媒体平台借助个性化信息精准推送服务，在新闻分发和互动环节产生巨大动能，逐步实现对网络表达与传播的直接介入与隐性垄断，建立起智能媒体时代网络社会传播的权力新秩序。此外，平台还依靠愈发多元的服务功能，集中大量人类交往活动和商业活动，嵌入了更广大的社会文化和政治经济语境中，具有影响生产生活以及赋能社会系统的强大能力。

平台媒体的责任伦理关注点主要在数据和算法两个体系，算法是平台的具体行为与事实构成，数据是算法行为所依赖的内容要素，主体、行为、责任形成一个完整的责任链[①]。从数据角度而言，用户的网络使用痕迹常在不知情的情况下被平台精准监测、非法采集和过度分析，但平台侵犯个人隐私权和数据所有权的手段十分隐蔽，不仅增加了侵权行为的识别、评估与判定难度，也给对平台进行社会责任规制增加了困难。从算法角度而言，平台算法带来信息生产与传播的缝合化，使信息生产权利日渐向技术和个人转移，造成权责划分不分明、义务履行不持续的现象，因此在算法平台定责困难的背景下，智能技术承担"价值观拷问"和"追责挡箭牌"的责任主体推诿现象屡见不鲜。

近年来，图像识别、机器写作、医疗诊断和自动驾驶等技术发展突飞猛进，进入人工智能时代以来，智能算法已经逐渐超越计算机程序形式，不仅具备越来越强的自主学习与决策功能，甚至作为现代社会底层架构的一部分，在教育、执法、金融、社会保障等领域不断接管人类让渡的决策权。算法正从单纯技术工具逐步升级为复杂自主性体系，造成算法社会权力的与日俱增及权力滥用引发的算法外部性不断膨胀[②]，对算法进行道德要求、伦理

---

① 曾白凌：《媒介权力：论平台在算法中的媒体责任》，《现代传播（中国传媒大学学报）》2021年第10期。

② 肖红军：《算法责任：理论证成、全景画像与治理范式》，《管理世界》2022年第4期。

规约与责任认定具有正当性和合理性，其作为新的权力掮客受到相应的社会责任约束成为必然。

当前算法已逐渐从工具从属地位跨越到技术主体地位，其作为责任主体时却存在明显的"责任鸿沟"（responsibility gap）[①] 问题，主要表现为算法不透明、算法黑箱以及人机共同构成的复杂系统的混沌状态等原因导致机器行为的不可解释性或难以解释性[②]，是一种应该归责的"应然"与实际归责的"实然"之间产生的"规范性错位"（normative mismatch）。技术上的未知性与不可控性使得算法与人的行为分离，进而导致人的行为与引发的责任的分离，传统"行为—责任"的逻辑链条被算法的自动决策切断，从而使传统的责任规制手段无法有效作用于算法系统。与传统时代责任模式的个体性行为导向不同，算法设计者、控制者、所有者与不同利益方在内的多主体交织，使算法时代的责任模式表现出发散性特质与集体性特征，随之产生的个人责任模糊化趋势也大大增加了算法问责在评价、判断和监督方面的难度。

2. 智能时代新媒体社会责任的实践路径

数智技术背景给新媒体社会责任的理论与实践层面带来了新变化，平台和技术作为新的责任主体也向新媒体责任伦理场域和新媒体责任关系构成提出了新要求。基于价值调式和责任建构的生态治理升级是智能时代新媒体高质量发展的题中应有之义，当前在明确作为媒体的平台的主体责任和算法作为技术主体的归责范围后，应当对新的责任认知和履责实践在智能时代的媒体领域持续进行更精细的调适，这是人工智能时代网络空间优化规制与智能媒体预防式治理的必然路径。

（1）培育责任融合型媒体系统，塑造智能技术"向善"基因

首先，培育责任融合型智能媒体系统，在算法中嵌入社会责任的理念要

---

① Andreas Matthias, "The responsibility Gap: Ascribing responsibility for the Actions of Learning Automata", Ethics and Information Technology, 6（3），2004，p.177.

② 王娟、汤书昆、秦庆：《道德责任鸿沟的消解——智能媒体算法责任研究》，《全球传媒学刊》2023 年第 5 期。

求和具体元素，使其通过责任训练与学习不断自我发展进化，在伦理准则以及法律规范的框架下形成稳定的负责任判断标准、推理模式和决策能力，使智能媒体系统能够对各种复杂场景做出负责任的反应，始终体现可靠性、多样性、公平性和非歧视性等运行原则，成为如康德式机器（Kantian Machine）般的人工责任（道德）行动体，不仅在道德上可接受或合乎伦理，还能够为社会创造最大化综合价值、最大限度增进社会福祉。

其次，对智能媒体系统实现"有意义的人类控制"（Meaningful Human Control），人机混合系统的责任主体应为可信赖、可担责的人类行动者，因此需要针对智能媒体全生命周期内的每一个相关行为，注明与之最为相关的人类行动者，确保该行动者不仅充分了解智能媒体的功能和缺陷，又有足够的道德意识与相应的道德实践能力。如此为智能系统全流程附着详细的可追责性信息，并将责任还原追溯至每个行动体，是一种"分布式责任"（distributed responsibility）的问责与追责机制，能以整体系统视角和动态结构模式看待人机多行动者交互的责任网络，完成对智能媒体系统的社会责任追究①。

最后，要培养塑造智能媒体系统的"向善"基因。人工智能"向善"在当前媒体实践中已有不少案例，如 Google 开发的 Explainable AI、Fairness indicators、TF Privacy 等技术致力于实现可解释性、公平性、隐私保护的目标，以降低算法黑箱带来的风险和伤害。微软开发的 Interpret ML 软件可用来训练黑箱系统的可解释性，帮助用户了解算法模型的全局行为或了解各项预测行为的动因。微软开发的 Fairlearn 软件授权开发人员评估 AI 系统的公平性，并减轻任何可观察到的歧视性、不公平等问题②。智能媒体系统应以人类社会基本的伦理准则为底线，以科技向善、算法向善为主线，使其操作模式与运行结果符合社会公序良俗和公众良善预期，自觉接受外部力量对其向善实践的督促监管与公开质询，将外部监管的评估结果以及智能媒体内部

---

① 闫宏秀：《数据时代的道德责任解析：从信任到结构》，《探索与争鸣》2022 年第 4 期。
② 邵国松、黄琪：《媒体智能化的伦理准则及执行方案》，《传媒观察》2023 年第 7 期。

针对性改良的反馈情况作为问责的一部分向社会公开发布①。

（2）推动形成责任内生型平台，构建数据分类与管理机制

首先，推动形成责任内生型数智平台。将社会责任融入平台的组织使命、组织价值观、组织运营与管理中，超越平台发展由资本主导的逻辑，超越平台自利导向的效益最大化追求，使平台在营利性与社会性之间、专属性与公共性之间寻找适应性平衡，进而内生出对社会负责任和贡献于可持续发展的动力或意愿。责任内生型平台首先应积极实现自我治理，自觉承担自我审查、自我约束、自我规范等必要的主体责任②，此外，还要主动制定交易与运行规则、奖惩与争端解决规则等平台内部治理规范准则，保证这些规则在平台范围内具有强制性的监督、裁决、处罚能力，有效对各类主体的权利义务等进行实质性约束。

其次，构建数智平台数据分类与管理机制。数智平台拥有包括消费行为、交易内容、物流信息、个人住址、社交关系、移动行程、地理位置等在内的全情境、全要素、全过程数据，承担着确保数据透明与安全、防止数据泄密与滥用、提升数据利用价值等责任义务。针对不同类型的平台数据，应建立数据分级治理标准，涉及国家安全的重点数据主动上报相关政府部门配合监管，涉及行业发展的数据则通过数据分析、数据评估、数据清洗等多流程提升数据质量，确保数据利用效率③，完善信息泄露防御体系，保护数据的存储安全。同时，对平台数据收集与利用也要设立具体标准，防止算法支配下的数字资本盲目扩张以及权力垄断倾向，对此可以在进行数据处理活动时加强信息备案制度，作为日后考察平台数据时针对过错的问责点。

最后，完善公众参与平台监督的责任共担路径。《新一代人工智能治理原则》规定了共担责任的原则，指出人工智能研发者、使用者及其他相关

① 邵国松、黄琪：《媒体智能化的伦理准则及执行方案》，《传媒观察》2023 年第 7 期。
② 范如国：《平台技术赋能、公共博弈与复杂适应性治理》，《中国社会科学》2021 年第 12 期。
③ 韦苇、任锦鸾、杨青峰：《短视频平台数据治理框架和机制研究》，《电子政务》2022 年第 4 期。

方都应具有高度的社会责任感和自律意识，需要共同承担人工智能研发应用所可能产生的后果①。平台的有序发展与算法的合理使用离不开公众的参与和监督，因此平台应该公开面向用户的重大规则决策过程，以易于公众理解的方式公开算法规则，对公众信息数据的处理规则进行解释说明，给用户更多的赋权以制约平台私权力的滥用。公众作为履责主体之一，也应该树立起前瞻性的道德责任观念，主动查阅平台定期发布的个人信息或数据保护的社会责任报告，对平台在个人信息处理和用户数据使用中的违法违规之处及时进行投诉或举报。

（3）加强智能技术伦理教育，提升媒体用户算法素养

当前公众在使用人工智能技术时，仍普遍缺乏具体且通用的规范意识，因此构筑智媒时代的伦理基底，加强社会整体的智能技术伦理教育，是当下媒体责任监督与网络空间治理的重要任务之一。首先要提高人工智能相关技术人员的伦理素养与道德意识，为算法设计师、程序员等人群提供平等、公正、非歧视、可持续发展等技术伦理培训，强化智能技术人员对主流信息伦理的价值认同，从而在使用智能技术时更好地坚持"为人类造福"的最终伦理准则和"以人为本"的最高发展原则。

此外，用户群体在使用算法产品和服务时，要始终明确个人在算法产品和服务中享有的权利。主动学习相关算法知识、算法技能与算法规范，不迷信算法处理与决策输出，运用理性对算法运行流程进行质疑、评估与批判性思考。当遇到算法歧视、算法偏见、算法剥削、算法劫持等算法侵害问题时，应学会通过有效和合理途径向算法监管方举报，运用正当手段维护个体利益。在算法使用过程中，用户要提高道德水准、培养高尚情操，自觉抵制向算法投喂猎奇、恶俗或有害的信息，让算法服务于自身发展与进步，承担起肩负的社会责任，充分体现出智能时代用户算法素养的社会意义。

总而言之，智能技术拓展了新媒体语境下的责任主体边界，要求新媒体社会责任在履责主体方面形成整体性理念，克服单一履责主体存在的私利

---

① 代金平、李杨：《构建负责任的人工智能社会治理体系》，《山东社会科学》2022 年第 8 期。

性、短视性以及壁垒性等问题，政府、平台、用户甚至智能技术本身，多元主体通过整体运转和相互联动，构建多方协力、运转协调的整体性治理网络，并将视角从结构的、静态的新闻场域转变到复杂的、互动的社会现象中来，才能最有效地发挥出人工智能的社会价值与治理作用，让智能技术成为新媒体社会责任履责新场景下的有力武器。

评 价 篇

B.2
国家级新闻网站社会责任及其评价
（2014~2024）

张思怡*

摘　要： 本文对以国家级新闻网站为首的新型主流媒体在 2014~2024 年十年间的社会责任践行状况进行历时性分析。基于对八家国家级新闻网站的新闻报道进行内容分析，以及对包括采访稿、报告等多形式网络资料的分析发现，国家级新闻网站在这十年之中的社会责任践行呈现较为明显的阶段性重心转移与多元化的趋势和特点，通过打造优质信息、创新价值引领新模式以及强化信息反馈等方式践行社会责任。数字技术的发展、融合叙事理念的融入以及门户网站平台化是塑造主流媒体社会责任践行的内在逻辑，推动主流媒体实现信息的数字化聚合，以多模态、情感化的方式触达受众、内容、关系、服务网络的集成。基于前述分析，本文提出主流媒体应进一步通过打造数字化新闻生态、构建跨平台传播体系和综合性信息服务平台的方式助力

* 张思怡，博士，中南财经政法大学新闻与文化传播学院讲师，主要研究方向为网络与新媒体传播、政治传播。感谢中南财经政法大学新闻与文化传播学院硕士研究生张雨欣、白蓉蓉在研究过程中提供的帮助。

新型主流媒体更好地践行社会责任。

关键词:　国家级新闻网站　社会责任　融合叙事　媒体生态　主流媒体

自 2014 年 8 月 18 日《关于推动传统媒体和新兴媒体融合发展的指导意见》的政策颁布至今，传统媒体与新兴媒体融合历经十年，媒体生态发生巨变。媒介融合不仅重塑了传媒生态，变革了内容生产和传播的流程，也在形塑媒介连接内容、用户、服务的底层逻辑。新闻网站被视为媒介融合进程中的传统媒体，然而，从新闻网站本身的发展历程来看，其自身作为传播媒介也在经历媒介融合的洗礼与审视。从最初作为呈现、发布信息的静态网页，逐渐发展成为纳入具有分享、互动特性的社交网络的传播渠道，到今天拥抱人工智能、大数据、元宇宙等变革性技术的传播网络中的信息节点，新闻网站正在不断重塑自身在信息传播格局中的功能、角色和位置。

与此同时，媒介融合也在重塑媒体社会责任履行的基本逻辑和表现形式。新闻网站以信息生产与发布作为社会责任践行的最基本也是最核心的方式，今天这一核心方式的操作流程、表现形式正发生深刻变化。而媒介技术变迁叠加社会结构的变动则要求新闻网站在信息生产之外寻求更加多元化的用户触达方式和价值引导形式。国家级新闻网站作为主流媒体中的主力军、全媒体传播体系中的核心一环，重建话语权，深入民间舆论场核心地带，参与政治沟通活动，提高社会共识程度①，推进国家治理体系和治理能力现代化，是其责任践履的新要求和新重心。

2014~2024 年，国家级新闻网站走过变革的十年。本文将着重关注以下三方面的内容：其一，十年之中国家级新闻网站社会责任践履是否呈现阶段性特征，每个阶段的社会责任履行方式是怎样的；其二，媒介融合具体是如

---

① 朱春阳、刘波洋：《媒体融合的中国进路：基于政策视角的系统性考察（2014-2023 年）》，《新闻与写作》2023 年第 11 期。

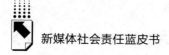

何重塑国家级新闻网站社会责任履行，呈现哪些特点；其三，在此基础上，针对其社会责任履行特点提出一定的对策、建议。

一　研究设计

国家级新闻网站是指由中央新闻单位、中央国家机关各部门新闻单位依法建立的互联网站。本文选取首批经国务院新闻办公室批准的 8 家中央新闻网站，即人民网、新华网、中国网、央视网、国际在线、中国日报网、中青网、中国经济网作为研究对象。《中国新媒体社会责任研究报告》从 2014 年开始对国家级新闻网站展开了长达十年的量化分析与评价，分别在 2014、2016、2017①、2018、2019、2020 ~ 2021、2022、2023 年进行评价和考察，既就当年国家级新闻网站对社会责任践行的表现进行评价，提供对策建议，又构成一份长达十年的历史记录和文献资料。本文一方面对 8 家国家级新闻网站在 2024 年的社会责任践履现状展开量化评价，同时以这连续的记录作为分析资料，对其在 2014 ~ 2024 年十年间的社会责任实践进行回顾、总结和展望。

除了以蓝皮书发布的历年文章作为资料来源，研究还收集了国家级新闻网站的历年大事记、对网站负责人的采访稿、相关研究论文以及中国记协发布的《媒体社会责任报告》作为相互印证的背景信息和分析资料。2024 年的评价从 8 家国家级新闻网站的重点新闻推荐板块进行资料收集。采用等距抽样法，以 6 月 28 日作为初始日期，以后每间隔五天选一天，最终构造了包含 6 月 28 日（星期五）、7 月 3 日（星期三）、7 月 8 日（星期一）、7 月 13 日（星期六）、7 月 18 日（星期四）、7 月 23 日（星期二）、7 月 28 日（星期日）这七天在内的组合构造周，对 8 家网站进行内容抓取。课题组成员在每天的 20:00 到 24:00 之间进行数据采集，剔除视频新闻等无效内容，

---

① 当年有数据观测。

从 8 家网站共采集了 676 篇新闻报道①，构成本文的分析对象。

对收集回来的新闻报道采取内容分析法进行分析。评价阶段分为试编码和正式编码两个阶段，试编码阶段两名经过培训的成员在所有题项的 Krippendorff's α 复合信度达到 0.83，除信源数量和职业类别题项的信度稍低，总体符合内容分析的信度要求。编码完成后，通过 Excel 软件对数据进行汇总和统计分析，根据汇总数据对 8 家国家级新闻网站的社会责任表现进行量化评价分析。8 家新闻网站社会责任得分及排名情况见表 1。

表 1　2024 年国家级新闻网站社会责任得分情况

单位：分

网站名称	一级指标				总分
	信息生产	价值引导	文化教育	协调沟通	
央视网	2.1480	0.4787	0.5481	0.9119	4.0867
人民网	2.2940	0.3711	0.3705	0.9966	4.0322
中国网	2.1929	0.6730	0.3660	0.7804	4.0124
中国经济网	2.3148	0.5332	0.3546	0.7795	3.9821
中青在线	2.1015	0.5685	0.3361	0.9712	3.9772
新华网	2.2317	0.5887	0.2852	0.8292	3.9349
中国日报网	2.1660	0.4064	0.4372	0.8388	3.8483
国际在线	2.1087	0.4168	0.4242	0.8289	3.7786

二　国家级新闻网站十年来社会责任践履情况考察

总体而言，国家级新闻网站在 2014~2024 年十年之中的社会责任践行呈现出较为明显的阶段性重心转移与多元化的趋势和特点。

（一）阶段一：立足新闻内容，打造优质信息（2014~2017 年）

2014、2016、2017 年国家级新闻网站社会责任的平均得分分别是 3.5600、

---

① 为了更好进行样本之间的对比，单个网站收集到超过 150 篇新闻报道的，随机选取其中的 50%报道作为编码样本。

4.1337、3.8023，历年平均得分率分别是71.2%、82.67%、76.05%，总体表现维持在一般到较好之间。① 从表2可以看到，2014年，5个一级指标中，各指标分值较为接近，得分率由高到低分别是信息生产（79.46%）、教育大众（72.51%）、协调关系（69.13%）、提供娱乐（66.28%）、文化传承（65.20%），其中信息生产的得分和得分率均排名第一位。2016、2017年4个一级指标中，各指标分值差距拉大，这与社会责任体系指标权重的调整紧密相关，信息生产被赋予更大的权重，与此同时，国家级新闻网站对信息质量和流程控制更加重视，信息生产的得分率均接近90%。

表2　国家级新闻网站2014~2017年社会责任得分对比

单位：分，%

年份	得分情况	信息生产	教育大众	文化传承	提供娱乐	协调关系
2014	平台均分	1.0147	0.7048	0.6177	0.5677	0.6551
	均分得分率	79.46	72.51	65.20	66.28	69.13
年份	得分情况	信息生产	社会监督	文化教育		协调关系
2016	平台均分	2.3305	1.0469	0.4317		0.3246
	均分得分率	88.18	75.99	83.26		70.41
2017	平台均分	2.3071	0.7674	0.4156		0.3122
	均分得分率	87.29	55.71	80.16		67.72

　　从具体的单个网站来看，8家国家级新闻网站在2014~2017年，排名总体相对稳定，人民网、新华网处在第一梯队，历年社会责任得分均高于当年平均得分，中国网和央视网处在第二梯队，历年社会责任得分在均值附近波动，中国经济网、中青在线、中国日报网、国际在线处在第三梯队，历年社会责任得分均低于当年均值。本阶段内，人民网和新华网在信息生产指标上的得分表现优异，得分率均超过90%。8家国家级新闻网站信息生产最低得分率也达到68%，较其他一级指标表现更好。国家级新闻网站对新闻报道

---

① 满分以5分计，其中1分代表很差、2分代表较差、3分代表一般、4分代表较好、5分代表很好。

的权威、真实、时效、全面、深度等信息质量方面的关注度高，在信息发布方面展现出强烈的责任感和使命担当。

原创作为衡量新闻报道质量的重要维度，国家级新闻网站均有亮眼表现。人民网、新华网、央视网和中国经济网文章原创比例较其他网站更高。以 2017 年为例，人民网紧抓社会热点，主动设置议题，结合中纪委七次全会、中央八项规定、反"四风"、中央十二轮巡视工作、国际追赃追逃等反腐领域的重大主题，运用系列原创稿件、整合策划、图解、H5 等方式多维度创新报道。同年新华网全年累计推出原创报道 270 篇，单篇转载媒体平均超过 365 家，成为网络媒体竞相转载的"第一来源"。在专题和系列报道方面，人民网、国际在线、中青在线无论从专题数量还是内容呈现形式的多样化方面均较其他网站表现更好。例如 2016 年，人民网为大力宣传习近平总书记系列重要讲话精神，积极运用新媒体形式创新解读方式，动漫《"不忘初心"成热词 为啥这么火？》、H5《跟习近平学党史国史》、图解《习近平提过的三个"陷阱定律"都是啥》等作品均得到广泛传播。

国家级新闻网站的流程控制制度规范，在信息把关、广告控制、侵权控制方面均有较好表现。在信息把关和侵权控制方面，国家级新闻网站有严格的日常采编流程管理制度，将责任意识贯穿到所有采编发环节。早在 2014 年新华网就设立质量监控室，强化日常监控和专项清理，坚持每周发布新华网质量检测周报，每天发布质量检测日报，为内容安全构筑坚实保障。在广告控制方面，国家级新闻网站设有清晰严格的制度文件和决策程序，执行采编经营两分开的工作机制，从源头上保证采编与经营的独立运行。2016 年，人民网对广告业务合规性进行全流程监控排查，严格执行广告素材的审核和备案，建立问题广告处理流程，加大安全风险防范与管理体系等方面的建设力度。中青在线设立网上广告刊发相关规章制度，加强互联网广告培训工作，广告经营坚持公信力第一原则，杜绝有偿新闻、虚假广告，连续 17 年"广告零处罚"。

（二）阶段二：优化共识塑造，创新价值引领模式（2018~2020年）

2018、2019、2020 年①国家级新闻网站社会责任平均得分分别是 4.1692、3.0382、3.6233，平均得分率分别是 83.38%、60.76%、72.47%，总体表现维持在一般到较好之间。从表 3 可以看到，2018 年 4 个一级指标中，各指标分值差距较大，得分率则相对接近，得分率由高到低分别是信息生产（89.73%）、文化教育（84.37%）、社会监督（74.59%）、协调关系（72.14%），信息生产依然表现优异，文化教育和社会监督则紧随其后。顺应媒介融合大趋势，2019 年新媒体社会责任指标体系和权重进行了新一轮的调整，社会监督、文化教育、协调关系的权重都有了一定比例的提高。相较于 2018 年，2019 年 4 个一级指标的得分率波动较大，2020 年则相对平稳，价值引导（66.07%）、文化教育（59.06%）、协调沟通（65.49%）的得分率均在 60% 左右。

表 3　国家级新闻网站 2018~2020 年社会责任得分对比

单位：分，%

年份	得分情况	信息生产	社会监督	文化教育	协调关系
2018	平台均分	2.3716	1.0275	0.4375	0.3326
	均分得分率	89.73	74.59	84.37	72.14
年份	得分情况	信息生产	价值引导	文化教育	协调沟通
2019	平台均分	2.0867	0.2954	0.2486	0.4075
	均分得分率	83.25	33.57	42.25	39.76
2020	平台均分	2.023	0.5814	0.3476	0.6713
	均分得分率	80.71	66.07	59.06	65.49

从单个网站的得分和排名来看，8 家国家级新闻网站在 2018~2020 年阶段内的排名较为稳定，除 2019 年中国经济网位列第一，2018 年和 2020

---

① 2020~2021 年主要是对国家级新闻网站的 vlog 新闻的社会责任进行评价，数据收集时段为 2020 年 1 月 1 日至 2021 年 5 月 1 日。由于数据收集时段主要集中在 2020 年，故而在行文表述的时候以 2020 年作为代替。

年人民网、新华网、央视网分别位列前三。中青在线、国际在线和中国日报网历年的社会责任得分基本上低于当年社会责任平均得分。本阶段内，各网站在信息生产维度表现依然优异，与此同时，社会监督、价值引导、文化教育的表现除在 2019 年有所波动外，2018 年和 2020 年的最低得分率也保持在 60% 左右。国家级新闻网站顺应全媒体发展趋势，在不断深化报道内容、创新报道模式的同时，也在不断加强对共识塑造和价值引导的关注和重视。

顺应全媒体发展趋势，建立融媒体矩阵，本阶段国家级新闻网站接连推出出圈融媒体专题和作品，助力社会共识塑造，创造新的价值引领模式。在改革开放 40 周年的主题报道中，人民网总网与地方频道联动，中外文同步，图文、音视频、H5、电子书等多种形式呈现，推出多个系列融媒体产品，如联合快手制作的 H5 产品《我家的 40 年回忆》上线 3 天，浏览量过百万，广受关注和好评。同年，中国日报社也推出大型融媒体系列报道"四十年四十人"，报道深入采访了各界知名人士，通过亲身经历者的视角，探究中国改革开放的巨大成就及这些成就对世界的积极影响和意义。这种历史回顾不仅让公众更加直观地感受到国家的发展历程，也增强了民族自豪感和自信心。

（三）阶段三：强化信息反馈，提升沟通效能（2021年至今）

2022、2023、2024 年国家级新闻网站社会责任平均得分分别是 3.6962、3.6789、3.9566，平均得分率分别是 73.92%、73.58%、79.13%，总体表现仍然维持在一般到较好之间，与前面两个阶段的表现持平。从表 4 可以看到，本阶段内，国家级新闻网站在 4 个一级指标的平均分得分率分别是信息生产（83.72%）、价值引导（55.84%）、文化教育（57.42%）、协调沟通（82.88%）。与前两个阶段相比，价值引导和文化教育表现更加稳定，协调沟通则有了长足进步，得分率与信息生产持平，三年的得分率均超过 80%。

表4　国家级新闻网站2022~2024年社会责任得分对比

单位：分，%

年份	得分情况	信息生产	价值引导	文化教育	协调沟通
2022	平台均分	2.0281	0.5224	0.3183	0.8274
	均分得分率	80.91	59.36	54.09	80.72
2023	平台均分	2.0726	0.4472	0.3052	0.8539
	均分得分率	82.69	50.82	51.86	83.31
2024	平台均分	2.1947	0.5046	0.3902	0.8671
	均分得分率	87.56	57.34	66.31	84.59

　　从单个网站的得分和排名来看，8家国家级新闻网站在2022~2024年这一阶段内排名有较为明显的波动，2022年的前三名是人民网、中青在线、中国经济网，2023年的前三名是中国经济网、央视网、国际在线，2024年的前三名是央视网、人民网、中国网。中国日报网在三年之中的社会责任得分均低于当年的社会责任平均分。本阶段内，在协调沟通这一指标上，2022、2023、2024的第一名分别是新华网（92.07%）、人民网（95.93%）、人民网（97.23%），平均得分率均达到92%以上。本周期内，各网站将社会责任践行重心进一步向协调沟通倾斜。

　　协调沟通侧重新闻传播过程中的信息反馈，并且强调线上与线下的互动与参与，其参考指标主要包括协调信息和沟通效能。就协调信息而言，8家新闻网站在新闻报道方面普遍涉及公共性议题，强化对受众需求的关注。新华网推出"聚焦防汛抗洪"专题，积极回应群众对于汛期的各种疑惑；各家网站的新闻报道对于国家经济、日常消费、人民健康等方面都有所涉猎，积极为群众提供相应的信息服务，履行为公众提供信息的首要职责。就沟通效能而言，8家新闻网站主动倾听人民需求，积极回应人民关切。例如2021年4月，人民网从体制机制上进行调整优化，专门设立了"网上群众工作部"，其中新成立的部门专人、专项重点运营"领导留言板"，较好地提升了公众参与度，体现了对群众意见的重视。

三　国家级新闻网站十年来社会责任履行的
特点及原因分析

（一）阶段一：数字技术逻辑下的内容聚合

2014年，在政策的推动下部分央级媒体带头，开始了先行者初试融媒之路。人民网、新华网、中国日报网、中青在线、国际在线先后试水全媒体融合项目，成立中央厨房或者新媒体工作室，初步搭建全媒体技术平台。所谓全媒体平台即综合运用所有的媒体手段和平台来服务新闻报道，突破边界进行要素重组，打破信息的介质分野，实现资源共享，实现一体策划、一次采集、多元生成、多平台发布的信息生产传播流程。在变革理念、政策加持和技术驱动的合力推动下，中央级媒体在传统媒体业务和新兴媒体业务之间、各媒体平台之间完成初步的整合，新闻生产流程实现了再造和重塑。

融媒体推进效果虽然可以通过组织架构的调整、生产流程的再造、全媒体人才的培养等维度来体现，但最为直观的体现仍是新闻报道的生产与呈现。在信息生产方面，人民网、新华网接连进行改版。以新华网为例，2015年进行全面改版，对页面进行了简单优化和重新编排，在"让新闻离你更近"的理念指引下，依托新华社遍布全球的新闻信息采集网络打造新媒体领域的"网上通讯社"，开设了"新华深度"板块，推出动新闻、数据新闻、时空新闻等创新产品；首页开辟"新华网络电视"和"新华广播"专区，为新华社的音视频业务提供了更加贴近网民的展示平台。① 同期的人民网也动作频频，2016年，围绕"做好网上的人民日报，做最好内容的网站"目标，新版首页要闻区由7行增加为11行，导航条从7行精简为5行，新版页面突出内容精品化、设计人性化、视觉规范化、功能个性化的特点；

---

① 《新华网改版"互联网＋媒体"或迎来最好时代》，搜狐网，https://www.sohu.com/a/19149214_125559，最后检索时间：2024年7月13日。

2017 年，人民网进一步重构采编发网络，形成由网端微率先发布、传统媒体深度解读、评论理论引导的新传播格局①。国家级新闻网站强化自身作为内容生产者和发布者角色，优化内容的组织和编排，实现信息的网络化整合。

但是就本阶段而言，国家级新闻网站整体上仍处于媒体融合发展的初级阶段。网站聚焦在内容的筛选、整合与发布，通过在海量信息中对内容进行重组，实现内容间的连接和聚合，充分发挥新闻门户网站"内容立网"的宗旨。技术的数字化却不等于内容组织逻辑和叙事语态的数字化，本阶段将内容聚合作为网站的属性和定位，仍然是基于大众传播模式即点对面的单向传播逻辑。经由超链接对内容进行组织，一方面扩展和延伸了内容的意义②，另一方面，内容也不可避免地受限于组织形式，叙事语态较为单一，同质化程度高，数字化逻辑的渗透程度较低。新闻门户网站的定位也将国家级新闻网站自身框定在内容的生产者与发布者，受众作为内容的消费者的二元划分之中。不少专题内容流于形式，感染力和影响力不够强，难以在内容聚合之外实现真正意义的用户触达和情感共鸣。

（二）阶段二：融合叙事逻辑下的用户连接

随着移动互联网的兴起，以人民网、新华网为首的国家级新闻网站高度重视传播手段的创新和建设，积极发布视频化战略，入局直播和短视频领域，打造集 PC 网站、手机网站、客户端、微博、微信公众号、抖音账号等于一体的全媒体形态。这一举措是对中共中央办公厅、国务院办公厅在2020 年印发的《关于加快推进媒体深度融合发展的意见》中"建立以内容建设为根本、先进技术为支撑、创新管理为保障的全媒体传播体系"的积极响应，有助于在新时期塑造主流舆论新格局，形成价值引导、塑造共识的良好局面。

融合新闻是全媒体体系下新闻报道的新形态，是信息技术迭代升级下的

---

① 《人民网社会责任报告（2017 年度）》，中国记协网，http://www.zgjx.cn/2018-05/30/c_137217396.htm，最后检索时间：2024 年 6 月 8 日。
② 彭兰：《"连接"的演进——互联网进化的基本逻辑》，《国际新闻界》2013 年第 12 期。

新产物。融合新闻重构了新闻的叙事观念，意义组织的底层逻辑和符码规则与传统媒体时期单一的、线性的、封闭的叙事表达有根本不同。在媒介元素方面，文本构成方式呈现文字、声音、图形、图像、动画等媒介元素相融合的多模态叙事，开放的、多维的、层级式的、多空间并置的复合叙事体系①，打破了传统线性叙事逻辑结构。其中对图像语言的塑造与运用是国家级新闻网站融合新闻实践较为突出的特点。在改革开放40周年主题报道中，中国经济网综合运用动漫、图解、小视频等形式，通过纵向的今昔对比、现在与过去的对话，凸显改革开放40年的巨大变化，系列手绘"40年物语"《带你"衣"镜穿越，找回儿时记忆》《"住"有宜居，这里有看得见的改变》，互动H5《经济日报邀你乘坐时光列车，见证40年发展变迁！》等作品在网络空间引发"刷屏"效应。图像语言能够快速且直观地满足受众的信息需求，有助于将微观叙事与宏大主题勾连起来，将主题宣传报道落实到更加具象化的层面。

国家级新闻网站在叙事语态方面亦强调对情感叙事的运用。通过拓展叙事主体，赋予传者、新闻当事人、受众多维度的叙事角色，打破传统新闻叙事以"生产者"为中心的叙事方式，尤其将受众作为"潜在叙事者"纳入作品的情感叙事链条之中，从而强化其情感共鸣②。以2018年新华网获得中国新闻奖一等奖的作品《新闻名专栏：国家相册》为例，该栏目以微纪录片的形式在宏大叙事与个人情感之间找到最佳结合点，选取民俗传承、节庆文化、文明寻根、百姓生活等日常化的主题作为切入口，强化受众作为亲历者、参与者、回忆者的角色构建，引发其对内容的情感共振与认同，鲜活生动地向新时代受众群体传递了主流价值观，得到海内外各阶层受众高度评价。此外，强化声音这一具身性叙事，唤起用户的心理感知，为新闻叙事的

---

① 刘涛、杨烁燏：《融合新闻叙事：语言、结构与互动》，《新闻与写作》2019年第9期。
② 和曼、焦飞越：《信号、表征、沟通与交互：融合新闻的叙事策略研究》，《现代传播（中国传媒大学学报）》2021年第10期。

展开烘托情绪，有助于强化用户的心理认知和情感认同①。2018 年新华网《跃然纸上看报告》作品运用 3D 立体画和折纸动画相结合的手法，首次采用"三维立体书"的形式对政府工作报告中的过去五年成就进行展示，并配以李克强总理作报告的现场同期声，营造出强烈的现场感，为受众带来了全新的阅读体验，使得受众的多重感官都得到满足。

（三）阶段三：平台化逻辑下的服务集成

随着区块链、虚拟现实、人工智能、物联网等新兴技术的出现，数字化生存正在成为现实，数字技术不仅存在于信息或者社交层面，更全面渗透到我们生存的更基础层面②。新闻门户网站也正超越一般意义上的内容平台，向着更加多元的方向发展。媒介融合进入一个新的阶段，内容、关系和服务正逐渐集成到同一媒介平台之上，推进媒体深度融合发展。全面强化新媒体布局，实现全程媒体、全息媒体、全员媒体、全效媒体，成为新阶段媒介融合发展方向的新定位。国家级新闻网站逐渐朝着门户网站平台化的方向迈进，并呈现服务集成的趋势。

国家级新闻网站作为服务平台的作用正逐步显现。新华网聚焦平台再造，秉持"新闻+"理念，探索"政务服务商务"与新闻的有机融合，实现从新闻平台向"新闻+政务服务商务"的综合性服务平台转型。在信息服务方面，新华网 24 小时不间断向国内外用户提供政治、经济、文化、社会等各个方面的信息产品，实现一站式阅读体验。此外，新华网参与搭建运行中国政府网、国务院电子政务一体化服务平台、中国应急信息网等重要政务网站，为社会和公众提供政务信息服务；推出"建言二十大 建功新时代"网络征求意见平台，邀请社会各界为党的二十大建言献策；推出"我为群众办实事"网络平台，向相关机构和人民群众征集"办实事"的案例，截至 2023 年底，平台收到 2.3 万余个案例、6 万多条网民留言。其他国家级网站

---

① 詹恂、祝丹文：《数字新闻学视域下主流媒体融合新闻的情感话语建构——基于第 28-31 届中国新闻奖媒体融合奖项的叙事研究》，《新闻界》2022 年第 4 期。
② 彭兰：《"连接"的演进——互联网进化的基本逻辑》，《国际新闻界》2013 年第 12 期。

也积极推进服务平台的建设，2021年4月，人民网从体制机制上进行调整优化，专门设立了"网上群众工作部"。新成立的部门专人、专项重点运营"领导留言板"，更好地发挥"上连党心、下接民心"的桥梁纽带作用；央视网积极打造"内容+平台+技术"的综合生态，积极布局面向政务服务的"云数智"产品线，推出基层治理大数据平台，打通政务服务"最后一米"，助力经济社会发展和媒体行业的深度融合。

服务网络也逐渐延伸到线下，内容网络、关系网络和服务网络实现连接和汇聚，集中体现在积极助推乡村振兴上。央视网、中国经济网、中国日报网、人民网、新华网等积极投入乡村振兴的帮扶活动，通过公益广告、深度调研、定点帮扶等形式，用实际行动助推乡村振兴。以新华网为例，新华网推出"乡村振兴·看得见的改变"系列数字藏品，将发售所得款用于支持乡村体育事业发展。深入做好定点帮扶和对口支援工作，利用新华社品牌工程，联合地方政府共同打造省级农业品牌，创新打造"乡村振兴与农业品牌建设"平台，有力助推乡村振兴。服务网络的集成是媒介深度参与社会治理的生动展示，通过广泛联结社会，实现自身功能角色的再定位。

四 对策与展望

媒介融合环境下新闻网站社会责任践行方式正在发生变化，呈现数字技术逻辑下的内容聚合、融合叙事逻辑下的用户连接、平台化逻辑下的服务集成的表现形式与特点。为进一步推动国家级新闻网站在数字时代更好地践行社会责任，本文认为可以从以下几个方面着手。

（一）打造数字化新闻生态，夯实社会责任践行基础

数字技术是推动当前新闻发展的主导性力量。数字化新闻生态主要体现在新闻生产的数字化和新闻内容组织逻辑的数字化两个方面，为社会责任的践行提供坚实的数字技术基础。当前国家级新闻网站新闻生产的数字化程度有待进一步提高。国家级新闻网站的数字基础设施建设需要跟进，提前布局

数字新闻生态的技术基础设施，打造新闻生产流程的数字化体系，为打造新的新闻生态提供坚实物质基础。与传统的大众媒体时代以传者为中心的新闻生产结构和流程不同，数字时代的新闻生产的权力结构泛化，新闻生产的网络结构属性凸显，新闻生产的数字化不仅意味着利用新兴技术赋能内容生产和报道，更重要的是厘清数字新闻网络内人、物、技术和机构之间错综复杂的关系，从根本上为数字新闻生态的实现构筑基底。充分利用数字基础设施的便携性、可用性、可定位性与跨媒介性等可供性①，推进数字新闻生产实践的网络化。

另外，国家级新闻网站也需要进一步强调新闻内容组织逻辑的数字化。大众传播时代新闻内容的组织逻辑和形式是专题式、条目式，具有线性的、平面的、简单一目了然的特点。数字时代的新闻内容的组织逻辑应立基于数字化逻辑，该逻辑具有行动性、涌现性特征，呈现立体、复杂、多元的特点。新闻内容的策展和组织需实现信息流的涌动，将自身的内容网络嵌入更大的信息网络之中。新闻网站角色的定位也需要跳出传播实践的中心和绝对的权威，成为信息转换的枢纽和过滤器，是信息网络中的节点式渠道，助推信息流波及更广的范围和更多的人群②。

（二）建立全媒体传播体系，持续优化融合新闻叙事

国家级新闻网站应加快全媒体传播体系的建立，实现报网微端的立体联动。积极覆盖新型社交媒体平台，做大做强平台型媒体矩阵，进一步提升全媒体矩阵的覆盖面、活跃度和影响力，打造新媒体品牌的集群品牌优势，加快新闻网站平台化的发展进程。加强新闻报道在社交平台的二次转化和传播，构建网络化渠道触达用户。此外，还应加大对跨平台兼容性工具的开发。传统媒体与新媒体的运行系统和技术有根本不同，要实现新闻网站的新

---

① Schrock, A. R. "Communicative Affordances of Mobile Media: Portability, Availability, Locatability, and Multimediality," *International Journal of Communication*, 9 (2015), 18.

② 黄旦、李暄：《从业态转向社会形态：媒介融合再理解》，《现代传播（中国传媒大学学报）》2016年第1期。

媒体化或者说实现新闻网站与新传播系统的高效联动需要开发跨平台兼容性工具①。跨平台传播已经成为当下新闻传播的趋势，充分利用不同平台的显著优势，形成优势互补，从而创造出更多使新闻内容与用户连接起来的渠道②。

持续优化融合新闻叙事，进一步创新价值引领模式，加强社会共识塑造。新闻已经成为社会的泛在系统，是无处不在无时不有的弥漫环境，新闻与社会相互渗透合为一体。新闻生产与传播的社交化意味着新闻行动者网络正在不断扩大，新闻实践从以传播者实践为中心转变为以用户为中心。社交媒体以其技术可供性为依据，深度介入人们的日常生活，培育了人的新闻与信息的接收模式，改变了人与人、人与社会的连接方式③，新闻叙事的逻辑受到社交媒体叙事逻辑的深刻影响，融合新闻叙事正是因应这一趋势的产物。融合新闻叙事强调在不同的社会环境和传播环境下的叙事变通，与传统的新闻叙事相比，具有更强的情感性、行动性特征，对人的价值观念、社会民主培育、社会共识塑造有深刻影响。国家级新闻网站需要持续优化融合新闻叙事，充分发挥其作为"环境"对行动者价值的潜移默化的影响。

（三）加快复合型人才培养，打造综合性信息服务平台

在构建全媒体传播体系的过程中，人员结构优化和技能转型升级是核心议题。融合时代新闻的泛化使得无论是新闻机构还是新闻从业者更多扮演着信息汇流、分流、转输的作用，作为信息网络中的节点而存在。新闻传播权力的泛化、传播结构的扁平化也意味着新闻从业者与用户之间结成新的公共信息关系。新闻从业者角色的变化对其专业素养提出更高的要求，一方面，"内容为王"的理念依然需要遵守，打造优质的公共信息是新闻从业者的立

---

① 里文艳：《新时期传统媒体与新媒体融合共赢策略探讨》，《卫星电视与宽带多媒体》2022年第3期。
② 常江：《数字时代新闻学的实然、应然和概念体系》，《新闻与传播研究》2021年第9期。
③ 常江、田浩：《生态革命：可供性与"数字新闻"的再定义》，《南京社会科学》2021年第5期。

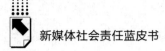

身之本，另一方面，新时代新闻从业者也需要掌握 VR/AR、H5、人工智能、大数据等新技术，具备数据分析、数字化内容制作能力，强化融合新闻叙事能力和跨媒体传播能力，不断提升新闻作品的感染力和传播力，将自身培养成复合型新闻人才。

国家级新闻网站也要重新进行角色定位，继续加强资源整合，强化协调联动，提升沟通效能，为将自身打造成综合性信息服务平台而努力。当前国家级新闻网站在协调沟通方面已经展现出一定成效，一定程度上实现联动社会各阶层，展现其多元面貌。但不容忽视的是，沟通效能仍有待提升，具体表现为公众参与度不高，平台对公众反馈的响应度较低，这在一定程度上限制了其作为综合性公共信息服务平台的功能发挥。国家级新闻网站应进一步加强信息资源的深度整合，构建一个内容丰富、贴近民生、易于获取的信息资源库。与此同时，建立健全平台的反馈机制，确保公众的声音能够被及时听见、有效回应，构建起平台、用户、政府及社会各界之间高效、畅通的沟通渠道，共同推动社会问题的解决与进步。

B.3
媒体微博社会责任及其评价
（2014~2024）[*]

陈 然 邓熙涵**

摘 要： 本文依据 2014~2024 年累积的媒体微博数据，对媒体微博近十年来社会责任的履行情况进行历时性分析。研究发现，随着我国媒体融合战略的推进以及媒介技术的发展，媒体微博从初步探索阶段到快速发展阶段，直至当下的高质量发展阶段，其履行社会责任的意识与能力呈现阶段性上升趋势。现阶段，媒体微博能够较好地履行作为专业媒体的社会责任，但部分媒体微博在传播实践过程中，仍存在追逐热点的趋向，对复杂议题缺乏深度剖析与独立判断，在公共议题讨论中的参与深度和引导力度亦有所欠缺。面对智能时代信息生态的复杂性与挑战性，媒体微博应构建一套适应时代需求的信息核实与验证体系，提升信息生产的创新性与多样性，加强舆论监督的建设性与连续性，同时积极扮演理性协商的组织者与参与者角色，促进社会关系的协调与社会共识的凝聚。

关键词： 媒体微博 历时性分析 社会责任 生成式人工智能

自微博这一社交媒体平台诞生以来，媒体机构便迅速融入其中，利用微

---

* 湖北省高等学校哲学社会科学研究重大项目（湖北省社科基金前期资助项目）"县级融媒体中心创新乡村治理的模式与效果研究"（项目编号：21ZD131）、2024 年度湖北省教育厅哲学社会科学研究项目"新型主流媒体在缓解社会焦虑中的作用机制与路径优化研究"（项目编号：24D062）的成果。

** 陈然，黄冈师范学院传媒与影视学院教授，博士，主要研究方向为新媒体传播；邓熙涵，华中科技大学新闻与信息传播学院 2023 级硕士研究生。

博的即时性、互动性和广泛影响力，不断拓展其信息传播和社会影响的边界。尤其在过去十年间，随着移动互联网的发展以及媒体融合战略的推进，媒体微博已然成为我国民众获取信息、表达意见、参与公共事务讨论的重要渠道。伴随社会影响力的日益提升，媒体微博肩负的社会责任也越来越大。步入智能时代，网络信息环境变得错综复杂，智能生成内容及其背后的机制与模式正深刻影响着人们对公共信息环境的认知、思维方式以及认知行为。[①] 在这一新的背景下，媒体微博在履行社会责任的过程中将面临前所未有的机遇与挑战。如何顺应时代需求，坚守作为专业媒体的社会责任，成为媒体微博持续发展进程中不可回避的重要议题。本文采用历时性分析视角，对媒体微博 2014~2024 年的社会责任履行情况进行系统回顾与评价，通过对比分析十年间不同时期媒体微博的履责表现，梳理其履责水平的主要变化和发展趋势，揭示履责过程中存在的问题，在此基础上提出相应的对策与建议，以期为媒体微博的健康、可持续发展提供有价值的参考和启示，进而推动其在智能时代更好地履行社会责任。

一　研究设计

作为微博空间的专业媒体力量，媒体微博与历史长河中所有的大众传媒一样，肩负着信息生产、塑造共识、社会监督、文化传承和协调关系等多重使命。本文对媒体微博履责表现的评估主要基于大众传媒的角色定位与社会功能，具体从"信息生产""价值引导""文化教育"和"协调沟通"四个维度展开。

（一）研究对象和资料来源

本文基于 2014~2024 年累积的媒体微博数据，对媒体微博近十年来履行社会责任的情况进行历时性分析。本文的研究资料来源于"新媒体社会

---

① 彭兰：《智能生成内容如何影响人的认知与创造？》，《编辑之友》2023 年第 11 期。

责任蓝皮书"课题组 2014~2024 年，依据媒体微博社会责任评价指标体系，对新浪微博平台上高影响力媒体微博账号所进行的九次社会责任评价。本文采用的媒体微博社会责任评价指标体系是基于媒体微博作为专业媒体的角色定位和功能价值，以统一的新媒体社会责任评价体系为框架构建而成。在评估对象选取上，本研究始终聚焦新浪微博平台上的高影响力媒体微博账号。2024 年，本研究再次锁定该平台上具有高影响力的 20 个媒体微博账号，基于最新数据，对 2024 年媒体微博的履责表现进行实证评估。

（二）研究方法和样本选取

本文采用历时性分析，对媒体微博近十年的履责表现进行考察。为了确保历时性分析的科学性，本文依据媒体微博发展的自然进程以及关键政策节点，将其 2014~2024 年的发展历程细分为三个阶段：初步探索阶段（2014 年）、快速发展阶段（2015~2019 年）和高质量发展阶段（2020~2024 年）。阶段细分原因如下：2014 年以前，媒体微博尚处于适应并融入微博传播生态的探索阶段。2014 年 8 月，《关于推动传统媒体和新兴媒体融合发展的指导意见》出台，标志着我国媒体融合上升为国家战略。作为媒体融合实践的重要形式，媒体微博由此步入快速发展时期。而进入 2020 年后，随着媒体融合向纵深发展，媒体微博迈入高质量发展阶段，开始更深层次地融入社会治理与公共服务体系之中。需要说明的是，本研究将 2014 年全年纳入初步探索阶段，原因在于评估所依据的数据主要采集于 2014 年 3 月，彼时媒体融合国家战略尚未全面铺开，媒体微博仍处在适应与调整的探索阶段。

鉴于十年间评价体系历经两次更新，本文在对比分析不同阶段媒体微博各维度履责情况时，特别聚焦于那些具有持续影响力的核心指标，同时结合对媒体微博发展历程的长期、深入观察，以全面揭示其履行社会责任的变化趋势与主要特征。在评估指标的具体测量方面，本研究主要采用内容分析法、关键词搜索法和人工读网核实法。在 2024 年媒体微博社会责任评价中，内容分析样本为 2024 年 5 月 5~11 日 20 家高影响力媒体微博账号发布的全部 4657 条微博信息。为确保分析过程的严谨性与客观性，内容分析的编码工作由两名编码员独立完成，通过计算，两名编码员之间的信度系数高达 83.4%。关键词搜索法和人工读网核实法的数据采集时间为 2024 年 5 月 1~31 日。而媒体微博的社会责任综合评价总分是根据媒体微博账号在各个三级指标上的具体得分，结合各级指标权重计算得出，其满分设定为 5 分。

二 媒体微博十年来社会责任履行状况的整体考察

从十年间各阶段媒体微博社会责任综合评价得分情况看，随着我国媒体融合战略的稳步推进以及媒介技术的飞速发展，作为微博平台信息生产与传播的专业力量，媒体微博从适应与调整的初步探索阶段到"规范化管理"的快速发展阶段，直至当下的高质量发展阶段，其履行社会责任的意识与能力呈现阶段性上升趋势。图 1 显示了 2014~2024 年媒体微博在各阶段的社会责任得分率情况。

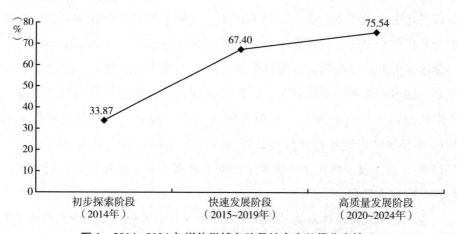

图 1　2014~2024 年媒体微博各阶段社会责任得分率情况

具体来看，2014 年，仍处于初步探索阶段的媒体微博，忙于应对微博场域内的激烈竞争，却往往忽视了自身作为专业媒体在网络空间的社会责任与使命。认知上的局限性导致多数媒体微博在日常运营中容易被社交媒体的快餐文化和娱乐倾向所裹挟，进而影响其履责表现。评估数据显示，2014年，媒体微博的履责水平整体较低，评估账号的社会责任综合得分率均值仅为33.87%。2015年后，随着媒体融合战略的稳步推进，媒体微博不仅成为传统媒体转型升级、融合发展的关键组成部分，也成为互联网媒体拓展传播渠道、深化品牌影响力的重要手段。从评估数据来看，2015~2019年，正处于快速发展阶段的媒体微博在积极适应社交媒体平台生存逻辑的同时，开始逐步探索和明确自身作为专业媒体机构的责任内涵与角色边界，其履责表现取得了较大进步，评估账号的社会责任综合得分率均值达到67.40%。与初步探索阶段相比，媒体微博不再局限于信息的即时传递与海量堆砌，而开始重视信息生产的品质，致力于营造一个积极、健康的网络信息环境。进入2020年后，随着我国媒体融合步入"深度融合"新阶段，媒体微博开始迈入高质量发展的新时期，其在社会责任履行上表现出前所未有的自觉性与创新性。评估数据显示，2020~2024年，媒体微博在信息生产、价值引导、文化教育、协调沟通方面的履责意识和能力有了进一步提升，评估账号的社会责任综合得分率均值上升至75.54%，媒体微博成为维护社会稳定、推动社会治理实践的重要力量。表1显示了2024年20家媒体微博账号社会责任综合评价得分及一级指标得分情况，表2显示了2024年媒体微博一级指标均值及得分率情况。

表1　媒体微博2024年社会责任综合评价

单位：分

媒体微博	信息生产	价值引导	文化教育	协调沟通	总分	排名
人民日报	2.3549	0.5466	0.5369	0.9696	4.4080	1
中国新闻网	2.3455	0.8004	0.5501	0.6322	4.3281	2
人民网	2.3769	0.6260	0.4373	0.8190	4.2592	3
央视新闻	2.1947	0.6919	0.5225	0.7955	4.2046	4
新华网	2.2993	0.5822	0.5414	0.6605	4.0834	5
新华社	2.0846	0.7007	0.4727	0.7459	4.0038	6
每日经济新闻	2.1309	0.6704	0.5712	0.4216	3.7942	7

续表

媒体微博	信息生产	价值引导	文化教育	协调沟通	总分	排名
澎湃新闻	2.0183	0.7196	0.5521	0.5037	3.7937	8
封面新闻	2.2480	0.5177	0.4263	0.5915	3.7835	9
环球网	2.1559	0.6089	0.4285	0.5308	3.7242	10
华商报	2.0778	0.5886	0.4368	0.5892	3.6925	11
四川观察	2.0730	0.5124	0.5358	0.5425	3.6637	12
极目新闻	2.0825	0.5595	0.4561	0.5563	3.6544	13
荔枝新闻	2.0877	0.5507	0.4863	0.4889	3.6136	14
央视网	2.0508	0.4728	0.4379	0.5652	3.5267	15
青年报	2.0931	0.5484	0.4291	0.4474	3.5181	16
北京日报	2.0824	0.4670	0.4117	0.5302	3.4913	17
中国蓝新闻	2.0235	0.4811	0.4532	0.4799	3.4378	18
九派新闻	1.9758	0.5765	0.4070	0.4372	3.3965	19
都市快报	1.9569	0.5466	0.3696	0.5052	3.3782	20

表 2　媒体微博 2024 年一级指标均值及得分率情况

单位：分，%

一级指标	理想满分	最大值	最小值	均值	标准差	得分率
信息生产	2.5065	2.3769	1.9569	2.1356	0.1266	85.20
价值引导	0.8800	0.8004	0.4670	0.5884	0.0894	66.86
文化教育	0.5885	0.5712	0.3696	0.4731	0.0592	80.39
沟通协调	1.0250	0.9696	0.4216	0.5906	0.1433	57.62
总体得分	5.0000	4.4080	3.3782	3.7878	0.3208	75.76

三　媒体微博十年来社会责任各维度履行状况分析

无论社会如何演变，媒介形态如何更迭，信息生产、价值引导、文化教育和协调沟通始终是专业媒体不可推卸的核心责任。该部分基于 2014~2024 年的评估数据，对媒体微博在四大责任维度的履行状况进行历时性考察，以期揭示十年间媒体微博在不同责任维度履责水平的主要变化以及现阶段存在的主要问题。

（一）媒体微博十年来"信息生产"的履责状况分析

众声喧哗的微博空间，去语境化的信息洪流与"情绪先行"的非理性噪声，加剧了公众对高质量、可靠信息的渴求。作为微博场域中的专业信息供给机构，媒体微博有责任通过高质量的信息产品，精准对接并满足公众对信息的需求，帮助人们及时把握社会环境的变化，并引导他们关注那些最重要、最相关和最有趣的内容。根据 2014~2024 年的评估数据，媒体微博在"信息生产"维度的履责水平呈现出明显的增长态势，从 2014 年的 77.78%增长至 2015~2019 年的 82.14%，到 2020~2024 年，则进一步提高到 85.90%。

深入剖析十年来媒体微博"信息生产"的履责状况发现，在适应环境的初步探索阶段，部分媒体微博在信息生产过程中表现出对外部信息源的过度依赖，常采取简单加工和整合外部信息的方式来适应微博平台信息发布的快速迭代，却在一定程度上忽视了作为专业媒体在原创性、全面性等信息质量方面的责任坚守。这一时期，媒体微博的信息质量参差不齐，且内容同质化现象严重。评估数据显示，2014 年，媒体微博在"流程控制"方面的得分率超过 95%，但"信息质量"的得分率仅为 60.46%。2015~2019 年，处于快速发展阶段的媒体微博在信息生产过程中不再满足于数量的堆砌，而是更加注重品牌形象的塑造和内容的高质量产出。媒体微博开始形成固定的信息发布时段和频率，以满足不同时段用户的信息消费需求，同时也越来越善于利用长微博、外部链接、文字图片或视频等形式提高内容的深度和可读性。这一时期，媒体微博在"流程控制"方面的平均得分率高达 95.25%，"信息质量"的平均得分率也上升至 79.50%，接近良好水平。然而，在统一的信息生产逻辑和内容把关标准下，媒体微博的内容同质化现象依旧存在。进入 2020 年后，随着媒体融合战略的持续深化以及网民信息消费偏好的理性回归，为适应全媒体时代的发展需求，媒体微博积极融入全媒体矩阵，致力于提升信息生产的深度与专业性，以全面满足公众对新闻资讯的多样化、高质量需求。评估数据显示，2020~2024 年，媒体微博在流程控制方面（"流程管理"指标，该指标是 2019 年后对原"流程控制"指标的优化表述，两者测量路径一致）表现依旧出色，平均得分率高达 97.11%。同时，其在"信息质量"维度的平均得分率也升至 83.61%，达到良好水平。以@人民日报 2024 年 5 月的履责表现为例，该微博账号 5 月期间发布的信息内容涵盖社会热点、政治动态、文化风貌、体育赛事、生态保护和医疗健康等多个领域，且信息生产过程中擅长使用长微博、视频直播、图文结合等多媒体手段来增加内容的深度和广度。如@人民日报 5 月 11 日对 2024 年 WTT 沙特大满贯赛的报道，从凌晨 1 点 04 分至晚上 21 点 28 分，该微博账号持续发布赛事相关资讯，从即时战报到决赛预告，再到赛后祝贺与总结。这种全天候、全方位的报道模式，不仅展现了人民日报微博高效的信息生产能力，还体现出其对新闻时效性和全面性的坚守。

然而，值得注意的是，现阶段，媒体微博的信息生产呈现出较为明显的"媒介间议程设置"特征，少数具有强大影响力的意见领袖型媒体微博，为其他媒体微博设定了报道框架和方向。这一现象在某种程度上制约了媒体微博内容的丰富性与创新性，影响了公众接收信息的多样性和全面性，进而限制了公众视野的拓展。

（二）媒体微博十年来"价值引导"的履责状况分析

"价值引导"不仅是媒体微博的社会责任，也是其优化自身品质、扩大社会影响力的有效途径。本研究主要从"塑造共识"和"社会监督"两个方面评估媒体微博在"价值引导"维度的履责情况。因 2019 年以前的评价指标体系中，"价值引导"并非一级指标，且"塑造共识"与"社会监督"分属不同责任维度，为保证评估的连续性与科学性，本研究依据最新版指标体系中"塑造共识"和"社会监督"的具体权重，结合这两个二级指标在 2014~2018 年的实际得分率，重构了媒体微博在该时期"价值引导"维度的综合得分率。具体说来，价值引导得分率＝（塑造共识得分率×塑造共识权重）＋（社会监督得分率×社会监督权重）。从 2014~2024 年的评估数据看，十年间，媒体微博在"价值引导"维度的履责表现整体逊色于"信息生产"，但从历时性角度审视，其在"价值引导"维度的履责水平呈现出持续且显著的上升态势，得分率从 2014 年的 29.77%增长至 2015~2019 年的 45.25%，再到 2020~2024 年的 63.77%。

具体来看，一方面，塑造共识是媒体微博的重要责任和使命。在纷繁复杂、众声喧哗的网络舆论场中，媒体微博应通过信息传播、议题设置等方式，引导公众形成正确的价值判断，深化社会成员间的价值认同，推动社会共识的形成与巩固。从过往十年的评估数据来看，2020 年以前，主流媒体往往将媒体微博作为品牌延伸的渠道，侧重于扩大粉丝规模和呈现多样化内容，而较为忽视其作为专业媒体机构在塑造社会共识中的关键作用，以及这种功能对自身品牌建设的积极影响。2014 年，媒体微博在"塑造共识"方面的得分率仅为 39.73%，到 2015~2019 年略有提升，但仍处于 41.57%的较低水平。2020 年以后，随着互联网全面融入社会生活，微博等社交媒体对人类社会的影响越来越深远，媒体微博作为专业媒体的重要组成部分，开始重新审视自身在塑造社会共识方面的重要责任与使命。评估数据显示，2020~2024 年，媒体微博在"塑造共识"维度的履责能力显著提升，平均得分率跃升至 62.77%。越来越多的媒体微博通过信息传播和意义建构，传播社会主义核心价值观，弘扬正能量，凝聚社会共识。以@人民日报为例，其"夜读"栏目通过定期发布情感慰藉、心理疏导类短文以及与热点话题相关的文章，引导公众形成奋发进取的生活态度和价值观，营造积极向上的社会氛围。

另一方面，媒体微博肩负着社会监督的重任。回顾媒体微博十年间的履责数据发现，在初步探索阶段，受微博平台娱乐化趋势的影响，加之履行监督责任所伴随的潜在风险，多数媒体微博采取谨慎态度，对社会监督责任有所回避。数据显示，2014 年，媒体微博在"社会监督"方面的得分率仅为 22.61%。2015~2019 年，作为全媒体生态中的重要一环，媒体微博逐渐意识到社会监督是专业媒体不可推卸的责任。这一时期，媒体微博在"社会监督"方面的平均得分率提升至 47.95%，但仍不足 60%。自 2020 年以来，随着专业性的不断增强，媒体微博开始积极发挥社会监督功能，通过发布和转发相关报道，将干扰国家发展步伐、偏离社会正轨、违背公共道德的失范行为置于公众视野之下，引导社会关注，形成舆论压力，进而推动问题的解决。评估数据显示，2020~2024 年，媒体微博在"社会监督"方面的平均得分率上升至 64.55%。以@央视网为例，该媒体微博在 2024 年 5 月 21 日针对近期"新形象工程"的乱象，策划并发布了三条微博信息，包括一篇剖析"新形象工程"本质与误区的评论文章《央视网评丨"新形象工程"是"穿新鞋走老路"》，一条图文并茂、言简意赅的短评，以及一项"你见过哪些'新形象工程'"的互动话题。这三条不同特点的微博信息，揭示了当下"新形象工程"存在的问题及其形式主义的实质，并推动了社会各界对"新形象工程"建设理念的思考。

然而，值得注意的是，现阶段，媒体微博在"价值引导"维度的履责表现呈现出较明显的不均衡性。具体而言，@人民日报、@央视新闻、@新华社、@人民网等中央级媒体微博以其高度的责任意识和卓越的履责能力，在"塑造共识"和"社会监督"方面发挥着重要的引领作用，展现了主流媒体应有的责任与担当。以@人民日报为例，该微博账号的《人民微评》栏目，不仅是价值引导的先锋，更是社会监督的利剑。如@人民日报 2024 年 5 月 19 日针对备受关注的"胖猫事件"，发表了评论文章《人民微评：我们别成了流量的猎物》，立场鲜明地指出"比流量重要的是真相，是基于事实本身的善恶是非判断"的观点，体现了人民日报微博作为权威媒体在引导社会舆论、强化社会监督方面的专业性与责任感。相比之下，其他非中央级媒体微博在社会监督方面往往局限于信息的简单转发与浅层评论，缺乏对复杂议题进行深入剖析与独立判断的责任感与专业能力。此外，面对社会热点问题，大多数媒体微博的报道和评论仅仅停留在问题曝光与批判层面，未能进一步提供解决问题的方案、策略和建议。这种"只破不立"的监督方式，虽能引起公众关注，却难以有效推动社会问题的实质性解决。

（三）媒体微博十年来"文化教育"的履责状况分析

在我国，文化教育是专业媒体不可推卸的重要责任。在价值多元、纷繁复杂且过度娱乐化的网络信息环境中，媒体微博应该自觉将弘扬优秀传统文化、开展科学教育宣传、营造健康信息环境视为己任。然而，在发展初期，面对激烈的注意力竞争，媒体微博的关注点更多地放在用户增长、内容拓展等方面，文化教育的责任意识极为欠缺。从过去十年的评估数据来看，媒体微博在"文化教育"维度的履责表现一直不佳，直到2020年后才开始实现质的飞跃。评估数据显示，2019年，媒体微博在"文化教育"维度的得分率仅为36.91%，而2020~2024年，媒体微博在该维度的平均得分率上升至73.46%。

进一步分析媒体微博在"文化传承"方面的履责状况发现，2014年，媒体微博在"文化传承"维度的得分率仅有5.82%。到了2015~2019年，媒体微博在"文化传承"方面的履责意识和水平有了一定提升，但平均得分率仍不足40%，仅有33.74%。2020年，党的十九届五中全会明确提出到2035年建成文化强国的远景目标，并对"十四五"时期推进社会主义文化强国建设进行了战略部署。国家层面对文化建设的强调为媒体微博履行"文化传承"的社会责任提供了强大的外部驱动力。与此同时，随着文化强国战略的深入实施，公众对文化内容的需求不断增加，促使媒体微博不断调整内容策略，积极履行"文化传承"的社会责任。评估数据显示，2020~2024年，媒体微博在"文化传承"方面的履责表现有了极大的进步，评估账号在该维度的平均得分率达到74.79%。

具体说来，现阶段，媒体微博在履行"文化传承"责任时呈现以下显著特征。其一，具备较强的选题策划意识。越来越多的媒体微博在文化传播过程中注重选题策划，常常围绕传统节日、文化习俗以及历史名人等多元化主题，精心策划并发布一系列蕴含深厚文化底蕴的微博内容，以此激发并强化公众对中华优秀传统文化的自豪感与认同感。如@人民日报2024年5月发布的"介绍中国茶文化""感受藏在古画里的浪漫立夏"等文化主题类微博内容，不仅丰富了公众的文化生活，还加深了他们对优秀文化的理解与认同。其二，注重内容创新与多样化呈现。越来越多的媒体微博善于利用短视频、直播、说唱等新兴文化载体和文艺形态，提升公众对中华传统文化和当代优秀文化的认知与认同。例如，2024年5月18日国际博物馆日，@人民日报发布了音乐视频《考古版海边探戈》，用说唱形式打开酷炫考古黑科技，使古老的文化遗产焕发出新的活力，提升了公众对传统文化的认知与兴趣。其三，开展跨界合作与资源整合。在媒体融合不断深化的当下，越来越多的媒体微博与其他媒体机构、文化机构等进行资源整合，通过联合策划、共同推广等方式，实现资源共享和优势互补，提升文化传播的效果和影响力。如@人民日报在国际博物馆日发布的《考古版海边探戈》由人民日报视频客户端"视界"与"川观新闻"联合出品，而《这篇夜读，无价!》则是由人民日报《夜读》栏目与国家博物馆联合出品。其四，重视话题互动与全民参与。在文化传播过程中，越来越多的媒体微博通过发起话题讨论、举办线上活动等方式，增强公众的参与感，进而促进文化的传播与分享。例如，在国际博物馆日，@人民日报通过发起"寻找博物馆里的龙文物"活动，鼓励公众积极参与，共同探索文化遗产的奥秘。

（四）媒体微博十年来"协调沟通"的履责状况分析

社会的健康发展离不开各组成部分之间的相互理解与合作。然而，社交媒体使人类社会重新部落化、网络化和关系化，社交茧房遍在化导致社会族群之间的对话难度加大，对话、共识和认同成为当下网络空间最为缺少的社会资源之一。[1] 面对圈层间的无形壁垒，媒体微博作为网络空间重要的"沟通性工具"，肩负着促进不同群体之间协调沟通和相互理解的重要责任。从过去十年的履责表现来看，随着媒体微博的日益成熟，其在"协调沟通"方面的责任意识不断增强，但履责水平仍有极大的提升空间。

具体说来，2014年，处于初步探索阶段的媒体微博在"协调沟通"方面的履责意识与能力相对匮乏。尽管@人民日报、@央视新闻等中央级媒体微博在传播实践中较好地承担了"协调沟通"的责任，能够通过及时的信息传播与策略性的话题设置，促进不同群体间的沟通交流，但多数媒体微博仍固守传统信息传播者的姿态，仅将微博视为信息发布的平台，并未重视自

---

① 李彪：《智媒时代的舆论概念演进与舆论治理转向》，《青年记者》2022年第18期。

身在公共议题构建与协调社会关系方面的功能价值。评估数据显示，2014年，媒体微博发布的公共服务内容数量较少，评估账号在"公共服务"维度的得分率仅为34.39%。此外，在通过话题设置来组织和促进不同群体之间协商对话方面，媒体微博的履责表现严重不足，衡量其话题设置活跃度与参与度的"互动"指标得分率仅为25.02%，远低于理想水平。2015年后，随着媒体融合战略的实施，媒体微博逐渐意识到自身作为专业媒体在"协调沟通"维度的重要责任，开始通过设置话题的方式引导公众关注并讨论公共事务，促进多元利益主体之间的协商交流，试图弥合社会不同圈层间的分歧与隔阂。从评估数据来看，2015~2019年，媒体微博在"公共服务"维度的平均得分率跃升至62.58%，"互动"指标的平均得分率也增长至31.93%。整体来看，与初步探索阶段相比，迈入快速发展阶段的媒体微博在"协调沟通"维度的履责表现取得了一定进步，但仍有极大的提升空间。这一时期，部分媒体微博在履行"协调沟通"责任时，话题设置呈现娱乐化倾向，偏离了公共议题的核心价值，导致协调沟通流于形式。2020年以来，随着媒体微博迈入高质量发展阶段，其在"协调沟通"方面的履责意识开始显著增强。越来越多的媒体微博通过设置话题、发起投票等互动策略，引导公众参与社会公共事务的讨论，促进多元声音的汇聚和交融。例如，2024年5月11日，@人民网针对备受关注的"高铁宠物运输"问题发起"你愿意让宠物上高铁吗"的话题讨论，截至2024年8月15日，该话题获得了313.3万的阅读量和2119次的讨论。@人民网对热点议题的敏锐捕捉与及时响应，不仅有助于不同利益主体之间的协商对话，也为相关政策的优化与完善提供了参考依据，体现了其作为主流媒体在"协调沟通"维度的责任担当。

然而，不可忽视的是，现阶段，大部分媒体微博过度追求话题的即时性与热度，对话题的后续参与和引导力不足，这在一定程度上弱化了其作为"沟通性工具"连接不同利益主体、协调社会关系的效能。评估数据显示，2024年，媒体微博在"协调沟通"维度的得分率仅为57.62%，这一得分率较低主要源于"沟通效能"的不足。从"协调沟通"维度下的两个二级指标得分情况看,虽然"协调信息"这一二级指标的得分率高达 86.20%,但"沟通效能"维度的得分率仅为 43.59%。

四 对策与展望

媒体微博作为中国媒体的重要组成部分,其履责表现不仅关乎自身品牌形象与可持续发展,还对整个媒体行业的专业合法性构建以及网络舆论生态的健康发展产生深远影响。基于对 2014~2024 年中国媒体微博履责情况的历时性分析,研究发现,现阶段,媒体微博能够较好地履行作为专业媒体的社会责任,尤其在"信息生产"方面展现出卓越的专业素养和履责能力。然而,值得注意的是,其在"价值引导""文化教育""协调沟通"方面的履责表现仍有较大的提升空间。与此同时,随着生成式人工智能技术的快速发展,网络信息环境变得愈加复杂。如何在复杂多变的信息生态中持续优化履责能力,成为媒体微博亟须探索的问题。为了更有效地承担社会责任,媒体微博应从以下几个方面着手努力。

(一)智能时代下的真实性坚守:构建信息核实与验证新体系

随着智能时代的来临,生成式人工智能所构建的虚实交融的数字空间正给信息生态环境带来前所未有的挑战。人工智能技术生成的虚假新闻和深度伪造内容使信息生态中的真假界限变得模糊。2024 年初,世界经济论坛发布的《2024 年全球风险报告》指出,人工智能生成的错误信息和虚假信息将成为"未来两年全球十大风险"之首。[1] 在此背景下,如何坚守新闻的真实性,成为智能时代媒体微博必须直面的重要课题。为此,媒体微博应主动构建一套适应智能时代需求的信息核实与验证新体系。具体说来,媒体微博可从以下四个方面入手。其一,媒体微博应建立专业的信息核实团队,对来

---

① 杨逸夫:《应对人工智能技术滥用,国际协调合作才是未来》,《光明日报》2024 年 3 月 17 日。

自不同渠道的信息进行交叉比对与验证，防止虚假信息对公众产生误导。其二，媒体微博应充分利用人工智能技术和大数据分析手段，快速识别虚假信息，检测图片或视频的真实性，提升信息核实的效率和精准度。其三，媒体微博应主动与其他媒体、政府机构和科研机构合作，建立跨平台的信息核实与验证协作机制，利用媒体的传播能力、政府机构的权威性以及科研机构的技术支持，共同捍卫信息的真实性和媒体的公信力。其四，在报道复杂或持续发展的新闻事件时，媒体微博可以采取阶段性传播的策略，优先核实地点、时间等关键信息并进行及时发布，再持续跟踪事件发展并逐步完善相关信息，确保报道的全面性、时效性和真实性。对于无法立即核实的内容，媒体微博应保持谨慎态度，明确标注"信息正在进一步核实中"，以此兼顾信息发布的真实性和时效性。此外，媒体微博在传播活动中应积极引导公众理性看待智能生成内容，提高公众的媒介素养和信息鉴别能力。

（二）拓宽议题边界，丰富内容生态：强化信息生产的创新性与多样性

评估结果显示，现阶段，媒体微博的信息生产呈现出显著的"媒介间议程设置"特征，部分媒体微博在信息生产过程中表现出追逐热点的倾向，缺乏发现问题的敏锐性。这种趋势导致媒体微博信息供给的全面性和多样性明显不足。作为微博平台上的专业信息供给机构，媒体微博在信息生产过程中，应避免盲目跟风和同质化报道，为公众提供丰富、多元和有深度的新闻资讯。为此，媒体微博应设立专门的议题开发团队，根据自身定位，积极拓展议题的类型和范围，着力提升内容创新能力。具体而言，面对层出不穷的热点事件与热议话题，媒体微博虽然可以借此契机吸引关注、扩大影响力，但在决定是否报道以及如何报道时，媒体微博应基于自身的定位、受众特点以及所承担的社会责任进行综合考量。对于确有新闻价值的热点事件或话题，媒体微博应积极探索新的报道视角，采用多维度的报道方式进行深度分析，帮助公众更加全面、深入地了解事件，实现信息接收的全面化与深刻化。同时，媒体微博应超越热门话题的局限，拓宽信息传

播的边界，深入挖掘那些具有社会价值但尚未被广泛关注的议题，从而确保信息生产的广泛性和全面性。为实现这一目标，媒体微博可以通过议题征集、在线调查等方式，积极引导公众参与议程设置，提升内容的多样性与贴近性。

（三）破立并进，深化监督：强化舆论监督的建设性和连续性

评估结果显示，现阶段，部分媒体微博在履行"社会监督"责任时存在一种"只破不立"的倾向，在揭露社会不良现象和失范行为方面虽显积极，却往往缺乏对复杂议题进行深入剖析和独立判断的责任感与专业能力，难以有效推动社会问题的实质性解决。作为微博平台上的专业媒体，媒体微博的报道和评论是影响公众情绪和态度的重要因素。而过多"只破不立"的报道与评论有可能加剧公众的负面情绪，使公众陷入对社会问题的无助与愤怒之中，进而形成"负面信息循环"，不仅无助于问题的解决，反而可能加剧社会分裂与不信任。因此，媒体微博不应仅仅停留在对问题的曝光和批判层面，而应充分发挥媒体的资源优势和沟通协调能力，积极开展建设性舆论监督，引导公众的情绪和态度向更加积极、理性的方向发展。这既是其作为媒体的责任担当，也是其实现自身价值的必由之路。具体说来，一方面，在履行"社会监督"责任时，媒体微博应通过新闻生产路径揭示问题，再通过整合多方观点凝聚共识，积极寻求并提供合理有效的解决方案。例如，可以邀请相关领域内的专家学者对问题进行深入解读和剖析；可以设置话题鼓励公众积极表达观点和提出诉求；还可以通过国内外成功案例的对比，提炼出可借鉴的经验和策略。另一方面，媒体微博应确保监督行为的连续性和系统性，在曝光社会问题后，应通过持续的回访报道跟踪整改进度，有效监督政府及相关职能部门及时采取整改措施，推动问题的实质性解决。此外，为有效开展建设性舆论监督，媒体微博还应积极寻求与科研机构、专业智库的深度合作。这种合作不仅可以为媒体微博提供权威的问题解决方案和策略建议，提升其报道和评论的专业性和深度，还可以借助这些机构的资源和影响力，拓宽媒体微博的传播渠道。

（四）深化互动，强化引导：充当理性协商的组织者和参与者

社会关系的协调以及社会共识的凝聚，需要多方利益主体多轮次、深入且理性地对话与交流。媒体微博在协调社会关系方面承担着重要的责任与使命。现阶段，尽管媒体微博积极利用设置话题等策略，为不同利益主体间的协商对话提供开放平台，引导公众关注并讨论社会公共事务，促进信息的广泛传播与思想的碰撞交流。然而，评估结果显示，在履行"协调沟通"责任时，多数媒体微博在公共议题讨论中的参与深度与引导力度明显不足。缺乏有效引导的网络讨论往往容易陷入无序和混乱的境地，难以实现预期的协调沟通效果。作为网络空间的专业媒体，媒体微博不应仅仅扮演协商对话的组织者，更应该通过自身的积极介入与有效引导，促进不同利益主体之间的深度对话与相互理解。具体说来，媒体微博在设置话题之后，应以开放和包容的态度，积极回应公众的质疑、批评和建议，通过互动交流了解不同利益主体的诉求和关切，同时对偏激、不实或攻击性的言论进行及时纠正，为公众提供一个理性协商、健康有序的讨论环境，进而推动共识的达成与深化。为此，媒体微博应设立专门的话题管理团队，负责跟踪重要公共话题的后续发展情况，制定话题跟进计划，包括定期发布相关更新、邀请专家或意见领袖参与讨论以及定期回顾重要公共话题内容等。此外，媒体微博应优化与用户的互动机制。媒体微博可以根据用户评论内容的质量、价值、影响力以及理性程度等多重因素，对留言进行优先级排序，优先处理和回应涉及重大事件、紧急求助或严重质疑的留言。对于那些反映普遍关切、具有建设性的非紧急留言与问题，媒体微博可以采取定期汇总公众意见、集中时段进行回复的策略，展现对公众意见的尊重与重视，从而更好地发挥其协调沟通的社会价值。

B.4
媒体微信公众号社会责任及其评价
（2014~2024）*

李亚玲**

摘　要： 本文以媒体微信公众号为对象，概述了近十年来其社会责任的变化趋势，并对 20 个媒体微信公众号，在 2024 年度的社会责任履行情况进行了跟踪观测和实证评价。研究发现，过去十年来媒体微信公众号的社会责任评分大部分时间都在保持上涨的趋势，在 2022 年达到一个峰值，近两年开始出现波动。2024 年相较上一年有小幅度上升，中国新闻社、人民日报、中国新闻网位列榜单前三。历经十年的发展，媒体微信公众号始终保持着在信息生产上的优势，价值引导的能力逐年上升，尤其是在传递社会主流价值观念上表现突出。虽然微信公众平台的发展显现颓势，但是公众号依然保有巨量级的、优质的私域流量，其影响力不容小觑。面对复杂的社交媒体生态，专业媒体的公众号还需在严肃对待新闻和提供价值理性上不断做出努力。

关键词： 微信公众号　社会责任　十年变迁

　　在我国新媒体移动化、社交化、智能化发展的历程中，微信作为国民级社交平台无疑具有重要的地位。微信公众平台自 2012 年 8 月推出后，恰逢 2013 年微博用户出现负增长、2014 年中国媒体融合发展元年，诸多因素的

---

　　* 本研究为国家社会科学基金一般项目"人机共生视角下网络视频社群的共情传播及其风险调适研究"（项目编号：24BXW074）阶段性研究成果。
　　** 李亚玲，中南民族大学文学与新闻传播学院副教授，博士，硕士生导师，主要研究方向为新媒体研究和民族文化传播。

叠加形成了微信公众号的爆发式增长。微信公众平台是一个机构、个人、媒体、政府等多元主体共生的媒介环境，呈现出来的社会责任面貌也是多样的。其中，以传统新闻媒体为主体的账号作为专业新闻生产的力量，在资讯传播、社会舆论、文化传承等方面具有标杆性的意义。因而，媒体微信公众号的传媒社会责任是一个重要的命题。本蓝皮书在 2014 年就对广义上的移动媒体的社会责任进行了评价，2015 年开启了对媒体微信公众号社会责任的评价，经过近十年的累积观察，媒体微信公众号走过了怎样的历程？其社会责任的履行情况呈现怎样的发展轨迹？这是本文尝试回顾和解答的。

一　媒体微信公众号的十年变迁

微信公众平台推出伊始，其订制推送信息的机制被认为是窄众化传播的实现，因而吸引了大量的企业、机构和个人账号的率先入驻。2013 年，微信公众平台内部不断进行了技术和服务的更新调整，越来越多的专业新闻媒体随之加入进来，媒体微信公众号在其后的十余年中，走过了崛起、博兴到渐趋平淡的发展历程。

2014 年，媒体微信公众号开始崛起。随着《关于推动传统媒体和新兴媒体融合发展的指导意见》的出台，我国迎来了媒体融合发展的元年。各大新闻媒体纷纷加快了在新媒体平台的战略布局，"两微一端"成为当时媒体融合的重要阵地。"两微"之一就是微信公众号，传统媒体凭借其专业、权威的内容生产机制，媒体微信公众号一经推出就产出了许多优质的公众号文章。以《人民日报》为例，其在以报社为主体的账号之外，依托海外版编辑部在 2014 年开设了"侠客岛""学习小组"等账号，配合中央政府的重大事件推出了诸如《山西换帅，新闻通稿里不同寻常的细节》《跟习大大去出访》等一系列突破流量的高质量文章。彼时，微信公众号的运营处于探索起步阶段，也是赢利的风口时期，企业和自媒体人纷纷涌入，不断尝试着各种创新。相较而言，自媒体人在内容选题、文字表达和运营方式上更易打破常规，一大批自媒体人在这一时期出现并逐渐积累起庞大的用户流量，比如"罗辑思维""六神磊磊"等。根据当时微信官方公布的信息,微信公众号文章日均点击 PV 超 30 亿,流量主收益超 10 亿元,内测的赞赏账号总收入超过 2000 万元。① 到 2017 年 7 月,微信公众号数量已经超过了 2000 万,媒体账号所占比例却极低。② 在微信公众号早期的野蛮生长阶段,自媒体账号呈现出更强劲的势头,同时也暴露出很多内容失范的问题。

2018 年以后,专业媒体账号显现出发展的后劲,开始引领微信公众号进入成熟期。自媒体账号在追求流量和变现的过程中,对微信公众号的生态也造成了一定的负面影响,标题党、谣言、侵权、低俗等乱象丛生,国家监管部门通过约谈、删除甚至封号等各种举措加强了对微信公众号的治理。与此同时,传统媒体也渐渐掌握了微信公众号的传播规律,开始呈现出强劲的发展势头。比如,《人民日报》的公众号自 2013 年上线以来,用了 4 年的时间才将订阅用户数累积到 1000 万,而从 2017 年到 2018 年仅一年的时间,订阅用户数就增长到了 2000 万。2018 年 9 月 10 日,马化腾在深圳参加2018 媒体融合发展论坛时公布的数据显示,在机构运营的微信公众账号中,来自媒体的账号数量虽然占比不足 1%,但是粉丝总量高达近 23 亿,充分体现了主流媒体在传播领域的权威性和影响力。③

2020 年之后,随着微信平台发展放缓,媒体微信公众号也进入了平淡期。近十年来,微信平台的用户数虽然依然保持着增长的态势,但是自2020 年之后其增速明显下降(见图 1)。而且由于其他平台对用户注意力的争夺,微信公众号的打开率一直不被看好。在 2021 年 1 月的微信公开课上,张小龙公布的数据显示,每天有 10.9 亿用户打开微信,其中有约 1/3 的用

---

① 《微信公开课 Pro 这八年:张小龙的 7 场脱口秀、3 次产品嬗变和 16 道金句》,https://baijiahao. baidu. com/s? id=1721377741809881172&wfr=spider&for=pc,最后检索时间:2024 年 8 月 21 日。
② 《马化腾:媒体微信公众号粉丝量高达近 23 亿,人民日报排第一》,https://www. leiphone. com/category/industrynews/IjUKT1u16SDvZa1Q. html,最后检索时间:2024 年 8 月 21 日。
③ 《马化腾:媒体微信公众号粉丝量高达近 23 亿,人民日报排第一》,https://www. leiphone. com/category/industrynews/IjUKT1u16SDvZa1Q. html,最后检索时间:2024 年 8 月 21 日。

户会选择读公众号文章。① 新榜公布的数据显示，2023 年 11 月，微信 500 强账号的平均单篇阅读数和在看数分别下降了 1% 和 3.4%。②

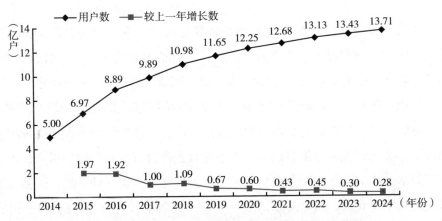

图 1　2014~2024 年微信平台的用户数及增长变化趋势

说明：除 2024 年数据是截止到 6 月 30 日外，其余的均截止到当年度的 12 月 31 日。
资料来源：腾讯控股的财报数据。

尽管微信公众号的用户注意力不断被稀释，但是作为注册量超 3000 万、日更新账号在百万级别的平台，③ 微信公众号依然保持着充沛的内容生产力。新榜日常监测的百万级微信公众号样本库对 2023 年 1 月 1 日到 2023 年 12 月 31 日期间的不完全统计显示，微信公众号累计产出 4.48 亿篇文章，阅读数 10 万+的文章 25.45 万篇。④ 尤其是在时政和民生等热点话题中，微信公众号仍然具有不可忽视的影响力。而且随着视频号的加持，微信也在不断通过技术融合来顺应时代的变化趋势。如今，微信公众号早已经成为数字媒体的基础设施。

---

① 《张小龙：微信和十年前一样 依然是小而美的产品》，https：//baijiahao.baidu.com/s？id=1689327566223900730&wfr=spider&for=pc，最后检索时间：2024 年 8 月 21 日。

② 《中国微信 500 强月报》（2023.11），https：//www.newrank.cn/rankarticle/detail/713？type=top，最后检索时间：2024 年 8 月 21 日。

③ 《微信公众号全面"今日头条化"，自媒体将迎来"第二春"？》，https：//www.thepaper.cn/newsDetail_forward_27274412，最后检索时间：2024 年 8 月 21 日。

④ 《2023 年，微信公众号怎么样了？我们用数据告诉你》，https：//36kr.com/p/2612457106184328，最后检索时间：2024 年 8 月 21 日。

二　评价对象选取及数据获取说明

本文一方面呈现 2024 年常规监测的媒体微信公众号社会责任指标得分情况，另一方面对过去十年来的社会责任履行情况进行一个历时性的分析。其中常规监测的对象与上一年度保持一致，即 20 家媒体微信公众号（见表1）。数据抓取使用 Python 爬虫代码定向这 20 个账号，爬取了 2023 年 7 月 1日至 2024 年 8 月 15 日的文章及相关数据。社会责任指标的测量主要采用主题提取、关键词检索、流量统计等方法进行测评打分。在历时分析中，由于十年间本蓝皮书监测的对象变化较大，且新媒体社会责任评价指标体系也更新迭代到了 3.0 版，所以难以采用一个统一的数据做完全实证的对比分析，因此，将以 2015 年至今本蓝皮书分论中呈现的部分数据与账号为主，综合其他数据与资料，对十年来媒体微信公众号的社会责任变化趋势进行梳理概括。

表 1　2024 年常规监测的媒体微信公众号样本信息

序号	微信公众号名称	认证主体
1	人民日报	人民日报社
2	新华社	新华新媒文化传播有限公司
3	央视新闻	中央电视台
4	中国新闻网	北京中新网信息科技有限公司
5	南方都市报	南方都市报社
6	央视财经	中央电视台
7	澎湃新闻	上海东方报业有限公司
8	中国青年报	中国青年报社
9	三联生活周刊	生活·读书·新知三联书店有限公司
10	中国新闻周刊	《中国新闻周刊》杂志社有限公司
11	南风窗	南风窗杂志社
12	新周刊	广东新周刊杂志社有限公司
13	新京报	新京报社
14	中国新闻社	中国新闻社

序号	微信公众号名称	认证主体
15	南方周末	广东南方数媒工场科技有限责任公司
16	中国日报	中国日报社
17	光明日报	光明日报社
18	经济日报	经济日报社
19	中央广电总台中国之声	中央广播电视总台
20	财新	财新传媒有限公司

三 媒体微信公众号社会责任整体变化趋势评价

根据观察测评的数据，2024 年常规监测的 20 个媒体微信公众号的社会责任总评分最高分为 3.8043，较上一年最高分（3.5391）上升了 7.5%。整体的均值和得分率均出现了小幅上升，但标准差稍有增长（见表 2、表 3）。排名的位次也发生了变化，中国新闻社由第四位上升至第一位，人民日报从第三位上升至第二位，中国新闻网由第一位下降至第三位。新京报和三联生活周刊的排名上升明显。

表 2　2024 年常规监测的 20 个微信公众号社会责任整体评价

单位：分

公众号名称	信息生产	价值引导	文化教育	协调沟通	总评分	2024 年排名	2023 年排名
中国新闻社	4.5196	4.2088	3.9536	1.6220	3.8043	1	4
人民日报	4.1788	2.8503	3.3538	3.8641	3.7834	2	3
中国新闻网	4.1864	3.7163	2.8838	1.9901	3.5001	3	1
新华社	4.2476	2.2839	2.4279	2.6131	3.3527	4	5
央视新闻	4.1945	2.0984	2.1589	2.6457	3.2685	5	2
澎湃新闻	4.1878	2.4983	2.9636	1.7649	3.2496	6	7
南方都市报	4.1367	1.7709	2.7589	2.3874	3.1995	7	8

公众号名称	信息生产	价值引导	文化教育	协调沟通	总评分	2024 年排名	2023 年排名
新京报	4.0435	2.3442	3.3364	1.2011	3.0785	8	20
三联生活周刊	4.1671	1.2424	2.1405	2.4073	3.0531	9	19
中国青年报	3.9218	1.9801	3.4382	1.1596	2.9569	10	6
中国新闻周刊	3.9940	2.2153	2.7059	1.2007	2.9567	11	10
光明日报	3.9793	1.7425	3.4759	0.9480	2.9050	12	11
中国日报	4.0503	1.9270	2.4136	1.0197	2.8627	13	15
央视财经	3.9192	1.5683	2.7703	1.1376	2.8000	14	9
经济日报	3.9460	1.6193	2.7449	0.7628	2.7426	15	14
南方周末	3.8868	1.2640	2.2758	1.2031	2.6854	16	17
中央广电总台中国之声	3.9481	1.8616	1.8766	0.682	2.6675	17	16
财新	3.5902	1.519	2.8556	1.1753	2.6441	18	18
新周刊	3.8337	1.0426	1.9782	1.4599	2.6374	19	12
南风窗	3.7964	1.2486	2.0207	1.3350	2.6344	20	13

注：此表呈现的一级指标数据是未加权的值，满分为 5 分。总评分是加权值，根据本皮书建构的社会责任指标体系，总评分＝信息生产×0.5013＋价值引导×0.1760＋文化教育×0.1177＋协调沟通×0.2050。

表3　2024年常规监测的微信公众号一级指标均值及得分率情况

单位：分，%

一级指标	理想满分	最大值	最小值	均值	标准差	平均得分率
信息生产	2.5065	2.2657	1.7997	2.0234	0.1005	80.73
价值引导	0.8795	0.7407	0.1835	0.3608	0.1416	41.02
文化教育	0.5885	0.4653	0.2209	0.3209	0.0677	54.53
协调沟通	1.0255	0.7921	0.1398	0.3339	0.1639	32.56
2024 总分	5	3.8043	2.6344	3.0391	0.3647	60.78
2023 总分	5	3.5391	2.5938	3.0166	0.3376	60.33

注：此表呈现的一级指标数据是经过加权后的值。

综观十年来本蓝皮书对媒体微信公众号社会责任的监测历程，中间几经变化。2015年，本蓝皮书首次发布了媒体微信公众号的社会责任评价，当时采用的是第二代指标体系，并主要通过内容分析、抽样观察、人工测评的方式进行打分。2017年本蓝皮书在第二代指标体系上研发出了一套在线实时测评系统——华彩指数平台，实现了对微信公众号社会责任的自动化测评。此后，平台开发遭遇挫折，对媒体微信公众号社会责任的报告也暂停了，直到2022年又重新恢复。此时，蓝皮书的社会责任指标体系已经更新到了第三代，测评方式又恢复到了以人工测评为主的模式。监测历程起起伏伏，中间采用的指标体系和打分方式也发生了变化，因此，难以从微观的数据上进行有效的对比分析，但是从宏观的脉络上，整体得分的变化趋势依然能够呈现出媒体微信公众号社会责任的变化规律。此论断的依据就是，本蓝皮书建构的新媒体社会责任指标体系内核未变，即始终紧扣媒介功能。因此每个时间点呈现的数据内涵（也可以称之为效度）在一定程度上是具有内在一致性的。从整体的得分数据来看，媒体微信公众号的社会责任评分，呈现一个先上升后下降的趋势（见图2）。

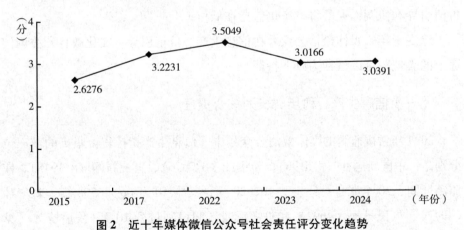

图2 近十年媒体微信公众号社会责任评分变化趋势

注：此图中的数据为当年度观察样本的社会责任评分的均值。

2014年是我国媒体融合的元年，媒体微信公众号开始集中出现，这一年也是中国记协组织媒体开展社会责任报告制度试点工作的开始。从本蓝皮书呈现的数据可以看到，媒体微信公众号的社会责任评分从 2015 年到 2022 年一直呈上升的趋势，说明媒体在融合发展的过程中也在不断提高履行社会责任的能力，而这一涨势也恰好与微信公众平台的高速发展期相吻合。此后，社会责任的评分出现下滑，其中有监测手段差异的问题，也可能是偶然的数据爬取偏差导致，一些细节的原因将会在后文展开分析。2024 年较 2023 年有了些许提升，但是相较于 2017 年的评分仍然是在走下坡路。这种下降的趋势是否为未来的一种必然状态，还需要进一步观察。

四　媒体微信公众号各级社会责任指标变化趋势评价

从 2024 年常规监测的数据（见表 2、表 3）可以发现，媒体微信公众号在信息生产上依然保持着较高的得分率（80.73%），且不同账号之间的差异不大（标准差：0.1005）。文化教育的得分率次之（54.53%），相较于其他一级指标，不同账号之间在文化教育上的得分差异最小（标准差：0.0677）。价值引导和协调沟通的得分率仍保持在低位。

综观十年来媒体微信公众号在信息生产、价值引导、文化教育和协调沟通上的表现，可以概括为以下特征。

（一）信息生产：稳步成长为核心责任

2024 年常规监测的媒体微信公众号中，信息生产指标得分最高的前三位分别是：中国新闻社（4.5196）、新华社（4.2476）、央视新闻（4.1945）。在监测期间，20 个账号总计发文 102820 篇，其中 10 万+达 28508 篇。新华社（4947）、人民日报（4692）和央视新闻（3413）位列 10 万+数量榜首（见表 4）。从信息生产的时效性上来看，中国新闻社最常使用"快讯""最新消息"的题图及时发布最新的时事新闻，充分发挥了账号主体通讯社的信息生产优势。从总的发文量和 10 万+数量指标上来看，媒体微信公众号依然保持着充沛的内容输出能力。

表4　2024年常规监测的微信公众号10万+数量统计

单位：篇

公众号名称	10万+数量	总发文数量
新华社	4947	5491
人民日报	4692	4692
央视新闻	3413	4284
中国新闻网	2859	10000
南方都市报	2209	9515
澎湃新闻	1740	7811
央视财经	1528	7271
中国新闻周刊	1383	4167
三联生活周刊	1138	3172
中国青年报	1089	5423
中国新闻社	1013	8571
南方周末	736	2039
新京报	704	8188
南风窗	633	3552
新周刊	303	3189
中国日报	53	2921
经济日报	23	3339
中央广电总台中国之声	17	1321
光明日报	16	3608
财新	12	4266

　　回溯到十年前，微信公众号作为一个新兴的平台，平台用户的需求和阅读习惯尚不明晰，同时要面临微博、客户端、头条号等不同平台的竞争，公众号的内容定位和生产逻辑都还处于摸索阶段。对于正处于媒介融合阵痛期的传统媒体来说，在运作公众号上是完全没有经验的，有的媒体账号模仿甚至直接转载某些自媒体的10万+文章，导致媒体微信公众号在信息生产上的差异显著[1]，甚至充斥着心灵鸡汤一类不具权威、时效，非原创的内容。[2]

---

[1]　钟瑛主编《中国新媒体社会责任研究报告（2015）》，社会科学文献出版社，2015，第131页。

[2]　钟瑛主编《中国新媒体社会责任研究报告（2017）》，社会科学文献出版社，2017，第40页。

面对异军突起的自媒体账号，传统媒体的账号无论在数量还是影响力上，都相对处于劣势地位。《2015 年度中国微信 500 强报告》显示，当年度的 500 强账号中专业媒体仅为 11.6%，而公司或个人组织机构创办的自媒体占比高达 88.0%。在年度十大原创标识内容中，也没有一条来自专业媒体账号。①

这种情况到了 2018 年开始出现了变化，《2018 年中国微信 500 强年报》显示，专业新闻媒体的账号，如人民日报、新华社、央视新闻等，开始持续占据榜单的前三名。人民日报以 8.2 亿的总阅读数和 9474 万次的点赞数高居榜首，参考消息以 52.4% 的原创标注比例创造了当年度该指标的极大值。② 专业媒体在逐渐熟悉了公众号的内容生产规律后，逐渐显现出在信息生产上的优势。

2020 年之后，虽然整体微信公众平台发展放缓，但是由于一些重大社会事件的发生，媒体微信公众号反而愈加凸显出在信息生产上的社会责任担当。监测数据显示，2020 年 2 月的微信 500 强中资讯类首度反超生活类。其中，信息发布和互动体量增加最为显著的账号是地方性广播媒体的账号，如沈阳交通广播等。③ 本蓝皮书 2022 年的监测数据也是放在"北京冬奥会"等这样重大的社会事件背景下来考察的，同样发现人民日报、央视新闻等主流媒体的账号，频频创作出 10 万+的文章，在报道中体现出来的专业性和对舆论导向的精准把握，充分展现了主流媒体的引导力和公信力，在正向舆论氛围的营造中发挥了不可小觑的影响力。④ 回应前文所说的，媒体微信公众号社会责任总评分在 2023 年开始出现下滑的问题，2022 年的监测数据是

---

① 《2015 年度中国微信 500 强报告》，https://weibo.com/p/1001603933367606353979，最后检索时间：2024 年 8 月 21 日。
② 《2018 年中国微信 500 强年报》，https://mp.weixin.qq.com/s/yirfvwP8lkFPpgZiCMAYDQ，最后检索时间：2024 年 8 月 21 日。
③ 《中国微信 500 强月报》，https://zhuanlan.zhihu.com/p/111948707，最后检索时间：2024 年 8 月 21 日。
④ 钟瑛、芦何秋主编《中国新媒体社会责任研究报告（2022）》，社会科学文献出版社，2022，第 73 页。

在特殊的社会事件背景下来考察的，可以说这个特殊的环境因素在某种程度上拉高了该年度的评分，从而使得次年常态下监测的得分出现了下滑的"假象"。

（二）价值引导：传播知识，实施监督到塑造共识

2024 年常规监测的媒体微信公众号中，价值引导指标得分最高的前两位仍然是中国新闻社（4.2088）和中国新闻网（3.7163），人民日报（2.8503）取代了中国青年报跃居第三位。价值引导主要考察媒体在塑造共识和社会监督上的表现，其中塑造共识包含主流价值和社会风尚两个方面。在本次爬取的样本库中，中国新闻社的微信公众号共推送了 512 篇特色栏目"东西问"（也是其微信矩阵之一）的文章，大量的文章通过专访某领域的专家讲述一个有关中国特色社会主义的核心命题（见表5）。同时在社会风险、行为失范等问题上，中国新闻社的微信公众号也给予了最显著的关注。位列第三的人民日报得分差距主要体现在社会监督上，其更多地关注正面积极的社会事件和人物，而对于一些灾难性事件、行为失范的人物等关注相对较少。

表5　中国新闻社发布的塑造共识的文章举例

序号	推送日期	推送时间	文章标题	阅读量（次）
1	2023-07-01	19:41:01	郑寰：如何从政党比较看中国共产党的自我革命？｜东西问	1658
2	2023-08-21	19:23:34	赵逵夫：乞巧节在"汉文化圈"国家和地区影响有何异同？｜东西问	4003
3	2023-08-25	18:56:56	周必素：大松山墓群是怎样体现中华民族多元一体格局的？｜东西问	1130
4	2023-09-02	16:20:19	张树华：中国式现代化"民主观"新在何处？｜东西问·六观	2655
5	2023-10-29	19:23:45	张金奎：屯堡文化何以见证中华民族多元一体格局？｜东西问	1839

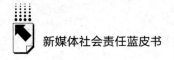
续表

序号	推送日期	推送时间	文章标题	阅读量（次）
6	2023-12-12	20:09:27	张宇燕：什么是中国改革开放的"世界观"？｜东西问·改革开放	1516
7	2024-01-02	19:59:58	郑永年：为何说中国为世界提供了"另一种制度选择"？｜东西问	3153
8	2024-02-12	17:59:54	阿根廷汉学家伍志伟：海外华人常通过中国龙讲述"我是谁"｜东西问·汉学家	1028
9	2024-04-08	19:29:10	重磅｜杜维明：关乎人类存续，文明对话或冲突？｜东西问·名家坊	1537

在2014年诞生的第一版新媒体社会责任指标体系中，塑造共识和社会监督被统一放在"教育大众"这个一级指标中，2015年更新后的指标体系将社会监督作为一级指标，塑造共识作为二级指标放在了"文化教育"这个一级指标之下。2019年的第二次改版又将塑造共识和社会监督整合到一起，重新命名为"价值引导"，也就是目前正在使用的这套指标体系。从蓝皮书指标体系的几次改版中也能窥见，过去十年来不同时期对微信公众号社会责任的不同期待。第一版命名的一级指标名称是"教育大众"，评价的重点是新媒体对社会大众在传播知识、价值和社会规范方面的影响。[1] 微信公众号在初创期吸引了大量自媒体人在丰富的细分领域进行内容开发，尤其是在生活、健康、情感等领域，依托微信平台强大的社交属性，这些内容得到了更广泛的传播，微信公众号在传播知识和价值观上的能力得以显现。因而，在评价其社会责任的时候也受到了当时这一现实的影响，侧重对传播知识方面的评估。

2014年，微信公众号在各类细分领域中凭借深度内容和独特角度吸引了大批用户，同时也开始在舆论场中发挥影响力。比如，在2014年的马航失联事件中，大量的公众号发文进行观点输出，而由于公众号阅读受到个人

---

[1]　钟瑛主编《中国新媒体社会责任研究报告（2014）》，社会科学文献出版社，2014，第14页。

订阅和社交圈的影响相对封闭，一旦出现信息和观点的偏误，那么纠错的可能性较低。因此，这就对公众号在履行社会监督职责时提出了更高的要求。加之同一时期，大量政务微信开始涌现，有统计显示，截至 2014 年 8 月 5 日，已有 29 家中央机构开通政务微信。[①] 微信公众平台成为政府机构与公众对话的一个渠道，涉及公共政策、公共事务的话题也相应上升。为呼应微信公众平台的这一变化，本蓝皮书在 2015 年调整后的指标体系中将社会监督放到了一级指标中，这也算是与社会现实的一种相互印证。

本蓝皮书在使用第二版指标体系监测的过程中发现，各媒体账号在"社会监督"上的得分始终不高，而且差异较大。社会监督更多体现的是媒体对危险或负面事件的关注。在本蓝皮书建构的指标观察路径中，通过对以往网络公共事件的聚类形成了 15 种社会监督议题[②]，诸如生产事故、环境污染、警民冲突、腐败、灾害等，根据不同账号对这些议题呈现的不同情况来判断其社会监督履责的情况。2017 年的分论报告发现，社会监督的得分受到不同的媒体类型以及时间的影响。党媒的微信公众号更倾向从正向的视角关注国家治理的相关议题，而综合型偏市场化的媒体账号则对涉及公众的生产、环境、食品、交通、自然灾害等议题更为青睐。[③]

塑造共识在第二版指标体系中是放在"文化教育"这个一级指标之下，与"文化传承"并列为二级指标，观测的路径一直采用的就是对社会主流价值观念和社会风尚相关议题的呈现，但是相较于文化类的议题其数量明显不占优势，且这两类议题之间有时很难区分，比如与"国潮"有关的话题，既体现的是一种社会风尚，也与中国传统文化相关，由于这样的文章中更多地出现与历史、文化、审美等相关的关键词，因而更多地被归类到文化传承这一指标中。这就导致观测数据呈现出来的结果是，塑造共识的得分普遍偏低，并且均值明显低于文化传承，仅有部分中央级党媒及公检法类的专业媒

---

① 《微信公众号日均增长达 1.5 万个！2014 中国网络舆论生态环境深度分析》，https：//www.iimedia.cn/c400/38346.html，最后检索时间：2024 年 8 月 25 日。

② 钟瑛主编《中国新媒体社会责任研究报告（2015）》，社会科学文献出版社，2015，第 14 页。

③ 钟瑛主编《中国新媒体社会责任研究报告（2017）》，社会科学文献出版社，2017，第 43 页。

体账号在塑造共识上得分较高。①

随着微信公众平台用户的增长，一些掌握"流量密码"的账号不断打造出各种爆款文章，形成一股强大的传播观点、建构观念的力量，对人们的价值观产生了巨大的冲击。非常典型的如"咪蒙"，从 2015 年创立之初持续制造了许多现象级的文章，直到 2019 年因一篇《一个出身寒门的状元之死》涉嫌造假而被永久封号。在"咪蒙"当红之时，就有学者指出其利用公众的情感正义，将非理性和倾斜的三观掺杂在公众的公共情感中。需警惕这种"带毒"的营销将社会价值观带偏。② 2018 年、2019 年国家网信办加大了对微信公众号不良内容的整治力度，同时也开始重视推动公众平台传播社会主义核心价值观。2019 年 6 月，由中央"不忘初心、牢记使命"主题教育领导小组办公室主办的官方微信公众号"学习大国"正式上线。各媒体账号也积极地开展价值引导，比如，围绕新中国成立 70 周年，央视新闻于 2019 年 10 月 2 日推送文章《这一天，天安门前的敬礼打动人心》，人民日报于 2019 年 10 月 6 日推送文章《这场国之大典，给 14 亿中国人上了"三堂课"》，运用丰富的图文、视频组合的报道形式，激发读者的爱国情感，并生动地讲解了历史课、爱国主义教育课和思政课。这些文章均收获了10 万+的阅读量。

也正是在 2019 年，本蓝皮书将指标体系更新到第三版，"价值引导"成为一级指标，"塑造共识"和"社会监督"作为其下的二级指标，突出了将价值输出作为新媒体的重要使命担当。在后来的监测中，媒体微信公众号的价值引导得分逐渐上升，成为信息生产之后得分率第二位的一级指标。特别是在一些重大的社会事件，如"北京冬奥（2022 年）""二十大（2022年）"等报道议题中，价值引导的履责情况普遍较好。

（三）文化教育：渐入佳境的寓教于乐

2024 年常规监测的媒体微信公众号中，文化教育指标得分最高的前三

---

① 钟瑛主编《中国新媒体社会责任研究报告（2017）》，社会科学文献出版社，2017。
② 张涛甫：《咪蒙的"带毒"营销》，《青年记者》2017 年第 13 期。

位分别是：中国新闻社（3.9536）、光明日报（3.4759）、中国青年报（3.4382）。光明日报取代央视新闻位列第二，中国新闻社和中国青年报的位次互换，相较上一年得分都有所提高。在涉及与文化、科教、娱乐相关的议题上，这三个账号都设立有各具特色的栏目，中国新闻社的"#人生必去"，每篇介绍中国的一个地方，标题统一设定为"人这一辈子，一定要……"内容结合深厚的人文、历史背景进行叙事；光明日报的"文化遗存"，专门介绍中国历史上的文化遗存现今的模样，如吴桥杂技、木版水印、南音、榫卯等，集知识性与趣味性于一体。中国青年报的"温暖的BaoBao"，与其客户端联动，运用可视化的方式将青年人关注的生活、时尚、科技、职场等话题进行妙趣横生的呈现（见图3）。

图3　中国新闻社、光明日报、中国青年报的特色文化栏目

在十年前本蓝皮书的监测报告中，文化教育指标以观测传统文化、民俗文化和红色文化的呈现为主，监测的结果是媒体微信公众号普遍在该指标上得分偏低。早期，传统媒体缺乏公众号的运作经验，常常是在跟那些成功的自媒体学习，由于情感、娱乐、资讯类的内容具有更强的用户互动性，所以

这些议题得到了越来越多账号的青睐，以至于微信公众平台一度充斥着大量的鸡汤文，缺少真正关注优秀文化、蕴含文化底蕴的内容。

2014～2016年，文化自信不断地出现在官方的话语表达中。2016年，习近平总书记明确提出"四个自信"，将文化自信与道路自信、理论自信、制度自信并提。此后，无论在官方还是民间话语中，文化自信成为一个高频词，对中华民族优秀文化的开掘得到全社会的重视。以党媒为代表的，诸如光明日报较早地就开设了包含"光明文艺""阅读公社"等的微信矩阵，集中地呈现文化议题。新华社2016年9月推出《国家相册》微纪录片系列，聚焦中国近代历史的各种重大事件和精彩瞬间，讲述中国百年历史和时代变迁。

2019年第二次改版的指标体系，在文化教育中增加了对教育、科技议题的监测，这在一定程度上也造成了文化教育指标评分的增长。2019年的监测显示，微信公众号日更内容中教育、文化以及泛知识类的仅次于民生类，成为内容创新的热门领域。[①] 许多媒体微信公众号也开始逐渐找到了自己的内容特色，比如人民日报更注重主流文化的传递、中国新闻社更强调中外文化的交流、财新更青睐科技创新议题等。

随着微信公众平台的优化升级，比如原创标识、视频号、话题标签（合集）等功能的推出，媒体微信公众号在文化、科教内容上的创新也取得了显著的成果，不仅广泛地挖掘传统与现代文化、主流与民间文化等多元文化的价值内涵，还注重表达与呈现的趣味性、可读性，以及与用户的互动。比如，前文提到的中国新闻社的"人生必去"，将文化与旅游有机结合；还有央视新闻推出的系列时政微纪录《习近平的文化情缘》，以及合集"#跟着总书记打卡"，文章内容有文化、有知识、有思政，还有方言测试之类的互动小游戏，真正做到了寓教于乐。

（四）协调沟通：沟通在增加，协调仍不够

2024年常规监测的媒体微信公众号中，协调沟通指标得分最高的前三

---

① 《2019中国微信500强年报》，https://mp.weixin.qq.com/s/H_6J3QyzeudE0F4ZiYTHwg，最后检索时间：2024年8月25日。

位分别是：人民日报（3.8641），央视新闻（2.6457），新华社（2.6131）。人民日报依然保持着明显的优势，央视新闻和新华社的位次发生了互换。该指标主要考察媒体的协调和沟通效能，其中一个重要的观测数据就是用户的点赞、评论和在看数。从表6中可以看到，人民日报在点赞数和在看数上都高居榜首，其公众号高达5500万的订阅用户使其在获取公众参与和互动上具有明显的数量优势。在评论数上，央视新闻、南方都市报和三联生活周刊获得的评论数明显高于其他账号。

表6　2024年常规监测的微信公众号点赞数、评论数、在看数统计

单位：人次

公众号名称	点赞数	评论数	在看数
人民日报	44736249	47591	11708153
新华社	12872912	42968	4616066
央视新闻	11871382	74621	3667676
中国新闻网	2449295	54203	962708
中国青年报	2085953	10573	362040
三联生活周刊	1321473	70920	691376
央视财经	1319976	13947	481025
中国新闻社	1199020	32503	568785
澎湃新闻	1019997	54914	334077
中国新闻周刊	970822	27269	357677
南方都市报	774764	74473	271071
南风窗	663749	23260	249566
新京报	651983	23283	238543
南方周末	602228	22627	288998
新周刊	430081	21225	209243
中国日报	335937	12100	85230
光明日报	273806	7381	74827
经济日报	258548	2128	121385
中央广电总台中国之声	193416	5249	64308
财新	84286	7990	46750

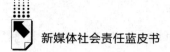

　　回溯十年前，在本蓝皮书的社会责任指标体系中，协调沟通旨在评价新媒体执行联络、沟通、协调社会各组成部分的能力。[①] 当时除了考察用户的互动数据外，还考察线下的商业与非商业活动。微信公众号因其定向的信息推送机制，被认为是精准营销的利器，商业前景一度被看好，这一指标的考察路径真实反映了当时的社会现状。蓝皮书早期的观察发现，媒体微信公众号普遍比较重视协调沟通，运用平台提供的功能菜单积极拓展社会服务功能。比如，人民网在"服务"菜单下设有"中纪委举报平台""最高法申诉信访""地方领导留言板""我爱问人民网"等一列服务菜单，尝试用以协调公众、政府、媒体之间的沟通。央视财经设有"微视听""创业课堂""经济学课堂"等。[②] 但是受限于当时订阅用户的数量不高，互动数据普遍较低。而且，商业广告在公众号文章中的过分嵌入也干扰了用户对新闻信息的阅读，造成用户的反感。[③]

　　2019 年，本蓝皮书的社会责任指标体系第二次改版后，协调沟通指标中去掉了对商业活动的考察，增加了对社会整合能力的考察。媒体微信公众号随着用户数量的积累，以及运营能力的提升，沟通效能有了明显的提高。近年来的监测显示，作为主流媒体的人民日报、央视新闻和新华社依靠稳定而庞大的用户群体和大数量、高质量的信息在协调沟通上起到了表率作用。[④] 在这些看似亮眼的互动数据背后，不容忽视的是整个微信公众平台的发展放缓，甚至整体用户量和阅读量的大幅下降，这同样也是媒体微信公众号发展的隐忧。还有来自抖音、小红书等其他平台对用户的分流，以及新的意见领袖的生成，都会对媒体微信公众号的影响力造成冲击。加之，新闻热点事件最易获取网络用户的关注，每当有热点新闻出现，各大

① 钟瑛主编《中国新媒体社会责任研究报告（2014）》，社会科学文献出版社，2014，第 14 页。
② 钟瑛主编《中国新媒体社会责任研究报告（2015）》，社会科学文献出版社，2015，第 129 页。
③ 钟瑛主编《中国新媒体社会责任研究报告（2015）》，社会科学文献出版社，2015，第 132 页。
④ 钟瑛、芦何秋主编《中国新媒体社会责任研究报告（2023）》，社会科学文献出版社，2024，第 140 页。

平台的非专业媒体账号也往往迅速跟进，导致信息混杂难辨。这就使得专业媒体难以充分地发挥协调沟通的功能。

五 结论与展望

十年前，微信公众号刚刚问世两年，正处于蓬勃发展时期，恰逢媒体融合元年，传统媒体纷纷入驻"两微一端"。其后的五年，媒体微信公众号逐渐成长成熟起来。然而随着短视频平台的崛起，微信公众号风光不再，甚至频频被唱衰。但是背靠微信这个庞大的社交平台，媒体微信公众号在守望社会、塑造共识、文化传承等领域仍然发挥着重要的作用。公众号在当下以及未来很长一段时间都是数字媒体的重要基础设施。回顾过去十年来的社会责任履行情况，展望未来可能更加残酷的媒介生态和社会环境，媒体微信公众号要想更好地服务社会、履行媒体社会责任，还需在以下方面做出努力。

（一）严肃对待新闻

信息生产是媒体公众号的专长，也是安身立命之本。在社交媒体平台，面对大量自媒体产出的内容冲击，专业媒体面临的环境是艰难的。2024年8月，围绕自媒体公众号"贞观"发布的有关考公女孩之死所引发的媒体机构新闻核查的争议，就集中折射出专业媒体所面临的处境。新闻生态和社会环境是紧密联系、相互影响的。不能忽视的是，在流量的压力之下，新闻生产的专业性也在慢慢被侵蚀，当专业媒体无法做出专业新闻报道时，媒体也就丧失了公信力。守住新闻专业的底线，坚持专业化、深度化的内容生产，这应是媒体微信公众号的重要使命。

不可否认，微信公众平台所提供的环境对信息生产也是有很大影响的。比如由于其订阅号推流机制的调整，信息展示不再按时间流，而是根据订阅号的优质程度、用户的喜爱程度以及群发文章的内容质量进行动态排序，同时引入"看一看"增加公域流量推荐。某种程度上说，这个机制的调整对于内容质量相对较高的专业媒体账号来说是有利的，但是面对微信公众平整体的打开率和阅读率下滑趋势，媒体微信公众号要想获得突围并非易事。除此之外，社交媒体平台普遍存在的"洗稿"现象也不容忽视，虽然2015年微信推出的公众号原创声明功能在一定程度上对高质量的原创内容进行了保护，但是在内容生产的压力之下，尤其是新闻信息采集生产能力薄弱的自媒体，常常难免会出现对各类媒体的信息资源进行整合加工再传播的"洗稿"行为。微信公众平台面对大量的侵权投诉和原创标识申请，其审核能力也不免捉襟见肘。所以，如何在保持平台传播力的同时，又维护平台的原创内容生态，是摆在微信公众号平台面前的一道难题。

（二）提供价值理性

守望社会、塑造共识是媒体社会责任的重中之重，媒体公众号也责无旁贷。作为巨量级平台，微信公众号的内容包罗万象，文风五花八门。传统媒体适应新媒体转型的一个重点就是话语方式的改变，强调表达的个性化、亲民化、趣味性，标题要吸睛，用语要有梗，视听要结合，还得抓笑点、痛点、泪点，追求情绪爆点。固然形式也是一种内容，但是只有形式必然是空洞的。在追求形式中，丢掉对真实、客观、权威、全面的追求，最终伤害的还是媒体的公信力。媒体微信公众号要想在众声喧哗、充满情绪宣泄的社交媒体平台，给公众提供价值理性，首先自身就要保持理性，坚持专业操守。

微信公众平台拥有庞大的社交网络和巨量的信息流，对各种热点事件和现象的感知也非常灵敏。以往的监测也发现，每当社会发生重大事件时，微信公众平台就会成为公众信息交流的集散地和获取信息的重要来源。在价值引导中，社会监督和塑造共识是一体两面，在做好重大主题宣传的同时，也应充分发挥舆论监督报道的作用。正如新华社在2023年社会责任报告中所说，做建设性舆论监督报道，通过全面客观、直指要害的报道，推动问题整改与解决。

（三）用好私域流量

公众号的订阅用户对于媒体来说是珍贵的私域流量，对于这些用户，媒体可以在相对自由的时间和可控的场景中反复触达，这些用户对媒体的忠诚度、信任度也相对较高。虽然微信公众平台整体发展趋缓，甚至用户在流失，但是如果经营好已有的私域流量仍然是可以发挥巨大影响力的，目前许多媒体账号的订阅用户都是百万以上的。而且，根据蓝皮书的观察，许多媒体账号还未能将其私域流量的能量充分发挥出来，特别是一些中央级党媒，已经有能力生产出非常优质的作品来传播社会主义核心价值观以及社会主流意识形态，如前文表 5 所列举的中国新闻社的案例，但是这些优质内容的传播力并不理想。所以媒体微信公众号在提升传播力上还有逆势上扬的可能。

作为掌握流量规则的微信公众号平台当然也有责任，给优质的内容更多引流。"看一看"的引入就是一种很好的开始，但其效果如何还要进一步观察。此外，微信公众号的内容过于封闭，对搜索内容的需求使很多时候公众号不在首选范围内，难以通过搜索进行再次传播，导致用户搜索的心智被严重分流。虽然微信在自己平台内部也设置有搜索功能，而且 2022 年的数据显示微信搜一搜的月活用户已达 8 亿,① 但是这一搜索功能还仅限于平台内部，与其他平台的连接不够，很大程度上也限制了公众号文章在更广范围的传播。这可能是需要平台和媒体共同探索解决的一个问题。

① 《微信终于上新这个功能，超实用》，https://baijiahao.baidu.com/s? id = 18080850733113
16193&wfr=spider&for=pc，最后检索时间：2024 年 8 月 29 日。

B.5
地方新闻网站社会责任
及其评价（2024）

王井　林心悦*

摘　要： 本文依据2014~2024年累积的地方新闻网站数据，对地方新闻网站近十年来社会责任的履行情况进行历时性分析。研究发现，随着网络媒体的融合发展，地方新闻网站从初步探索期到快速发展期再到挑战与发展并行期，其履行社会责任的意识与能力呈现阶段性波动的趋势。现阶段，新闻网站的体制机制变革以及股权混改等难度有所增大，再加之新媒体的出现，给新闻网站的发展带来了一定的冲击，地方新闻网站发展与挑战并存。面对现阶段存在的问题，地方新闻网站应积极整合区域性新闻资源，提升信息质量，并以新应用服务新治理，打好科技赋能主动仗，加强技术赋能，致力提升舆论引导能力，加强双向传播，优化社会服务功能，以实现行稳致远的发展。

关键词： 地方新闻网站　历时性分析　社会责任　量化评价

中国互联网络信息中心（CNNIC）发布的第54次《中国互联网络发展状况统计报告》显示，截至2024年6月，我国网民规模近11亿人（10.9967亿人），较2023年12月增长742万人，互联网普及率达78.0%①。

---

* 王井，博士，中共浙江省委党校社会学文化学教研部副教授，主要研究方向为网络舆情；林心悦，华中科技大学新闻与信息传播学院2023级硕士研究生。

① 中国互联网络信息中心（CNNIC）：第54次《中国互联网络发展状况统计报告》，https://www.cnnic.net.cn/NMediaFile/2024/0911/MAIN1726017626560DHICKVFSM6.pdf，最后检索日期：2024年8月30日。

2000 年 4 月，北京"千龙新闻网"的正式上线，标志着我国地方新闻网站建设的崭新篇章正式开启。历经 20 多个春秋的蓬勃发展，这些地方新闻网站已全面覆盖中国 31 个省区市（不含港澳台），不仅牢固占据了我国网络新闻传播体系的核心位置，还成为各省区市对外展示形象、传播信息的网络核心平台，同时也是广大网民获取权威新闻资讯不可或缺的关键路径。

在全国新闻网站的网络生态中，地方新闻网站占据了承上启下的中枢地位，拥有独特的媒体身份与发展土壤。它们的诞生与壮大，有力推动了传统媒体向数字化、网络化转型的进程，进一步丰富了主流媒体的矩阵布局，成为网络空间中的关键"主流媒体"力量。尽管社交媒体浪潮汹涌，对地方新闻网站构成了一定挑战，但凭借其深厚的地域根基，地方新闻网站在舆论导向、地方形象构建以及贴近民生的信息服务上，持续展现出不可替代的独特价值。随着地方新闻网站社会影响力的日益增强，探讨其应承担的社会责任及如何科学评估其履责成效，成为学术界日益关注的重要议题。

目前，在地方新闻网站的社会责任相关研究中，学界业界较多关注其发展现状、困境与建设路径，重视理论化阐述与一般性描述，缺乏对其责任履行情况的量化考察。地方新闻网站的社会责任不仅是理论问题，更应注重其实用价值。本文结合学界对于社会责任的广义与狭义内涵，从媒介功能角度观照新闻网站在中国语境下所应履行的相关职责。通过历时性分析视角，对地方新闻网站 2014~2024 年的社会责任履行情况进行系统回顾与评价，通过对比分析十年间不同时期地方新闻网站的履责表现，梳理其履责水平的主要变化和发展趋势，揭示履责过程中存在的问题，在此基础上提出相应的对策与建议，以期为地方新闻网站的健康、可持续发展提供有价值的参考和启示，进而推动其在新媒体时代更好地履行社会责任。

一　研究设计

地方新闻网站作为网络传播阵地重要的社会责任践行主体，依托政府政策及财力的支持，在舆论引导、社会责任履行方面均发挥着重要的作用。本

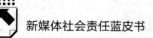

文对地方新闻网站履责表现的评估主要依托于媒介功能角度，具体从"信息生产"、"价值引导"、"文化教育"和"协调沟通"四个维度展开。

（一）研究对象和资料来源

本文基于 2014~2024 年累积的地方新闻网站数据，对地方新闻网站近十年来履行社会责任的情况进行历时性分析。本文的研究资料来源于"新媒体社会责任蓝皮书"课题组 2014~2024 年依据地方新闻网站社会责任评价指标体系，对我国经国务院新闻办公室批准，由地方宣传部门主管、地方传媒集团主办的全国重点地方新闻网站所进行的九次社会责任评价。本文采用的地方新闻网站社会责任评价指标体系主要依托于媒介功能角度，以统一的新媒体社会责任评价体系为框架构建而成。在评估对象选取上，本研究始终聚焦全国重点地方新闻网站。2024 年，本研究再次聚焦地方主流媒体，在地方新闻网站代表性的基础上，按照东部、中部和西部的地区划分，抽取26 个省（自治区、直辖市）地方新闻网站作为研究样本，基于最新数据，对 2024 年媒体微博的履责表现进行实证评估。

（二）研究方法和样本选取

本文采用历时性分析，对地方新闻网站近十年的履责表现进行考察。为了确保历时性分析的科学性，本文依据地方新闻网站发展的自然进程以及关键政策节点，将其 2014~2024 年的发展历程细分为三个阶段：初步探索期（2014 年）、快速发展期（2015~2022 年）、挑战与发展并行期（2023~2024 年）。阶段细分原因如下：2014 年以前，地方新闻网站尚处于适应并融入互联网传播格局的初步探索期。2014 年 8 月，中央全面深化改革领导小组第四次会议审议通过了《关于推动传统媒体和新兴媒体融合发展的指导意见》，地方新闻网站和其他媒体一道进入了媒体融合的探索期，步入快速发展期。2022 年 3 月，国家发展改革委发布《市场准入负面清单（2022 年版）》，其中有关非公有资本不得从事新闻采编播发业务、非公有资本不得投资设立和经营新闻机构等规定的出台，使得新闻网站的体制机制变革以及股权混改等难度有所增大，再加之新媒体的出现，给新闻网站的发展带来了一定的冲击，地方新闻网站进入挑战与发展并行期。

鉴于十年间评价体系历经两次更新，本文在对比分析不同阶段地方新闻网站各维度履责情况时，特别聚焦于那些具有持续影响力的核心指标，同时结合对地方新闻网站发展历程的长期、深入观察，以全面揭示其履行社会责任的变化趋势与主要特征。在评估指标的具体测量方面，本研究采用基础的网络爬虫（合法）采集数据，利用内容分析法进行深入分析。在2024年地方新闻网站社会责任评价中，内容分析样本为2024年8月20~26日30个样本新闻网站重点位置的新闻内容，经全文内容检索并采用内容分析法进行内容匹配。研究综合考量了构成新媒体社会责任的各个要素，在此基础上建构了关于地方新闻网站社会责任的三级指标体系，在信息生产、价值引导、文化教育和协调沟通这4个一级指标下，设有9个二级指标与24个三级指标。为保证指标体系的可操作性、全面性和科学性，本报告采用德尔菲法计算各个指标权重，并邀请学界学者、业界高管、网站管理者与网站受众四类群体对三级指标体系进行打分赋值，最终计算得出加权值。

二 地方新闻网站十年来社会责任履行状况的整体考察

从十年间各阶段地方新闻网站社会责任综合评价得分情况看，随着网络媒体的融合发展，地方新闻网站从初步探索期到快速发展期再到挑战与发展并行期，其履行社会责任的意识与能力呈现阶段性波动的趋势。图1显示了2014~2024年地方新闻网站在各阶段的社会责任得分率情况。

具体来看，2014年，地方新闻网站正处于适应并融入互联网传播格局的初步阶段。受技术和经验的限制，网站更多地关注于如何建立在线平台、积累用户基础，以及探索新的报道和传播方式。社会责任履行主要体现在传统的新闻报道和信息传递上，对于互联网环境下的新媒体责任和社会影响力认知尚浅。评估数据显示，2014年，地方新闻网站的履责水平整体较低，评估账号的社会责任综合得分率均值仅为20.00%。2015年后，随着媒体融

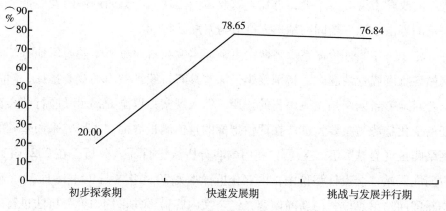

图 1 地方新闻网站各阶段社会责任得分率

合战略的稳步推进，地方新闻网站和其他媒体一道进入了媒体融合的探索期，步入快速发展期。这一时期，地方新闻网站开始更加注重多元化、全方位的信息服务，通过融合不同媒体形式，提升报道的深度和广度。社会责任履行也相应扩展，包括加强网络舆论引导、维护社会稳定、提升公众信息素养等方面。从评估数据来看，2015~2022 年，评估账号的社会责任综合得分率均值达到 78.65%。与初步探索阶段相比，地方新闻网站在社会责任的履行方面服务更加多元化，致力于营造一个积极、健康的网络信息环境。进入 2023 年后，国家发展改革委发布的《市场准入负面清单（2022 年版）》给新闻网站的体制机制变革和股权混改等带来了挑战。新媒体的快速发展也加剧了市场竞争，地方新闻网站在保持传统新闻报道质量的同时还需应对新媒体带来的冲击。社会责任履行面临更多考验，包括如何在保障新闻真实性和客观性的前提下，适应新媒体环境，提升用户体验，以及如何在激烈的市场竞争中保持公信力。评估数据显示，2023~2024 年，地方新闻网站在信息生产、价值引导、文化教育、协调沟通方面的履责意识和能力有所下降，评估账号的社会责任综合得分率均值下降至 76.84%。表 1 显示了 2024 年 30 家地方新闻网站社会责任综合评价得分及一级指标得分情况，表 2 显示了 2024 年地方新闻网站一级指标均值及得分率情况。

表1　2024 年样本新闻网站社会责任综合评价

单位：分

网站名称	信息生产	价值引导	文化教育	协调沟通	总分	排名
大众网	2.3702	0.8245	0.5533	0.9894	4.7373	1
东方网	2.3042	0.8224	0.5706	1.0145	4.7117	2
荆楚网	2.2907	0.7554	0.5125	0.9923	4.5509	3
西部网	2.3043	0.7361	0.4898	1.0060	4.5363	4
扬子晚报网	2.1532	0.7847	0.5359	1.0008	4.4747	5
南海网	2.3028	0.6164	0.4584	0.9861	4.3637	6
中国吉林网	2.1738	0.7063	0.4952	0.9782	4.3535	7
云南网	2.2398	0.6607	0.4476	0.9952	4.3432	8
湖南红网	2.1787	0.6536	0.4586	0.9811	4.2720	9
四川在线网	2.1923	0.5997	0.4331	0.9778	4.2029	10
华龙网	2.0834	0.5598	0.3606	0.9751	3.9789	11
长春新闻网	2.0168	0.5700	0.3997	0.9695	3.9560	12
正北方网	2.1347	0.4632	0.3573	0.9579	3.9131	13
广西新闻网	2.0817	0.4073	0.3251	0.9693	3.7834	14
中国甘肃网	1.9725	0.4730	0.3445	0.9550	3.7450	15
多彩贵州	2.0244	0.3774	0.3495	0.9664	3.7178	16
东南网	1.8578	0.5039	0.3344	0.9664	3.6625	17
大江网	1.9868	0.4036	0.2989	0.9521	3.6414	18
长城网	1.9244	0.4485	0.2817	0.9492	3.6038	19
中国江苏网	1.8898	0.4081	0.3174	0.9608	3.5761	20
深圳新闻	1.8870	0.4090	0.2638	0.9376	3.4974	21
太原新闻网	1.8173	0.4495	0.2620	0.9521	3.4809	22
中安在线	1.8334	0.4221	0.2784	0.9434	3.4774	23
东北新闻网	1.8385	0.4206	0.2384	0.9405	3.4380	24
包头新闻网	1.8073	0.3571	0.2862	0.9463	3.3968	25
大河网	1.7716	0.3770	0.2440	0.9347	3.3272	26
龙虎网	1.7269	0.2777	0.2037	0.9405	3.1489	27
大华网	1.7314	0.2796	0.2029	0.9289	3.1428	28
北方网	1.6912	0.3030	0.2026	0.9260	3.1227	29
北青网	1.7094	0.2479	0.2100	0.9318	3.0991	30

表 2　2024 年样本网站一级指标均值与得分率情况

单位：分，%

一级指标	理想满分	最小值	最大值	均值	标准差	得分率
信息生产	2.5065	1.6912	2.3702	2.0099	0.2087	80.19
价值引导	0.8800	0.2479	0.8245	0.5106	0.1699	58.02
文化教育	0.5885	0.2026	0.5706	0.3572	0.1136	60.70
协调沟通	1.0250	0.9260	1.0145	0.9642	0.0243	94.07
总体得分	5.0000	3.0991	4.7373	3.8418	0.5036	76.84

注：理想得分=最大值×权重；得分率=均值/理想得分×100%。

三　媒体微博十年来社会责任各维度履行状况分析

在过去的十年里，地方新闻网站作为信息传播的重要平台，在履行社会责任方面经历了显著的变迁。该部分基于 2014～2024 年的评估数据，对地方新闻网站在四大责任维度的履行状况进行历时性考察，以期揭示十年间媒体微博在不同责任维度履责水平的主要变化以及现阶段存在的主要问题。

（一）地方新闻网站十年来"信息生产"的履责状况分析

历经多年发展，以样本重点新闻网站为代表的门户网站基本已经可以较好地履行其信息生产的功能，但进一步细分来看，样本网站在"原创"、"深度"和"全面"3 个指标相较于其他"信息生产"的三级指标，仍存在一定的上升空间。根据 2014～2024 年的评估数据，地方新闻网站在"信息生产"维度的履责水平呈现阶段性波动的态势，从 2014 年的 20% 增长至 2015～2022 年的 47.34%，到 2023～2024 年，持续上升至 87.22%。

在初步探索期，许多网站面临着采编团队不够独立、完善的问题。这一现实困境直接导致了新闻内容在很大程度上依赖于转载或改写，而非基于深入调查和独立思考的原创报道。这种做法虽然能够暂时填补内容空缺，维持网站的日常运营，但长期来看，却不可避免地削弱了新闻的深度和原创性，降低了新闻内容的整体价值。原创性和深度是新闻内容的灵魂所在，它们不仅关乎新闻的真实性和准确性，更关乎新闻对于社会现象和问题的深刻揭示与反思。缺乏这两点的新闻，往往只能停留在表面现象的描述上，难以触及问题的本质，从而降低了新闻的传播效果和影响力。对于地方新闻网站而言，缺乏原创性和深度的新闻内容，无疑会削弱其在市场竞争中的优势地位，难以在读者心中树立起专业、权威的形象。此外，许多地方新闻网站在内容选择上也存在偏差，过度关注国内外重大新闻，而忽视了本地新闻的挖掘和报道。这种做法虽然能够反映出网站的国际化视野和广泛关注度，却忽视了本地受众对于身边事、本地事的关心和需求。本地新闻作为与本地受众日常生活紧密相连的重要信息来源，具有极高的关注度和价值。忽视对本地新闻的挖掘和报道，不仅会导致网站内容缺乏与本地受众的关联性，难以引起本地读者的共鸣和关注，还会削弱网站在本地市场中的竞争力和影响力。

进入快速发展期，地方新闻网站更加注重原创内容的生产，在真实、时效、客观方面各样本网站的表现呈现逐渐上升的态势，这一转变不仅体现了地方新闻网站对于新闻价值的深刻理解，也展示了其提升新闻品质、增强竞争力的坚定决心。在真实、时效、客观这三个关键指标上，各样本网站的表现均呈现出逐渐上升的态势，这标志着地方新闻网站在新闻报道的基本原则上取得了显著的进步。

但在原创、深度、全面这三个维度的指标上，样本网站的表现仍有较大的提升空间。原创性作为新闻内容的核心价值之一，是衡量一个新闻网站专业性和独特性的重要标准。然而，部分地方新闻网站的内容发布仍然高度依赖于新华社、《人民日报》及本地党报的报道内容，这使得网站中的原创性内容占比相对较小，难以形成自己的特色和风格。此外，部分网站在关注议题时，往往只聚焦于某一侧面，缺乏对议题全貌的深入解读和全面呈现。这种做法不仅限制了新闻内容的深度和广度，也削弱了网站在引导舆论、服务社会方面的功能。一个优秀的新闻网站，应该能够站在全局的高度，对新闻事件进行深入的剖析和全面的报道，为读者提供更为丰富、多元的信息视角。

进入挑战与发展并行期，在地方新闻网站的建设和发展过程中，样本网站能够依托地方政府背书及地方传统主流媒体，较好地承担起信息生产发布及流程管理的社会责任。进一步考察三级指标能够发现：在真实、时效、客观方面各样本网站表现较为优秀，平均得分均在 4 分以上；而在原创、深度、全面方面，样本网站仍有较大提升空间。部分地方新闻网站的内容发布来源于新华社、《人民日报》及本地党报的报道内容，且部分网站内容会集中关注议题的某一侧面，使得网站中原创性内容占比相对较小，对议题的关注与解读不够深入全面。

（二）地方新闻网站十年来"价值引导"的履责状况分析

价值引导不仅是地方新闻网站不可推卸的社会责任，更是其通过提供高质量内容、树立正面形象来优化自身品质、增强公信力的关键举措，同时也是拓宽受众基础、扩大社会影响力、促进可持续发展的有效途径。本研究主要从"塑造共识"和"社会监督"两个方面评估媒体微博在"价值引导"维度的履责情况。根据 2014~2024 年的评估数据，地方新闻网站在"价值引导"维度的履责水平呈现明显的增长态势，从 2014 年的 20% 增长至 2015~2022 年的 56.28%，到 2023~2024 年，则进一步提高到 74.29%。

具体来看，十年前，地方新闻网站在社会监督这一重要领域面临着诸多挑战。其中，监督内容和监督平台的薄弱是两个最为突出的问题。在监督内容方面，许多地方新闻网站在报道新闻时，往往只停留在事件的表面现象上，缺乏深入探究和挖掘事件背后深层次问题的能力。这种报道方式虽然能够迅速吸引眼球，在揭示问题本质、推动问题解决方面却显得力不从心，导致社会监督的作用大打折扣，难以充分发挥新闻媒体的舆论监督功能。与此同时，在监督平台方面，一些地方新闻网站也尚未建立起完善的机制。它们缺乏与受众的有效互动和沟通，使得受众在发现问题时，难以找到合适的渠道而通过网站进行反馈和举报。这种信息不对称不仅削弱了受众的参与感和归属感，也影响了社会监督的效果，使得一些本应被及时发现和解决的问题得以藏匿和拖延。然而，经过十年的发展与变迁，地方新闻网站在社会监督领域取得了显著的进步。在报道新闻时，它们开始注重挖掘事件的深层次问题，不再满足于表面的报道和陈述。通过深入调查和分析，地方新闻网站逐渐展现出了其在揭示问题本质、推动问题解决方面的独特价值，从而加大了社会监督的力度。此外，在监督平台方面，许多地方新闻网站也进行了积极的探索和尝试。它们建立了相对完善的机制，如在线举报、投诉建议等，为受众提供了便捷、高效的反馈和举报渠道。这不仅增强了受众的参与感和归属感，也使得社会监督的效果得到了进一步的加强。通过这些平台，受众可以更加积极地参与到社会监督中来，共同推动社会的进步和发展。

在塑造共识方面，自 2019 年"塑造共识"被纳入"价值引导"指标中，各大样本地方新闻网站的得分率整体呈现稳步上升的态势，这标志着地方新闻网站在推动社会共识形成、弘扬主流价值观方面取得了显著的成效。它们通过新闻报道、专题策划、评论文章等多种形式，将社会主义核心价值观融入日常传播之中，努力营造积极向上的舆论氛围。尽管在报道方式上存在一定的相似性，但这一时期的努力为后续的发展奠定了坚实的基础。经过几年的不断探索与实践，样本地方新闻网站凭借自身的专业性和广泛的影响力，能够更加有效地宣传引导社会主义核心价值观，通过精心策划的内容传播，将价值观念转化为具体、生动、贴近生活的新闻故事，使公众在潜移默化中接受并认同这些价值观念。在内容策划上，地方新闻网站积极倡导符合时代要求的社会主流风尚，如诚信、友善、敬业等，通过报道社会正能量、弘扬先进典型等方式，不断提升公众对核心价值观念的认知与认同。同时，它们还注重引导公众树立正确的世界观、人生观和价值观，为社会的和谐稳定和发展提供了有力的思想保障。此外，样本地方新闻网站在塑造共识的过程中，还积极履行了作为信息传播平台宣扬主流价值与社会风尚的重要社会责任。它们通过及时、准确、全面的新闻报道，为公众提供了丰富的信息来源和多元化的思考角度，促进了社会正向风气的形成与发展。在构建健康向上的网络文化环境方面，这些地方新闻网站也发挥了积极的作用，为社会的文明进步贡献了力量。

然而需要注意的是，尽管地方新闻网站在履行社会责任方面仍有不足，但有进一步挖掘并发挥新媒体独特优势的进步空间，特别是在社会冲突防范上，通过及时、准确的信息发布，可有效缓解误解与矛盾；在社会危机预警方面，利用大数据与人工智能技术，提前识别潜在风险，为公众提供预警信息；在公共政策监督上，积极搭建政府与民众之间的沟通桥梁，确保政策执行的透明度与公正性；在社会秩序维持上，通过正面引导与理性讨论，营造和谐稳定的网络环境；在社会舆论引导上，坚持客观公正的原则，引导公众理性思考，形成积极向上的社会氛围。通过这些努力，地方新闻网站不仅能够更好地服务于社会，还能在提升自身影响力的同时，为构建更加和谐、有序的社会环境贡献力量。

（三）地方新闻网站十年来"文化教育"的履责状况分析

在我国，文化教育被视为专业媒体肩负的一项至关重要且不容推卸的责任。面对价值多元、复杂多变且充斥着过度娱乐化内容的网络信息环境，地方新闻网站应当主动承担起弘扬中华优秀传统文化、推广科学教育知识以及营造健康向上信息氛围的使命，积极发挥自身的引领与导向作用。根据2014~2024年的评估数据，地方新闻网站在"价值引导"维度的履责水平呈现明显的增长态势，从2014年的20%增长至2015~2022年的47.35%，到2023~2024年，则进一步提高到67.70%。

在初步探索阶段，一些地方新闻网站过于追求娱乐化内容，而忽视了文化传播的重要性，这导致网站内容缺乏深度和广度，难以满足受众对文化知识的需求。同时，一些地方新闻网站忽视了娱乐内容的把关工作，部分娱乐内容存在低俗、不良信息等问题，影响了新闻媒体的公信力和形象。还有部分地方新闻网站缺乏明确的定位和规划，过于追求大而全的内容覆盖，而忽视了自身作为地方新闻传播平台的功能和作用。这使得网站在新闻报道和信息传播上存在偏差和不足。一些地方新闻网站对新媒体社会责任的认识也不够充分，他们往往只关注新闻报道的点击率和阅读量，而忽视了新闻报道的社会价值和影响力。

进入快速发展期，地方新闻网站在文化传播内容方面更加丰富多样。通过统计发现，样本网站均有文化一级栏目设计，表明各门户网站在目标设定上均考虑到推动社会文化发展的社会责任。但其内容呈现方式单一，本地文化欠缺，在文化传承和传播科教方面还有很大的发展空间，尤其在"传统文化"与"科技传播"两个指标中得分较低，一些地方新闻网站对民俗文化、传统节日、文化盛典及科技文化等内容涉及较少，未能较好承担起文化传承与传播科教的社会责任，需要根据自身发展情况进行提升。

到挑战与发展并行期，地方新闻网站在文化传播内容方面多元化，除了传统的新闻报道外，还增加了文化评论、文化讲座、文化展览等栏目和内容，这使得受众可以通过网站获取更多的文化知识信息。在追求娱乐化内容的同时，一些地方新闻网站开始注重娱乐内容的把关工作。他们通过建立专门的审核团队和制度来确保娱乐内容的合法性和健康性。地方新闻网站开始注重明确自身的定位和规划。他们通过优化内容结构、提升报道质量等方式来加强自身的竞争力和影响力。这使得网站在新闻报道和信息传播上更加准确和有效。同时在新媒体时代，地方新闻网站开始更加注重履行自身的社会责任。他们通过建立完善的审核制度、加强舆论引导等方式来确保新闻报道的合法性和健康性。同时，他们也开始注重提升新闻报道的社会价值和影响力，为社会发展做出更大的贡献。然而，这种认识仍然需要进一步加强和完善，以更好地履行地方新闻网站的社会责任。

（四）地方新闻网站十年来"协调沟通"的履责状况分析

地方新闻网站在协调沟通方面所承担的社会责任，不仅关乎其自身的媒体角色与功能，更对社会整体发展、公众权益保障及信息生态平衡具有深远的意义。根据2014~2024年的评估数据，地方新闻网站在"协调沟通"维度的履责水平呈现明显的增长态势，从2014年的20%增长至2015~2022年的37.59%，到2023~2024年，则进一步提高到74.62%。

在初步探索阶段，地方新闻网站在协调关系方面存在线上线下互动不够活跃的问题。这一问题的根源在于部分地方新闻网站在运营过程中，未能充分意识到与受众双向沟通的重要性，导致与受众的充分沟通和交流存在不

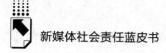

足。具体而言，这些网站往往过于聚焦新闻报道的发布，即内容生产的单一维度，而忽视了与受众之间建立深度互动和反馈机制的关键环节。在这种模式下，新闻报道成为一种单向的信息传递，缺乏必要的反馈渠道和互动空间。受众在浏览新闻时，往往只能被动接受信息，而无法通过网站这一平台有效地表达自己的观点和意见。这种缺乏互动性的信息传播方式，不仅限制了受众参与度的提升，也削弱了网站作为信息交流平台的功能性和吸引力。

在快速发展期，随着互联网技术的不断进步和媒体环境的日益多元化，一些地方新闻网站积极响应时代变革，主动开辟了网络宣传的新阵地。它们不仅在传统媒体的基础上拓展了网络传播渠道，还通过创新内容和形式，增强了与用户之间的双向互动，从而在一定程度上承担了媒体协调沟通的社会责任。这些网站利用网络平台，尝试构建更加开放、包容的信息交流环境，让用户在获取信息的同时，也能参与到新闻的评论、讨论中来，形成了一种初步的互动生态。然而，尽管这些地方新闻网站在互动方面取得了一定进展，但它们的运营理念中仍保留了不少传统的单向宣传思维。在这种思维模式下，网站还是更侧重于信息的单向传递，而忽视了用户作为信息接收者和反馈者的主体地位。这导致在与网民的沟通互动方面，这些网站仍然显得较为保守和被动，缺乏深入的用户洞察和主动的用户服务。具体来说，一些地方新闻网站在内容制作和发布上，仍然过于注重官方信息的传达，而忽视了用户对于多元化、个性化信息的需求。在互动功能的设计上，虽然提供了评论、点赞等基本功能，但往往缺乏深度的用户参与机制，如用户投稿、意见征集、在线问答等，使得用户的声音难以被充分听取和回应。此外，对于用户的反馈和建议，这些网站也往往缺乏有效的收集和处理机制，导致用户的参与感和归属感不强，进而影响了网站的长期发展和用户黏性的提升。

2023年以后，随着社交媒体平台的迅速发展，地方新闻网站更加注重与受众的沟通和交流。一些地方新闻网站通过建立社交媒体账号、开设在线问答等方式来加强与受众的互动和反馈。这使得受众可以通过网站更加便捷地表达自己的观点和意见，从而增强了网站的公信力和影响力。尽管地方新闻网站在线上线下互动方面取得了一定的进步，但互动效果仍然有限。一些网站仍然存在回复不及时、处理速度慢等问题，影响了受众的参与度和满意度。

四　对策与展望

在高度媒介社会化和社会媒介化的今天，新媒体承载着更重的社会责任。本文基于对 2014~2024 年地方新闻网站履责情况的历时性分析，发现现阶段地方新闻网站能够较好地履行作为专业媒体的社会责任，并努力顺应新传播生态，拓展网站的新媒体属性，尤其在"价值引导"、"文化教育"和"协调沟通"方面都取得较大的进展。但随着人工智能与新媒体技术的发展，网络信息环境日益呈现复杂多变的态势，地方新闻网站也面临更多的挑战。如何不断提升自身的责任履行能力，以适应并优化这一复杂的信息生态，成为一个亟待深入探索的重要课题。为了更加有效地肩负起社会责任，地方新闻网站的媒体应当从以下几个关键方面着手，努力寻求突破与提升。

（一）整合区域性新闻资源，加强信息质量

随着移动传播的兴起，地方新闻网站的发展受到来自新闻客户端、微信公众号、微博等媒体的冲击，要在极为激烈的新媒体竞争格局中始终保持竞争优势还需坚持以内容为核心，立足地域优势，以优质、全面、深度的新闻信息打造网站品牌优势。一方面，地方新闻网站需要充分履行其作为党和政府喉舌的重要职责，充分利用其政府背景的权威性，建立起优先获取和发布权威信息的平台。这要求网站不仅要注重新闻信息的即时性和全面性，确保信息的时效性和覆盖面，还要在内容深度上下功夫，通过深度报道和解读，为公众提供有价值的新闻分析和见解。另一方面，地方新闻网站在新闻内容的选择上，需要巧妙平衡外埠新闻与本地新闻的比例，既要关注国内外的重大事件，又要深入挖掘和报道本地的新闻资讯。通过优化整合本地新闻资源，提高新闻内容的针对性和贴近性，地方新闻网站可以更加有效地吸引和服务本地受众。同时，网站还应积极寻求跨区域协作交流的机会，通过与其

他地方新闻网站的合作，拓宽视野，丰富内容，提升影响力。此外，地方新闻网站还应致力于打造具有鲜明地域特色的品牌栏目。这些栏目可以围绕本地的历史文化、风土人情、经济发展等主题展开，通过独特的新闻视角和报道方式，展现出地方新闻的独特魅力和差异性。通过强化品牌效应，地方新闻网站可以吸引更多的网站用户，提高用户的忠诚度和黏性，从而有效促进地方新闻网站内容体系的持续发展和完善。

（二）以新应用服务新治理，打好科技赋能主动仗

随着 AIGC 等新技术广泛应用，自带互联网基因的地方新闻网站需要持续发力，融入地方治理体系，也为万物智联做好前置准备。在内容生产这一核心领域，地方新闻媒体应当充分发挥新技术的强大优势，积极探索并实践融媒体内容生产的创新与升级路径。具体而言，地方新闻媒体可以依托媒体元宇宙、数字人等前沿技术，打破传统内容生产的界限，实现内容形式的多样化与互动性的显著增强。媒体元宇宙技术的运用，将使得新闻报道能够超越时空限制，以更加沉浸式和交互性的方式呈现给受众，极大地丰富了新闻体验的维度。而数字人技术的应用，则能够创造出具有鲜明个性和亲和力的虚拟形象，作为新闻播报、信息解读的载体，进一步拉近媒体与受众之间的距离，提升信息的传递效率和接受度。这些技术的广泛应用，不仅将推动地方新闻网站在内容生产上的持续创新，更将全面融入并深刻影响社会治理的方方面面，为构建更加开放、包容、智慧的社会治理体系贡献力量。在基础治理服务层面，地方新闻媒体同样肩负着重要的使命。它们应当不断提高自主研发能力和专业技术服务实力，勇于担当，敢于创新，将科技力量作为驱动社会治理现代化的关键要素。通过开发和应用智能化、精细化的治理工具和服务平台，地方新闻媒体可以协助政府部门更加高效地处理公共事务，提升治理效能。例如，利用大数据分析技术，对地方舆情进行实时监测和分析，为政府决策提供科学依据；通过建设智能化的社区服务平台，提升居民参与社会治理的便捷性和积极性，促进社区和谐与稳定。

（三）技术赋能，致力提升舆论引导能力

在融媒体信息流不断涌动与交融的当下，信息数据处理能力已成为地方新闻网站能否持续发展的关键所在。这一能力不仅关乎网站能否在海量信息中迅速筛选、整合并呈现有价值的内容，更直接影响到其在新媒体环境下的竞争力和影响力。舆情监测与引导，作为新媒体时代责任的核心组成部分，更是深度依赖于大数据技术的开发与处理。通过大数据技术的运用，网站能够实现对海量网络信息的精准捕捉、深入分析，从而更加准确地把握社会舆论的走向和趋势。为此，地方新闻网站的工作人员需要不断提升自身的专业素养，不仅要精通新媒体的运营策略和传播规律，更要熟练掌握大数据技术的相关知识和应用技能。他们需要通过深度挖掘和分析用户数据，精准把握用户的阅读偏好和需求，进而预测阅读趋势，为内容生产和推送提供科学依据。这样的精准化服务不仅能够增强用户的黏性，提升用户的满意度和忠诚度，还能够促进网站的垂直化发展，形成独特的品牌特色和竞争优势。在面对热点事件时，地方新闻网站需要迅速响应，确保信息的畅通无阻，并主动承担起引领舆论的责任。作为地方新闻的首发阵地，网站需要构建完善的舆情预警体系，制定快速响应预案，通过实时数据监测和舆情分析，准确把握舆情的脉搏和走向。在舆情发生时，网站应第一时间发布权威信息，澄清事实真相，平复社会情绪，防止谣言和误解的扩散。通过这样的方式，地方新闻网站不仅能够提升自身的公信力和影响力，还能够为社会的和谐稳定贡献自己的力量。

（四）加强双向传播，优化社会服务功能

地方新闻网站不仅是党和政府的发声平台，也是用户表达意见、参与讨论的重要平台，是沟通群众、服务社会的重要渠道，不顾用户体验、没有服务意识的媒体终将被用户抛弃。因此，地方新闻网站必须积极探索媒体融合的新路径，发展"新闻+政务+服务"的多元化发展模式，以应对日益激烈的市场竞争和不断变化的用户需求。在这一过程中，地方新闻网站需要彻底

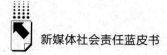

摒弃传统的单线传播思维，充分利用自身的政策和信息优势，更加深入地了解网民的需求与想法，努力营造一个开放、包容、积极的互动氛围。这要求网站不仅要及时、准确地发布新闻信息，更要积极回应网民的关切，满足网民的多样化需求，不断优化和提升社会服务功能，从而更好地承担起服务民众的社会责任。为了实现这一目标，地方新闻网站可以在一些重点板块和栏目下开放留言区，鼓励用户发表自己的见解和评论，并安排专人积极与用户进行回复互动。通过精选并置顶一些有价值的评论，不仅可以保证用户的声音得到充分的展现，还能够有效提升网站的吸引力和影响力，增强用户的参与感和归属感。此外，在新媒体时代，地方新闻网站还应该加强与意见领袖的互动合作。这些意见领袖往往拥有庞大的粉丝群体和广泛的影响力，他们的声音能够迅速传播并引发广泛关注。通过与意见领袖的合作，地方新闻网站可以更加充分地发挥网民的积极性和主动性，丰富信息来源，提高信息的时效性和权威性。同时，网站还可以借助意见领袖的力量，及时、高效地提供权威信息、政务信息和服务信息，进一步提升自身的公信力和影响力。

参考文献

陈泽坤：《地方新闻网站的创新与突围——以湖南红网为例》，《传媒》2020 年第 14 期。

杨帆：《地方重点新闻网站发展路径研究》，《中国广播电视学刊》2019 年第 8 期。

栾盛磊、王井：《地方新闻网站社会责任履行情况评价测度研究》，《广西社会科学》2016 年第 10 期。

方提、曾长秋、方世荣：《地方新闻网站的舆论引导优势与传播策略研究》，《湖南大学学报》（社会科学版）2016 年第 4 期。

B.6
县级融媒体整体社会责任及评价（2024）

黄丽娜　唐家杰　彭心怡*

摘　要： 县级融媒体中心在我国信息传播中发挥重要作用，尤其是在社会治理、舆论引导和服务群众方面。本文通过对 20 家县级融媒体微信公众号在 2024 年全国"两会"期间的表现进行内容分析，评价其社会责任履行情况。研究发现，县级融媒体在信息传播和政策解读上表现较好，能有效传达主流价值观。但在内容原创性、互动性、多样性上仍存在不足，特别是在提升公众参与和回应社会关切方面有待改进。为进一步增强社会责任履行效果，本文建议县级融媒体中心加强内容原创性和多样性，提升与公众的互动交流能力，并注重时效性，以实现更好的传播效能和社会影响力。

关键词： 县级融媒体　社会责任　公众平台

一　引言

近年来，随着信息化进程的加速推进以及基层社会治理需求的不断提升，县级融媒体中心在国家信息传播体系中的作用日益凸显。然而，基层信

---

* 黄丽娜，博士，贵州民族大学传媒学院教授，硕士生导师，主要研究方向为互联网与社会、互联网治理；唐家杰，贵州民族大学传媒学院硕士研究生；彭心怡，贵州民族大学传媒学院硕士研究生。贵州民族大学 2022 级新闻与传播专业硕士研究生胡荣，2021 级网络与新媒体专业本科生李亚丽、张馨雨，2022 级网络与新媒体专业本科生罗时艳、张敏、杨晶参与了数据收集工作。

息传播的广度与深度同日益增长的公众需求之间的矛盾依然突出。党的二十大报告明确提出要"加强基层社会治理，提高公共服务供给质量"，这一战略要求为县级融媒体中心功能的优化及社会责任的履行设定了新的标准。

为了进一步推动县级融媒体中心的建设与发展，2020年，中共中央办公厅和国务院办公厅印发了《关于加快推进媒体深度融合发展的意见》（以下简称《意见》）。该《意见》强调，县级融媒体中心应被打造为信息传播的核心阵地和基层社会治理的重要工具，在传播主流价值观、加强舆论引导以及提供公共服务等方面切实履行社会责任。《意见》指出，县级融媒体中心应成为党和政府联系群众、服务群众的关键平台，通过整合多种媒体资源，有效发挥其在社会治理中的独特作用①。

同年，中央一号文件对县级融媒体中心提出了新要求，依托新时代文明实践中心和县级融媒体中心等平台开展对象化分众化宣传教育，弘扬和践行社会主义核心价值观。文件还强调了县级融媒体中心建设应坚持瞄准媒体融合前沿，加快推进新兴技术的创新应用，强化技术对融媒体平台、产品、服务、交互等方面的支撑与赋能，以及探索多元经营，增强自身造血能力②。

习近平总书记也在全国宣传思想工作会议上强调了加强传播手段和话语方式创新的重要性，提出了扎实抓好县级融媒体中心建设，更好引导群众、服务群众的要求。在这些政策的指导下，各地方政府相继出台并落实相关举措，进一步强化县级融媒体中心的社会责任实践。

作为信息传播链条中的重要环节，县级融媒体中心凭借其与地方公众紧密联系的优势，能够有效传播具有地方特色的高质量信息内容。凭借该传播优势，县级融媒体中心在面对突发事件或公共危机时，能够通过现代传播手段及时发布权威信息，引导社会舆论，协助公众减少不确定性，进而维护社会稳定。

---

① 《关于加快推进媒体深度融合发展的意见》，中国政府网，https：//www.gov.cn/xinwen/2020-09/26/content_5547310.htm，最后检索时间：2024年8月10日。

② 《县级融媒体中心建设如何推进？中央一号文件提出新要求》，澎湃新闻，https：//www.thepaper.cn/news Detail_forward_17137409，最后检索时间：2024年8月10日。

基于政策扶持下，近年来，县级融媒体中心在社会责任实践方面取得了一定进展。然而，如何在更高层次上推动县级融媒体中心全面履行社会责任、优化信息传播效果，仍然是一个亟待解决的挑战。在此背景下，本文旨在对县级融媒体中心履行社会责任的现状进行系统评价，以期增强县级融媒体中心的社会功能，并就提升其在信息传播和社会治理效能方面提出切实可行的政策建议，从而助力构建高质量的信息传播生态体系。

二　研究设计

（一）平台选择：微信公众号

微信公众号自上线以来，日益成为移动互联网用户信息接收的重要端口。近年来，县级融媒体中心建设不断发展，微信公众号作为重要媒体平台承载着重要的功能。特别是在各种复杂环境下，县级融媒体承担着更为重要的社会责任，需要采取有效的传播平台来传递正确、及时、权威的信息。微信公众平台具有广泛的受众群体、快速的传播速度和多样的传播方式等优势，已成为县级融媒体广泛开展社会责任传播的重要渠道。基于此，本研究通过量化评估的方式，选择县级融媒体中心微信公众号作为研究平台，以此来实现对县级融媒体整体社会责任履行现状的综合评价。

（二）样本对象：20个县级融媒体中心账号

1. 账号选择

县级融媒体应当承担整体社会责任，向公众传达正确、有用、权威的公共信息，以保障公众的知情权和社会福祉。本文从 2024 年 7 月全国县级融媒体微信号百强榜中进行随机抽样，最终随机抽取 20 个县级融媒体中心的微信公众号为数据采集对象。

最终选取确定的 20 个县级融媒体中心微信公众号分别是：江苏省江阴市"最江阴"、上海市金山区"i 金山"、福建省厦门市同安区"同安发

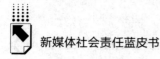
布"、湖南省岳阳县"微巴陵"、云南省文山市"非常文山"、浙江省乐清市
"中国乐清"、江西省东乡区"东乡发布"、广东省广州市番禺区"番禺
台"、湖北省红安县"最红安"、贵州省毕节市七星关区"云上七星"、黑龙
江省宝清县"微看宝清"、安徽省肥东县"幸福肥东"、甘肃省靖远县"靖
远电视台"、内蒙古自治区通辽市科尔沁区"科尔沁频道"、山东省东营市
"爱油城"、重庆市万州区"平湖万州"、四川省德阳市绵竹市"今日绵
竹"、河南省伊川县"伊川新闻"、山东省德州市武城县"爱武城"、浙江省
松阳县"松阳新闻"。详情如表 1 所示。

表 1　县级融媒体中心微信公众号样本一览

序号	所属地区	微信公众号名称
1	江苏省江阴市	最江阴
2	上海市金山区	i 金山
3	福建省厦门市同安区	同安发布
4	湖南省岳阳县	微巴陵
5	云南省文山市	非常文山
6	浙江省乐清市	中国乐清
7	江西省东乡区	东乡发布
8	广东省广州市番禺区	番禺台
9	湖北省红安县	最红安
10	贵州省毕节市七星关区	云上七星
11	黑龙江省宝清县	微看宝清
12	安徽省肥东县	幸福肥东
13	甘肃省靖远县	靖远电视台
14	内蒙古自治区通辽市科尔沁区	科尔沁频道
15	山东省东营市	爱油城
16	重庆市万州区	平湖万州
17	四川省德阳市绵竹市	今日绵竹
18	河南省伊川县	伊川新闻
19	山东省德州市武城县	爱武城
20	浙江省松阳县	松阳新闻

2. 样本取样方法说明

为了能够获取更为丰富的县级融媒体全社会责任内容样本，本文将取样时间定为 2024 年 3 月 4~17 日。主要是由于这一时间段正值全国两会召开，涵盖了众多重大社会议题，同时也能观察到县级融媒体在日常运营中如何履行全社会责任。具体取样方法为抓取 20 个县级融媒体中心微信公众号样本在取样时间之内发布的推文内容，逐条统计并进行评价。

本文参照华中科技大学钟瑛教授的新媒体社会责任评价指标体系①。在指标体系中，共有"信息生产""价值引导""文化教育""协调沟通"4 个一级指标、9 个二级指标以及 27 个三级指标。同时，本文主要通过内容分析法，收集并分析 2024 年 3 月 4~17 日 20 个县级融媒体中心微信公众号所发布的所有推文，共计 2330 条。样本数据的收集和整理由 8 名经过培训的人员完成。每项三级指标满分为 5 分，首先对每一条推文样本进行阅读并根据评价指标体系逐项评价，统计出各县级融媒体微信公众号中符合该项指标的推文数量占总体推文数量的比重，再将其转换为满分 5 分制。其中，三级指标中的"公众参与度""公众认同度""平台互动度""平台回复度"四项则需记录下具体的数据，计算公式为：该项得分=单项数据具体数值×5/该项指标最高数据具体数值；再根据三级指标整体权重值计算出各项三级指标得分。

三 研究发现

（一）总体情况

通过对 20 个县级融媒体中心微信公众号进行社会责任评估并计算出三级指标整体权重之后，进一步对数据进行处理，计算出 20 个县级融媒体中

---

① 钟瑛、芦何秋主编《中国新媒体社会责任研究报告（2020~2021）》，社会科学文献出版社，2021，第 27 页。

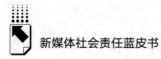

心微信公众号社会责任水平的一级指标得分汇总，结果如表 2 所示。在对 20 个县级融媒体中心微信公众号的社会责任整体评价中，发现样本之间的最终得分集中在 2.8~4.3，社会责任履行情况整体表现较好。四个一级指标中得分率最高的为信息生产。价值引导、文化教育和协调沟通的得分率偏低。其中，爱油城总分最高，以 4.9769 分列第一位，幸福肥东、爱武城发布以 4.9025 分、4.4365 分列第二位和第三位，微巴陵和平湖万州以 2.5619 分、2.2667 分处于最末两位，除最末位，其余均已达到合格分数。

表 2　县级融媒体微信公众号 2024 年社会责任综合评价

公众号	信息生产	价值引导	文化教育	协调沟通	总分	排名
爱油城	1.8650	0.2804	1.4158	1.4158	4.9770	1
幸福肥东	1.8216	0.2870	1.3969	1.3969	4.9024	2
爱武城	1.9388	0.2578	1.1199	1.1199	4.4364	3
松阳新闻	1.9453	0.2326	1.1103	1.1103	4.3985	4
云上七星	1.9455	0.2543	1.0279	1.0279	4.2556	5
中国乐清	1.7312	0.2467	1.1358	1.1358	4.2495	6
伊川新闻	1.9434	0.5192	0.7528	0.7528	3.9682	7
微看宝清	2.0243	0.2830	0.8292	0.8292	3.9657	8
同安发布	2.1399	0.2732	0.7629	0.7629	3.9389	9
东乡发布	2.0977	0.2605	0.7665	0.7665	3.8912	10
科尔沁频道	1.8904	0.4116	0.5460	0.5460	3.3940	11
最红安	1.9364	0.2423	0.5720	0.5720	3.3227	12
i 金山	2.1402	0.0731	0.5073	0.5073	3.2279	13
最江阴	1.8612	0.3755	0.4769	0.4769	3.1905	14
今日绵竹	1.9532	0.2594	0.4351	0.4351	3.0828	15
非常文山	1.7275	0.3504	0.4119	0.4119	2.9017	16
靖远电视台	1.8910	0.2724	0.2396	0.2396	2.6426	17
番禺台	2.0536	0.0264	0.2524	0.2524	2.5848	18
微巴陵	2.0470	0.0694	0.2227	0.2227	2.5618	19
平湖万州	2.1011	0.0281	0.0688	0.0688	2.2668	20

为进一步了解 20 个县级融媒体中心微信公众号的社会责任履行情况，本文统计计算出样本数据一级指标得分的最大值、最小值、均值、标准差后，对比一级指标的理想满分，计算出 20 个样本数据的各项得分率，结果如表 3 所示。20 个县级融媒体中心微信公众号的均值为 3.6079，处于中等偏上水平。

在一级指标中，"信息生产"指标的最大值为 2.1402，最小值 1.8612，均值为 1.9527，标准差为 0.1181，得分率为 77.89%，这表明 20 个县级融媒体中心微信公众号的整体表现较好。在特定时期，社会各界对有效的社会责任实践和信息传播有着迫切需求，而各县级融媒体中心微信公众号平台作为与基层群众距离最近的主流媒体宣传机构，是公众获取社会责任信息的重要渠道。"价值引导"指标的最大值为 0.5192，最小值为 0.0264，均值为 0.2502，标准差为 0.1210，得分率为 28.44%，在四个一级指标中得分率最低，表现较差，主要表现在与公众的交流互动不强，未能及时进行反馈，这主要是因其缺乏社交属性，缺少与用户的互动，不能很好地引导用户进行交流和分享。另外，还需加强对内容的筛选，确保提供高质量、有价值的内容，吸引更多用户参与阅读和交流。"协调沟通"指标的最大值为 1.4158，最小值 0.0688，均值为 0.7359，标准差为 0.3864，得分率为 82.97%；"文化教育"指标的最大值为 1.4158，最小值 0.0688，均值为 0.7025，标准差为 0.3864，得分率为 119.48%，总体表现突出，功能实现效果优良。

表 3　县级融媒体微信公众号 2024 年一级指标均值及得分率情况

单位：分，%

一级指标	理想满分	最大值	最小值	均值	标准差	得分率
信息生产	2.5070	2.1402	1.8612	1.9527	0.1181	77.89
价值引导	0.8795	0.5192	0.0264	0.2502	0.1210	28.44
文化教育	0.5880	1.4158	0.0688	0.7025	0.3864	119.48
协调沟通	1.0255	1.4158	0.0688	0.7359	0.3864	82.97
总体得分	5.0000	4.9769	2.2667	3.6079	0.7820	72.16

（二）县级融媒体中心微信公众号"信息生产"评价分析

1. 信息生产：权威性有所保障，深度与原创性亟待提升

一级指标"信息生产"下有"信息质量""流程管理"2个二级指标，如表4中"信息质量"下三级指标得分所示，通过比较各三级指标得分、均值及标准差，20个县级融媒体中心微信政务公众号在"真实""客观"责任方面做得最好，整体上分值均为满分，标准差的分值为0，表明20个县级融媒体中心微信公众号所收集推文均无虚假信息，县级融媒体作为政府宣传的重要渠道，具有时政属性，因此对内容的审查制度相对较为完善。在内容发布前，通常需要经过审核和审批程序，以确保内容的准确性、客观性和合法性。

在"权威"指标上，公众号整体表现较好，得分较高，在重要时期，各媒体公众号平台发挥了重要的作用，能够及时发布权威信息，回应社会关切，营造良好的舆论氛围。尽管如此，仍有一些平台在"权威"得分上稍显不足，如"靖远电视台"，其得分为0.1220，显示出部分推文内容在来源和权威性上存在问题。在"时效"指标得分上，20个县级融媒体中心微信公众号建设差距较大，平均得分为0.0556，标准差高达0.0429，显示部分公众号未能及时发布信息，影响了内容的及时性。例如，"最红安""爱武城""今日绵竹""松阳新闻"等多个公众号在"时效"上的得分为0，表明上述平台在关键事件或紧急情况下未能迅速响应并发布相关信息，导致公众无法及时获取到必要的资讯。这种延迟不仅削弱了信息传播的效率，也可能导致公众对平台的信任度下降。在"全面"指标上，各平台表现相对均衡，平均得分为0.1414，标准差为0.0285，表明大多数公众号能够涵盖较广的内容范围。例如，"东乡发布"和"非常文山"分别得分0.1740和0.1561，在地方新闻、政策解读、民生资讯等方面表现较为全面。然而，"云上七星"和"靖远电视台"得分较低，分别为0.0935和0.1023，表明在某些领域或主题上，这些平台的报道未能全面反映地方事务，覆盖面仍有待提升。

　　"深度"和"原创"指标的表现则反映了县级融媒体中心内容生产层面存在严重不足。在"深度"指标上，平均得分仅为 0.0428，标准差为 0.0585，在"深度"内容上，大部分平台未能提供深入分析或专题报道，导致信息质量不高，未能满足受众对信息深入理解的需求。例如，"爱油城"和"科尔沁频道"等在"深度"分析上的得分为 0，这表明这些平台主要依赖简单的新闻转述或活动报道，缺乏对事件背景、原因和影响的深度挖掘，无法为用户提供更有价值的见解和信息。最为明显的不足体现在"原创"内容的匮乏，许多县级融媒体微信公众号严重依赖转载内容，原创内容的比例极低，导致信息同质化严重。例如，"微巴陵""番禺台""平湖万州"等公众号的"原创"得分均为 0，表明这些平台几乎完全依赖于他人内容的转载，缺乏自主内容的创作能力。这种做法不仅削弱了公众号的品牌影响力和用户黏性，也使其难以在激烈的媒体竞争中脱颖而出。

　　县级融媒体中心在"信息生产"方面表现出一定的优势，特别是在"真实"、"客观"以及"权威"上，展示了较高的内容审核标准和信息发布的严谨性。然而，在"时效"、"深度"以及"原创"方面，存在显著的不足。特别是缺乏原创内容和深度报道，导致内容的同质化和吸引力下降，这不仅影响了用户的参与度和平台的影响力，也限制了县级融媒体中心在新媒体竞争中的发展潜力。为实现长远发展，县级融媒体中心应加大对原创内容生产的投入，提升其内容深度，并加强时效性建设，以更好地履行其社会责任并提升整体竞争力。

表4　"信息质量"三级指标得分

单位：分

公众号名称	真实	权威	时效	全面	深度	原创	客观
i 金山	0.7600	0.2160	0.0486	0.1063	0.1117	0.0540	0.4175
微巴陵	0.7600	0.2160	0.0576	0.1228	0.1275	0.0000	0.4175
番禺台	0.7600	0.2160	0.0397	0.1201	0.1548	0.0000	0.4175
平湖万州	0.7600	0.2160	0.0475	0.1107	0.1514	0.0000	0.4175
爱油城	0.7600	0.1623	0.1162	0.1524	0.0000	0.0000	0.4175
东乡发布	0.7600	0.1783	0.1241	0.1740	0.0000	0.0178	0.4175

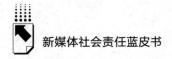

续表

公众号名称	真实	权威	时效	全面	深度	原创	客观
非常文山	0.7600	0.1781	0.0748	0.1561	0.0000	0.0000	0.4175
最红安	0.7600	0.2160	0.0000	0.1734	0.0000	0.0232	0.4175
爱武城	0.7600	0.2160	0.0000	0.1740	0.0000	0.0258	0.4175
今日绵竹	0.7600	0.2160	0.0000	0.1740	0.0000	0.0402	0.4175
松阳新闻	0.7600	0.2160	0.0000	0.1740	0.0000	0.0323	0.4175
靖远电视台	0.7600	0.1220	0.0838	0.1023	0.0648	0.0010	0.4175
云上七星	0.7600	0.1458	0.0858	0.0935	0.1037	0.0000	0.4175
同安发布	0.7600	0.1998	0.0882	0.1291	0.1194	0.0000	0.4175
科尔沁频道	0.7600	0.2160	0.1509	0.1201	0.0000	0.0000	0.4175
伊川新闻	0.7600	0.2160	0.0490	0.1019	0.0000	0.0534	0.4175
最江阴	0.7600	0.2160	0.0666	0.1589	0.0038	0.0034	0.4175
微看宝清	0.7600	0.2160	0.0341	0.1610	0.0150	0.0006	0.4175
幸福肥东	0.7600	0.2160	0.0398	0.1513	0.0027	0.0000	0.4175
中国乐清	0.7600	0.2160	0.0043	0.1721	0.0021	0.0043	0.4175
均值	0.7600	0.2005	0.0556	0.1414	0.0428	0.0128	0.4175
标准差	0.0000	0.0273	0.0429	0.0285	0.0585	0.0183	0.0000

2. 流程管理：信息把关总体稳健，广告控制与侵权控制差距显著

整体而言，县级融媒体中心微信公众号在"流程管理"责任方面表现较为稳健，尤其是在"侵权控制"上得分较为一致，但在"信息把关"和"广告控制"方面存在显著差距。如表5所示，20个县级融媒体中心微信公众号在"信息把关"指标上，多数平台得分较高，平均得分为0.1346，显示出整体上对信息的审查较为到位。然而，仍有部分平台如"科尔沁频道"等得分为0，表明这些平台在内容审核方面存在明显不足，导致其在这一指标上的表现不尽如人意。

在"广告控制"指标下，各平台的整体表现差异较大，平均得分仅为0.0338，且标准差为0.0376，表明部分平台在广告管理上存在较大差距。像"微巴陵""番禺台""爱武城"等平台在此项得分为0，说明这些平台在广告内容的规范性管理上可能存在疏漏，广告植入的规范性尚待提高。相反，得分较高的平台如"i金山"、"爱油城"、"东乡发布"和"同安发布"在广告规范方面显然采取了更为严格的措施，确保了广告内容的合规性。"侵权控制"方面，各平台得分相对稳定，平均得分为 0.1537，标准差仅为 0.0035，表明大部分平台在保护内容版权和防止侵权方面做得较好。尽管如此，仍有个别平台如"非常文山"等在此项得分较低，暗示这些平台在内容的版权保护上仍需进一步加强，确保所有转载和引用内容都符合版权规定。

县级融媒体中心微信公众号在"流程管理"方面虽然在"信息把关"和"侵权控制"上表现较为稳健，但在"广告控制"上仍存在较大差异，部分平台的广告规范性亟须提升，以确保平台内容的整体质量和公信力。

表 5 "流程管理"三级指标得分

单位：分

公众号名称	信息把关	广告控制	侵权控制
i 金山	0.1905	0.0805	0.1550
微巴陵	0.1905	0.0000	0.1550
番禺台	0.1905	0.0000	0.1550
平湖万州	0.1905	0.0524	0.1550
爱油城	0.0210	0.0805	0.1550
东乡发布	0.1905	0.0805	0.1550
非常文山	0.0020	0.0000	0.1390
最红安	0.1905	0.0009	0.1550
爱武城	0.1905	0.0000	0.1550
今日绵竹	0.1905	0.0000	0.1550
松阳新闻	0.1905	0.0000	0.1550
靖远电视台	0.1847	0.0012	0.1538
云上七星	0.1881	0.0000	0.1511
同安发布	0.1905	0.0805	0.1550
科尔沁频道	0.0000	0.0741	0.1519
伊川新闻	0.1905	0.0000	0.1550
最江阴	0.0102	0.0708	0.1540
微看宝清	0.1905	0.0745	0.1550
幸福肥东	0.0000	0.0793	0.1550
中国乐清	0.0000	0.0000	0.1550
均值	0.1346	0.0338	0.1537
标准差	0.0846	0.0376	0.0035

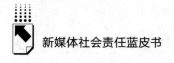

（三）县级融媒体中心微信公众号"价值引导"评价分析

1. 塑造共识：主流价值传播表现突出，社会风尚引导力度不足

根据表6的数据分析，20个县级融媒体中心微信公众号在"塑造共识"方面的表现存在显著差异。特别是在2024年3月4~17日，这一时间段恰逢全国"两会"召开，县级融媒体中心在传播主流价值观和引导社会共识方面的表现尤为关键。

在"主流价值"指标上，各公众号整体表现较为优异，得分均值为0.1362，多个公众号如"非常文山""最红安""爱武城"等均取得了满分0.1910。这反映出各地融媒体在全国"两会"期间，积极传递国家核心价值观，推动社会共识的形成，展现了较强的宣传能力和政治引导力。

然而，在"社会风尚"指标上，得分较为分散，均值仅为0.0521，标准差为0.0450。这说明，在全国"两会"期间，虽然主流价值观传播表现突出，但在引导社会风尚、倡导健康生活方式和弘扬社会美德方面，县级融媒体中心仍存在明显不足。特别是"番禺台"（0.0021）和"平湖万州"（0.0027）的得分极低，显示出这些平台在全国性重大事件期间，未能及时强化社会风尚的引导。

2. 社会监督：及时有效传达社会风险，行为失范层面监督不力

在"社会监督"方面，表6的数据同样反映出县级融媒体中心微信公众号的表现不均衡。在"社会风险"指标上，各公众号得分较为理想，得分均值为0.0247，标准差为0.0211，显示在全国"两会"期间，各地融媒体能够及时有效地传递社会风险信息，特别是"云上七星"（0.0598）和"同安发布"（0.0559）表现突出。这表明，融媒体平台在重要时段内能够有效地发挥社会监督作用，预警和传达可能的社会风险。

然而，在"行为失范"指标上，表现相对薄弱，得分均值仅为0.0080，且有2个公众号在此项中得分为0。这表明，即使在全国"两会"这样的重要时间节点，部分县级融媒体中心对社会道德失范行为的监督及报道力度依然不足，未能有效履行监督职能。综合来看，县级融媒体中心微信公众号在

全国"两会"期间表现出色，特别是在主流价值传播和社会风险预警方面。然而，在社会风尚引导和行为失范监督方面，仍有较大的改进空间。

表6　"价值引导"三级指标得分

单位：分

公众号名称	塑造共识		社会监督		
	主流价值	社会风尚	国家治理	社会风险	行为失范
i 金山	0.0276	0.0382	0.0066	0.0007	0.0000
微巴陵	0.0225	0.0262	0.0116	0.0056	0.0036
番禺台	0.0023	0.0021	0.0070	0.0091	0.0058
平湖万州	0.0029	0.0027	0.0000	0.0058	0.0167
爱油城	0.1462	0.0933	0.0068	0.0172	0.0169
东乡发布	0.1875	0.0719	0.0000	0.0000	0.0011
非常文山	0.1910	0.1248	0.0061	0.0197	0.0088
最红安	0.1910	0.0122	0.0148	0.0172	0.0071
爱武城	0.1910	0.0267	0.0197	0.0144	0.0061
今日绵竹	0.1910	0.0321	0.0000	0.0283	0.0080
松阳新闻	0.1910	0.0167	0.0061	0.0150	0.0038
靖远电视台	0.1268	0.0571	0.0555	0.0292	0.0037
云上七星	0.0812	0.0623	0.0418	0.0598	0.0092
同安发布	0.1035	0.0504	0.0491	0.0559	0.0143
科尔沁频道	0.1299	0.1210	0.0924	0.0536	0.0147
伊川新闻	0.1910	0.1780	0.1502	0.0000	0.0000
最江阴	0.1744	0.0415	0.0655	0.0728	0.0212
微看宝清	0.1910	0.0354	0.0078	0.0457	0.0030
幸福肥东	0.1910	0.0464	0.0256	0.0222	0.0018
中国乐清	0.1910	0.0039	0.0173	0.0210	0.0135
均值	0.1362	0.0521	0.0292	0.0247	0.0080
标准差	0.0692	0.0450	0.0371	0.0211	0.0061

（四）县级融媒体中心微信公众号"文化教育"评价分析

1. 文化传承：整体传播力度不足，区域间表现差异显著

关于"文化传承"，各地县级融媒体中心的表现差异较大，整体传播力度

尚显不足。数据显示，大部分平台在"当代文化"传播方面得分较低，得分均值仅为0.0293，标准差为0.0352（见表7），反映出在全国"两会"这一重要时期，许多县级融媒体并未充分利用这一契机深入挖掘和推广地方文化及当代文化内容。部分地区的融媒体平台在文化传承方面几乎没有贡献，这表明这些地区在推动文化传承、弘扬地方文化精髓方面存在明显短板。

然而，部分地区表现突出，得分显著高于其他地区，说明这些融媒体平台在文化传承方面投入了更多资源。例如，某些平台通过专题报道、文化活动直播、地方非物质文化遗产的线上推广等方式，有效提升了公众对本地文化的认知与认同。这也凸显了县级融媒体在文化传承能力上的显著区域差异，未来有必要整合资源、提升整体水平，以更好地发挥文化教育职能。

2. 传播科教：教育传播效果显著，科技传播力度不足

在"传播科教"方面，县级融媒体中心微信公众号在"教育传播"上的表现尤为突出，得分均值为0.5962，标准差为0.3738，这表明各平台在教育内容的传播上投入了大量资源。尤其是在全国"两会"期间，许多融媒体平台通过发布与教育相关的内容，较好地响应了公众对教育信息的需求。通过政策解读、教育政策的推广，结合深入浅出的教育报道，县级融媒体平台能够有效地传递教育信息，帮助公众更好地理解和接受相关的教育内容。

然而，在"科技传播"方面，整体表现显得相对薄弱，得分均值仅为0.0044，标准差为0.0033。数据显示，大部分县级融媒体平台在科技传播上的力度明显不足，无法充分发挥其作为信息传播媒介的作用。科技传播内容往往过于简单，缺乏深度和广度，使得公众对科技进步和创新发展的了解十分有限。

尽管如此，一些县级融媒体平台已经开始探索新的传播方式，例如利用短视频平台和图文并茂的形式展示科技内容，以增加科技传播的生动性和吸引力。这些尝试在一定程度上提高了科技传播的效果，特别是在吸引年轻受众方面显示出了积极的潜力。然而，这些举措仍然不足以弥补整体科技传播内容的不足，尤其是在全国"两会"这样的重要时间节点，各平台仍需加大对科技内容的生产和传播力度，利用多种新兴技术手段，使科技传播更具创新性和影响力。

3. 提供娱乐：内容健康度高，内容丰富性有待提升

在"提供娱乐"板块中，县级融媒体中心整体上保持了较高的"内容健康度"，得分均值为 0.0670，标准差仅为 0.0001。这表明各地平台在娱乐内容的健康性上严格遵守社会道德和健康标准，避免了低俗或有害内容的传播，体现了县级融媒体对社会责任的高度重视。在全国"两会"期间，融媒体中心能够通过传播健康的娱乐内容，为公众提供符合主流价值观的娱乐选项。

例如，一些平台专注于制作和推广具有正面教育意义的娱乐内容，如与地方文化结合的节目、富有教育意义的儿童动画等，确保了娱乐内容的积极导向。此外，部分平台还通过设置专门的审查机制，杜绝了可能对公众产生负面影响的内容，如暴力、色情或其他低俗内容的传播。这些措施使得县级融媒体在娱乐内容的健康性方面保持了较高水平，有效地履行了其在社会责任方面的要求。

然而，在"内容丰富性"指标上，各地平台的表现差异较大，得分均值为 0.0057，标准差为 0.0080，显示出县级融媒体在娱乐内容的丰富性方面仍有很大提升空间。部分平台在娱乐内容的多样性上表现优异，通过增加不同类型的娱乐内容，如文化类节目、互动娱乐活动等，丰富了公众的娱乐选择。然而，仍有不少平台在内容多样性方面表现不足，未能充分利用各类资源提供更加丰富的娱乐内容。这种内容上的匮乏可能导致受众对平台的关注度降低，进而导致融媒体平台的整体影响力下降。

表7 "文化教育"三级指标得分

单位：分

公众号名称	文化传承	传播科教		提供娱乐	
	当代文化	教育传播	科技传播	内容丰富性	内容健康度
i 金山	0.0066	0.4259	0.0056	0.0022	0.0670
微巴陵	0.0075	0.1471	0.0000	0.0011	0.0670
番禺台	0.0000	0.1786	0.0036	0.0033	0.0670
平湖万州	0.0000	0.0000	0.0000	0.0018	0.0670
爱油城	0.0009	1.3448	0.0028	0.0003	0.0670

公众号名称	文化传承	传播科教		提供娱乐	
	当代文化	教育传播	科技传播	内容丰富性	内容健康度
东乡发布	0.0047	0.6881	0.0046	0.0021	0.0670
非常文山	0.0211	0.3093	0.0093	0.0052	0.0670
最红安	0.0120	0.4856	0.0072	0.0001	0.0670
爱武城	0.0384	1.0000	0.0126	0.0020	0.0670
今日绵竹	0.0273	0.3279	0.0066	0.0064	0.0670
松阳新闻	0.0180	1.0156	0.0079	0.0018	0.0670
靖远电视台	0.0117	0.1527	0.0015	0.0071	0.0665
云上七星	0.0192	0.9375	0.0013	0.0029	0.0670
同安发布	0.0181	0.6667	0.0059	0.0052	0.0670
科尔沁频道	0.0115	0.4500	0.0030	0.0144	0.0670
伊川新闻	0.1280	0.5357	0.0000	0.0226	0.0665
最江阴	0.0085	0.3667	0.0027	0.0320	0.0670
微看宝清	0.0853	0.6716	0.0050	0.0002	0.0670
幸福肥东	0.0890	1.2319	0.0073	0.0017	0.0670
中国乐清	0.0774	0.9890	0.0011	0.0013	0.0670
均值	0.0293	0.5962	0.0044	0.0057	0.0670
标准差	0.0352	0.3738	0.0033	0.0080	0.0001

（五）县级融媒体中心微信公众号"协调沟通"评价分析

1. 协调信息：公共议题覆盖面广，身份代表性不足

县级融媒体中心微信公众号在"议题公共性"上表现优异，得分均值为0.2047，多个平台如"最红安""爱武城""今日绵竹"等均取得了满分0.2505。这表明这些平台在全国"两会"期间，能够广泛涉及公共议题，涵盖了诸如政策解读、社会治理等内容，较好地履行了其信息协调职能。然而，"身份多样性"指标的得分显著偏低，均值仅为0.0290，且标准差较大（0.0492），显示出在报道和推文中涉及的主体身份较为单一，未能充分体现社会不同群体的声音和需求。这种身份代表性的不足，可能限制了平台在反映多样化社会结构和实现广泛共情方面的能力，影响了其在社会责任中的表现。

2.沟通效能：公众参与积极性低，平台互动回应不足

在沟通效能方面，县级融媒体中心微信公众号整体表现较为不平衡。数据显示，"公众参与度"的得分均值为0.1391，标准差为0.1376，表明公众参与的积极性存在较大差异，部分平台能够吸引较多的公众参与，而其他平台则未能有效激发公众的互动兴趣。

"公众认同度"得分均值为0.0852，标准差为0.1383，尽管有些推文阅读量较大，但公众对推文内容的认可度相对较低。这可能是由于推文内容同质化严重，缺乏深度分析和原创内容，无法有效满足公众的信息需求，进而降低了信息的可信度和平台的公信力。

此外，在"平台互动度"和"平台回复度"两个指标上，表现也不理想。得分均值分别为0.0411和0.3519，表明大多数平台在与公众互动时仍有明显不足。例如，虽然有平台如"最江阴"（0.1400）在"平台互动度"上表现较好，但整体来看，大部分平台未能与公众建立积极的互动关系。更为严重的是，"平台回复度"方面，除了少数如"今日绵竹"（1.7250）和"非常文山"（1.5180）表现出色的案例，大多数平台的得分为0，显示出它们在回应公众评论和反馈方面极为欠缺。

整体而言，县级融媒体中心在"协调沟通"方面仍有很大改进空间。为了更好地履行社会责任，这些平台需要进一步提高公众参与度和认同度，增强与公众的互动和回应能力，真正发挥其作为信息沟通桥梁的作用。

表8 "协调沟通"三级指标得分

单位：分

公众号名称	协调信息		沟通效能			
	议题公共性	身份多样性	公众参与度	公众认同度	平台互动度	平台回复度
i金山	0.1429	0.0113	0.1892	0.0312	0.0373	0.8970
微巴陵	0.0810	0.0077	0.0307	0.0184	0.0034	0.0000
番禺台	0.0865	0.0093	0.0920	0.0227	0.0017	0.0000
平湖万州	0.0683	0.0105	0.0739	0.0112	0.0152	0.5175
爱油城	0.1641	0.0078	0.0732	0.0769	0.0000	0.0000

公众号名称	协调信息		沟通效能			
	议题公共性	身份多样性	公众参与度	公众认同度	平台互动度	平台回复度
东乡发布	0.1839	0.0032	0.1162	0.0369	0.0825	0.4830
非常文山	0.2118	0.0269	0.2273	0.0231	0.1220	1.5180
最红安	0.2505	0.0091	0.1858	0.6681	0.0788	0.4140
爱武城	0.2505	0.0044	0.0219	0.0767	0.1224	0.0000
今日绵竹	0.2505	0.0057	0.0764	0.0456	0.0637	1.7250
松阳新闻	0.2505	0.0068	0.0695	0.1034	0.0022	0.0000
靖远电视台	0.2142	0.0080	0.0772	0.1236	0.0000	0.0000
云上七星	0.2505	0.0044	0.1438	0.0251	0.0528	1.4835
同安发布	0.2442	0.0080	0.1962	0.0543	0.0010	0.0000
科尔沁频道	0.2229	0.0566	0.0936	0.0165	0.0144	0.0000
伊川新闻	0.2219	0.0578	0.0516	0.1070	0.0193	0.0000
最江阴	0.2505	0.0841	0.6810	0.1247	0.1400	0.0000
微看宝清	0.2505	0.0260	0.1027	0.0279	0.0408	0.0000
幸福肥东	0.2505	0.2219	0.0740	0.0601	0.0128	0.0000
中国乐清	0.2477	0.0105	0.2052	0.0497	0.0121	0.0000
均值	0.2047	0.0290	0.1391	0.0852	0.0411	0.3519
标准差	0.0611	0.0492	0.1376	0.1383	0.0445	0.5693

四 结论与对策

县级融媒体作为媒体深度融合背景下四级融合布局的"最后一公里",是连接中央政策与地方基层治理的关键一环。县级融媒体承担着信息传递、政策解读、舆论引导、主流引领等社会责任,尤其在十四届全国人大二次会议召开期间,县级融媒体应当在做好重大时政报道的同时兼顾自身平台运营,向公众传达准确、客观、权威的信息,以保障公众对于各项社会议题的知情权。因此,本文依托新媒体社会责任评价指标体系,通过对20个县级融媒体的内容进行实证分析发现,县级融媒体中心微信公众号在本文选择的全国"两会"召开期间运行正常，能够较好地履行信息传递、舆论宣传、为人民服务的社会责任，但在具体履责过程中也存在一些不足，需要进一步对其自身薄弱环节进行改进。

首先，在社会责任整体评价中，"爱油城"总分最高，"幸福肥东""爱武城"分别位于第二位和第三位，"微巴陵"和"平湖万州"分别处于最末两位。

其次，2024年的县级融媒体中心微信公众号社会责任评价总体得分较高，社会责任履行的能力有所提升，但在具体的不同评价指标体系上差异较为明显，其社会责任履行状况方面也存在较大差异。具体而言，在"信息生产"指标上，部分县级融媒体平台缺乏内容原创思维及对信息内容深度挖掘能力，内容呈现上存在过度转载、搬运而导致同质化倾向，同时，信息传递的时效性方面也有待提高；"流程管理"方面，"广告控制"和"侵权控制"差异较大，部分公众号对于广告内容的合规性不够明晰，在广告管理及植入的规范性方面有待提高，而"侵权控制"方面，个别平台在内容版权保护上需要进一步改善，其转载和引用内容的合规性不佳；在"价值引导"指标上，文化传承的整体传播力度稍显不足；"科技传播"指标上，科技传播的整体力度较不足，对当下最新科技发展报道及自身平台利用新质生产力传播信息内容的能力不足；"内容丰富度"指标上，对于传播内容的多模态表达及多元议题方面也有待提升。

最后，在"协调沟通"指标上，一些县级融媒体平台的报道，公众参与度较差，未能及时回应受众信息诉求，沟通效能上表现不佳，与公众的互动不足。综上，本文对县级融媒体中心微信公众号整体社会责任履行的改善提出以下建议。

（一）打造优质原创融媒产品，强化信息深度挖掘

全国"两会"召开期间，县级融媒体不仅要做好自身信息内容运营，同时，也要兼顾"两会"时政议题，这可能导致部分融媒体公众号未在二者间做好报道平衡，使得报道在原创和深度方面欠缺。本文研究发现，文章中涉及的微信公众号所发布的推文转载其他媒体居多，且出现内容重复性、

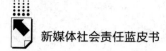

同质化问题。在对 20 个县级融媒体中心微信公众号社会责任整体评价中，近半数的融媒平台原创度得分为 0，而剩下的公众号推文此指标也较低。因此，作为县级融媒体平台，应当基于海量信息来源产出原创性内容，结合地方特色传播信息，同时，在数字媒介浪潮下，借助新媒体采取多模态表达形式，如短视频、移动直播、音频内容、虚拟数字人播报等，使内容呈现更加形象生动，从而打造更加优质的原创融媒产品，进而提升内容感染力和吸引力。另外，内容深度方面，共有 9 个微信公众号得分为 0，这表明，在内容深度挖掘方面还有待提升。作为基层治理"最后一公里"的县级融媒体平台，在报道事件时，应尽可能将事件背景、发展走向、现实影响等关键因素做进一步权威分析及深度报道，以更好地履行社会责任，为公众提供更加优质的原创融媒产品。

（二）监督社会失德失范行为，引领社会风尚新高地

县级融媒体应加大对社会道德失范的监督报道力度，强化基层民众对自身行为的规范审视，同时，发挥其社会监督功能。本文研究表明，"行为失范"指标总体得分情况偏低，其中"i 金山"和"伊川新闻"得分为 0。在"两会"期间，县级融媒体平台可以加大行为失范类报道内容频次，积极发挥县域媒体社会监督效能，从而起到督促相关主体规范行为和起到社会警示作用。此外，在"社会风尚"指标上，总体得分情况也偏低，均值仅为 0.0521，标准差为 0.0450，这表明，本次研究所选融媒体平台在主流价值引领、社会风尚激活、社会美德弘扬及社会楷模宣传等方面力度欠佳。因此，在"两会"特殊时期，县级融媒体平台可以抓住全国性重大事件召开契机，充分发挥议程设置作用，抢占社会风尚新高地，比如，县级融媒体积极报道基层"两会"人大代表事例、各行业优秀创新创业创能人才等来重塑县级融媒体引领社会风尚效能。

（三）赓续文化传播机能，推广新质科技教育成果

文化传承是当下县级融媒体的社会责任之一，各平台理应在习近平文化

思想指引下做好文化传播传承，传播好优秀中华文化及地方民族文化；此外，在科技自立自强的时代下，地方融媒体也要做好科技传播，激发基层地区人民技术创新思维。本次研究结果显示，融媒体平台在文化传承方面效果欠佳，有 2 个平台得分为 0，其余平台得分也不高，因此，在全国"两会"期间，县级融媒体可以借助"两会"热点议题来传播地方民族优秀文化，县级融媒体平台能够成为全国人民了解地方优质文化的一扇窗口，持续做好文化传承，赓续文化传播机能。而科技传播数据显示也相对薄弱，均值仅为 0.0044，当前，处于智媒时代之下，县级融媒体要善于借助技术发展成果浪潮，尤其是借助 AIGC 等，来寻求人机耦合的可能性。除了要借助县级融媒体传播新质生产力发展成果，同时，平台自身也要善于利用科技来反哺其融合建设，进一步推广应用科技成果。

（四）提升报道内容交互体验，及时回应受众关切

县级融媒体要注重平台内容与受众的交互体验感，积极探寻受众感兴趣的信息价值点，不能陷入自说自话的境地，影响其信息传播效果。此外，融媒体运营者应当及时回应受众关切，与平台留言区交流互动。在"平台互动度"和"平台回复度"两个指标上，得分均不高，分别为 0.0411 和 0.3519，表明大多数平台公众互动量低及平台回复度差，而两个指标下有极个别平台评分均为 0，显示出内容交互性差。因此，在"两会"期间，作为连接基层受众的县级融媒体，应该产生更多受众关注的公共议题，同时做好自身平台运营，加强受众思维，对于受众的关切要及时回复及解答，从而增强信息内容的传达效能，进而更好地完善县级融媒体整体社会责任履行。

五　结语

2014 年 8 月，习近平总书记在中央全面深化改革领导小组第四次会议上针对媒体融合发展指导意见发表重要讲话，同时，《关于推动传统媒体和

新兴媒体融合发展的指导意见》通过，由此，媒体融合上升至国家战略层面。2018 年 8 月，习近平总书记在全国宣传思想工作会议上提出"县级融媒体中心建设"这一命题，其成为媒体融合近些年发展历程中的重要路径延伸，成为国家基层治理与信息传播的有效渠道。近年来，县级融媒体整体社会责任履行情况不断提升，能够履行及时传递信息、传播主流价值、把关核实信息等职责。从近些年来县级融媒体的履责情况来看，2023 年《县级融媒体做好健康科普的社会责任及其评价》的研究结果显示，县级融媒体在疫情过后时期能够较好地传播信息及舆论引导，但在协调沟通、文化建设、社会监督等方面稍显不足，在这些方面县级融媒体有待提高其社会责任。相较于此前县级融媒体社会责任履行情况，本文研究发现，在 2024 年全国"两会"召开期间，县级融媒体在一级指标下的信息生产表现良好，能够提供真实、客观、权威的"两会"时政信息，其整体社会责任履行情况有所提升；然而，对于价值引导、文化教育、协调沟通指标而言，县级融媒体在"两会"期间的表现效果较为分散，得分情况较不稳定，因此，县级融媒体应当提升其在社会风尚引领、文化教育传承及自身平台互动度等方面的效能，从而提高县级融媒体整体社会责任履行，更好地实现县级融媒体成为连接中央时政与地方基层治理的有力桥梁。在全国"两会"期间，县级融媒体中心不仅承担着信息传递、舆论引导、主流价值营造等社会责任，更应该积极承担好作为党和政府的喉舌作用，发挥其政策解读、政治引领、主流价值传递等重要职责。本文通过评价县级融媒体社会责任履行情况，得出县级融媒体整体社会责任履行情况较好，但在一些衡量指标上仍有提升空间。此外，各县级融媒体在履行社会责任过程中，要注重其内容原创性及智媒技术应用，使得公众在"两会"期间可以接收到更专业、前沿、权威、多元的信息，丰富其产品内容形式，县级融媒体应从各自不足之处入手，更好地履行社会责任。综上，县级融媒体无论在日常运营中还是在重大时政事件期间，应该履行落实各社会责任指标，不断加强其内容深度与品质，为我国现代化建设做出贡献，为开启县级融媒体"第二个五年"发展打好坚实基础。

参考文献

钟瑛、芦何秋主编《中国新媒体社会责任研究报告（2020~2021）》，社会科学文献出版社，2021。

卢剑锋：《县级融媒体中心的传播效果与评估路径》，《传媒》2023 年第 10 期。

黄艾：《县级融媒体中心履行媒体社会责任：理论维度、实践范式与在地经验》，《中国出版》2022 年第 8 期。

谢新洲、黄杨：《我国县级融媒体建设的现状与问题》，《中国记者》2018 年第 10 期。

B.7
中国主要平台视频号社会责任
及其评价（2024）*

邵 晓 於智颖 高文祺**

摘 要： 本研究采用内容分析法，以新媒体社会责任评价指标体系为工具，对行业内 5 个典型平台中颇具代表性的 250 个账号的共 8011 条视频进行考察。通过分析发现，视频号存在信息生产核心能力欠缺、价值引导职责全面失守、传统文化和教育科技内容传播乏力、社会协调功能缺失、沟通互动性不足等问题。对此，本文认为应通过加强对优质内容生产的扶持、鼓励多元主体参与视频内容生产、促进平台不断优化算法等方面促进视频生产者更好地履行社会责任。

关键词： 视频号 社会责任 UGC

截至 2024 年 6 月，网络视频（含短视频、微短剧）用户规模达 10.68 亿人，其中短视频用户规模达 10.50 亿人，占网民整体的 95.5%。[①] 2009 年 B 站上线，2012 年快手转型为短视频社区，2016 年抖音上线，2020 年微信视频号上线，同年小红书视频号上线。自此起视频行业格局基本形成，全民

---

* 本研究为国家社会科学基金一般项目"人机共生视角下网络视频社群的共情传播及其风险调适研究"（项目编号：24BXW074）阶段性研究成果。

** 邵晓，巢湖学院文学与传媒学院讲师，博士，主要研究方向为新媒体与社会变迁；於智颖、高文祺，巢湖学院文学与传媒学院本科生。

① 中国互联网络信息中心：第 54 次《中国互联网络发展状况统计报告》，https://www.cnnic.net.cn/NMediaFile/2024/0911/MAIN1726017626560DHICKVFSM6.pdf，最后检索时间：2024 年 8 月 30 日。

创作成为行业新景观，参与视频（主要是短视频）内容生产的主体日益多元化。

随着各视频生产主体的日益活跃，其社会责任履行情况引起社会关注。伴随着视频平台的扩展与转型，视频生产者的社会责任履行也经历了失范、自觉、规范、多元实践和创新发展等不同阶段，密切关注其变化并及时发现问题具有重要意义。

一　研究设计

（一）研究对象及样本选取

本文研究的目的是考察中国视频平台中各类内容生产主体的社会责任。为此，本文使用目的抽样的方式抽取样本，在"抖音""快手""微信视频号""B站（哔哩哔哩）""小红书"等5个在中国最具代表性的视频平台中选择较有影响力的账号，并采取构建周的方式抽取它们发布的视频。根据清博平台①的各视频账号的最新指数排行，分别抽取5个平台中最具影响力的50个视频账号，最终选择250个视频账号，抽取其近一年内（2023年5月30日至2024年6月1日）构建周（见表1）内发布的所有作品。

表1　构建周日期构成情况

星期	日期	星期	日期
周一	2024年3月4日	周五	2024年2月2日
周二	2024年5月7日	周六	2023年12月9日
周三	2023年11月8日	周日	2024年5月12日
周四	2023年10月5日		

---

① https://www.gsdata.cn.

（二）类目与编码

本研究包括两个分析单位，一是视频账号；二是视频账号发布的视频作品。

1.分析单位一：视频账号

类目包括：①发布平台，即 5 个平台中的哪个平台；②认证类型。根据视频账号认证信息将各账号编码为"媒体""公司""政务""个人"等 4 种类型。其中，"媒体"类账号认证主体是新闻媒体，"政务"类账号认证主体是政府机构或各地党群组织，"公司"类账号认证主体是除媒体外的其他类型的公司，"个人"账号认证主体是个人（签约了 MCN 公司但以个人身份运营的仍视为个人账号）。

2.分析单位二：视频账号发布的视频作品

根据新媒体社会责任评价指标体系，本文以 5 分为满分对各账号视频内容进行测量（见表 2）获得三级指标得分，进而根据各级指标权重分别计算二级指标和社会责任总体得分。经过对编码员进行事先培训和试测，各三级指标的编码员间信度（Scott's Pi）均大于 0.8。

表 2　视频账号社会责任评价测量路径

三级指标	测量路径
真实	内容真实的视频/所抽取的所有视频数量×5（表演类的虚构内容，戏仿内容不计算为真实性内容）
权威	提供权威信源的视频/所抽取的所有视频数量×5
时效	视频发布时间距涉及的新闻发生时间 24 小时以内、48 小时以内、1 周以内、1 月以内分别赋值 5~1 分（对抽取到的所有视频求平均值）
全面	视频信源数量/所抽取的所有视频数量（对抽取到的所有视频求平均值）
深度	视频长度 5 分钟 1 秒及以上、3 分钟 1 秒~5 分钟、61 秒~3 分钟、31~60 秒、30 秒及以下分别赋值 5~1 分（对抽取到的所有视频求平均值）
原创	原创内容视频数/所抽取的所有视频数量×5
客观	交代信源的视频数量/所抽取的所有视频数量×5
信息把关	经过审核发布的视频数量/所抽取的所有视频数量×5
广告控制	不含广告的视频数量/所抽取的所有视频数量×5
侵权控制	不包含侵权信息的视频数量/所抽取的所有视频数量×5

续表

三级指标	测量路径
主流价值	包含"社会主义核心价值观"的视频数量/所抽取的所有视频数量×5
社会风尚	包含"社会风尚"（勤俭自强、文明礼貌、助人为乐、爱护公物等）内容的视频数量/所抽取的所有视频数量×5
国家治理	包含国家治理相关议题的视频数量/所抽取的所有视频数量×5
社会风险	包含社会风险相关议题的视频数量/所抽取的所有视频数量×5
行为失范	包含行为失范相关议题的视频数量/所抽取的所有视频数量×5
传统文化	涉及中国历史、传统节日、传统文化盛典等内容的视频数量/所抽取的所有视频数量×5
当代文化	涉及当代新兴文化内容的视频数量/所抽取的所有视频数量×5
教育传播	涉及教育相关内容的视频数量/所抽取的所有视频数量×5
科技传播	涉及科学技术相关内容的视频数量/所抽取的所有视频数量×5
内容丰富性	包含娱乐信息的视频数量/所抽取的所有视频数量×5
内容健康度	未包含低俗内容的视频数量/所抽取的所有视频数量×5
议题公共性	涉及公共利益的视频数量/所抽取的所有视频数量×5
身份多样性	统计讲述或表达内容涉及的阶层的数量，超出 5 个计为 5
公众参与度	样本视频的评论总数[5 万以上计 5 分、1.1 万到 5 万（含）计 4 分、1000 到 1 万（含）计 3 分、500 到 1000（含）计 2 分、500（含）以下计 1 分]
公众认同度	样本视频的点赞总数[10 万以上计 5 分、5 万到 10 万（含）计 4 分、1 万到 5 万（含）计 3 分、1000 到 1 万（含）计 2 分、1000（含）以下计 1 分]
平台互动度	统计样本视频内博主采用提问、投票、抽奖等形式征集意见、发起活动的次数，超出 5 个计为 5
平台回复度	统计视频博主对排前 10 位的评论回复的总次数，超出 5 个计为 5

二　研究发现

（一）样本描述

本研究最终共抽取了 250 个账号的 8011 条视频，其中有 24 个公司类账号共计 1036 条视频、178 个个人类账号共计 3008 个视频、4 个政务类账号共计 273 条视频、44 个媒体类账号共计 3694 条视频。B 站、抖音、快手、微信视频号和小红书各有 50 个账号，分别抽取到 351 条、1773 条、2183 条、3184 条、520 条视频。具体数量和占比详见表 3。从样本分布上可见媒体类账号在微信视频号平台中更有影响力。在样本中，政务类视频号占比较少，在一定程度上反映出该类主体在视频平台的影响力尚待提升。

表 3　样本的描述统计

平台	公司		个人		政务		媒体		合计	
	账号数及占比(个,%)	视频数及占比(条,%)	账号数及占比(个,%)	视频数及占比(条,%)	账号数及占比(个,%)	视频数及占比(条,%)	账号数及占比(个,%)	视频数及占比(条,%)	账号数及占比(个,%)	视频数及占比(条,%)
B 站	3	21	47	330	0	0	0	0	50	351
	1.20	0.30	18.80	4.10	0.00	0.00	0.00	0.00	20.00	4.40
抖音	6	246	44	1527	0	0	0	0	50	1773
	2.40	3.10	17.60	19.10	0.00	0.00	0.00	0.00	20.00	22.10
快手	4	377	30	606	1	22	15	1178	50	2183
	1.60	4.70	12.00	7.60	0.40	0.30	6.00	14.70	20.00	27.30
微信视频号	9	378	13	120	3	251	25	2435	50	3184
	3.60	4.70	5.20	1.50	1.20	3.10	10.00	30.40	20.00	39.70
小红书	2	14	44	425	0	0	4	81	50	520
	0.80	0.20	17.60	5.30	0.00	0.00	1.60	1.00	20.00	6.50
合计	24	1036	178	3008	4	273	44	3694	250	8011
	9.60	12.90	71.20	37.50	1.60	3.40	17.60	46.10	20.00	100.00

（二）样本社会责任总体评价

以满分为 5 分计算，来自各平台的子样本社会责任总分及各维度整体得分见表 4。从社会责任总分来看，从 5 个平台抽取到的视频号得分均不高，主要原因在于样本在"价值引导""文化教育"一级指标上得分过低。就平台间的差异来说，微信视频号的社会责任得分最高，Kruskal-Wallis 非参数检验发现来自微信视频号的样本与其他平台样本差异显著。

表 4 不同平台视频号子样本社会责任整体评价

单位：分

平台	社会责任		信息生产		价值引导		文化教育		协调沟通	
	均值	排名	均值	排名	均值	排名	均值	排名	均值	排名
微信视频号	2.24	1	3.34	1	0.44	1	1.23	4	1.67	5
B站	1.95	2	2.53	3	0.16	3	1.67	1	2.22	2
抖音	1.87	3	2.31	5	0.32	2	1.44	2	2.39	1
小红书	1.78	4	2.55	2	0.13	5	0.99	5	1.79	4
快手	1.77	5	2.39	4	0.16	4	1.29	3	1.94	3

同样按照满分为 5 分的方法进行计算，媒体类认证账号的社会责任得分最高，个人类最低（见表 5）。

表 5 不同认证类别视频号子样本社会责任评价

单位：分

类型	社会责任		信息生产		价值引导		文化教育		协调沟通	
	均值	排名	均值	排名	均值	排名	均值	排名	均值	排名
媒体	2.43	1	3.61	1	0.58	1	1.13	3	1.89	3
政务	2.17	2	3.34	2	0.49	2	1.12	4	1.37	4
公司	1.94	3	2.76	3	0.11	4	1.29	2	1.90	2
个人	1.79	4	2.35	4	0.17	3	1.38	1	2.05	1

Kruskal-Wallis 非参数检验显示，不同认证类别在社会责任得分和信息生产、价值引导、协调沟通三个一级指标方面的差异均显著（渐进显著性小于 0.05）。媒体类账号在信息生产、价值引导指标上占优，而个人账号在文化教育、协调沟通指标上占优。这说明媒体类账号发挥出了专业新闻机构的优势。

为考察视频号的社会责任整体履行情况，将社会责任满分记为 5 分，根据权重计算出各一级指标的理想满分。统计出各类视频账号的均值与理想满分的比值得出各指标得分率。结果可见，信息生产指标得分率最高，达 52.45%，价值引导指标得分率最低，仅为 4.81%。这表明样本视频账号在信息生产指标上履责表现较优，价值引导指标上履责表现较差（见表 6）。

表6　样本一级指标均值比较

单位：分，%

指标	理想满分	均值	极小值	极大值	标准差	得分率
信息生产	2.51	1.31	0.51	2.25	0.44	52.45
价值引导	0.88	0.04	0.00	0.59	0.07	4.81
文化教育	0.59	0.16	0.06	0.34	0.06	26.49
协调沟通	1.03	0.41	0.08	0.74	0.11	40.00
社会责任	5.00	1.92	0.86	3.43	0.48	38.46

（三）样本社会责任各维度评价

1. "信息生产"责任评价

如表7所示，通过计算满分为5分时二级指标的得分（下文各指标均采用此种计算方式）可见，"信息生产"的两个二级指标中，"流程管理"方面的表现显著优于"信息质量"。调查发现，平台规则对视频号的流程有较为明确的规定，形成了强制性、易把握的标准，有助于推动视频生产者形成规范意识；但信息质量更多地依赖各个生产者自身的能力，无法统一标准。

表7　不同子样本"信息生产"各二级指标得分

分类汇总		信息质量			流程管理		
		得分（分）	得分率（%）	排名	得分（分）	得分率（%）	排名
平台	微信视频号	3.00	60.04	1	4.98	99.59	1
	小红书	2.11	42.14	2	4.69	93.72	4
	B站	2.10	42.08	3	4.64	92.75	5
	快手	1.87	37.50	4	4.88	97.61	3
	抖音	1.78	35.63	5	4.88	97.69	2
	均值	2.17	43.48		4.81	96.27	
主体	新闻媒体	3.32	66.47	1	5.00	99.90	1
	政务	3.00	59.97	2	4.99	99.86	2
	公司	2.33	46.66	3	4.82	96.41	3
	个人	1.85	36.99	4	4.76	95.28	4
	均值	2.63	52.52		4.89	97.86	

就具体子样本来说，"微信视频号"在两个二级指标上均占优，而认证主体为"新闻媒体"的账号也在两个二级指标上均优于其他主体，紧随其后的是政务类账号。新闻媒体作为信息生产专业机构的优势得以体现。而在样本中微信视频号平台中的新闻媒体和政务类账号较多，这是来自该平台子样本得分较高的原因。

通过进一步分析"信息生产"下的各三级指标发现，各视频号在真实（M=3.13）、原创（M=3.69）、信息把关（M=3.94）、广告控制（M=4.16）和侵权控制（M=5.0）方面表现较好，在权威（M=0.66）、时效（M=1.97）、全面（M=0.33）、深度（M=2.41）、客观（M=1.51）方面表现较差。

就平台而言，来自"微信视频号"的子样本在真实性和时效性方面有一定优势，进一步分析发现这主要得益于媒体类账号的贡献；"B站"的深度（M=4.55）和原创（M=4.98）较高，调查发现该平台以中长视频为主，在内容推荐上不仅重视完播率还重视播放总时长，这给创作者选择原创内容、追求深度以更大的空间。就账号主体而言，政务类和媒体类账号在真实性方面表现突出，得分接近满分（分别为5.0、4.98），个人认证账号的原创性表现较好，媒体类账号的客观（M=3.57）、时效（M=3.13）占优，达到合格水平。随着平台监管机制日益健全，各平台在信息把关、广告控制、侵权控制方面均表现优秀，接近满分。

2. "价值引导"责任评价

如表8所示，在"价值引导"履责的两个二级指标上各子样本得分均较低。在"塑造共识"指标上，平均得分率仅为6.58%，"小红书"子样本得分率最低仅有3.01%；在"社会监督"指标上，平均得分率仅为3.54%，得分最低者"快手"子样本仅为2.06%。各认证主体子样本在两个二级指标上表现也均不理想。媒体类账号在"塑造共识""社会监督"上表现最好，政务类账号其次，但得分率也较低，两个指标均不足15%。

表8 不同子样本"价值引导"各二级指标得分

分类汇总		塑造共识			社会监督		
		得分(分)	得分率(%)	排名	得分(分)	得分率(%)	排名
平台	抖音	0.60	11.99	1	0.11	2.20	4
	视频号	0.50	10.03	2	0.39	7.77	1
	快手	0.23	4.69	3	0.10	2.06	5
	B站	0.16	3.18	4	0.16	3.26	2
	小红书	0.15	3.01	5	0.12	2.39	3
	均值	0.33	6.58		0.18	3.54	
主体	新闻媒体	0.69	13.85	1	0.49	9.83	1
	政务	0.56	11.12	2	0.45	8.94	2
	个人	0.26	5.19	3	0.11	2.12	3
	公司	0.14	2.84	4	0.08	1.63	4
	均值	0.41	8.25		0.28	5.63	

通过进一步分析三级指标的表现发现,各平台子样本的账号表现均较差,以满分为5分计,各三级指标得分均不足1分,其中国家治理方面除了"微信视频号"(M=0.28)和"B站"(M=0.17)略有涉及外,其余平台子样本得分均不足0.1。"抖音"子样本的账号在主流价值(M=0.39)、社会风尚(M=0.82)方面有所涉及,但在国家治理(M=0.03)方面得分也极低。在认证主体方面,各类账号也表现较差,各三级指标得分均值均不足1分。

经对视频平台特征进行分析我们认为,价值引导功能履责不足的主要原因在于在现有的主流视频平台中,自媒体创作者是内容生产的主导力量,算法推荐是内容分发的主要机制,这就造成了瞄准特定人群的生活化内容的创作因更容易获得流量而大行其道,而塑造共识、社会监督相关严肃议题因主体资格限制和流量至上导向的双重作用而数量稀少。

3. "文化教育"责任评价

如表9所示,在"文化教育"方面,各平台的视频号"文化传承"功能承担不足,平均得分率16.65%,"传播科教"表现更差,平均得分率仅为5.65%,而"提供娱乐"得分较高,平均得分率为92.81%,可见视频号多以提供娱乐为定位。"文化传承"得分最高的"B站"仅为29.85%,"传播科教"得分最高的"微信视频号"得分率也低至10.25%。各认证主体在三个指标上的表现也是如此，"文化传承""传播科教"较低，而"提供娱乐"表现突出。值得一提的是媒体类账号在这三方面表现均较差，而这三个指标是媒体的传统社会功能，这说明新闻媒体在媒介融合传播的竞争中未能占据优势。

表9 不同子样本"文化教育"各二级指标得分

分类汇总		文化传承			传播科教			提供娱乐		
		得分（分）	得分率(%)	排名	得分（分）	得分率(%)	排名	得分（分）	得分率(%)	排名
平台	B站	1.49	29.85	1	0.36	7.24	3	4.69	93.88	3
	抖音	1.22	24.47	2	0.06	1.28	4	4.74	94.85	1
	快手	0.95	18.90	3	0.04	0.83	5	4.66	93.24	4
	微信视频号	0.42	8.46	4	0.51	10.25	1	4.70	93.99	2
	小红书	0.08	1.56	5	0.43	8.63	2	4.40	88.09	5
	均值	0.83	16.65		0.28	5.65		4.64	92.81	
主体	个人	0.94	18.82	1	0.29	5.72	2	4.67	93.38	3
	公司	0.71	14.30	2	0.30	5.99	1	4.71	94.10	2
	政务	0.54	10.88	3	0.02	0.37	4	4.75	95.00	1
	新闻媒体	0.48	9.65	4	0.28	5.63	3	4.48	89.60	4
	均值	0.67	13.41		0.22	4.43		4.65	93.02	

对三级指标分析发现，各平台视频号在二级指标"提供娱乐"下的"内容健康度"（M=4.99）、"内容丰富性"（M=4.10）较为理想。其余三级指标中，仅"B站"在"当代文化"方面表现合格（M=3.00），其他平台在各三级指标上均表现较差。在不同认证主体中，"内容健康度""内容丰富度"仍是主要得分点，而各主体在传统文化、教育和科技的传播方面发挥的作用有限。

4."协调沟通"责任评价

如表10所示，各平台视频号"协调信息"责任履行不足，平均得分率仅为13.88%，其中"微信视频号"得分率最高（19.89%）。但"沟通效能"总体尚可，平均得分率为52.83%；其中"抖音"表现最佳，得分率为61.50%。各认证主体的账号"协调信息"指标也都表现较差，平均得分率

143

为 16.54%，而"沟通效能"稍强，平均得分率为 45.72%，其中个人类账号表现最佳，得分率为 55.96%。

表 10　不同子样本"协调沟通"各二级指标得分

分类汇总		协调信息			沟通效能		
		得分(分)	得分率(%)	排名	得分(分)	得分率(%)	排名
平台	微信视频号	0.99	19.89	1	1.99	39.88	5
	抖音	0.99	19.87	2	3.08	61.50	1
	B 站	0.67	13.34	3	2.98	59.62	2
	小红书	0.45	8.97	4	2.45	48.92	4
	快手	0.37	7.32	5	2.71	54.22	3
	均值	0.69	13.88		2.64	52.83	
主体	新闻媒体	1.37	27.34	1	2.15	43.05	3
	政务	0.81	16.21	2	1.65	33.03	4
	公司	0.59	11.86	3	2.54	50.86	2
	个人	0.54	10.77	4	2.80	55.96	1
	均值	0.83	16.54		2.29	45.72	

进一步分析发现，各平台账号三级指标中的"议题公共性""身份多样性"表现均较差，说明其传播过程中对公共事务关注较少，没有主动促进群体间的沟通。而"公众认同度""公众参与度"方面表现较好，说明创作主体内容生产重视用户黏性；但"主体互动度"和"主体回复度"均较低，说明视频平台中创作者和数量众多的粉丝在传受关系方面存在地位不对等特征。

三　研究结论与讨论

（一）视频生产者社会责任履行发展历程

各视频号社会责任履行的现实表现必然是政府监管、平台治理、行业自治、生产主体主动履责多方力量共同作用的结果。综合来看，中国视频生产者社会责任的履行情况经历了多个阶段（见表 11）。

表 11 视频生产者社会责任履行发展历程

阶段	时间范围	背景与特征	主要问题	平台与生产者行动	政府与行业协同行动	标志性事件
快速兴起与责任失范阶段	2018 年以前	视频平台迅速发展，用户参与度极高	追求短期利益，忽视内容质量和社会责任	部分平台默许低俗、虚假或误导性内容	监管滞后，政策、法规缺失	视频平台因内容违规被约谈或处罚
格局稳定与意识觉醒阶段	2018~2020 年	市场格局基本稳定，社会各界开始批判乱象	规则意识淡薄，内容管理不善	平台制定社区规范、初步审核和管理内容	行业协会出台管理规范，政府出台政策法规	字节跳动发布企业社会责任报告；中国网络视听节目服务协会制订《网络短视频平台管理规范》①；国家互联网信息办公室等相关部门颁布《网络音视频信息服务管理规定》②《网络信息内容生态治理规定》③

① 中国网络视听节目服务协会：《网络短视频平台管理规范》，中国经济网，http://www.ce.cn/culture/gd/201901/11/t20190111_31237299.shtml，最后检索时间：2024 年 8 月 20 日。

② 国家互联网信息办公室、文化和旅游部、国家广播电视总局：《网络音视频信息服务管理规定》，中国网信网，https://www.cac.gov.cn/2019-11/29/c_1576561820967678.htm，最后检索时间：2024 年 8 月 20 日。

③ 国家互联网信息办公室：《网络信息内容生态治理规定》，中国网信网，https://www.cac.gov.cn/2019-12/20/c_1578375159509309.htm，最后检索时间：2024 年 8 月 20 日。

续表

阶段	时间范围	背景与特征	主要问题	平台与生产者行动	政府与行业协会行动	标志性事件
持续发展与规范建设阶段	2020~2022年	用户量级攀升,内容管理难度加大	内容审核和版权保护机制不完善	平台引入算法技术,充实人工审核团队	政府监管日益完善,出台更多政策法规	抖音发布透明度报告;国家互联网信息办公室出台《关于进一步压实网站平台信息内容管理主体责任的意见》①;国家互联网信息办公室、工业和信息化部等出台《互联网信息服务算法推荐管理规定》②;中国网络视听节目服务协会出台《中国网络短视频内容审核标准细则》③
多元化社会责任实践与创新发展阶段	2022年至今	视频行业深入发展,多元化社会责任趋势	人工智能技术应用带来新问题与挑战	平台发起大型社会公益活动,头部账号积极响应	政府出台相关法规进行规范和引导	视频平台发起扶贫助农、教育公益等合作项目;国家互联网信息办公室等颁布《互联网信息服务深度合成管理规定》④《网络信息内容生态治理规定》⑤

① 国家互联网信息办公室:《关于进一步压实网站平台信息内容管理主体责任的意见》,中国网信网,https://www.cac.gov.cn/2021-09/15/c_1633296790051342.htm,最后检索时间:2024年8月20日。

② 国家互联网信息办公室、工业和信息化部、公安部、国家市场监督管理总局:《互联网信息服务算法推荐管理规定》,中国网信网,https://www.cac.gov.cn/2022-01/04/c_1642894606364259.htm,最后检索时间:2024年8月20日。

③ 中国网络视听节目服务协会:《网络短视频内容审核标准细则》,国家广电总局局网站,https://www.nrta.gov.cn/art/2021/12/15/art_110_59299.html,最后检索时间:2024年8月20日。

④ 国家互联网信息办公室、中华人民共和国工业和信息化部、中华人民共和国公安部:《互联网信息服务深度合成管理规定》,中国政府网,https://www.gov.cn/zhengce/zhengceku/2022-12/12/content_5731431.htm,最后检索时间:2024年8月20日。

⑤ 国家互联网信息办公室:《网络信息内容生态治理规定》,中国网信网,https://www.cac.gov.cn/2019-12/20/c_1578375159509309.htm,最后检索时间:2024年8月20日。

1. 快速兴起与责任失范阶段（2018年以前）

随着互联网技术的飞速发展和移动设备的普及，视频平台迅速发展壮大，短视频服务迅速崛起，越来越多的用户参与视频内容生产。在快速发展的过程中，一些视频生产者为了追求点击量、用户增长等短期利益，忽视了内容的质量和社会责任。同样基于流量竞争的目的，一些平台默许了这些行为。这导致低俗、虚假信息或误导性内容大行其道。而监管的滞后性特征带来相关政策、法规的缺失。这一时期社会责任的履行处于失范状态。

2. 格局稳定与意识觉醒阶段（2018~2020年）

在这一阶段，各平台经过激烈竞争市场格局基本稳定。社会各界开始批判视频生产领域内的乱象，行业协会开始出台管理规范，政府也出台相关政策法规进行引导和规范视频行业的发展。平台逐渐意识到履行社会责任义务的必要性，开始制定基本的社区规范，对内容进行初步的审核和管理，以监督内容的健康性和合规性。视频生产者在政府监管和平台规则下逐步树立规则意识。

3. 持续发展与规范建设阶段（2020~2022年）

随着视频平台的快速发展，用户量级不断攀升，内容管理的难度不断加大。在政府监管日益完善的趋势下，视频平台主动建立起内容审核、版权保护等自律机制，引入算法技术、充实人工审核团队，以提升内容审核的效率和准确性。同时，视频生产者也开始积极参与社会公益活动，通过平台影响力传播正能量。

4. 多元化社会责任实践与创新发展阶段（2022年至今）

随着视频行业的深入发展，视频平台及内容生产者在履行社会责任方面呈现多元化趋势，不仅关注内容的健康性和合规性，还开始关注社会经济的发展，以及文化的传播与创新。随着人工智能技术应用于视频生产，机器生成内容的便捷性减少了违法违规成本、智能应用形成深度伪造、算法黑箱助长平台的流量操纵、算法缺陷导致用户隐私泄露、同类推送造成信息窄化、算法歧视等伦理问题开始出现，社会责任履行面临新形势。

（二）视频号社会责任履行现状及原因分析

1. 现状

（1）信息生产核心能力存在欠缺。得益于前述监管机制和平台的激励、审核机制日益完备，各视频号在内容生产过程中能够通过平台和自身的把关过程避免虚假、侵权内容的出现，视频的真实性和原创性得到了保障。但在信息质量的关键指标上，如权威性、时效性、全面性、深度性、客观性等方面整体表现欠佳。

（2）价值引导职责全面失守。视频号在价值引导的两个二级指标塑造共识、社会监督方面均表现较差。各平台视频号对于涉及主流价值、社会风尚、国家治理、社会风险、行为失范相关题材普遍采取回避策略，即便是媒体类和政务类账号也未能有所作为。

（3）传统文化和教育科技内容传播乏力。尽管各视频平台都采取了一定的扶持措施，视频生产者以传统文化为题材的内容创作仍严重不足。同样，对教育、科技等偏"硬"知识的传播也极少，未能有效发挥传播科教的功能。与此形成鲜明对照的则是娱乐题材的内容极为丰富，且在日趋严格的审核机制下表现出较高的内容健康度，"擦边""暴力"等低俗内容极少存在。

（4）社会协调功能缺失，沟通互动性不足。视频号较少关注公共议题，多为生活化"日常"事件和趣味性内容以及垂直领域内容。视频文本涉及的人群身份较集中在某特定同质化群体。在沟通效能方面，视频号均重视用户黏性，通过评论参与讨论和以点赞表达喜欢的数据均较高。但视频号主动发起的互动、对用户评论的回复均较少，说明沟通的互动性不足，双方并不处于对等地位。

2. 原因

（1）生产主体的非专业性。通过对视频账号主体进行深入分析可以发现，视频生产者的主体仍以自媒体和非专业机构为主，他们既不具备相应的新闻采编资质，也缺乏相应的技能；另外，视频平台的庞大用户规模使任何一种类型的内容都能够获得庞大的利基市场，这也在一定程度上消解了视频生产者实时反映社会现实，深度挖掘事实，多方获取信源，全面、客观表达信息的创作积极性。这就导致视频号信息生产核心能力方面表现不足。同时，这也可以解释在价值引领方面，这些视频生产者为什么对于涉及主流价值、社会风尚、社会风险、国家治理和行为失范的相关严肃、敏感话题选择回避策略。

（2）市场需求与商业驱动。视频号依赖广告收入、付费会员和虚拟礼物等商业利益来维持运营。现代社会节奏快，人们压力大，对轻松、休闲的娱乐需求增加，文化消费的泛娱乐化倾向明显。为迎合这种需求，视频生产者自然更愿意提供娱乐性强的内容以增加用户黏性。而且，文化、科教类内容的生产需要较高的专业知识和技能储备，对视频生产者的内容创作能力提出了更高的要求，而娱乐内容的生产更为简单、直接，更容易在短时间内创作出大量内容，生产者基于成本考虑也更倾向于娱乐性内容。同时，在市场逻辑的驱动下，流量变现成为视频生产者的主要创作动机，在塑造共识、社会监督、社会协调方面自然缺少动力。

（3）视频平台的技术特征。现有主流视频平台均是基于算法进行内容分发。其中用户兴趣和偏好是算法中的关键因素。而以用户兴趣和偏好为主的信息推送本质上是一种相似性推荐，有使用户困于算法过滤后的单一信息环境之中的风险，造成个体认知的狭隘化和极端化[①]。在这种机制下，用户的兴趣和价值观有稳定地集中于特定范围内的趋势，视频生产者为保持用户黏性也会将内容限定在特定领域，传播特定价值观以迎合用户，不会更多关注公共议题、引入多元身份，以避免价值冲突导致用户流失。

---

① 温凤鸣、解学芳：《短视频推荐算法的运行逻辑与伦理隐忧——基于行动者网络理论视角》，《西南民族大学学报》（人文社会科学版）2022 年第 2 期。

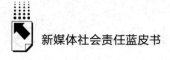

（三）对策建议

基于本文研究发现，尽管视频生产者社会责任履行经过发展已经由失范走向创新发展，但还是存在较明显的问题，为此应持续探索新的策略和方法。

1. 加强对优质内容生产的扶持

通过对前述视频生产者社会责任履行历程分析，视频生产者对于"不能做什么"已经树立明确的责任意识，但对于"应该做什么"还缺乏动力。政府应出台相关政策，设立专项基金，加强对传统文化和主流价值观及相应的优质视频生产的支持与鼓励，为相关创作者提供政策保障、提供资金支持，激发视频生产者的创作热情，降低经济压力。政府和社会应引导视频平台创新盈利模式，对生产高质量的文化、科教类内容的创作者给予更多的支持和奖励，通过设置广告分成、内容补贴等方式，激励视频生产者创作更多有价值的内容。

2. 鼓励多元主体参与视频内容生产

通过对通过分析视频号社会责任履行情况可见，专业能力不足是其社会责任履行存在问题的重要原因。因此，应在政策上健全不同主体包括主流媒体、党政机构、科研机构、文化团体等专业组织积极参与视频内容生产的机制。这样可以增加专业内容在视频平台中的比例，改善视频生产的生态圈。例如，主流媒体和党政机构在主流价值观的引领、社会共识的塑造、社会监督的开展、优秀传统文化和当代先进文化的传播等方面具有优势，而科研机构在科技、教育传播方面具有优势，他们的积极参与无疑会推动视频平台整体氛围的改善。

3. 促进平台不断优化算法

不同平台的视频号在社会责任履行过程中的差异说明平台对视频号的内容生产惯习的形成发挥着关键作用。在算法社会正在到来的新时期，智媒治理的动力机制应从市场逻辑向公益逻辑转变，视频平台、用户、行业协会和政府管理部门等多个行动者共同参与算法优化和完善，促进算法朝着更加有利于人类社会的方向发展①。如，不断有学者提出应在平台算法中加入"公共利益算法"，在推送算法的设计上首先要加入对社会公共利益的考虑。②

四　结语

本文对来自 5 个平台的 250 个视频账号的 8011 条视频进行了量化分析，借助新媒体社会责任指标体系考察其现状，并通过回顾视频生产者社会责任履行的历史进程分析了原因并尝试提出了对策性建议。考虑到对社会运行真正能够产生影响的是具有一定影响力的账号，本文在样本抽取时仅选取了各平台影响力较大的账号，限制了研究发现对整个视频生产行业社会责任履行现状的推论。同时，分析的对象是视频账号及其视频作品，本研究使用人工方式进行内容的编码，由于视听文本存在互文性和多义性，因此分析结论的精确性存在一定局限。

参考文献

阳镇：《平台型企业社会责任：边界、治理与评价》，《经济学家》2018 年第 5 期。

范如国：《平台技术赋能、公共博弈与复杂适应性治理》，《中国社会科学》2021 年第 12 期。

周葆华、范佳秋、田宇：《新媒体社会责任表现的实证研究——以腾讯网为个案的量化评估》，《新闻大学》2017 年第 6 期。

肖红军、李平：《平台型企业社会责任的生态化治理》，《管理世界》2019 年第 4 期。

张爱军、李圆：《人工智能时代的算法权力：逻辑、风险及规制》，《河海大学学报（哲学社会科学版）》2019 年第 6 期。

胡晓萌：《算法主义的伦理批判》，《伦理学研究》2024 年第 4 期。

---

① 温凤鸣、解学芳：《短视频推荐算法的运行逻辑与伦理隐忧——基于行动者网络理论视角》，《西南民族大学学报（人文社会科学版）》2022 年第 2 期。

② 王丽、刘建勋：《科技平台论的悖谬：短视频社交媒体的公共责任及其实现路径》，《现代传播（中国传媒大学学报）》2020 年第 9 期。

专题篇

B.8
中国短视频和直播政策十年变迁
（2014~2023）*

刘 锐 江 焓**

摘 要： 国家政策在中国短视频和直播内容治理中扮演着重要角色。在政府主导下，政府和平台共同构建起一个短视频和直播政策网络。本报告从政策网络视角出发，选取了 2014~2023 年十年间的 33 份政府政策文本和 14 份当前的短视频和直播平台政策文本，通过算法挖掘和内容分析方法对十年间的短视频和直播政策进行回顾总结。研究发现，2014~2023 年中国短视频和直播内容生态在治理主体上，由政府主导转向多元主体协同治理；在方式上，由被动转向主动，由强制型转向混合型；在内容上，由点到面，由旧到新。中国短视频和直播内容治理需要平衡好政府与平台的数字权力关系以及

---

* 本报告系国家社科基金一般项目"短视频内容生态的人机协同治理模式研究"（项目编号：22WBS083）的阶段性研究成果。

** 刘锐，博士，华中科技大学新闻与信息传播学院副教授，硕士生导师，主要研究方向为互联网治理；江焓，华中科技大学新闻与信息传播学院 2023 级硕士研究生，主要研究方向为互联网治理。

人与技术的关系，探索人机协同治理新模式。

关键词： 短视频和直播政策　互联网治理　政策网络

一　引言

目前，我国短视频和直播内容生态治理问题日益凸显，互联网治理受到挑战。主流短视频平台通常兼具短视频和直播两种功能，短视频内容创作者往往也是直播的内容创作者。视频内容创作者利用短视频为直播引流，直播打赏和带货为短视频变现，短视频和直播为一枚硬币的两面，因此本文将基于用户生产内容的直播和短视频内容生态管理问题同时作为研究对象。短视频作为当前主要媒介形式之一，具有门槛低、内容杂的特点，尽管能够缩小城乡数字鸿沟、激活网络文化、促进数字经济，但也带来了虚假信息、舆论失序、盗版侵权、色情传播及违法经营等问题。[1] 同时直播在流量导向的逻辑下，也存在内容低俗的问题。[2] 在此背景下，短视频和直播的内容问题呼唤着新的治理路径和方法。

短视频和直播政策研究属于管理学和新闻传播学的交叉领域，但两个学科的研究视角有所不同。管理学的短视频和直播政策研究侧重于对政策施行过程规律的研究，如政策源流[3]、政策结构[4]等，以实证研究为主。而新闻传播学则侧重于探索短视频和直播内容治理体系的构建和完善，如自媒体短

---

[1] 张芸、孙荣欣、张旭：《数智时代网络短视频内容治理的现状、问题与进路》，《出版发行研究》2023 年第 6 期。

[2] 尼罗拜尔·艾尔提、郑亮：《新媒体时代短视频内容生产的特点、趋势与困境》，《中国编辑》2021 年第 3 期。

[3] 张玉容、陈泽鹏：《网络舆情推动下政策议程设置的多源流分析——基于网络直播营销监管政策的案例研究》，《人文杂志》2021 年第 11 期。

[4] 邱科达、宋姗姗、张李义：《我国直播电商政策量化分析与优化建议》，《当代经济管理》2024 年第 4 期。

视频新闻规制①、直播电商规制②等，以规范性研究为主。回顾我国短视频和直播政策的变迁，对短视频和直播政策进行实证分析，不仅能够发现我国短视频和直播内容规制的特点与不足，探索我国短视频和直播内容规制的新路径，而且也能促进新闻传播学和管理学的交叉融合与互动。

鉴于此，本报告从政策网络视角出发，构建"目标—工具"政策分析框架，通过算法挖掘和内容分析，对2014～2023年十年间的短视频和直播政策进行评析，并基于研究发现的规律，提出我国短视频和直播规制的建议，为短视频和直播政策研究提供参考。

二 研究设计

（一）资料来源

为确保政策的权威性和代表性，本报告选取国家层级政府和行业协会颁布的短视频和直播政策为研究样本，以当前主要的短视频和直播平台——抖音、快手、微信视频号、哔哩哔哩网站颁布的平台政策为补充，对2014～2023年十年间的短视频和直播政策进行收集，抽样过程如下。

首先，将"北大法宝"数据库作为主要资料来源，输入"短视频""直播""视听节目"等关键词，设定搜索日期范围为"2014年1月1日至2023年12月31日"，进行高级检索，全文查找，按相关度由高到低排序，通过阅读筛选，共收集45份相关政策文本。

其次，为避免遗漏重要政策并确保样本的完整性，我们分别访问了国家互联网信息办公室、国家广播电视总局、工业和信息化部和公安部等相关部门的官方网站，在"政策文件"和"通知公告"栏目中检索与短视频和直播相关的政策文件，并剔除了重复的政策文件，最终共收集了94份政策

---

① 郭思璇、田维钢、田雨晴：《政策与对策：自媒体短视频新闻规制的复杂适应性探析》，《当代传播》2024年第2期。
② 刘友芝、李行芩：《中国直播电商发展特点及趋势》，《传媒》2021年第14期。

文件。

再次，在主要短视频和直播平台，抖音、快手、微信视频号、哔哩哔哩官方网站检索当前最新的短视频和直播平台政策，作为平台主体的补充样本，共收集14份政策文件。

最后，为确保样本的有效性，对收集的样本进行二次筛选。筛选原则如下：剔除内容重复或内容高度重合的政策文本；剔除与短视频和直播相关性较低的政策文本；剔除无实质性内容，空洞的政策文本。最后共得到33份主要政策文本和14份补充政策文本。将收集到的33份主要政策文本和14份补充政策文本按时间进行编号，构建起2014~2023年中国短视频和直播政策数据库（见表1、表2）。

表1 2014~2023年中国短视频和直播政府政策文本

编号	政策名称	颁布年份
1	《互联网视听节目服务管理规定》	2015
2	《关于加强网络视听节目直播服务管理有关问题的通知》	2016
3	《互联网直播服务管理规定》	2016
4	《关于进一步规范网络视听节目传播秩序的通知》	2018
5	《关于进一步加强广播电视和网络视听文艺节目管理的通知》	2018
6	《关于加强"双11"期间网络视听电子商务直播节目和广告节目管理的通知》	2019
7	《关于推动广播电视和网络视听产业高质量发展的意见》	2019
8	《关于推动国家广播电视和网络视听产业基地(园区)建设发展的通知》	2019
9	《网络短视频内容审核标准细则》	2019
10	《网络短视频平台管理规范》	2019
11	《网络音视频信息服务管理规定》	2019
12	《未成年人节目管理规定》	2019
13	《关于加强网络秀场直播和电商直播管理的通知》	2020
14	《关于加强网络直播营销活动监管的指导意见》	2020
15	《网络直播行业专项整治行动 强化规范管理》	2020
16	《网络直播营销行为规范》	2020
17	《关于加强网络直播规范管理工作的指导意见》	2021
18	《关于进一步加强文艺节目及其人员管理的通知》	2021

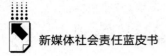

编号	政策名称	颁布年份
19	《关于做好广播电视和网络视听文化供给 服务人民群众就地过年的通知》	2021
20	《网络短视频内容审核标准细则(2021修订)》	2021
21	《网络直播营销管理办法(试行)》	2021
22	《部署做好2022年元旦春节期间广播电视和网络视听宣传和节目编播工作》	2021
23	《关于规范网络直播打赏 加强未成年人保护的意见》	2022
24	《关于国产网络剧片发行许可服务管理有关事项的通知》	2022
25	《关于加强网络视听节目平台游戏直播管理的通知》	2022
26	《关于进一步规范网络直播营利行为促进行业健康发展的意见》	2022
27	《关于进一步加强网络微短剧管理 实施创作提升计划有关工作的通知》	2022
28	《关于开展"清朗·整治网络直播、短视频领域乱象"专项行动的通知》	2022
29	《关于推动短剧创作繁荣发展的意见》	2022
30	《全国广播电视和网络视听"十四五"人才发展规划》	2022
31	《网络主播行为规范》	2022
32	《电视剧、网络剧摄制组安全生产管理规定》	2023
33	《关于开展"清朗·整治短视频信息内容导向不良问题"专项行动的通知》	2023

表2　2014~2023年中国短视频和直播平台政策文本

编号	政策名称	颁布年份
1	《抖音社区自律公约》	2022
2	《抖音未成年规范》	2022
3	《抖音医疗公约》	2022
4	《哔哩哔哩弹幕网用户使用协议》	2023
5	《哔哩哔哩隐私政策》	2024
6	《哔哩哔哩创作公约》	2024
7	《哔哩哔哩社区公约》	2024
8	《哔哩哔哩主播直播规范》	2024
9	《微信视频号运营规范》	2024
10	《快手社区管理规范》	2024
11	《快手直播管理规范》	2024
12	《快手用户资料规范》	2024
13	《快手社区评论规范》	2024
14	《快手直播封面规范》	2024

（二）语义网络分析

为了从整体上把握中国短视频和直播政策十年来的主题语义结构，本研究采用DivoMiner作为数据分析工具，对收集到的政策文本进行数据挖掘和分析。首先，对政策文本进行清洗，删除冗余信息，统一格式。其次，对处理后的政策文本进行TF-IDF算法辅助的切词，删除无价值的词汇，生成高频词汇统计表。最后，根据高频词汇统计结果及词汇的共现关系构建语义网络图。

本报告对十年间的中国短视频和直播政策文件进行语义网络分析，通过词语的频次规律和各高频词之间的强弱关系，试图揭示中国短视频和直播政策的特点和演变规律。

（三）"目标—工具"二维分析框架

霍尔的政策范式主张，在政策制定的过程中，决策主体会依据其先前获得的信息或经验，来调整既定的政策目标或是选择和配置相应的政策工具。[①] 政策目标和政策工具是政策制定主体意志的体现，探索中国短视频和直播政策网络各主体之间的关系，就离不开对政策目标和政策工具维度的分析。据此，本报告将建立"政策目标—政策工具"的二维分析框架，以政策目标与政策工具两个维度为基础对中国短视频和直播政策进行分析。

政策目标作为衡量政策实现目的的具体指标，通常旨在阐述政策所期望达到的状态或所追求的理想结果。[②] 当前，作为网络空间治理核心的网络内容生态治理包括以下三种内涵：一是抑制不适宜内容的生产和传播；二是促进高品质（公正、平衡、文化品质高）和多样性内容的生产和传播；三是

[①] 张绪娥、邢华、温锋华：《由外而内的间断式城市更新政策何以发生？——基于357份政策文本的分析》，《城市发展研究》2023年第7期。

[②] 周建青、高士其：《我国互联网治理中政策协同的演进研究》，《新闻与传播研究》2023年第8期。

保护互联网权益主体合法权益。[①] 我国的短视频和直播政策目标与网络内容生态治理的内涵紧密相连。因此，本报告结合网络内容生态治理的内涵，将我国短视频和直播政策目标分为以下三类：抑制不适宜内容生产传播；促进高品质多样性内容生产传播；保护互联网权益主体合法权益，促进互联网经济文化健康发展（见表3）。

表 3　政策目标分类

政策目标	描述
抑制不适宜内容生产传播	限制违反公共道德标准的内容的生产传播,例如色情、暴力、性别和宗教歧视、种族主义、教唆犯罪等内容
促进高品质多样性内容生产传播	激发正向和多样性内容的生产,达到市场权力与网络内容品质的平衡
保护互联网权益主体合法权益,促进互联网经济文化健康发展	保护互联网权益主体的隐私权、著作权等合法权益,维护互联网经济文化发展,促进网络内容生态系统功能的优化

政策工具是政府为达成既定政策目标所采取的具体措施或方法，而对这些政策工具进行分类则是进行政策比较、选择以及优化配置的基石。[②] 政策工具深刻反映了政府施政的核心意图，它们作为连接政策目标与实现结果之间的桥梁，构成了政策文本分析领域中一个普遍适用的理论基础。深入分析政策工具的分布情况与类型特征，不仅能够为政策制定者提供宝贵的参考，助力其精准掌握并优化政策布局，同时也有助于其他利益相关者加深对政策方案的理解与认同。[③]

当前，国内外学者在探讨政策工具的划分时，采用了多样化的标准和视角，涉及多个学科，其结果呈现丰富多元的特点。目前，在公共政策研究中

---

① 葛明骢、李小军：《网络内容生态治理的理论向度、当下挑战与未来进路》，《中州学刊》2023年第9期。
② 薛惠元：《政策工具视角下我国退役军人优待抚恤政策研究——基于1978—2023年273份政策文本的量化分析》，《广西大学学报（哲学社会科学版）》2024年第4期。
③ 胡峰、李加陈、翟婧：《政策文本计量视角下科技人才政策分析与评价——基于"工具—效力"的二维框架》，《情报科学》2024年第6期。

较为经典和使用较多的主要是以下几种。罗思韦尔（Rothwell R）和泽格菲尔德（Zegveld W）根据政策工具在政策过程中的具体作用方式和效果，将政策工具分为供给型政策工具、需求型政策工具、环境型政策工具。[①] 施耐德（Schneider A）和英格拉姆（Ingram H）则根据政策目标群体的具体行为，将政策工具进行五分，形成权威型工具、诱因型工具、能力型工具、劝说型工具、学习型工具五大类。[②] 为了更好地对短视频和直播政策网络中不同主体间的关系进行分析和探究，本报告将采用第三种分类法，即豪利特（Howlett M）和拉米什（Ramesh M）的三分法，他们根据政府或公众在政策实施中的参与程度将政策工具分为强制型工具、混合型工具、自愿型工具（见表4）。[③]

表4　豪利特和拉米什的政策工具分类

政策工具	内涵	外延
强制型工具	借助政府的权威和强制力,对目标群体的行动进行控制和指导从而实现政策目标的手段	强制型工具包括管制、公共企业和直接提供等
混合型工具	允许政府对非政府行为主体的决策进行不同程度的干预,但最终仍由私人做出决策从而实现政策目标的手段	混合型工具包括信息和规劝、补贴、产权拍卖和税收、使用者付费等
自愿型工具	很少或几乎没有政府干预,是以自愿为基础完成预定任务从而实现政策目标的手段	自愿型工具包括家庭与社区、志愿者组织和市场等

结合现有的政策研究理论和具体的短视频和直播政策文本，根据研究问题和需要，本报告构建起"政策目标—政策工具"的二维分析框架，并对收集到的政策文本进行编码分析。

① Rothwell R，Zegveld W，An Assessment of Government Innovation Policies，*Government Innovation Policy*，*Policy Studies Organization Series*，（Policy Studies Organization Series 3，1984）.

② Schneider A，Ingram H：Behavioural Assumptions of Policy Tools，*The Journal of Politics* 52（1990）.

③ Howlett M，Perl A，Ramesh M：Studying Public Policy：Policy Cycles & Policy Subsystems，*American Political Science Association* 91（2009）.

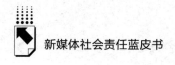

三 研究发现

（一）中国短视频和直播政策网络结构与主体互动

1. 政策热词与主题聚焦

使用 Divominer 软件对所收集的短视频和直播政策文本进行高频词分析。在对语料库进行清洗、整理后，进行 AI 辅助切词，建立停用词表，筛选掉无意义词语，按 TF-IDF 指数从高到低进行排序，取排名前 25 的高频词生成 2014~2023 年中国短视频和直播政策高频词语统计表（见表5）。

表 5　2014~2023 年中国短视频和直播政策高频词语统计

名称	词频（次）	TF-IDF	名称	词频（次）	TF-IDF
直播	489	5.26	营销	125	1.12
节目	416	3.63	规定	169	1.09
视听	432	3.03	机构	141	1.09
服务	375	2.31	文化	138	1.06
平台	240	2.13	主管部门	116	1.03
未成年人	174	1.78	行业	130	1
广播电视	243	1.66	规范	112	0.99
短剧	113	1.62	整治	50	0.96
互联网	204	1.57	人才	279	0.94
信息	203	1.33	发展	199	0.91
播出	118	1.24	提供	107	0.89
内容	164	1.22	广告	53	0.87
问题	102	1.13			

将 2014~2023 年中国短视频和直播政策高频词以词云图的形式进行可视化。词频越高，词语在词云图中越大，词频越低，词语在词云图中越小（见图1）。

TF（Term Frequency）衡量词语在单一文档内的出现频次，直观反映词

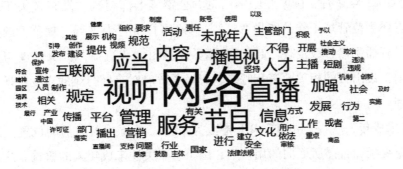

图1　2014～2023年中国短视频和直播政策词云图

语在该文档内的局部重要性。然而，高频词中停用词（如"的""是"）虽频繁出现，却对文档主题贡献有限，故 TF 值常需归一化处理，以削弱此类词汇的权重。

IDF（Inverse Document Frequency）是一种全局重要性的评估指标，通过计算词汇在文档集合中的普遍程度来反映其独特性。具体而言，广泛分布的词语（即出现在大量文档中的词语）将获得较低的 IDF 值，因其对文档间区分度贡献较小；反之，仅在少数文档中出现的词汇将获得较高的 IDF 值，此类词汇往往对文档主题具有高度代表性。

综上，TF-IDF（Term Frequency-Inverse Document Frequency）是一种在文本挖掘与信息检索领域被广泛应用的统计度量方法，旨在量化词语在特定文档或整个语料库中的重要性。TF-IDF 指数，能够在一定程度上显示出特定词汇在语料库中的重要程度。

从 TF-IDF 指数来看，"直播"一词的 TF-IDF 指数高达 5.26，比排名第二的"节目"一词高 1.63，断层领先于其他高频词。这说明在近十年的短视频和直播政策中，我国更加关注直播这一媒介形式。十年来，我国出台了许多以直播为治理主体的政策，如《互联网直播服务规定》《网络直播营销行为规范》《网络主播行为规范》等。2018 年 2 月，中宣部等部门开启了关于直播平台的"扫黄打非"集中整治，8 月又印发了《关于加强网络直播服务管理工作的通知》，对直播行业机构和人员的责任与行为准则进行了规范。2021 年 2 月，国家互联网信息办公室等七部门联合发布《关于加强网络直播规范管理工作的指导意见》，对网络打赏行为进行了规范，进一步推动了直播主播分级治理。TF-IDF 指数反映出的"直播"高关注度与近十年我国密集出台的相关政策相呼应，彰显了政府对直播行业的高度重视与严格管理。

"未成年人"一词的 TF-IDF 指数为 1.78，处于排名靠前的位置。这说明在短视频和直播所面向的用户上，国家重点关注未成年人的权益。这在国家颁布的具体政策上也可以窥见。例如 2019 年 4 月 3 日发布的《未成年人节目管理规定》，就对以未成年为主要传播者和接收对象的节目进行了管理和规定，为保护未成年人合法权益，促进未成年人健康成长作出了贡献。

此外，高频词汇表中排名第 8 的"短剧"一词也同样值得注意。随着短视频的快速发展，网络微短剧凭借其轻量化、低成本、分众化、互动性强的特点脱颖而出，迅速兴起，涌现出一大批优秀的微短剧作品。快手、抖音等平台也相继推出短剧扶持计划，如快手的"快手星芒计划"等，提升了短剧的整体制作水平和质感。政府也颁布了一些促进短剧发展的政策，例如《关于推动短剧创作繁荣发展的意见》《关于进一步加强网络微短剧管理 实施创作提升计划有关工作的通知》，为短剧的健康繁荣发展作出了贡献。

其他高频词中，"规定""规范""整治"说明政府在短视频和直播内容生态治理中，多使用命令式的治理方式，具有一定的强制性。与此同时，"人才""发展"则说明在推动短视频和直播健康繁荣发展的过程中，我国不仅注重政策层面的引导与规范，还深刻认识到人才作为第一资源的核心地位。政府及行业机构积极采取措施，通过培养、引进和激励优秀创意人才、技术人才及管理人才，为短视频和直播行业注入源源不断的活力与创新力。

2. 核心议题与政策导向

将高频词统计结果，以及词汇的节点度、度数中心性、接近中心性、共现关系、网络密度，通过 Divominer 软件进行可视化处理，我们可以得到 2014~2023 年中国短视频和直播政策语义网络图（见图 2）。

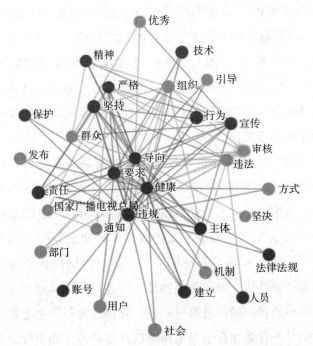

图2　2014～2023年中国短视频和直播政策语义网络图

度数中心性（Degree Centrality）是节点与其他节点直接连接的总量，衡量节点的单独价值。接近中心性（Closeness Centrality）是节点到其他所有节点距离的总和的倒数，体现节点与其他节点的近邻程度，接近中心性值越大，表示节点能够更快到达其他节点，衡量了节点的网络价值。在语义网络图中，节点越大，与节点相关联的边的总量越多，越密集，度数中心性和接近中心性越高，节点的单独价值和网络价值也就越高。

在语义网络图中，"健康""导向""要求"与"违规"这些词语位于核心位置，它们是中国短视频和直播政策语义网络中的关键要素，客观地反映了该领域的管理重点与方向。

"健康"一词的显著地位，表明中国短视频和直播内容管理在政策目标上致力于营造一个积极、正向且安全的网络环境。这里的"健康"不仅指内容本身无害、有益，还涵盖了促进用户心理健康、维护网络生态平衡的广泛意义。它体现了对内容质量的严格要求，以及对用户福祉的深切关注。2019年12月，为营造有利于青少年成长的网络环境，中宣部联合卫健委等部门正式发布了《健康中国行动——儿童青少年心理健康行动方案（2019—2022年）》，该方案全面覆盖了出版、网络游戏、网络直播、短视频以及教育类App等多个领域，旨在严厉打击并清除其中的非法内容，以保障儿童青少年的心理健康。

"导向""要求""违规"则体现了中国短视频和直播内容管理在政策手段上引导与管制并存的双重策略。"导向"作为政策引导的核心，通过明确的价值导向、政策鼓励以及行业标准的制定，积极引导内容创作者和平台运营商朝着符合社会主流价值观、促进青少年健康成长的方向发展。"要求"和"违规"则是管制手段的具体体现，制定严格内容管理规范，明确责任义务，促进行业自律，维护网络秩序。对违规行为实施严厉打击，设定清晰的违规标准与处罚，确保政策权威性，任何违规行为必受法律与行业双重制裁。这一引导与管制并存的双重策略既注重通过正面引导激发行业内的正能量传播和创新能力提升，又强调通过严格的管制手段来规范市场秩序、保障用户权益和网络安全。

3. 网络结构与主体互动

对所有政策发布者进行编码，通过同样的方式，将Divominer的分析数据改为制定政策的主体，可以对2014～2023年中国短视频和直播政策的来源进行语义网络分析，通过对其进行可视化处理，得到2014～2023年中国短视频和直播政策来源语义网络图（见图3）。

在政策来源语义网络图中，点越大说明该主体发布的政策数量越多，而多个点之间的连线则表示多个主体联合发文，形成政策网络。在2014～2023年中国短视频和直播政策来源网络图中，形成了以国家广播电视总局为主导的政府政策网络和以中国网络视听节目服务协会为主导的行业政策网络，而政府政策网络比行业政策网络更加密集和丰富。这说明我国的短视频和直播政策内容生态治理以政府为主导，行业协会为补充，国家广播电视总局和中国网络视听节目服务协会分别是政府政策

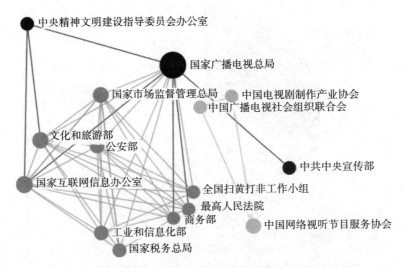

图3　2014~2023年中国短视频和直播政策来源语义网络图

网络和行业政策网络的核心，两个网络共同构成了我国短视频和直播生态治理政策网络。

（二）中国短视频和直播政策"目标—工具"变迁

根据建立的"政策目标—政策工具"二维分析框架生成编码类目，通过Divominer对语料库中的政策文本进行AI辅助的内容编码。为了体现中国短视频和直播政策的变迁，对政策的颁布时间也进行了编码，方便对政策目标和政策工具的发展变化和未来走向进行分析。

1.政策目标结构与变迁

根据编码结果，对三者的比例分布进行可视化，得到2014~2023年中国短视频和直播政策目标分布饼状图（见图4）。对不同时期三种政策目标的数量进行可视化，得到2014~2023年中国短视频和直播政策目标随时间变化曲线图（见图5）。

图4中，三种色块的大小表示三类政策目标的比例分布情况。图5中，横轴表示时间，纵轴表示编码数量，三条曲线表示三类政策目标随时间变化情况。

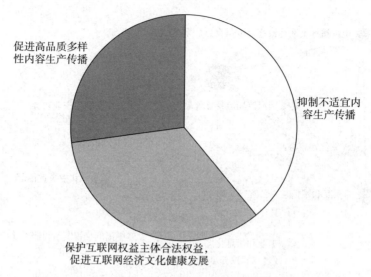

图4 2014～2023年中国短视频和直播政策目标分布情况

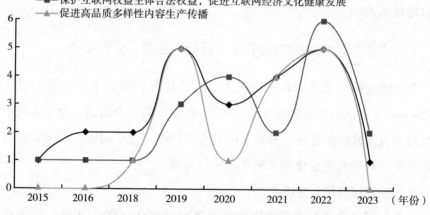

图5 2014～2023年中国短视频和直播政策目标随时间变化情况

注：2014年、2017年未见显著相关政策文件，故不显示，下同。

　　三种政策目标在整体分布上差距不大，但在时间分布上却展现出显著的变化趋势。2018年以前，我国短视频和直播政策主要聚焦在"抑制不适宜内容生产传播"上，这一阶段政策制定较为被动，以预防和打击不良内容为核心，通过严格的监管措施来维护网络空间的清朗。此时，政策更多的是在应对已出现的问题，采取的是一种防御性的策略。

然而，自2018年起，随着我国在短视频和直播领域政策经验的不断积累，政策制定开始展现出更加主动和前瞻性的姿态。这一阶段，政策目标逐渐多元化，不仅继续强化"抑制不适宜内容生产传播"的基础防线，还加大了对"保护互联网权益主体合法权益"的重视力度，通过完善法律法规、加大执法力度等方式，切实保障用户在创作、分享和消费视频内容时的合法权益。同时，"促进高品质多样性内容生产传播"也逐渐成为政策的重要导向，鼓励创作者发挥创意，生产更多高质量、有深度的视频作品，以满足人民群众日益增长的精神文化需求。

2022年以后，我国短视频和直播政策目标进一步调整和优化，保护权益、促进经济文化健康发展成为更为突出的目标。这一阶段，政策制定更加注重平衡各方利益，推动行业可持续发展。政府继续加强版权保护、隐私保护等工作，为创作者和用户营造更加公平、安全的创作和消费环境，以促进短视频和直播行业与实体经济、文化产业等深度融合，推动经济转型升级和文化繁荣发展。

2. 政策工具结构与变迁

根据编码结果，对三种政策工具类型的分布进行可视化，得到2014~2023年中国短视频和直播政策工具分布饼状图（见图6）。对不同时期政策工具的使用数量进行可视化，得到2014~2023年中国短视频和直播政策工具随时间变化曲线图（见图7）。

图6中，三种色块的大小表示三种政策工具类型的分布情况。图7中，横轴表示时间，纵轴表示编码数量，三条曲线表示三种政策工具随时间变化情况。

总体上看，混合型工具和强制型工具并驾齐驱，混合型工具略胜一筹，自愿型工具占比最低。结合时间维度来看，可以得到相似的发现。混合型工具和强制型工具一直处于动态平衡，强制型工具使用数量仅在2020年略多于混合型工具，2022年混合型工具的数量达到峰值。值得注意的是，虽然

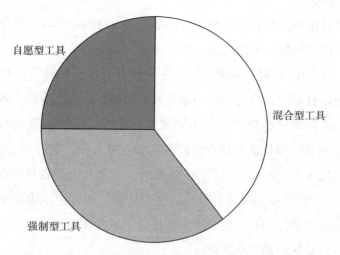

图6 2014～2023年中国短视频和直播政策工具分布情况

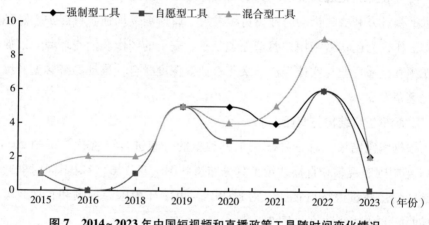

图7 2014～2023年中国短视频和直播政策工具随时间变化情况

自愿型工具一直处于较为弱势的位置，但自愿型工具的使用从总体时间变化上看，自2018年开始呈现逐渐增多的趋势。

本研究采用的政策工具分类法以政府或公众的参与程度为主要标准。混合型工具的高占比及其与强制型工具的动态平衡，揭示了政策制定者在平衡政府干预与市场自由之间的努力，意味着在政策实践中，混合型工具凭借其结合政府引导与市场激励的双重优势，成为政策制定者更为青睐的选择。与此同时，这也说明了政府在短视频和直播内容生态治理中一直处于主导地位。

2018年以后自愿型工具数量的增加则说明近年来中国短视频和直播的内容生态治理体系有从以政府为主导向多元主体协同治理转变的趋势。这意味着政策制定者逐渐意识到公众和市场的作用，更加鼓励行业自律和社会共治，通过激发社会各界的积极性和创造力，共同促进短视频和直播行业的健康有序发展。

3. "政策目标—政策工具"动态演变

根据编码结果，对政策目标和政策工具两个维度进行交叉分析，生成2014~2023年中国短视频和直播政策目标—政策工具交叉统计表（见表6）。对政策目标—政策工具的交叉分布情况进行可视化，得到2014~2023年中国短视频和直播政策目标—政策工具桑基图（见图8）。

表6　2014~2023年中国短视频和直播政策目标—政策工具交叉统计

单位：个

政策目标	政策工具		
	强制型工具	混合型工具	自愿型工具
抑制不适宜内容生产传播	22	21	12
促进高品质多样性内容生产传播	11	16	14
保护互联网权益主体合法权益,促进互联网经济文化健康发展	19	19	12

整体上看，我国在短视频和直播内容生态治理政策上呈现多元和灵活的特点。

首先，在抑制不适宜内容生产传播这一政策目标上，强制型工具的使用频次最高。这一数据表明，在打击不良内容、维护网络环境健康有序的底线问题上，政府采取了高度介入的立场，并倾向于使用强制手段进行严格管控，以确保互联网环境的清朗与安全。

其次，在三种政策工具中占比最低的自愿型工具，在促进高品质多样性

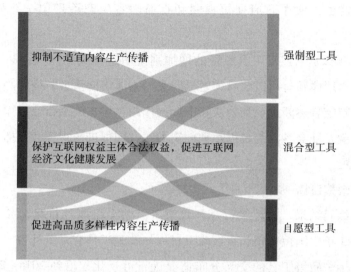

图8　2014～2023年中国短视频和直播政策目标—政策工具桑基图

内容生产传播这一政策目标上使用频次较高。这显示出我国在推动文化产业创新与优质内容生产方面，更加注重发挥内容生产者的自主性和创造力。通过减少政府的直接干预，为内容创作者提供了更加自由与灵活的创作空间，从而鼓励了更多元化、更高品质的内容产出。

此外，混合型工具在三种政策目标中的使用频次也相对较高，这进一步体现了我国政策制定的折中智慧。混合型工具既保留了政府必要的指导与监督作用，又充分尊重了市场与公众的自主决策权，形成了政府引导与公众参与相结合的有效机制，促进了政策的顺利执行与社会的创新发展。

四　结论与建议

2014～2023年是中国短视频和直播发展的高峰期，也是问题和挑战频发的时期。十年间，我国在对短视频和直播内容生态进行治理的过程中，不断汲取政策制定和施行过程中的经验，逐渐形成了自己的政策网络体系。尽管如此，随着互联网技术和社会环境的变化，我国的政策依旧存在亟待完善的地方。

在治理主体上，政策网络从政府主导向多元主体协同治理转变。公众参与逐渐增多，行业协会自治的作用日益凸显，平台自律成为重要的治理模式。然而，在转变过程中，政府的数字权力也受到大型社交媒体平台的挑战，如何协调平衡政府与平台的数字权力关系成为新的课题。因此，需要建立更加完善的数字权力分配体系，在稳定国家数字主权的基础上充分发挥各利益主体的优势。

在治理方式上，从被动转向主动，由强制型转向混合型。在短视频和直播内容生态治理中，我国从过去被动的"禁止""规范"应对转向主动的"引导""发展"，政府的介入程度逐步减弱。目前我国更倾向于采用混合型的政策，在政府主导下，给予平台和公众决策空间。如此，短视频和直播的发展更加充满活力，优秀的内容创作人才得到充分鼓励，优秀的创作领域得以挖掘。未来，应进一步探索融合治理模式，鼓励和支持新技术，如大数据、人工智能等在短视频和直播治理领域的应用和推广，提高治理的智能化和精细化水平，强化社会共治理念，为短视频和直播行业的健康发展提供有力保障。

在治理内容上，由点到面，由旧到新。治理内容已从过去的短视频和直播平台拓展至所有采用短视频和直播形式传播的内容，治理范围进一步扩大。不仅注重对媒介平台本身的规制，也注重对创作者和用户的引导规范，逐渐形成良性的短视频和直播内容生态。与此同时，治理内容也逐渐由旧到新，算法推荐技术、生成式人工智能日益得到关注。新技术在为短视频和直播发展注入新活力的同时，人的隐私权、著作权等权益也将迎来新的挑战。如何在新技术应用中协调好人与技术的关系，如何处理好人在技术中的地位和作用，成为亟待解决的问题。

B.9
鸿蒙操作系统原生应用生态的
发展状况及构建策略*

李卫东　董宇航　孙柯柯　孟垂尧**

摘　要：　2019年，华为宣布推出鸿蒙操作系统（Harmony OS）。作为一款面向全场景万物互联、微内核的分布式操作系统，鸿蒙是华为迈进物联网时代并成为引领者的重要标志，同时也被视为打破苹果、安卓操作系统垄断的有力竞争者。而"纯血鸿蒙"HarmonyOS NEXT的推出和发展标志着鸿蒙原生应用生态的逐渐成熟。鸿蒙操作系统是智能传播、云传播、万物互联领域的重要代表，取得了一系列重大的实践成果，在学术上也具备突出的研究价值，但目前新闻传播学界还未对其加以足够关注。本文基于新闻传播学视角，聚焦鸿蒙原生应用生态建设：首先，说明鸿蒙操作系统的技术特点、系统架构；其次，分析鸿蒙操作系统生态布局和移动服务的发展现状；最后，根据数据调查报告、应用商城上架与下载量和鸿蒙原生生态官方公开信息等资料，对鸿蒙的国内外应用生态及原生应用生态发展现状进行阐释，阐明构建完善鸿蒙生态对国家信息安全、自主权和社会信息传播进步的重大意义，并提出鸿蒙操作系统原生应用生态构建的宏观战略和具体策略。

* 本文系国家自然科学基金面上项目（项目编号：72374077），国家社会科学基金重大项目（批准号：22ZD078）部分研究成果。

** 李卫东，管理学博士、传播学博士后，华中科技大学新闻与信息传播学院教授、博士生导师，主要研究方向为云传播与万物互联网治理、智能新媒体和国家传播战略、数字治理与信息资源管理；董宇航，华中科技大学新闻与信息传播学院2023级硕士研究生，主要研究方向为智能传播、云传播与万物互联网；孙柯柯，新闻与传播硕士，现就职于北京字节跳动科技有限公司，主要研究方向为数据安全与隐私保护、大数据与云计算；孟垂尧，华中科技大学新闻与信息传播学院2024级硕士研究生，主要研究方向为智能传播、云传播与万物互联网。

关键词： 鸿蒙系统　应用生态　云传播　万物互联

数据与资源的互通共享是人类一直以来的梦想，也是推动社会发展进步的关键要素。互联网的产生和发展在一定程度上是追求互联互通、开放共享的结果。有学者将我国互联网发展历程分为 PC 互联网时代、移动互联网时代和智能物联网时代三个阶段①，这一划分在很大程度上也符合互联网整体发展历程的特征。当前我们正处于由移动互联转向智能物联的阶段②。操作系统的发展演变历程也与互联网的进化密切联系，其发展也可划分为 PC 互联网操作系统、移动互联网操作系统和智能物联网操作系统③。相比移动互联网操作系统，智能物联网操作系统的主要特征体现为云端存储与跨设备无缝切换的融合。

当前，各大主流操作系统依然主要体现移动互联网操作系统的特征。从 PC 互联网操作系统到移动互联网操作系统是一次重大的飞跃，但其局限性也在逐渐凸显：进入移动互联网时代，接入互联网的设备数量与种类快速增加，单一的操作系统难以适应多样的智能终端，以及各种复杂应用场景的需求④。这给用户、开发者及设备厂商带来种种不便：对于用户而言，这些仅适配单一或少数终端设备的操作系统难以实现跨平台协同，尽管用户终端设备数量和类型不断增加，但设备、应用间的无缝切换、互联互通及资源共享仍难以实现，迫使用户在多设备和应用间频繁切换，增加了操作负担、降低了体验质量；另外，随着系统更新和应用增加，资源占用持续增加，性能压

---

① 谭天：《数字文明的社会化指向——中国互联网 30 年回顾与展望》，《海河传媒》2024 年第 3 期。
② 方兴东、金皓清、钟祥铭：《中国互联网 30 年：一种全球史的视角——基于布罗代尔"中时段"的"社会时间"视角》，《传媒观察》2022 年第 11 期。
③ 连志安：《OpenHarmony 当前进展和未来趋势》，《单片机与嵌入式系统应用》2023 年第 11 期。
④ 连志安：《OpenHarmony 当前进展和未来趋势》，《单片机与嵌入式系统应用》2023 年第 11 期。

力日益显著，从而导致性能衰退问题，用户常因卡顿困扰被迫频繁升级硬件或更换新设备，无形中增加了使用成本。对于软件开发者而言，同一款应用需为各类终端设备开发多个版本，极大地增加了开发和维护的成本，降低了开发的效率。而对于终端设备供应商而言，其与操作系统方之间缺乏平等的话语权和自主权，往往只能被动适应其要求。

鉴于当前形势，华为发布了鸿蒙操作系统，主动抢占智能物联网时代先机。鸿蒙操作系统不仅提升了用户使用感受，为应用开发者与终端设备厂商提供助力，更关键的是，它作为与 iOS、Android 并列的三大操作系统之一，提供了一个打破操作系统垄断、增强自主话语权的新选择。对于应用开发者和终端设备供应商而言，这个选择本身具有重大的战略意义：无论是否搭载鸿蒙操作系统，这一选择本身就是提升话语权、议价权、维护自身权益和实现可持续发展的资源和筹码；对于华为自身而言，此举不仅有助于把握发展机遇、实现跨越式进步，更是响应国家战略需求、履行企业社会责任的重要举措。

一　什么是鸿蒙操作系统

（一）创新系统定义：面向智能互联，实现超越发展

1. 系统定位：全场景、微内核

鸿蒙操作系统（HarmonyOS）作为一款创新型的操作系统，基于分布式系统理念，具有全场景、微内核特征，旨在构建万物智能互联生态，是华为在智能物联网时代实现技术领先的重要战略布局。鸿蒙系统突破了单一设备的局限，采用统一架构，支持包括智能手机、平板电脑、智能穿戴设备、智能显示屏、车载系统、个人电脑、智能音箱、耳机及 AR/VR 设备在内的多种智能物联终端设备，实现了跨终端操作系统的共享，从而真正构建覆盖用户生活的全方位、全场景的智能物联网络。

鸿蒙系统的推出能够有效弥补移动互联网时代用户、开发者及终端

设备厂商所面临的困境，显著优化了各方的体验：用户可享受无缝且流畅的交互——鸿蒙通过融合多种生活场景下的终端设备，促进设备间的即时互联、功能互补与资源共享，从而提供顺畅的全场景服务体验；应用开发者能够实现集约且高效的开发维护——鸿蒙运用多元分布式技术，让开发者摆脱设备形态限制，专注于核心业务开发，实现高效便捷的应用构建；终端设备厂商能够更自由且灵活地与操作系统适配——鸿蒙采用模块化设计，可根据设备资源和业务需求灵活调整，适应各类终端设备的操作系统需求[①]。

2. 技术架构：分层设计、按需取用

鸿蒙操作系统采用分层架构，自下而上分为内核、系统服务、框架和应用层四层（见图1）。

构成系统基底的内核层由内核、驱动两个子系统构成。内核子系统中包含多个内核，能够与不同终端设备相匹配。内核子系统的核心运作层是内核抽象层（KAL，Kernel Abstract Layer），其作用在于通过屏蔽不同内核间差异，提供基础内核功能。作为硬件驱动框架（HDF，Hardware Driver Foundation）的驱动子系统是鸿蒙硬件生态开放的基础，能够实现统一的外设访问能力，并提供驱动的开发和管理框架。

在此之上是系统服务层和框架层。系统服务层通过框架层为应用程序提供服务，两者构成了鸿蒙的核心能力集合，包括四个子系统集：系统基本能力子系统集、基础软件服务子系统集、增强软件服务子系统集和硬件服务子系统集。这些子系统集的联系和运作方式是：根据设备部署环境，基础软件服务、增强软件服务和硬件服务三个子系统集按照子系统粒度进行裁剪；另外，每个子系统集内部也能够按功能粒度进行调整，进而实现对多种终端设备的适配。框架层还为应用开发提供了 UI 框架、用户程序框架和 Ability框架。

---

① 华为 HarmonyOS Developer：《HarmonyOS Developer 系统定义》，https：//developer. harmonyos. com/cn/docs/documentation/doc-guides/harmonyos-overview-0000000000011903，最后访问日期：2024 年 9 月 5 日。

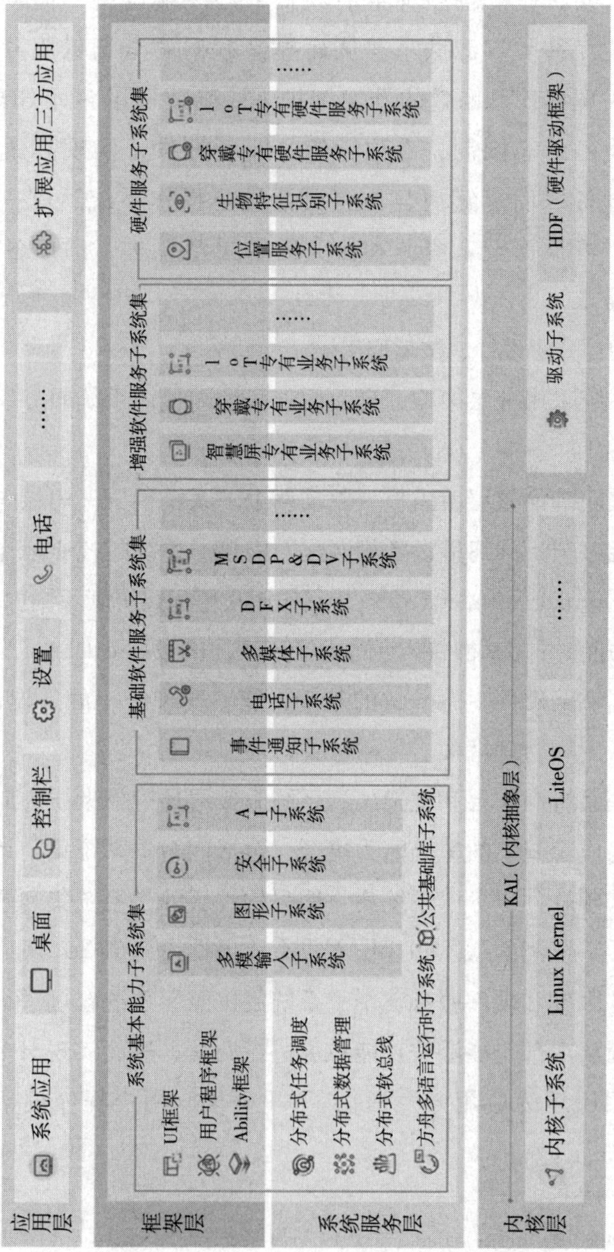

应用层

系统应用 | 桌面 | 控制栏 | 设置 | 电话 | …… | 扩展应用/三方应用

框架层

系统基本能力子系统集

- UI框架
- 用户程序框架
- Ability框架
- 分布式任务调度
- 分布式数据管理
- 分布式软总线
- 方舟多语言运行时子系统、公共基础库子系统

多模输入子系统 | 图形子系统 | 安全子系统 | AI子系统

系统服务层

基础软件服务子系统集：事件通知子系统 | 电话子系统 | 多媒体子系统 | DFX子系统 | MSDP&DV子系统

增强软件服务子系统集：智慧屏专有业务子系统 | 穿戴专有业务子系统 | IoT专有业务子系统

硬件服务子系统集：位置服务子系统 | 生物特征识别子系统 | 穿戴专有硬件服务子系统 | IoT专有硬件服务子系统

内核层

内核子系统：Linux Kernel | LiteOS | KAL（内核抽象层）

驱动子系统：HDF（硬件驱动框架）

图 1 鸿蒙技术架构

资料来源：华为 HarmonyOS Developer 官网。

最表层是应用层，这一层包括系统应用和拓展应用/三方应用，其目标在于向用户提供高效一致的跨终端应用体验。鸿蒙应用的组成要素包括一个或多个功能能力（FA，Feature Ability）或粒子能力（PA，Particle Ability）。FA 具有可以和用户交互的用户界面，而 PA 主要为 FA 提供包括后台任务运行能力和统一数据访问抽象在内的支持。基于 FA 和 PA 开发的应用，能够支持跨设备的调度与分发①。

（二）技术特性加持：统一 OS，灵活部署

1. 分布式技术助力硬件互助、资源共享

多种设备间之所以能够实现硬件互助、资源共享，包括分布式软总线、分布式设备虚拟化、分布式数据管理、分布式任务调度等在内的分布式技术支持是关键所在②。

分布式软总线是分布式设备的通信基座，其结构如图 2 所示。分布式软总线为手机、平板、智能穿戴、智慧屏、车机等设备间的互联互通提供了统一的分布式通信能力，使得设备间的无感发现和瞬时传输能够实现。

如图 3 所示，分布式设备虚拟化平台可以被视为一个超级虚拟终端"制造器"：在完成不同设备的资源融合、设备与数据处理的基础上，在多设备间形成一个超级虚拟终端，为用户的不同任务诉求匹配最佳执行硬件，实现众多终端设备各自的效能发挥最大化。

分布式数据管理如图 4 所示，基于分布式软总线能力，形成一个超级虚拟终端，实现分布式的数据管理。不同于传统的用户属于与终端设备绑定的模式，分布式数据管理下业务逻辑、任务处理与数据存储相分离，跨设备的数据处理的便捷性与本地数据处理无异。

---

① 华为 HarmonyOS Developer：《HarmonyOS Developer 系统定义》，https：//developer.harmonyos.com/cn/docs/documentation/doc-guides/harmonyos-overview-0000000000011903，最后访问日期：2024 年 9 月 5 日。

② 华为 HarmonyOS Developer：《HarmonyOS Developer 技术特性》，https：//developer.harmonyos.com/cn/docs/documentation/doc-guides/harmonyos-features-0000000000011907#section1169115112119，最后访问日期：2024 年 9 月 5 日。

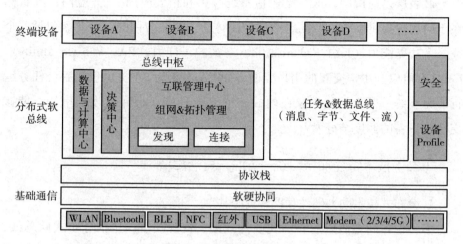

图2 分布式软总线示意

资料来源：华为 HarmonyOS Developer 官网。

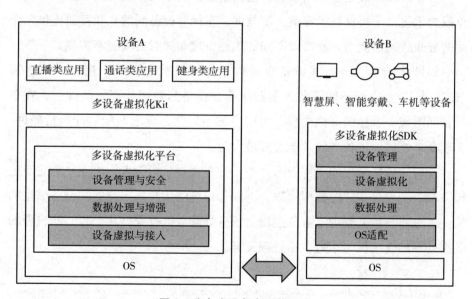

图3 分布式设备虚拟化示意

资料来源：华为 HarmonyOS Developer 官网。

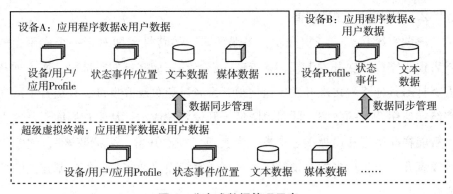

图4　分布式数据管理示意

资料来源：华为 HarmonyOS Developer 官网。

　　基于分布式软总线和分布式数据管理、分布式 Profile 和分布式安全认证，分布式任务调度构建了包含服务发现、服务同步、服务注册和服务调用在内的分布式服务调度分发机制，能够实现跨设备应用远程化启动、调用、连接和迁移。简而言之，其任务调度模式是基于对用户需求、使用习惯和终端设备的条件、能力、资源使用情况的综合分析，选择最佳设备执行任务。图5以应用迁移为例对这一过程进行了简要呈现。另外，当用户的需求或终端的能力条件发生变化时，分布式任务调度也能够实现任务在设备间的流转。

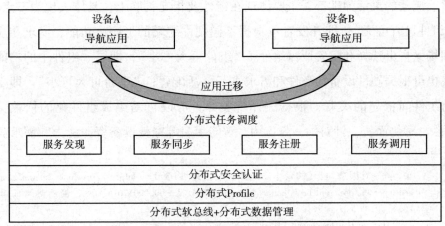

图5　分布式任务调度示意

资料来源：华为 HarmonyOS Developer 官网。

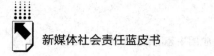
2. 一次开发，多端部署

鸿蒙系统具有"一次开发，多端部署"的特性，即对于一个应用，开发者仅需完成一次开发上架，系统就能够自动完成多端按需部署，而无须开发者针对其他终端再次开发。这使得开发者避免重复开发维护，提升了适配多终端应用开发的效率，同时也降低了开发维护成本；从宏观层面看，这也为智能物联生态建设提供了支撑。为实现"一次开发，多端部署"，鸿蒙为开发者开放了包括多端开发环境、多端开发能力以及多端分发机制在内的核心能力[①]。

在多端开发能力与环境方面，鸿蒙向开发者提供了用户程序框架、Ability 框架以及 UI 框架，支持应用开发时复用多终端业务与界面逻辑，显著提升跨设备应用的开发效率。UI 框架兼容 ArkTS、JS、Java 三种主流开发语言，最大程度地满足不同开发者的需求；丰富多样的多态控件使得应用能够适配从小到大的各种设备屏幕，如智能穿戴设备、手机、平板、车机、PC、智慧屏等，并根据屏幕尺寸、功能用途、用户使用场景与需求等显示最适配的 UI 效果。

在多端分发机制方面，鸿蒙的设计方法遵循组件化和小型化的理念，支持各类终端设备根据各自的硬件条件能力、功能需求和使用场景灵活弹性部署。鸿蒙的灵活弹性部署主要体现在组件及相互关联上，具体表现为三点："组件可有可无"，即开发者可根据不同硬件终端的形态、功能、需求和应用场景自由选择和配置所需组件；"组件可大可小"，即同一组件中的功能集也可根据硬件设备的条件和需求进行灵活配置；"平台可大可小"，即支持组件间依赖的关联，根据编译链关系，可以自动生成组件化的依赖关系[②]。举例而言，针对同一款应用，智能手表等穿戴设备资源能力和需求相

---

① 华为终端有限公司：《鸿蒙生态应用开发白皮书 v3.0》，https：//developer. huawei. com/consumer/cn/doc/guidebook/harmonyecoapp－guidebook－0000001761818040，最后访问日期：2024 年 9 月 5 日。

② 华为 HarmonyOS Developer：《HarmonyOS Developer 技术特性》，https：//developer. harmonyos. com/cn/docs/documentation/doc-guides/harmonyos-features－0000000000011907#section1169115112119，最后访问日期：2024 年 9 月 5 日。

对有限，则采用较为集约化的部署模式，减少组件及组件中的功能集，简化组件间的依赖关系，尽量只保留核心功能组件；而手机、PC 等硬件设备的资源能力较强、应用场景较为丰富，则采用规模化的部署模式，确保应用功能的完整性。

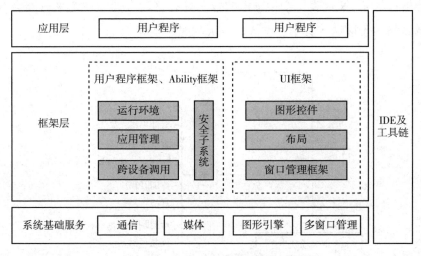

图6　一次开发、多端部署示意

资料来源：华为 HarmonyOS Developer 官网。

二　鸿蒙的软硬件开发生态

从 2019 年开始，华为瞄准智能互联时代，推出自研操作系统，积极构建全场景智慧智能生态，目前已取得一系列成果，具体而言，包括"1+8+N"全场景战略、HarmonyOS Connect 与华为移动服务平台（HMS Core）。HarmonyOS NEXT 是鸿蒙原生应用生态建设的最新标志性成果和重大突破。

（一）"1+8+N"全场景生态布局智慧化

"1+8+N"是华为提出的鸿蒙全场景战略，能够为用户提供智慧全场景生态解决方案。如图 7 所示，"1"代表智能手机，在从移动互联网时代向智能物联网时代过渡的阶段，智能手机依然是核心的智能终端；"8"则代表目前最常见的其他智能终端设备，包括智慧屏、智能音响、智能眼镜、智能手表、智慧车机、耳机、平板、PC，N 是指覆盖用户生活全场景的各大延伸业务，包括但不限于移动远程办公、智能家居、运动健康、影音娱乐、智能出行等①，N 代表一个不确定的数，具有可延展性，在未来可能会有越来越多的场景被纳入其中，给人以巨大的想象空间。

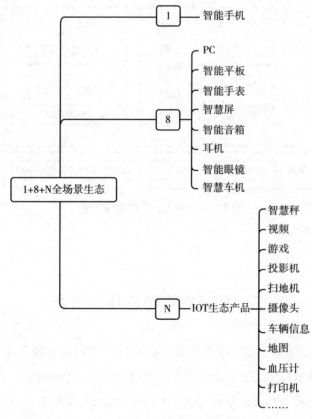

图7 "1+8+N"全场景生态

---

① 华为开发者联盟：《什么是元服务》，https://developer.huawei.com/consumer/cn/doc/service/fa-introduction-0000001491994784，最后访问日期：2024 年 9 月 5 日。

作为鸿蒙面向移动互联时代创新提出的轻量化应用程序形态，HarmonyOS 元服务（以下简称"元服务"）是"1+8+N"全场景生态得以实现的关键。元服务具有随处可及、服务直达、跨设备等核心特征，这主要依靠"万能卡片"得以实现。"万能卡片"是鸿蒙特有的一种兼容多设备的界面展示形式，通过将重要信息或操作放置于卡片，达到服务直达、减少操作层级的目的。① 对于开发者和用户，轻量化的元服务具有传统的 App 不具备的优势：一方面，轻量化的元服务能够有效降低开发者的开发成本、缩短开发周期、提升开发效率；另一方面，元服务实现了从"人找应用"到"服务找人"的转变，减轻了用户的使用负担，并且免下载、按需取用的特性减轻了终端设备的负担，能够有效维持设备性能。

目前，华为"1+8+N"全场景生态布局建设成果主要体现在两方面：一是 HarmonyOS Connect（鸿蒙智联）智能硬件合作伙伴规模庞大且快速增长，二是车企纷纷接入华为智能车机系统。

鸿蒙智联是华为对 HUAWEI HiLink 与 Powered by HarmonyOS 进行整合升级而形成的鸿蒙生态全新技术品牌②。为实现智能终端间互联互动，华为开发了智能硬件开放互联平台 HiLink；在此基础上，还打造了面向 HiLink 智能硬件生态合作伙伴 HiLink 开发者平台作为配套。HiLink 开发者平台将 HiLink 在 AIoT（AI&Internet of Things，人工智能与物联网）领域积累的能力向硬件生态伙伴全面开放，以实现跨品牌智能设备的互联互通③。

在 HiLink 与 Powered by HarmonyOS 统一为鸿蒙智联之前，HiLink 智能

---

① 华为终端有限公司：《鸿蒙生态应用开发白皮书 v3.0》，https：//developer.huawei.com/consumer/cn/doc/guidebook/harmonyecoapp-guidebook-0000001761818040，最后访问日期：2024 年 9 月 5 日。
② 华为投资控股有限公司：《华为投资控股有限公司 2021 年年度报告》，https：//www-file.huawei.com/minisite/media/annual_report/annual_report_2021_cn.pdf. 最后访问日期：2024 年 9 月 5 日。
③ 华为开发者联盟：《HiLink 开发者平台》，https：//developer.huawei.com/consumer/cn/doc/smarthome-Guides/introduce-0000001051057804，最后访问日期：2024 年 9 月 5 日。

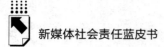

硬件生态合作伙伴如表 1 所示。而 2021 年鸿蒙智联正式推出之后，华为全场景生态建设取得了更大进展：根据 2024 年 HarmonyOS Connect 伙伴峰会上公布的数据，HarmonyOS Connect 生态伙伴数量已超 2500 家，承载了超7000 款智能生态产品，生态设备累计 GMV 超 1000 亿[1]，智能家居、智慧出行、影音娱乐等领域的诸多领军企业成为鸿蒙智联的优秀合作伙伴（见表2，统计截至 2024 年 9 月 5 日)[2]。

华为智能车机系统（HUAWEI HiCar，简称 HiCar）受到广大车企欢迎，大量汽车品牌、车型纷纷接入 HiCar。HiCar 利用车机和移动智能终端的强属性及多设备互联能力，连接手机和汽车，带来全场景智慧出行体验[3]。HiCar 为汽车与手机互联互通提供了一个全新的解决方案，具体而言，HiCar 提供了两项重要的开放能力，即手机应用和服务接入开放能力和汽车硬件设备接入开放能力，不仅可以实现手机应用在手机和车机间无缝流转，同时还可以使用手机控制汽车、连接车内镜头、充当车钥匙等。据华为2023 年年报，HiCar 首次推出融合桌面，将手机生态与汽车座舱融合协同的无缝互联体验带给消费者，已与 50 多个汽车品牌合作，支持车型 400 多款在智慧车联产业生态联盟（ICCE）发布的《手机—汽车互联性能体验测评报告》中，HiCar 五大体验场景和 11 项体验指标的测评结果均排名第一；数字车钥匙已与 20 多个汽车品牌合作，支持用户使用智能手机、智能手表开闭车门，HMS for Car 车载智能化业务合作车企超过 30 余家，累计覆盖超过万辆车[4]。

---

① 华为：《华为携手伙伴再出发，引领空间智能新潮流，创造无限可能》，https：//www. huawei. com/cn/news/2024/3/harmony-os-connect，最后访问日期：2024 年 9 月 5 日。
② 华为 Device Partner：《鸿蒙智联合作伙伴名录》，https：//devicepartner. huawei. com/cn/ partner/lists/，最后访问日期：2024 年 9 月 5 日。
③ 华为 Developers：《HUAWEI HiCar》，https：//developer. huawei. com/consumer/cn/HiCar，最后访问日期：2024 年 9 月 5 日。
④ 华为投资控股有限公司：《华为投资控股有限公司 2023 年年度报告》，https：//www-file. huawei. com/minisite/media/annual_report/annual_report_2023_cn. pdf，最后访问日期：2024 年 9 月 5 日。

表 1　HiLink 智能硬件生态合作伙伴

品牌合作伙伴（共 25 个）			模组方案服务商（共 5 个）	软件方案服务商（共 2 个）	实验室合作伙伴（共 2 个）
CANBOT	Haier	S 戴 yworth 创维	AI-Link 四川爱联	中软国际	威凯
changhong 长虹	HIKVISION 海康威视	TCL	BroadLink 博联	软通动力	中国泰尔实验室
CILINE 沁麟	Hisense	万和	FN-LINK		
DOOYA 杜亚	华润	新城控股	GSD 高盛达		
ECOVACS 科沃斯机器人	龙湖地产	新和创	MXCHIP		
FOTILE 方太	Canbo 康宝	志高空调			
GALAXYWIND	L-Best 喨霸	智安纳			
Galanz 格兰仕	Rebon 德意丽博				
HDL	R 伴 OBAM 老板				

表 2　HarmonyOS Connect 合作伙伴名录

1030design	芯海科技	香山	wondercore	美的	AI-Link	新日	奥佳华	notime
坚果投影	史密斯	VOC	maibobo	晶迅软件	dunocore	汉印	中芯科技	朗国
德赛西威	罗曼	中软国际	酷轻松	倍益康	探梦者	亿普智联	LIVALL	CARORI
舒华贝昂	九阳	ecarx	青稞智能锁	Argrace	极米	帅康	艾优	HF
苏泊尔	方大	软通动力	5th wheel	和晟	FN-LINK	欧普照明	有道	高盛达
BroadLink	DALEN	海雀科技	乐骑智能	淘云科技	外研社			

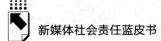

总之，鸿蒙智联能让巨量物联网设备易连接、易管控、自然交互、无缝流转。如今，鸿蒙智联提供的解决方案能够覆盖智能家居、智慧出行、运动健康、智慧办公、影音娱乐和教育关怀等场景，"1+8+N"的全场景生态已成现实，设备协同、服务跨设备流转等为用户带来了极大的便利和优良的使用体验。据最新数据，鸿蒙生态设备数量已超过 9 亿台，HarmonyOS 开发者已达 254 万人[①]。华为 2023 年年报显示，鸿蒙智联已有超过 2500 家合作伙伴，超过 7000 款生态产品。在用户方面，华为终端云服务全球月活用户超过 5.8 亿，华为账号全球月活用户达到 4.36 亿，华为应用市场全球月活用户超过 5.8 亿[②]。

（二）鸿蒙应用生态开发开放化

鸿蒙正在逐步构建一个开放化的鸿蒙智能应用生态：一方面，加大生态建设力度，不断丰富和完善生态应用；另一方面，向广大开发者和生态合作伙伴开放核心技术和软硬件能力，构建庞大的鸿蒙生态圈。

鸿蒙结合在万物智联时代重要的机遇期和移动生态发展的趋势，提出了新的技术理念，加快构建全新的智能、全场景应用生态。具体来说，鸿蒙生态应用的核心技术理念包括：一次开发，多端部署；可分可合，自由流转；统一生态，原生智能。为实现"一次开发，多端部署"，支持开发者有效地开发多种终端设备上的应用，鸿蒙提供了包括多端开发环境、多端开发能力以及多端分发机制在内的核心能力。"可分可合，自由流转"主要通过元服务实现。元服务是鸿蒙系统提供的全新的应用形态，具有独立入口，用户可通过点击、碰一碰、扫一扫等方式直接触发，在鸿蒙生态下，鸿蒙原生支持元服务开发，开发者通过业务解耦将应用分解为若干个元服务独立开发，按

① 华为：《HarmonyOS NEXT Beta 重磅发布：有史以来最大一次升级》，https：//www.huawei.com/cn/news/2024/6/hdc2024，最后访问日期：2024 年 9 月 5 日。
② 华为投资控股有限公司：《华为投资控股有限公司 2023 年年度报告》，https：//www-file.huawei.com/minisite/media/annual_report/annual_report_2023_cn.pdf，最后访问日期：2024 年 9 月 5 日。

需根据场景组合成复杂应用。鸿蒙还提供了包括跨端迁移和多端协同的自由流转能力，为开发者和用户提供便利。鸿蒙系统向开发者提供了一系列覆盖全方位、全流程的能力，极大地简化了开发者的工作流程，使之仅需一个工程、一套代码即可开发出跨终端应用，并且应用间互操作、跨设备流转通过操作系统的原生能力即可实现，无须开发者额外开发，真正做到一次开发、多端部署、生态共享。鸿蒙系统内置强大的 AI 能力，面向鸿蒙生态应用的开发，通过不同层次的 AI 能力开放，满足开发者不同开发场景下的诉求，降低应用的开发门槛，帮助开发者快速实现应用智能化，实现"统一生态，原生智能"[1]。

鸿蒙大力搭建生态应用开发平台、营造良好的生态应用开发环境。HMS Core（华为移动服务）是华为终端云服务（HUAWEI Mobile Services）开放能力合集。一方面，HMS Core 是位于开发者应用与操作系统之间、为应用开发提供基础服务的平台；另一方面，依托华为云服务，HMS Core 也为这些服务提供云端能力，用于服务的开通、业务实现及运营。对应用的用户来说，集成了 HMS Core 的应用能提供多样化、多场景、多功能的更佳体验；对应用的开发者来说，HMS Core 的通用开放能力能快速构建跨平台的差异化产品能力；对应用的运营人员来说，HMS Core 能提供针对各项服务的一站式多平台运营管理能力[2]。AppGallery Connect（以下简称 AGC）作为华为应用市场推出的应用一站式服务平台，为开发者提供应用创意、开发、分发、运营、分析全生命周期服务，构建全场景智慧化的应用生态（见图 8）。AGC 深度整合华为内部各项优质服务和多领域长期积累的能力并开放给开发者，大幅降低应用开发与运维难度，提高版本质量，开放分发和运营服务，帮助开发者获得用户并实现收入的规模增长[3]。

---

① 《鸿蒙生态应用开发白皮书 v3.0》，https：//developer. huawei. com/consumer/cn/doc/guidebook/harmonyecoapp-guidebook-0000001761818040，最后检索时间：2024 年 9 月 5 日。
② 华为开发者联盟：《HMS Core》，https：//developer. huawei. com/consumer/cn/doc/hmscore-common-Guides/get-started-hmscore-0000001212585589，最后检索时间：2024 年 9 月 5 日。
③ 华为开发者联盟：《AppGallery Connect 帮助中心》，https：//developer. huawei. com/consumer/cn/doc/app/agc-help-overview-0000001100246618，最后检索时间：2024 年 9 月 5 日。

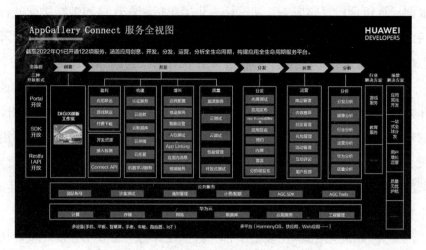

图 8　AppGallery Connect 服务全视图

资料来源：华为开发者联盟官网。

鸿蒙广泛开放核心技术和软硬件能力以支持开发者，加快构建鸿蒙应用生态。具体而言，鸿蒙系统为开发者提供了包括赋能套件、鸿蒙开发套件、三方库、开发者支持平台在内的端到端的全流程开发能力支持（见图 9）。赋能套件是开发者了解和学习鸿蒙系统的各类资源，覆盖开发者全旅程，内容包含鸿蒙生态应用白皮书、视频课程、Codelabs、UX 设计指南、开发指南、API 参考、技术文章、Samples 与 FAQ。鸿蒙开发套件包含设计（HarmonyOS Design）、开发（DevEco Studio）、测试、运维（AppGallery Connect）套件以及 OS 开放能力集（ArkUI 框架、Ability、分布式服务、安全、方舟编译器、基础软件服务、系统服务、应用服务等），是鸿蒙生态应用开发能力的核心。鸿蒙生态三方库是在鸿蒙系统上可重复使用的软件库，可帮助开发者重用技术资产，快速开发鸿蒙生态应用、元服务，提升开发效率。鸿蒙生态伙伴 SDK 市场帮助开发者获得更优质安全的闭源 SDK，与 SDK 伙伴、开发者共建一站式的 SDK 选用平台，实现开发者、SDK 伙伴和华为共赢。鸿蒙生态伙伴 SDK 市场汇聚热门 SDK，助力开发者构建高品质鸿蒙原生应用。同时，伙伴 SDK 市场通过 SDK 签名认证、安全检测/审核、SDK 上架发布等机制保障 SDK 的安全、纯净、可控。开发者支持平台向开发者提供开发者社区、开发者学堂、开发者成长计划、开发者技术支持等能力，从而更好地连接、服务开发者[①]。

目前，华为全球开发者人数呈显著增长趋势，已有 220 万鸿蒙开发者投入鸿蒙生态的开发中[②]，HMS 生态拥有注册开发者超 600 万人[③]。截至 2023 年 12 月 31 日，华为应用市场已经为全球 170 多个国家和地区的华为终端用户提供服务，全球月活跃用户已超过 5.8 亿[④]。

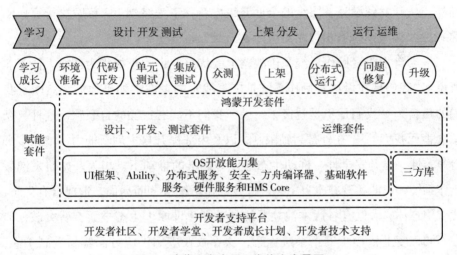

图 9　鸿蒙生态应用开发能力全景图

①　《鸿蒙生态应用开发白皮书 v3.0》，https：//developer. huawei. com/consumer/cn/doc/
　　guidebook/harmonyecoapp-guidebook-0000001761818040，最后检索时间：2024 年 9 月 5 日。

②　华为开发者联盟：《华为开发者大会 2023（HDC. Together）今日召开，鸿蒙生态引领全场
　　景时代》，https：//developer. huawei. com/consumer/cn/information/news/detail/f09f8d27a999
　　478f9b0ce2cf4bd7f70e/news，最后检索时间：2024 年 9 月 5 日。

③　华为开发者联盟：《华为应用市场斩获 Pocket Gamer2023 年移动游戏奖，全球第三大移动应
　　用生态获行业认可》，https：//developer. huawei. com/consumer/cn/information/news/detail/
　　57fafb7804314893a63c20eeceda54cc/news，最后检索时间：2024 年 9 月 5 日。

④　《华为应用市场 2023 年度安全隐私报告》，https：//consumer. huawei.　com/cn/
　　mobileservices/appgallery/，最后访问时间：2024 年 9 月 5 日。

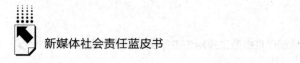

（三）HarmonyOS NEXT：鸿蒙原生生态建设的里程碑

2023 年，华为在华为开发者大会 2023（Huawei Developer Conference 2023，以下简称"HDC 2023"）上发布 HarmonyOS NEXT 预览版，在华为开发者大会 2024（以下简称"HDC 2024"）上，HarmonyOS NEXT 正式发布，预计将于 2024 年第四季度正式商用，这标志着鸿蒙原生生态建设迈上新台阶。HarmonyOS NEXT 是华为新一代全场景智能操作系统，实现了从内到外、从开发到设计各层级的全面升级更新，华为终端 BG 首席执行官何刚称其为"鸿蒙系统有史以来最大一次升级"①。

华为自主研发操作系统源于战略上的忧患意识，正如华为创始人任正非所说："我们现在做终端操作系统是出于战略的考虑，如果他们突然断了我们的粮食……我们是不是就傻了？……我们不能有狭隘的自豪感，这种自豪感会害死我们。"② 在外部封锁限制，以及内部提升自主创新能力、增强多平台兼容性、提升安全性、推动生态建设等诉求的推动下，华为开始研发鸿蒙操作系统，以此实现技术自主化、打破操作系统被垄断局面，形成自有生态，优化用户体验。已有各版本鸿蒙系统虽然在建设原生生态方面有所突破，但在不同程度上依赖于安卓系统生态，这导致在应用供应方面容易受制于人，例如受海外禁令限制，Instagram、Facebook 等海外热门应用无法上架华为应用商店海外版，使华为在国际竞争中受到极大掣肘。而 HarmonyOS NEXT 相比于之前的鸿蒙操作系统，最大的不同就在于不再支持安卓应用，转而专注于原生应用开发。这意味着开发者需要为 HarmonyOS NEXT 创建专门的应用，而非依赖安卓生态的应用，因此 HarmonyOS NEXT 也被称为"纯血鸿蒙"。

通过对底座、生态和体验三层的重构，HarmonyOS NEXT 为消费者带来了全新的全场景体验，同时也进一步将顶尖技术和能力向开发者开放。

---

① 《华为开发者大会 2024 主题演讲》，https://live.huawei.com/hdc2024/meeting/cn/14654.html，最后访问日期：2024 年 9 月 5 日。

② 《华为任正非：将推移动终端操作系统》，https://www.yicai.com/news/2182819.htm，最后访问日期：2024 年 9 月 5 日。

HarmonyOS NEXT 的核心特征包括全场景、原生智能和原生安全。首先，在全场景方面，HarmonyOS NEXT 延续了"不同设备，一个系统"的核心理念和"1+8+N"全场景战略，重新设计了 OS 的全场景体验，以全新分布式软总线为支撑，多屏协同、超级终端、超级桌面持续引领，为用户提供便捷、开放、自由的全场景创新体验。其次，HarmonyOS NEXT 诞生于大模型时代，因此能够将 AI 大模型与 OS 深度融合，原生智能成为核心特征，AI 能力天然融入系统，带来更智能的体验。并且鸿蒙原生智能架构也对第三方大模型开放，能够实现多方协作提升原生智能体验。当前，鸿蒙原生智能已经覆盖图像智能、通话智能、文档智能、跨应用协同等方面，并将这些能力向应用开放。最后，原生安全也是 HarmonyOS NEXT 的重点，尤其是在去除安卓支持、转向完全原生系统之后。在星盾安全架构下，HarmonyOS NEXT 的安全性迎来重大升级，重构了操作系统的安全体系与秩序，带来原生安全的系统和生态[1]。

在软件根技术创新以外，HarmonyOS NEXT 还对系统架构进行了大刀阔斧的创新和软、硬、芯、云的深层次整合，其整体性能相比上一代鸿蒙操作系统 HarmonyOS 4 提升了 30%。在开发方面，HarmonyOS NEXT 推动了开发者社区的发展，华为提供新的一整套开发工具和支持，开放了鸿蒙原生智能，帮助开发者构建和优化原生应用；推出了 ArkTS 编程语言，以简化 HarmonyOS 应用的开发、优化开发流程。

自从 HDC 2023 华为启动鸿蒙原生应用开发以来，广大开发者积极响应，目前鸿蒙原生应用已经进入全面冲刺阶段，覆盖智慧办公、运动健康、智慧出行、影音娱乐、智能家居等场景的 5000 多个常用应用已全部启动开发，其中超过 1500 个已完成上架，完善、开放、自由的鸿蒙原生生态真正逐渐成为现实[2]。

---

[1] 《华为开发者大会 2024 主题演讲》，https://live.huawei.com/hdc2024/meeting/cn/14654.html，最后检索时间：2024 年 9 月 5 日。

[2] 华为：《HarmonyOS NEXT Beta 重磅发布：有史以来最大一次升级》，https://www.huawei.com/cn/news/2024/6/hdc2024，最后检索时间：2024 年 9 月 5 日。

三 鸿蒙的应用全球化生态

本文将鸿蒙操作系统的应用生态建设情况分为两方面进行考察：一是基于安卓操作系统的国内外应用生态建设情况，主要通过国内外华为应用市场上架情况反映；二是华为原生操作系统中原生应用生态建设情况，通过鸿蒙原生应用开发上架表现衡量。HarmonyOS NEXT 不再支持安卓应用、专注原生应用开发，表明了鸿蒙的发展方向：以"另起炉灶"的方式实现与苹果、安卓系统"分庭抗礼"，随着 HarmonyOS NEXT 正式发布并即将投入商用，考察原生应用开发上架情况是分析鸿蒙应用生态建设情况的重点。

（一）华为应用生态建设情况：海外与国内

本文通过考察国内外华为应用市场中最热门应用的上架情况，分析目前国内外华为应用生态的建设情况。华为应用市场是华为品牌各终端设备的官方应用平台，海外版应用市场 AppGallery 作为面向海外用户的华为终端的官方应用平台，其的推出顺应了海外对于第三极移动生态的呼吁，标志着华为进一步走向世界，加强全球化生态建设，为全球用户提供优质内容与服务；同时，这也使得海外开发者拥有了更多的推广选择。

1. 突破垄断：华为应用生态海外建设情况

最新数据显示，鸿蒙生态设备数量已超过 9 亿台，HarmonyOS 开发者总数突破 254 万人[1]，华为终端云服务全球月活用户超过 5.8 亿[2]。作为全球排名前三的应用程序市场，华为应用市场已经为全球 170 多个国家和地区的

---

[1] 华为：《HarmonyOS NEXT Beta 重磅发布：有史以来最大一次升级》，https：//www. huawei. com/cn/news/2024/6/hdc2024，最后检索时间：2024 年 9 月 5 日。

[2] 华为投资控股有限公司：《华为投资控股有限公司 2023 年年度报告》，https：//www - file. huawei. com/minisite/media/annual_report/annual _ report _ 2023 _ cn. pdf，最后检索时间：2024 年 9 月 5 日。

华为终端用户提供服务①。

为了更好地验证鸿蒙的海外应用生态建设情况，本文选取 data. ai 发布的《2024 移动市场报告》② 提供的应用下载数据进行应用生态的搭载状况分析比较，主要包括应用和游戏两类。data. ai 是 Sensor Tower 旗下全球领先的移动数据和分析平台，专门为企业提供有关移动应用市场的全面数据和分析。

首先，根据海外移动应用下载量排行榜进行分析。报告数据显示，2023 年全球应用下载总量为 2570 亿次，年增长 1%。2023 年全球应用排行榜如图 10 所示，下载量位居前十的分别是：TikTok、Instagram、Facebook、Whatsapp Messenger、CapCut、Telegram、Snapchat、Whatsapp Business、Facebook Messenger、Threads。

图 10　2023 年全球应用排行榜

登录海外版华为应用市场 AppGallery，将定位设置为海外地区，进而统计海外版应用搭载情况。如表 3 所示，2023 年全球下载量排名前 10 的移动应用

① 《华为应用市场 2023 年度安全隐私报告》，https：//consumer. huawei. com/cn/mobileservices/appgallery/，最后检索时间：2024 年 9 月 5 日。
② 《2024 移动市场报告》，https：//sensortower.com/zh-CN/state-of-mobile-2024，最后检索时间：2024 年 9 月 5 日。

中，华为应用市场能够搭载4款。在美国持续对中国施压、大搞技术封锁的背景下，大量热门应用被安卓系统的谷歌服务平台（GMS）垄断，华为应用商店上架数量有限，这也印证了建设鸿蒙原生生态、打破垄断的必要性。值得注意的是，榜单中TikTok和CapCut的母公司都在中国大陆，这两个应用是中国应用出海并取得成功的杰出代表，都能够被华为应用市场搭载。这启示中国互联网产业应积极出海参与国际竞争、提升国际竞争力，并通过协同合作打破封锁垄断。鸿蒙应增进与国际竞争力较强的国内头部应用厂商的合作，实现"美美与共"。

表3　2023年全球下载量排名前10的移动应用排行及搭载现状

序号	应用名称	应用类别	是否搭载	序号	应用名称	应用类别	是否搭载
1	TikTok	网络娱乐	是	6	Telegram	互动交流	是
2	Instagram	互动交流	否	7	Snapchat	互动交流	是
3	Facebook	互动交流	否	8	Whatsapp Business	互动交流	否
4	Whatsapp Messenger	互动交流	否	9	Facebook Messenger	互动交流	否
5	CapCut	网络娱乐	是	10	Threads	互动交流	否

其次，分析海外游戏移动应用下载排行。2023年全球游戏下载量排行榜如图11所示。

图11　2023年全球游戏下载量排行榜

登录 AppGallery 并选取定位为海外地区，统计海外热门游戏应用上架情况。统计结果显示，AppGallery 海外版可搭载 2023 年游戏下载量排行榜前 10 中的 3 款并正常运行（见表 4）。

表 4　2023 年下载量排名前 10 的海外游戏排行及搭载现状

序号	应用名称	是否搭载	序号	应用名称	是否搭载
1	Subway Sufers	否	6	Royal Match	是
2	Free Fire	否	7	Block Blast-Block	否
3	Roblox	否	8	8 Ball Pool	否
4	Ludo King	是	9	My Talking Tom 2	是
5	Candy Crush Saga	否	10	Race Master	否

2. 稳中求进：华为应用生态国内建设情况

本文依照 2024 年 8 月由七麦数据发布的移动应用增长榜[①]提供的数据对鸿蒙的国内应用生态建设情况进行考察。移动应用增长榜按"七麦指数"进行排序，这是一个根据应用在苹果应用商店及国内安卓市场的下载量综合评定得出的指标，本文选取前 100 个应用进行分析比较。基于《网络与新媒体应用模式：创新设计及运营战略视角》提出的分类标准[②]，对前 100 个上榜应用进行初步分类，发现上榜最多的为信息获取类应用，共有 33 个应用上榜；其次是网络娱乐类应用，共有 31 个应用上榜；电子商务类和互动交流类上榜数分别为 23 个和 13 个。进一步，本文考察前 100 个热门应用中，有多少开发者基于鸿蒙生态系统单独开发了鸿蒙版本的应用。基于此，下文将对鸿蒙系统四个不同类别应用的搭载及系统兼容情况进行分类探讨。

（1）信息获取类。目前主流信息获取服务类新媒体应用有网络新闻、搜索引擎、信息聚合、知识分享和信息分类五类应用模式[③]。研究者将前

---

① 七麦数据：《2024 年 08 月移动应用增长榜》，https://www.qimai.cn/research/rank，最后访问日期：2024 年 9 月 5 日。

② 李卫东编著《网络与新媒体应用模式：创新设计及运营战略视角》，高等教育出版社，2015。

③ 李卫东编著《网络与新媒体应用模式：创新设计及运营战略视角》，高等教育出版社，2015。

100 个热门应用中属于信息获取类的 33 个应用逐一在华为应用商店中进行华为鸿蒙操作系统搭载情况对比，发现 33 个应用全部成功搭载并与华为鸿蒙操作系统兼容，均能够实现常规操作、正常运行。

（2）网络娱乐类。现有的网络娱乐应用模式主要包括网络游戏模式、网络视频模式和网络文学模式。研究者将前 100 个热门应用中属于网络娱乐类的 31 个应用逐一在华为应用商店中进行华为鸿蒙操作系统搭载情况对比，发现 31 个应用全部成功搭载并与华为鸿蒙操作系统兼容，均能够实现常规操作、正常运行。

（3）电子商务类。研究者将前 100 个热门应用中属于电子商务类的 23 个应用逐一在华为应用商店中进行华为应用系统搭载和兼容情况对比，发现其成功兼容华为鸿蒙操作系统的比例为 100%。

（4）互动交流类。目前已出现的互动交流类应用模式主要有即时通信模式、个人空间模式、社会网络模式和论坛模式①。研究者将前 100 个热门应用中属于互动交流类的 13 个应用逐一在华为应用商店进行搜索和下载，发现均能成功兼容华为鸿蒙操作系统并正常运行。

根据以上分析对比结果可知，目前国内最主流的应用都能够成功与华为鸿蒙操作系统兼容并正常运行。谷歌终止对华为提供 GMS，在一定程度上导致华为在海外市场受限，大量热门应用因被谷歌垄断而无法上线；但国内的情况却较为稳定，基于华为生态长期深厚的积累下，其在国内有着庞大的用户群体基础、较高的市场号召力和行业影响力，因而其国内应用生态建设趋于完善。

（二）鸿蒙原生应用生态建设情况

自从 2019 年推出鸿蒙操作系统以来，面对强大对手的封锁打压，鸿蒙依然取得了长足发展，逐步构建起全新的智慧生态体系。一方面，无论在国

---

① 李卫东编著《网络与新媒体应用模式：创新设计及运营战略视角》，高等教育出版社，2015。

内还是海外，鸿蒙都建立了尽可能完善的应用生态；另一方面，鸿蒙专注于建设自身的原生应用生态，以此为治本之策。

2023 年 8 月 4 日，华为在 HDC 2023 上发布 HarmonyOS NEXT 开发者预览版；在 2024 年 1 月 18 日召开的鸿蒙生态千帆起航发布会上，华为宣布 HarmonyOS NEXT 鸿蒙星河版开发者预览面向开发者开放申请；在 2024 年 6 月 21 日举行的 HDC 2024 上，华为正式发布 HarmonyOS NEXT，并预计将于 2024 年第四季度正式商用。

对鸿蒙原生应用生态建设情况的考察主要分为数量和质量两个维度。数量上，鸿蒙原生应用生态趋于完整、完备、完善。目前鸿蒙原生应用已经进入全面冲刺阶段，覆盖智慧办公、运动健康、智慧出行、影音娱乐、智能家居等场景的 5000 多个常用应用已全部启动开发，其中超过 1500 个已完成上架①，预计到正式商用时会有更多原生应用上架，满足用户全方位需求。质量上，HarmonyOS NEXT 不仅构建了完整全面的原生应用生态，并且向开发者开放尖端技术能力，优化了原生应用设计开发环境，显著提高了原生应用的性能，优化了用户体验。在 HDC 2024 主题演讲中，来自美团、钉钉、《诛仙 2》和 WPS 的开发者分别分享了开发鸿蒙原生应用的经验，其原生应用相比苹果、安卓系统应用都有了更加智能的体验。

目前，包括 HarmonyOS NEXT 在内的鸿蒙操作系统仅适用于国内智能终端，华为透露海外版华为手机暂无使用 HarmonyOS 的计划，海外消费者依然通过搭载 EMUI 版本的华为手机使用安卓应用②，这意味着目前鸿蒙原生应用生态建设仅限于国内。但原生应用生态建设是鸿蒙未来发展的主要方向，也是打破世界操作系统垄断局面的关键。随着鸿蒙生态建设的不断完善以及国际竞争博弈局势的变化，相信鸿蒙最终也将进行国际化布局，参与国际竞争，争取更广泛的用户、更广大的市场。

---

① 华为：《HarmonyOS NEXT Beta 重磅发布：有史以来最大一次升级》，https://www.huawei.com/cn/news/2024/6/hdc2024，最后检索时间：2024 年 9 月 5 日。

② 《华为：海外手机暂无使用 HarmonyOS 计划》，观察者网，https://baijiahao.baidu.com/s?id=1783133849344900803&wfr=spider&for=pc，最后检索时间：2024 年 9 月 5 日。

四 鸿蒙生态的社会责任

（一）科技自强：构建信息安全新屏障

1. 技术自主研发，创新驱动发展

鸿蒙操作系统的崛起，堪称中国技术自主研发、创新驱动发展的生动典范。鸿蒙系统在诞生之初还鲜为人知，但如今已成为举世瞩目的焦点。它凭借别具一格的创新理念和雄厚强大的技术实力，持续突破一道道技术难关，有力地引领中国操作系统行业向着新的高峰不断迈进。鸿蒙系统采用微内核设计，提供分布式架构支持，还开发了专属的编程语言，并且对系统不断完善和升级。这些创新不仅提升了用户体验，也加强了鸿蒙生态在全球市场的竞争力。此外，鸿蒙系统的开发促进了相关产业链的发展，为国内软件和硬件企业提供了新的增长点，有助于国家经济的自主发展和科技自强。

鸿蒙操作系统拥有自己独立的鸿蒙内核，这是鸿蒙系统技术自主研发的重要基础和核心标志。HarmonyOS NEXT 实现了从操作系统内核到编程语言、编译器/运行时、编程框架等全栈自研的突破，彻底摆脱了对 Linux 内核的依赖，结束了我国终端操作系统内核被西方主导的历史[①]。

鸿蒙系统采用了独特的分布式[②]架构，将各个终端设备视为一个整体，实现了设备之间的无缝连接和协同工作。这种架构打破了传统操作系统对于单一设备的局限，使得不同设备之间可以实现资源共享、能力互助，为用户带来了全新的智能体验。随着鸿蒙生态在万物互联时代的不断扩展，HarmonyOS 不再局限于智能手机和穿戴设备，还将深入更多领域，如智能家

---

① 《纯血鸿蒙开辟新天地 彰显中国先锋科技实力》，中国日报网，https://tech.chinadaily. com.cn/a/202410/04/WS66ff8486a310b59111d9c9f5.html，最后访问日期：2024 年 10 月 30 日。

② 华为 HarmonyOS Developer：《HarmonyOS Developer 技术特性》，https://developer.huawei. com/consumer/cn/doc/harmonyos - guides - V3/harmonyos - features - 0000000000011907 - V3 # section3784192251716，最后检索时间：2024 年 10 月 30 日。

具、车载设备等。

华为为鸿蒙系统开发了专属的编程语言 ArkTS①，它是在 TypeScript（简称 TS）生态基础上的扩展，是 TS 的超集。ArkTS 语言为开发者提供了更高效、便捷的开发方式，能够更好地适应鸿蒙系统的分布式架构和全场景应用需求。同时，华为还提供了一系列的开发工具，如 DevEco② 等，为开发者提供了完整的开发环境和工具链，帮助开发者更快速地开发出高质量的鸿蒙应用程序。

自 2019 年 8 月鸿蒙系统首次发布以来，华为持续对其进行技术迭代和升级。从 HarmonyOS 2.0 到 HarmonyOS 3.0、HarmonyOS 4.0，再到 HarmonyOS Next 鸿蒙星河版，每一次升级都带来了新的功能、性能的提升和技术的创新。例如，HarmonyOS 4.2 带来了全新的互动主题、AI 消除、AI 云增强功能等创新技术应用，在界面 UI、系统功能和安全性三大方面带来了变化和升级③。这种持续的技术创新和升级能力，体现了华为在鸿蒙系统技术研发上的投入和实力。

2. 信息安全堡垒，隐私保护卫士

国家信息安全层面，鸿蒙生态逐渐成为管总的信息生态系统，是国防信息安全的重要保障。美国在芯片、操作系统等领域的优势让其能够轻松地在其他地区植入间谍程序，对全球信息安全构成严重威胁。面对这样的挑战，华为迎难而上，通过鸿蒙+海思两大事业部的努力，不仅打破了西方的科技封锁，而且逐渐构建起了属于自己的底层架构，真正意义上实现了安全可控。该成就不仅让华为成为中国科技的骄傲，更为全球的信息安全提供了新的解决方案④。

---

① 华为 HarmonyOS Developer：《初识 ArkTS 语言》，https://developer.huawei.com/consumer/cn/doc/harmonyos-guides-V5/arkts-get-started-V5，最后检索时间：2024 年 10 月 30 日。

② 华为 HarmonyOS Developer：《DevEco Studio》，https://developer.huawei.com/consumer/cn/doc/harmonyos-guides-V5/ide-tools-overview-V5，最后检索时间：2024 年 10 月 30 日。

③ 《终于! 多机型迎来鸿蒙 OS 4.2 正式升级：包括华为 Mate30/P40/荣耀 30 系列等》，腾讯网，https://news.qq.com/rain/a/20240701A06PVG00，最后检索时间：2024 年 10 月 30 日。

④ 《华为海思＋国防信息安全＋纯血鸿蒙，两市最具唯一性的科技龙头》，https://www.163.com/dy/article/JEKTSNFV05568L4D.html，最后检索时间：2024 年 10 月 30 日。

比如在底层架构上，在鸿蒙操作系统问世前，基于不同操作系统的移动应用数据即便有数据保护，归根到底也是建立在苹果 iOS 和安卓系统的基础上。而鸿蒙系统直接实现了最底层架构的安全自主可控。无论是物联网安全防护，还是智能终端安全，抑或网络安全产业，都有了基本的保障。

用户信息安全层面，全新的 HarmonyOS NEXT 重构了操作系统的安全体系与秩序，实现颠覆性创新，基于全新的星盾安全架构，打造生态纯净、隐私可控、数据高安的应用环境。生态纯净上，HarmonyOS NEXT 在源头上构建秩序，严格的流程和机制保障了用户安装和运行的应用天生安全；在开发、发布、运行三个环节构建生态安全的安全架构，用户再也不需要通过纯净模式或者应用管控中心来保护，而是把生态保护的方式从依靠手机的某个功能来管控，革新为对整个系统机制的治理；隐私可控上，HarmonyOS NEXT 引入了安全访问机制，取消不合理的权限，让操作系统从"管权限"进入"管数据"的时代，并重新定义应用获取隐私数据的规则，取消种种不合理的权限，也从根源上降低隐私泄露的风险，减轻用户的管理负担；数据高安上，HarmonyOS NEXT 实现了从个人单设备安全、多设备安全到多人多设备协同安全的技术革新，推出系统级文件加密，文件在手机或平板上被分享出去后，只有授权用户才能打开①。

（二）智能普惠：打造和谐社会新生态

1. 促进数字包容，开放开源生态

鸿蒙操作系统致力于缩小数字鸿沟，通过提供易于使用的界面和功能，帮助老年人、残障人士等群体更好地融入数字社会，享受技术带来的便利。2022 年 4 月，华为在 HarmonyOS 2 革新推出"长辈关怀"模式，针对老年用户视力下降、听力下降、触控精准度下降等问题，提供了更匹配的适老化方案。2023 年 5 月，华为结合用户需求升级"长辈关怀"3.0 版本，从手

---

① 《华为终端可持续发展报告（2023-2024）》，https://consumer.huawei.com/cn/sustainability/sustainability-report/. 最后检索时间：2024 年 10 月 30 日。

机界面的放大显示适配、应用的关怀模式管理、防诈骗、骚扰拦截等方面，全方位提升老年人的用机体验。2024 年 6 月，结合 HarmonyOS NEXT 全场景智能操作系统新架构、新体验的突破，适老化功能也同步演进，"长辈关怀"功能全新更名为"关怀模式"，为年长用户带来更加易用、安全的体验升级①。在 HarmonyOS 4 的无障碍能力上，HarmonyOS NEXT 系统中内置了新的"声音修复"功能，通过 AI 能力修复语音，对较难辨识的语音语句进行修复，语言障碍用户可以更方便地与对方交流。未来华为公司还会将该算法与模型向社会开放，让科技进步惠及更多的残障人群②。

此外，鸿蒙操作系统的开放性使得全球开发者都能参与到系统的研发和优化中，这不仅加速了技术的创新，也使得系统更加适应不同市场和用户的需求。OpenHarmony（开源鸿蒙）项目群工作委员会主席龚体介绍，开源四年以来，OpenHarmony 社区汇聚了 8060 名贡献者以及 70 多家共建单位，累计产出 1.1 亿多行代码，超过 780 款软硬件产品通过兼容性测评，覆盖金融、电力、教育、交通、医疗、航天等多个领域，不仅进入了众多国计民生行业，也在消费领域逐步确立了影响力，已经成为发展速度最快的智能终端开源社区。据悉，OpenHarmony 还从中国走向了世界，与欧洲最大的开源组织 Eclipse 合作，基于 OpenHarmony 发布了 Oniro OS，成为具有全球影响力的开源操作系统③。华为还积极倡导各方共建鸿蒙生态，如和高校教师合作将 HarmonyOS 引入教学体系、组建高校开发者团队、为企业提供应用开发培训等④。

2. 协助社会治理，赋能公共服务

通过与政府和社会组织的合作，鸿蒙系统能够支持更高效的社会治

---

① 《华为终端可持续发展报告（2023－2024）》，https://consumer. huawei. com/cn/sustainability/sustainability-report/. 最后检索时间：2024 年 10 月 30 日。

② 《华为终端可持续发展报告（2023－2024）》，https://consumer. huawei. com/cn/sustainability/sustainability-report/. 最后检索时间：2024 年 10 月 30 日。

③ 《OpenHarmony 社区开源 4 年累计产出 1.1 亿多行代码 从中国走向世界》，中国新闻网，https://tech. ifeng. com/c/8deHXkurR3p，最后检索时间：2024 年 10 月 30 日。

④ 《华为终端可持续发展报告（2023－2024）》，https://consumer. huawei. com/cn/sustainability/sustainability-report/. 最后检索时间：2024 年 10 月 30 日。

理模式，提供更优质的公共服务。例如，2024 年 10 月 29 日，数字政通公布将于 10 月 30 日举办"麒舰"新品发布会，与华为鸿蒙联合推出"一网统管"解决方案①，该方案旨在构建一个融合的信息共享平台，将不同区域与部门的信息打通，提升政府决策的效率和响应的速度，为推进数字化治理体系的建设注入新的动力。数据的集成、云计算与大数据的应用、界面设计与可视化的功能、AI 技术的加入均使政府决策更加精准高效。

同时，鸿蒙系统的分布式能力和强大的数据处理能力使其在智慧城市、远程医疗、在线教育等领域具有广泛的应用前景。华为宣布自 2023 年 9 月鸿蒙原生应用全面启动以来，全国已有数百家医院上架了鸿蒙原生应用和元服务，原生鸿蒙已覆盖全国 1.2 万个医疗机构。这些鸿蒙原生应用/元服务将有效覆盖患者获取医疗服务的常见场景，包括健康管理、远程医疗、线下就诊等②。随着远程办公和线上教育的普及，智能办公和教育市场也逐渐成为鸿蒙的发力点。鸿蒙系统的多屏协同特性在此领域大有可为。开发者可以构建便于多屏共享、跨设备互动的办公和教育软件，帮助用户实现更高效地沟通和学习③。未来，鸿蒙生态还将应用于更多的行业领域，为社会进步提供源源不断的活水。

五　鸿蒙生态的构建策略：云传播与万物互联

（一）实施云战略，打造云生态，开展云传播

云传播是云计算环境下人们传递和分享信息的一种机制，本质是信息在

---

① 《数字政通与华为鸿蒙联合发布"一网统管"解决方案，为数字化治理开新篇》，搜狐网，https：//www.sohu.com/a/821507360_121798711，最后检索时间：2024 年 10 月 30 日。
② 《覆盖 30 个省市自治区万余家医疗机构，原生鸿蒙赋能智慧医疗体验》，网易号，https：//www.163.com/dy/article/JGSSUJNS0511CN4E.html，最后检索时间：2024 年 10 月 30 日。
③ 《【鸿蒙生态崛起，开发者有哪些机遇与挑战？】HarmonyOS NEXT 引领数字化未来》，华为云，https：//bbs.huaweicloud.com/blogs/439258，最后检索时间：2024 年 11 月 12 日。

"互联云"上的流动过程①，其本质内涵包括三个方面：传播机制是"共享"、传播媒介是"云服务"、传播过程主要是在云端完成②。云生态可定义为以云计算技术为基础，以云服务为媒介的新型媒介环境，其本质内涵是一种基于云服务的媒介生态③。要实现信息、数据和资源的互联互通与开放共享，实施云传播、打造云生态、开展云传播是必由之路。鸿蒙应用生态系统构建应将实施云传播战略和构建云生态作为核心理念，其关键在于推动华为云发展和成熟，以此作为鸿蒙原生应用生态的基石，通过强大计算与存储能力为软硬件生态建设提供支撑。实现华为云与鸿蒙系统的深度融合，将从根本上将鸿蒙操作系统及其应用生态与传统移动互联网时代操作系统区别开来。具体而言，云传播战略的实施可分为以下三方面。

首先，打造 C2T（Cloud to Terminal，云端对终端）云传播平台，实现万物智能互联。在 C2T 云传播平台中，云端与终端的关系类似于人体大脑与躯干四肢的关系：在云端进行信息数据的存储，并控制多样的终端分别完成各自的任务④。如，在智能家居场景，华为提出了"全屋智能"理念，其具体体现为"1+2+N"全屋智能解决方案，包括 1 个搭载 HarmonyOS AI 引擎的智能主机作为计算中枢，是集学习、计算、决策于一体的"智慧大脑"、中控家族与智慧生活 App 两大交互方式，以及鸿蒙智联生态下的 N 个子系统，能够与数百个终端实现智能交互，从而为用户提供智能、安全、节能、省心的居家体验。随着云传播的普及，云端化的覆盖范围不断扩大，不仅是数据资源，软件、存储、网络等社会信息资源都呈现鲜明的云端化的发展趋势⑤，未来将实现全面的云端化。

其次，建设 A2A（Application to Application，应用对应用）云传播底

---

① 李卫东、张昆：《"云传播"：人类信息传播的革命》，《图书情报工作网刊》2011 年第 10 期。
② 李卫东、张昆：《云传播的概念模型和运行机制》，《当代传播》2016 年第 1 期。
③ 李卫东、彭静、张昆：《云生态：云传播的媒介生态变革》，《新闻与写作》2018 年第 1 期。
④ 李卫东：《云传播的发展趋势和时代机遇》，《新闻与写作》2020 年第 6 期。
⑤ 李卫东：《云传播的发展趋势和时代机遇》，《新闻与写作》2020 年第 6 期。

座，这是一种应用平台间的开放协作机制，以此消弭不同终端间的物理空间障碍①。华为云为鸿蒙生态系统提供了实现 A2A 云传播的底座，使得网络中作为"信息孤岛"的一个个应用平台互联互通②。正是有了这个底座，鸿蒙应用开发"一次开发，多端部署"得以实现③。

最后，发展云生态，构建万物智能互联社会。云必将成为经济社会发展的新型基础设施，进入云传播时代，云生态也将成为人类信息传播的新型媒介生态环境④。华为"全屋智能"能够实现端到端的全屋 AI 和全屋互联，主要依赖"两张网"：一是"全屋 PLC"（Power Line Communication），通过将控制信号和数据加载到电力线上进行传输，实现有电即有网的稳定可靠连接；二是"WiFi 6+"，能实现不插电的无线网络，能实现"无处不在、随时随地"的云传播模式。特别是华为的"全屋智能"使得连接的泛在性得以在家居生活中实现，能实现一定场域中万事万物的"互联互通"，并且呈现云传播和人工智能技术深度融合的智慧化趋势⑤，使得"连接一切"成为可能。

（二）开源开放，构建万物互联

当前互联网发展正处于由移动互联网向智能物联网转型的阶段，其必然的结果是形成万物互联网。万物互联网是指由物体、数字设备、数字个人、数字企业、数字政府、数据资源，借助数字平台，通过数字流程相互连接而成的巨复杂网络生态系统⑥，其本质是连接一切。按照来源和功能，可以将万物互联网的要素分为三类：一是客体要素，指的是来源于物理世界的物体

① 李卫东：《云传播的发展趋势和时代机遇》，《新闻与写作》2020 年第 6 期。
② 李卫东：《云传播的发展趋势和时代机遇》，《新闻与写作》2020 年第 6 期。
③ 李卫东：《云传播的发展趋势和时代机遇》，《新闻与写作》2020 年第 6 期。
④ 李卫东：《云传播时代：人类传播与治理的云端化、平台化、泛在化、社交化和智慧化革命》，科学出版社，2018。
⑤ 李卫东：《云传播时代：人类传播与治理的云端化、平台化、泛在化、社交化和智慧化革命》，科学出版社，2018。
⑥ 李卫东：《5G 时代的万物互联网：内涵、要素与构成》，《人民论坛·学术前沿》2020 年第 5 期。

和数字设备；二是主体要素，是指来源于人类社会的数字个人、数字企业和数字政府；三是运行要素，其来源于信息世界，包括数据资源、数字流程、数字平台。目前，万物互联网发展呈现精细化、复杂化的趋势：空间尺度上，其连接物体的尺度呈现微观化的趋势；时间尺度上，万物互联网的响应时间间隔在不断缩小，而这与对事物运行状态的准确把握、对事物运行规律的科学全面认识、对事物发展趋势的精准预测紧密相关；连接关系上，万物互联网是包括人、组织、物体、机器等在内的海量对象之间相互连接而成的巨复杂网络。基于此，华为只有携手包括应用软件开发者、智能终端供应商在内的合作伙伴，实现真正的万物互联，鸿蒙生态系统建设才能真正走向成功。

华为要沿着 HarmonyOS NEXT 推进的方向，坚定不移地开展鸿蒙原生生态建设，摆脱对安卓系统的依赖，加速将千行百业鸿蒙化，携手万千伙伴与开发者共建鸿蒙生态圈。华为鸿蒙生态系统需要逐步纳入万物互联网的各要素。全面连接万物互联网组成要素是构建和完善华为鸿蒙生态系统的基本策略和路径。未来，需要不断完善智能硬件合作伙伴计划，拓展合作伙伴范围，优化合作模式，不断推进自主技术创新和核心技术能力开放，使合作伙伴设备快速融入鸿蒙的生态圈。

B.10
感知价值视角下视频会议倦怠的生成机制与规避法则

邓秀军　周晓希　韩晓晗*

摘　要： 新冠疫情发生后，视频会议逐渐成为重要的人际沟通媒介。基于便利、不受时空限制、使用成本低等特性，视频会议被广泛地、随时随地使用，甚至模糊了工作和生活的边界，用户的生活时空开始被侵占，随之而来的视频会议倦怠问题也越来越严重。本文选择视频会议倦怠作为研究对象，从感知价值的理论视角切入，采取扎根理论这一混合方法作为研究路径，深入剖析视频会议倦怠产生的影响因素、行为模式与社会影响。研究结果揭示：功能价值、认知价值负向影响视频会议倦怠，成本价值、自我监控、他人监控正向影响视频会议倦怠，视频会议倦怠正向影响心理表现和行为表现，同时心理表现与行为表现呈现正相关。

关键词： 视频会议倦怠　感知价值　生成机制　规避法则

一　引言

自 2019 年底席卷全球的新冠疫情重塑了人们的生活与生产模式。为有效遏止新冠病毒的传播，隔离、保持身体距离等非药物公共卫生措施成为应

---

* 邓秀军，北京外国语大学国际新闻与传播学院教授，博士生导师；周晓希，北京外国语大学国际新闻与传播学院博士研究生；韩晓晗，北京外国语大学国际新闻与传播学院硕士研究生。

对疫情的有效方法①。视频会议技术，这一早在 20 年前便初露锋芒的通信手段（例如于 2003 年推出的 Skype）迎来了前所未有的发展，从昔日的高端小众，一跃成为大众日常不可或缺的一部分，极大地推动了远程办公、在线教育及虚拟社交的蓬勃发展。据统计，仅 2020 年美国完全居家工作劳动力所占比例便从 2 月的 8.2% 上升至 5 月的 35.2%②，视频会议平台如 Zoom 的用户数量在短短 5 个月从 2019 年 12 月的 1000 万到五个月后的 3 亿多③。

自视频会议软件作为一种新的工作的辅助手段走进大众视野以来，由于其使用便利、不受空间和时间限制、使用成本低的特点，使用者可以随时随地参加视频会议，这也就意味着工作和生活的分界线被模糊，用户开始被迫将工作延伸到生活中，通勤时间甚至休息时间也可以被会议所占用，移动设备在为人们带来便利的同时也成为侵占自由时间的双刃剑。在这样一种 24 小时待命制代替了绝对且固定的工作模式后，用户所需要投入的时间和精力等成本远高于从前，用户极易产生焦虑、倦怠、烦躁等负面情绪。

视频会议的高频渗透也给人们带来了疲惫与不适，有学者提出"视频会议倦怠"（Zoom Fatigue）概念。因此，本研究选择视频会议倦怠作为研究对象，从感知价值的理论视角切入，采取扎根理论这一混合方法作为研究路径，深入剖析视频会议倦怠产生的影响因素、行为模式与社会影响。

二 研究设计

（一）研究问题

现有研究主要关注视频会议功能性问题，相对忽视了用户作为核心体验

---

① NUSSBAUMER-STREIT B, MAYR V, DOBRESCU A I, Quarantine Alone or in Combination with Other Public Health Measures to Control COVID-19: A Rapid Review, *Cochrane Database of Systematic Reviews*, 2020.

② NUSSBAUMER-STREIT B, MAYR V, DOBRESCU A I, Quarantine Alone or in Combination with Other Public Health Measures to Control COVID-19: A Rapid Review", *Cochrane Database of Systematic Reviews*, 2020.

③ Zoom Revenue and Usage Statistics, https://www.businessofapps.com/data/zoom-statistics/, Last retrieved: December 2, 2024.

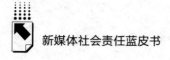

者的心理感受与行为模式。因此，本研究选择价值感知作为理论视角和影响因素（自变量），并据此提出以下研究问题。

问题一：倦怠心理产生的影响因素有哪些？

问题二：倦怠心理会导致哪些行为的产生？

问题三：如何有效地防范和规避倦怠行为？

（二）研究方法与研究思路

1. 研究方法

本文采用扎根理论（Grounded Theory）、问卷调查法和结构方程模型法（SEM，Structural Equation Modeling）作为主要的研究方法，具体的操作流程如图 1 所示。

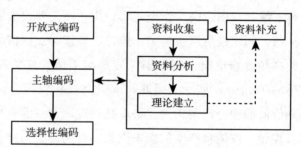

图 1 扎根理论具体操作步骤

在数据采集过程中，采用了半结构式访谈，共选择了 20 位访谈对象，在访谈对象的选择上，本研究选择 18 周岁以上的人群，将大学生和已经工作的群体都涵盖在内，该群体使用视频会议的主要用途为线上课程、组会、班级/学院会议、公司/部门例会等，可以涵盖本研究对于"视频会议"概念界定的全部范畴。由于访谈对象分布在全国的不同地区，因此访谈以线上语音和视频的形式为主，个别访谈对象采取了线下的形式。本研究共选择了20 位访谈对象，每人的访谈时间为 30~50 分钟，为确保内容的完整性，在征求被访者的意见后对访谈进行了全程录音，并整理成文字。本研究随机选择 15 个样本进行编码，其余 5 个样本用于检验理论饱和度。通过扎根理论分析出视频会议倦怠的影响维度，被访者的基本信息如表 1 所示。

表 1　访谈对象基本信息

编号	性别	年龄（岁）	所在地	学历	职业
F1	女	24	北京	硕士	学生
F2	女	25	浙江	硕士	学生
M1	男	19	河南	本科	学生
F3	女	18	山东	本科	学生
M2	男	25	北京	本科	金融行业
F4	女	24	甘肃	硕士	学生
F5	女	26	黑龙江	硕士	学生
F6	女	25	天津	本科	互联网行业
F7	女	24	山东	本科	自由职业
M3	男	19	吉林	本科	学生
M4	男	27	北京	硕士	互联网行业
M5	男	22	陕西	本科	学生
F8	女	25	天津	本科	教师
M6	男	26	北京	博士	学生
M7	男	26	上海	本科	自由职业
F9	女	26	湖北	硕士	学生
M8	男	18	河南	本科	学生
F10	女	25	新疆	硕士	学生
F11	女	26	新疆	硕士	学生
F12	女	20	河北	本科	学生

2. 研究思路

首先是开放式编码，开放式编码形成的初始概念和范畴如表 2 所示。本研究共得到了 63 个初始概念，根据概念之间的关系，形成了强迫感、尴尬感、烦躁感、无趣感等 27 个范畴。

表 2　开放式编码结果

序号	原始代表语句	初始概念	范畴
1	后台有数据显示，领导会查，所以不得不挂着会议	强迫感	强迫感
2	开摄像头，作为社恐感到很尴尬	尴尬感	尴尬感
3	休息的时候被临时叫来开会会很烦	烦躁感	烦躁感

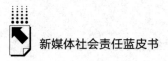

续表

序号	原始代表语句	初始概念	范畴
4	觉得无聊,又不能快进	无聊感	无趣感
5	会担心会议进行中有电话打进来	担心会议中断	忧虑感
6	吐槽课程或者老师的时候要确认自己是不是闭麦状态	担心开麦	
7	担心被突然点名	担心点名	
8	担心忽然掉线	担心掉线	
9	被点名发言时,用文本聊天框打字避免开麦	回避行为	回避行为
10	不感兴趣的内容就完全在做别的	转移行为	转移行为
11	如果在休息时间开会那么会一边开会一边做自己的事	多任务行为	
12	不太重要的内容就不会太认真听别人的发言	忽略行为	忽略行为
13	有时候已经不想开会了但是又结束不了,只能忍着	忍耐行为	忍耐行为
14	坐在电脑前累,有时候会起来走走	身体调节	调节行为
15	眼睛觉得很累会闭一会眼睛	视觉调节	
16	更想开线下的会	逃离意向	逃离意向
17	很多软件有特别多的 bug 没有修缮	软件功能不完善	功能缺失
18	不同课程使用不同的平台,它们之间又不一样,感觉很混乱	平台间切换混乱	
19	腾讯会议出了限时功能,一小时就强制结束	强制结束	
20	有时会存在网络延迟或者网络卡顿的状况	网络故障	使用不便
21	年纪大一些的老师会面临操作上的困难	技术障碍	
22	有时候设备问题需要调试很久	设备故障	
23	讲话人语速较慢,语气平缓	缺乏吸引力	内容特征
24	线上要发言的话自己也不会很认真准备,因为知道大家不会认真听	会议质量低	
25	会议干货太少	内容不够丰富	
26	长时间不翻 PPT,每页要讲很久	进度过慢	
27	一次会议要持续好几个小时	耗时过长	消耗时间
28	感觉很耽误时间	耽误时间	
29	会存在很多人同时开麦的情况,然后又互相谦让让对方先讲,浪费很多时间	浪费时间	
30	线上会议组织的成本较低,有事没事就开一个	成本较低	形式特征
31	视频会议的效率相比于面对面更低	效率低下	
32	线下上课有与同学交流互动的途径,线上则更压抑	氛围压抑	
33	很多会不重要,但必须走个形式	走形式	

续表

序号	原始代表语句	初始概念	范畴
34	集中注意力的可能性会降低	专注度低	参与度低
35	更容易去刷微信和微博,不容易集中注意力	注意力不集中	
36	小孩子自制力差,上网课最后成绩下降很多	自控力差	
37	如果看到屏幕中有一些人已经开始摸鱼了,那自己也开始摸鱼	从众心理	从众心理
38	因为经历过很疲惫的会议,所以下次开会之前会带着先入为主的情绪	情绪主导	情绪主导
39	害怕被提问,一直处于高警惕的状态	精神紧张	精神消耗
40	有时候白天忙了一天了,晚上还要开会,还必须得保持一个比较端正的状态	耗费精神	
41	属于上镜难看的那种,不喜欢视频会议	容貌焦虑	自我监控
42	会比较关注自己在视频里长什么样子	自我评估	
43	个人包袱很重,会时刻注意镜头里自己的形象	过度关注自我形象	
44	在视频会议之前会刻意打扮一下自己	刻意打扮	
45	我觉得开摄像头主要就是为了监视我们	被上级监视感	他人监控
46	会有被所有人审视的感觉	被同辈监视感	
47	有时会随机截屏看你有没有认真听讲	监督作用	
48	呈现给面试官的形象必须得体	印象管理	
49	开摄像头会有很多顾虑	开摄像头焦虑	社交过载
50	同门师弟师妹都不发言的时候我就不得不发言	强制发言	
51	发言时没人附和,没法产生一个积极良性的互动	缺少互动	在场感缺失
52	没办法和人产生真实的互动	互动不真实	
53	线上发言的互动感较少,有一种自己唱独角戏的感觉	互动感降低	
54	很难察觉到参会人的状态,所以时间会越拖越长	反馈不及时	
55	无法判断对方的真实意图	信息传递模糊	信息质量差
56	线上很难判断讲话人的态度	信息接收模糊	
57	觉得线上会让一些人的攻击性变得特别强	语言偏激	
58	线下的时候有时可以通过细微的表情、眼神互动,线上就没有这种感觉	缺少肢体语言信息	
59	有时候出于隐私考虑并不想让大家知道我家长什么样	隐私担忧	隐私顾虑
60	共享屏幕的时候不小心看到过别人屏幕上的聊天记录	隐私泄露	
61	耳机戴久了觉得耳朵很疼	听觉疲劳	视频会议倦怠
62	本身干眼症就很严重,时间长了眼睛受不了	视觉疲劳	
63	举手机时间长了胳膊很酸	身体疲劳	

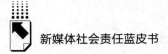

　　其次是主轴编码,最终各主范畴及其对应范畴的具体含义如表3所示。这一阶段,依据各范畴的内在属性及其相互间的逻辑联系,对开放式编码中得到的27个范畴进行分析,最终得到了心理表现、行为表现、功能价值、信息价值、认知价值、元认知监控以及视频会议倦怠这7个主范畴。

表3　主范畴编码结果

主范畴	范畴	范畴内涵
心理表现	强迫感	使用者参加视频会议有被强迫之感
	烦躁感	使用者在视频会议中产生厌烦、烦躁等负面情绪
	尴尬感	使用者由于开摄像头所产生的尴尬情绪
	无趣感	使用者对视频会议失去兴趣;会议内容使使用者感到无聊
	忧虑感	使用者对于视频会议中出现的某些状况担忧、焦虑
行为表现	回避行为	使用者在视频会议进行中避免发言、交流、社交的行为
	转移行为	使用者在视频会议进行中同时进行的刷手机、聊天等行为
	忽略行为	使用者对于会议进行的内容、他人的发言等忽视的行为
	忍耐行为	使用者因为某些原因想退出会议但不得不继续参会的行为
	调节行为	使用者在会议进行的同时通过活动身体等方式来调节倦怠感的行为
	逃离意向	使用者产生的想退出视频会议或觉得线下会议更好的意向
功能价值	使用不便	视频会议软件的使用存在诸多不便
	功能缺失	视频会议软件自身功能不完善
信息价值	信息质量差	使用者在视频会议进行中无法接收或发出完整准确的信息
	形式特征	视频会议在形式上的特点
	内容特征	视频会议在内容上的特点
	隐私顾虑	使用者担心视频会议的使用会致使自己隐私泄露或不小心看到他人隐私
认知价值	社交过载	使用者在视频会议中感知到的过多的社会交往
	精神消耗	使用者在视频会议中感受到格外耗费精神
	在场感缺失	使用者在视频会议使用中感到缺乏互动的体验
	参与度低	使用者认为视频会议不能使其彻底参与其中
	从众心理	使用者在视频会议中会参考其他与会者的行为而决策自己的行为
	情绪主导	使用者认为先入为主的情绪会影响视频会议的感受
	消耗时间	使用者认为视频会议会浪费更多时间
元认知监控	自我监控	使用者在视频会议中会监控自己的形象、动作和语言等
	他人监控	使用者认为在视频会议中他人会监控自己的形象、动作和语言等
视频会议倦怠	身体疲劳	使用者使用视频会议所导致的身体上的不适
	听觉疲劳	使用者使用视频会议所导致的听觉上的不适
	视觉疲劳	使用者使用视频会议所导致的视觉上的不适

最后是选择性编码。本研究通过对这 7 个主范畴的进一步比较和分析，对语句核心要义进行关系结构梳理，形成关联范畴规则，最终形成主范畴的典型关系结构（见表 4）。

表 4　主范畴关系结构

典型关系结构	关系结构内涵	关系结构代表性语句提炼
功能价值—视频会议倦怠	使用者在视频会议使用中感知到的使用不便、功能缺失等功能价值是引发视频会议倦怠的因素	视频会议对网络和设备的要求很高，而且限时使用一小时等功能给使用带来了诸多不便
信息价值—视频会议倦怠	使用者在视频会议使用中感知到的信息质量差、形式特征、内容特征、隐私顾虑信息价值是引发视频会议倦怠的因素	视频会议走形式、效率低、频率高、氛围差等问题突出，有时隔着屏幕很难准确领会讲话人的意图，感觉自己的意思也很难准确传达，开着摄像头很容易泄露自己的隐私或者不小心看到他人的隐私
认知价值—视频会议倦怠	使用者在视频会议使用中感知到的社交过载、精神消耗、在场感缺失、参与度低、从众心理、情绪主导、消耗时间等认知价值是引发视频会议倦怠的因素	参加视频会议不太容易集中注意力，而且感觉很耗费精神，有的时候会点名强迫你发言，但是线上发言的互动感很少，有一种自己唱独角戏的感觉
元认知监控—视频会议倦怠	使用者在视频会议使用中感知到的自我监控、他人监控等元认知监控是引发视频会议倦怠的因素	感觉开摄像头就是为了方便领导监视我们；因为个人包袱比较重，会时刻关注镜头里自己的形象和精神面貌
视频会议倦怠—心理表现	视频会议倦怠的发生会对用户产生不同的心理表现	视频会议倦怠会对使用者的心理产生影响，不同的使用者有不同的心理表现
视频会议倦怠—行为表现	视频会议倦怠的发生会对用户产生不同的行为表现	视频会议倦怠会对使用者的行为产生影响，不同的使用者有不同的行为表现
心理表现—行为表现	用户产生视频会议倦怠后，其心理反应会间接影响其行为	视频会议倦怠会对使用者的行为产生影响，心理会对行为产生一定的影响

为了确保扎根程序结束后全部范畴都被包含在内，本研究对剩余的五份样本进行了理论饱和度检验。在检验过程中对这些样本进行了编码，并与之前的编码结果进行比对，发现并没有新的范畴出现，且现有的主范畴之间的关系结构也未发生变化。综上可以判断，本研究的扎根研究部分在理论上已经达到了饱和。

三 理论模型与研究假设

（一）理论模型建构

通过对 7 个主要类别的关系进行深入剖析可知，原因与结果是本研究的重点。因此，在模型构建过程中采用了压力因素—受力因素—结果框架（Stressor-Strain-Outcome，SSO）。通过对心理表现、行为表现、视频会议倦怠、功能价值、信息价值、认知价值和元认知监控这 7 个主要类别进行分析，并结合 SSO 模型框架，最终提炼出了"视频会议倦怠的行为模式"的核心范畴，构建了视频会议倦怠的 SSO 模型框架（见图 2）。

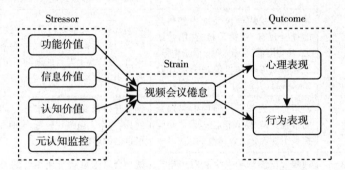

图 2　视频会议倦怠的压力—受力—结果模型框架

（二）模型阐释

1. 功能价值

斯威尼（Sweeney）等人设计了感知价值量表[①]，其中功能价值是其五维度之一。本研究在变量中同样引入功能价值这一维度，并将其界定为由于平台功能缺失、用户使用困难、网络状态差等因素导致的负面使用体验。

---

① SWEENEY J C, SOUTAR G N, JOHNSON L W, Retail service Quality and Perceived value: A Comparison of Two Models, *Journal of Retailing and Consumer Services* 4, 1997.

在对视频会议倦怠使用者的访谈文本中，有 3 位访谈对象对视频会议软件现有的功能感到不满，有 6 位访谈对象有过因为网络卡顿而带来不好的体验。访谈中代表性语句如下。

F4：每一科老师要求的平台都不一样，每个软件的功能都不太一样，每换一种就要搞清楚到底是怎么用的，时间一长还会忘。

F5：腾讯会议搞的那个加时卡，一开始我们大家都不知道，结果使用中出了问题，老师还埋怨我们怎么开会之前不都准备好。

M1：我们老师经常点人，有的时候一下子就卡了，不是不想回答是真没听见，然后还要和老师解释。

2. 信息价值

本文选择信息价值作为用户心理反应的重要一环，它不仅涵盖了会议形式可能给用户带来的无用感，还深刻触及了内容层面的无趣性、信息质量的参差不齐，以及用户对隐私安全的深切忧虑。这一维度的提出，为我们深入理解视频会议倦怠现象提供了新的视角。

在访谈中，有一半以上的受访者提到视频会议很多都是走形式、为了完成学校或者单位的任务，从中获取有用信息和知识的可能性不大，"我们上个月有一个评选，内容不重要，但是必须得走个形式，要截图留证据"（F3）。此外，有研究发现心流体验对于用户倦怠情绪具有显著负向影响[1]，有 6 位访谈对象提到内容无趣的会议或者与自己相关性较低的会议都会使自己感到烦躁，如"有一次组会上导师与博士师兄聊到了一个话题，但是我们研究生全程都没什么参与感，结果那次会议持续了五个小时"（F9）。

3. 认知价值

认知价值作为感知价值中的一个纬度，本研究将其定义为使用者在视频会议的使用过程中，认为在会议中使得自己的知识、能力、社交、体验、情绪等有所提升，感知到视频会议的价值所在，是对其实际有用性的肯定。

---

① 陈昊、李文立、柯育龙：《社交媒体持续使用研究：以情感响应为中介》，《管理评论》2016 年第 9 期。

在访谈中，"耽误时间""浪费时间""效率过低"这一类关键词被反复提及。根据资源保存理论（Conservation of Resources Theory），当用户感知到资源丢失之后会产生心理负担，之后会采取相应的行为来进行调节[①]。当使用者认为自己在使用的过程中花费了过多时间时，会感知到自己丢失了时间等有价值的资源，这种心理会导致用户产生紧张的心理状态，进而用户会采取相应的消极行为来应对。

4. 元认知监控

元认知这一概念被广泛应用于教育学领域，它是指个体对自认知过程的认知和意识，其核心意义是对认知的认知，同时又是认知主体对自身各种认知活动的计划、监控和调节[②]。其中，元认知监控是元认知的一个组成部分，而元认知监控又可以分为自我监控和他人监控。回顾以往的研究，这一维度尚未被引入感知价值领域的研究中，但在本研究的访谈过程中，"感知到被监控"这一关键词出现概率较高，而人们在被监控这一高压环境下更易消耗精神和精力，因此可认为其属于感知成本这一维度。

在访谈中，有 5 位访谈对象提到在视频会议进行中会注意自己的形象和举止，英国功利主义代表人物边沁最早提出了"圆形监狱"理论，到了 20 世纪 70 年代，米歇尔·福柯将其理论发展为政治概念上的权力监视。视频会议软件则与"圆形监狱"理论的核心要义高度契合，在访谈中有访谈者提到"觉得开视频就是为了方便领导监控我们"（F5），"有时会随机截图看你有没有认真听讲，还会把截图发到大群里"（M5）。可见，视频会议使用者在使用过程中会有被他人监控感，并且会因此规范自己的行为。

5. 视频会议倦怠

在前人学者对于视频会议倦怠这一理论概念整合的基础上，本研究将视频会议倦怠定义为由于长时间或高频次使用视频会议软件而带来的精神倦怠、身体不适、情绪低落，通常体现为焦虑、劳累、困倦、头痛、烦躁等，

[①] 曹霞、瞿皎姣：《资源保存理论溯源、主要内容探析及启示》，《中国人力资源开发》2014年第 15 期。

[②] 方腾、苏倩倩：《基于元认知理论的媒介素养教育研究》，《大学》2020 年第 16 期。

在此基础上使用者会引发一系列的心理和行为反应。

6. 心理表现

对于结果（outcome）部分而言，受访者表现出来的心理倦怠比较明显，根据开放式编码和主轴编码的结果，用户所展现出来的心理方面的表现包括强迫感、烦躁感、无趣感、忧虑感、尴尬感这五种负面情绪。其中烦躁感、无趣感、忧虑感在过往的倦怠相关研究中已经有所发现，访谈中代表性语句如下。

M2：开视频会太方便了，所以有的时候休息也会被通知开会，就会觉得很烦。

F8：我觉得开线上的会就像是行驶在乡间小路上的一班车，你会觉得看不到尽头，又不能快进。

F12：开视频会总有很多担忧，比如怕被点名回答问题，怕吐槽老师或者课程的时候没关麦这种。

7. 行为表现

在访谈中，全部受访者均存在一定程度的受倦怠的影响而展现出的行为。根据访谈编码的结果，受访者表现出的负面行为包括回避行为、转移行为、忽略行为、忍耐行为、调节行为以及逃离意向。

（三）研究假设

根据访谈结果，结合构建出的模型，本文提出的研究假设如下。

H1：功能价值与视频会议倦怠存在正向相关关系。

H2：信息价值与视频会议倦怠存在正向相关关系。

H3：认知价值与视频会议倦怠存在正向相关关系。

H4：元认知监控与视频会议倦怠存在正向相关关系。

H5：视频会议倦怠与心理表现存在正向相关关系。

H6：视频会议倦怠与行为表现存在正向相关关系。

H7：心理表现与行为表现存在正向相关关系。

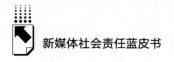

四 数据收集与模型检验

（一）数据收集与描述

本文使用的调查问卷共分为四个部分，第一部分对部分变量概念界定进行简要概括，并提出问卷填写的要求；第二部分是关于调查对象使用视频会议的基本情况，包括使用频次、时长、使用视频会议平台等；第三部分为人口统计学变量，包括性别、年龄、受教育程度、职业、所在地区；第四部分为设置的各变量测度，所有题项均采用李克特五点量表，对每一项的评价分别为"非常不同意""不同意""一般""同意""非常同意"，依次赋值为1、2、3、4、5分。各个变量测度结合前人成熟量表和深度访谈结果得出。

在正式测试阶段，2024年1月21日共通过问卷星平台在线上发放问卷775个，排除掉没有视频会议使用经验的10个样本，以及作答时间过短、答案高度一致的210份经判定无效的样本，三天后，共得到有效样本555个，样本回收率为71.6%。问卷使用SPSS对555个样本的视频会议使用的基本情况以及基本信息进行了相应的人口统计学分析，如表5所示。

表5 人口统计学特征

基本特征	指标项	样本数量（个）	百分比（%）	累计百分比（%）
性别	男	349	62.88	62.88
	女	206	37.12	100
年龄	18岁以下	16	2.88	2.88
	18~25岁	191	34.41	37.29
	26~35岁	251	45.23	82.52
	36~55岁	89	16.04	98.56
	55岁以上	8	1.44	100
学历	大专及以下	157	28.47	28.47
	大学本科	338	60.90	89.37
	硕士研究生及以上	42	7.57	96.94
	其他	17	3.06	100

续表

基本特征	指标项	样本数量（个）	百分比（%）	累计百分比（%）
地区	华北地区	150	27.03	27.03
	东北地区	81	14.60	41.63
	华东地区	151	27.21	68.83
	中南地区	127	22.88	91.71
	西南地区	37	6.67	98.38
	西北地区	8	1.44	99.82
	港澳台地区	1	0.18	100
职业	学生	90	16.22	16.22
	管理类	132	23.78	40.00
	技术类	118	21.26	61.26
	服务类	70	12.61	73.87
	教育类	54	9.73	83.60
	医疗类	12	2.16	85.77
	金融类	23	4.14	89.91
	艺术类	11	1.98	91.89
	农业类	13	2.34	94.23
	其他	32	5.77	100
视频会议使用频次	每月 1~2 次	283	50.99	50.99
	每周一次	209	37.66	88.65
	每周 2~3 次	53	9.55	98.20
	每天一次	10	1.80	100
平均使用时长	15 分钟	124	22.34	22.34
	半小时	246	44.32	66.67
	1 小时	137	24.68	91.35
	大于 1 小时	38	6.85	98.20
	大于 2 小时	10	1.8	100
视频会议内容	课程学习	224	40.36	40.36
	班级/学校/学生组织会议	131	23.60	63.96
	部门/公司例会	176	31.71	95.68
	面试	12	2.16	97.84
	其他	12	2.16	100

（二）信度及效度检验

1.信度检验

通过检验，本量表的信度较高，结构效度良好，本次量表的信度检验采用 Cronbach 系数法检验，使用 SPSS 数据处理系统检验其可靠性，如表 6 所示。从表 6 可知，全部七个测量维度的 Cronbach's α 值均>0.7，证明量表的信度较高。

表 6 量表整体信度检验

Cronbach's α 系数	标准化 Cronbach's α 系数	项数（项）	样本数（个）
0.937	0.935	38	555

2.效度检验

本文量表的整体结构效度检验的结果如表 7 所示，KMO 值为 0.927 且 $P<0.01$，Bartlett 球形检验显著，说明该量表具有良好的结构效度。

表 7 KMO 检验和 Bartlett 检验

KMO 值		0.927
Bartlett 球形检验	近似卡方	12672.027
	df	703
	P	0.000 ***

注：*** 、** 、* 分别代表1%、5%、10%的显著性水平。

聚合效度（Convergent Validity）通过对组合可信度（Composite Reliability，CR）和相关维度的平均差异萃取量（Average Variance Extracted，AVE）进行检验可得，各变量的 CR 值均大于 0.7，AVE 值除信息价值、功能价值、元认知监控外均高于 0.5（见表 8），通常来讲 CR 值高于 0.7 和 AVE 值高于 0.5 两者满足其一即可，因此，可认为本研究数据的聚合效度通过。

表8 平方差萃取值和组合信度值检验

维度	平均方差萃取 AVE 值	组合信度 CR 值
功能价值(FV)	0.63	0.836
信息价值(IV)	0.493	0.809
功能价值(CV)	0.466	0.8
元认知监控(MM)	0.423	0.867
视频会议倦怠(VCF)	0.589	0.877
心理表现(PF)	0.741	0.935
行为表现(BF)	0.588	0.876

区分效度（Discriminate Validity）的检验标准为潜变量的 AVE 平方根均要大于与其他潜变量的相关系数。[①] 本研究模型的每一个潜变量的 AVE 平方根均大于该变量与其他潜变量的相关系数，表明量表具有较好的区分效度（见表9）。

表9 区分效度检验结果

维度	功能价值（FV）	信息价值（IV）	认知价值（CV）	元认知监控(MM)	视频会议倦怠(VCF)	心理表现（PF）	行为表现（BF）
功能价值(FV)	0.794						
信息价值(IV)	0.304	0.702					
认知价值(CV)	0.317	0.53	0.683				
元认知监控(MM)	0.23	0.441	0.602	0.65			
视频会议倦怠(VCF)	0.103	0.536	0.542	0.632	0.767		
心理表现(PF)	-0.134	0.241	0.261	0.338	0.475	0.861	
行为表现(BF)	-0.005	0.337	0.418	0.478	0.536	0.643	0.767

注：***、**、*分别代表1%、5%、10%的显著性水平，斜对角线数字为该因子 AVE 的平方根。

通过信效度检验，聚合效度区分效度检验，再通过正交旋转的最大方差法抽取主成分，共抽取了 8 个公因分子，总共可以解释 67.288% 的方差量。

[①] FORNELL C, LARCKER D, Evaluating Structure Equations Models with Unobservable Variables and Measurement Error, *Journal of Marketing Research* 18, 1981.

同时结合图 3 所示的碎石图中曲线的斜率可知，前 8 个因子的代表性比较强。因此，本研究决定将原有的 7 个因子扩充为 8 个因子。

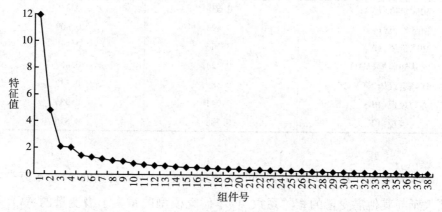

图 3　碎石图

接下来对各个题项进行成分矩阵分析以得到各个公因子之间的关系，若想分析得知每一个具体题项分属于哪一个公因子还需要进行旋转后的成分矩阵分析。表 10 所示为通过正交旋转后得到的成分矩阵，经过 7 次迭代运算后收敛，旋转后有两个题项的因子负荷量不在 0.5 以上（CV3 和 MM9），因此删除这两个题项，其余题项均可保留，且各个题项与公因子之间的对应关系清晰可见。因此可根据其对应关系重新归纳研究的维度。

表 10　旋转后的成分矩阵

| | 成分 | | | | | | | |
	1	2	3	4	5	6	7	8
FV1						0.810		
FV2						0.820		
FV3						0.813		
IV1						0.689		
IV2		0.518						
IV3		0.749						

续表

	成分							
	1	2	3	4	5	6	7	8
IV4		0.816						
IV5		0.744						
CV1		0.556						
CV2		0.513						
CV3								
CV4							0.703	
CV5							0.721	
CV6							0.731	
MM1								0.755
MM2								0.643
MM3								0.617
MM4					0.643			
MM5					0.651			
MM6					0.583			
MM7					0.674			
MM8								
MM9					0.669			
VCF1			0.732					
VCF2			0.686					
VCF3			0.711					
VCF4			0.710					
VCF5			0.607					
PF1	0.807							
PF2	0.832							
PF3	0.848							
PF4	0.829							
PF5	0.827							
BF1				0.690				
BF2				0.682				
BF3				0.717				
BF4				0.723				
BF5				0.683				

注：提取方法为主成分分析法，旋转方法为凯撒正态化最大方差法，旋转在 7 次迭代后已收敛。

公因子 1 包括题项 FV1、FV2、FV3、IV1，现有题项包括原维度功能价值（FV）中的全部题项，又新加入了信息价值（IV）中的一个题项，因此考虑到变量整体上的侧重，本研究仍将其命名为信息价值（IV），四个题项命名为 FV1、FV2、FV3、FV4。

公因子 2 包括题项 IV2、IV3、IV4、IV5、CV1、CV2，包含原有维度信息价值（IV）和认知价值（CV）中的部分题项，因此将其重新命名为成本价值（VC），主要从花费的时间、投入的精力等层面来衡量。该维度所包含的题项命名为：VC1、VC2、VC3、VC4、VC5、VC6。

公因子 3 包括题项 CV4、CV5、CV6，全部属于原维度认知价值（CV），因此仍命名为认知价值（CV），该维度所包含的题项命名为：CV1、CV2、CV3。

公因子 4 包括题项 MM1、MM2、MM3，原维度元认知监控（MM）应被拆分为两个维度，根据这部分题项的侧重点，将其重新命名为自我监控（SM），该维度所包含的题项命名为：SM1、SM2、SM3。

公因子 5 包括题项 MM4、MM5、MM6，MM7、MM9，根据这部分题项的侧重点，将其重新命名为他人监控（OM），该维度所包含的题项重新命名为：OM1、OM2、OM3、OM4、OM5。

公因子 6、公因子 7 和公因子 8 的全部题项和维度命名仍保持不变。

（三）研究假设调整

根据上述分析，全部的 8 个维度调整为功能价值（FV）、成本价值（VC）、认知价值（CV）、自我监控（SM）、他人监控（OM）、视频会议倦怠（VCF）、心理表现（PF）、行为表现（BF）。现本研究对研究假设进行调整。

H1：功能价值与视频会议倦怠存在正向相关关系。

H2：成本价值与视频会议倦怠存在正向相关关系。

H3：认知价值与视频会议倦怠存在正向相关关系。

H4：自我监控与视频会议倦怠存在正向相关关系。

H5：他人监控与视频会议倦怠存在正向相关关系。

H6：视频会议倦怠与心理表现存在正向相关关系。

H7：视频会议倦怠与行为表现存在正向相关关系。

H8：心理表现与行为表现存在正向相关关系。

（四）相关性分析与假设验证

1. 相关性分析

本研究通过建立结构方程模型（SEM）来检验各个维度之间的关系，如表 11 所示。通常来讲，理想的卡方自由度数值在 1~3，但在 1~5 仍在可接受范围之内，RMSEA 应在 0.08 之下，同时 GFI、CFI、NFI、NNFI 值越接近 1 越好。表 11 数据反映出本研究所构建模型的拟合度在可接受范围之内。

表 11　相关性分析

χ^2	df	P	卡方自由度比	GFI	RMSEA	CFI	NFI	NNFI
—	—	>0.05	<3	>0.9	<0.10	>0.9	>0.9	>0.9
2560.702	652	0.000***	3.927	0.803	0.073	0.845	0.803	0.833

注：***、**、*分别代表 1%、5%、10%的显著性水平。

2. 假设验证

在路径检验的步骤中主要参考的数值为标准化路径系数和 P 值。标准化路径系数的绝对值在 0~1，越接近 1 说明相关性越强，非标准化系数为正数时呈现正相关，反之则为负相关；P 值表示路径的显著性水平，通常来讲当 P<0.05 时认为假设成立。如表 12 所示，可知功能价值、认知价值与视频会议倦怠呈负相关，成本价值、自我监控、他人监控与视频会议倦怠呈正相关，视频会议倦怠与心理表现和行为表现均呈现正相关，心理表现与行为表现也呈现正相关，因此假设 H2、H4、H5、H6、H7 和 H8 成立，假设 H1 和 H3 不成立。根据标准化回归系数可知，功能价值和认知价值对于视频会议倦怠影响较小，视频会议倦怠对与行为表现的影响较小，而行为表现通常受心理表现的影响较大。

表 12　模型回归系数

Factor(变量)	→	分析项(显变量)	非标准化系数	标准化系数	标准误	Z	P
功能价值(FV)	→	视频会议倦怠(VCF)	-0.189	-0.141	0.048	-3.922	0.000***
成本价值(VC)	→	视频会议倦怠(VCF)	1.122	0.652	0.202	5.548	0.000***
认知价值(CV)	→	视频会议倦怠(VCF)	-0.208	-0.254	0.047	-4.481	0.000***
自我监控(SM)	→	视频会议倦怠(VCF)	0.697	0.481	0.349	1.997	0.046**
他人监控(OM)	→	视频会议倦怠(VCF)	0.671	0.493	0.076	8.808	0.000***
视频会议倦怠(VCF)	→	心理表现(PF)	0.603	0.58	0.11	5.497	0.000***
视频会议倦怠(VCF)	→	行为表现(BF)	0.199	0.247	0.085	2.336	0.019**
心理表现(PF)	→	行为表现(BF)	0.433	0.558	0.094	4.619	0.000***

注：***、**、*分别代表1%、5%、10%的显著性水平。

五　结论与讨论

（一）结论：视频会议倦怠的生成机制

本研究从感知价值的视角切入，运用扎根理论这一质性研究方法，在SSO理论模型的基础上构建了研究模型，通过分析得到结论：功能价值、认知价值负向影响视频会议倦怠，成本价值、自我监控、他人监控正向影响视频会议倦怠。

1.感知价值对视频会议倦怠的影响向度

研究结果揭示，功能价值、成本价值、认知价值、自我监控和他人监控等五个方面的感知价值能够影响并导致视频会议倦怠的产生。第一，功能价值负向影响用户的视频会议倦怠，在实际使用中视频会议应用倘若不能达到预设的期待或者实际使用体验感较差时，使用者会产生负面情绪，过于繁杂的或不够完善的功能也会给用户的使用带来困扰。第二，认知价值负向影响用户的视频会议倦怠，当用户感知到其中所需要耗费的大量时间成本和情绪成本后，倦怠情绪便会随之而来。第三，成本价值正向影响用户的视频会议倦怠，庞杂的信息数量、飞速的信息传播速度以及低质量的信息内容正不断消磨用户的内在信息处理系统[①]，信息的传达和接收的效果远不及面对面的传播形式，需要用户有较高的专注度和卷入度。第四，自我监控和他人监控正向影响用户的视频会议倦怠，用户在视频会议中会观察并审判自己的形象，往往会按照会议的场合或者内容来修饰自己的形象，抑或根据希望他人对自己的形象认知去进行"表演"，倦怠的心理便会随之产生。

2. 感知价值对视频会议倦怠的影响程度

研究结果表明，成本价值对视频会议倦怠的影响最为显著，其标准化回归系数为 0.652，这说明用户对于在视频会议中投入的时间、精力、情绪等成本最为关注，只有当用户感知到在这个过程中付出的成本越少，相应的倦怠感才会减轻，进而减少负面情绪以及负面使用行为的产生。其次是他人监控和自我监控，其影响程度分别为 0.493 和 0.481。认知价值和功能价值的影响相对较小，分别为 -0.254 和 -0.141，视频会议本身内容的价值以及视频会议软件功能的可用性和易用性并不会对视频会议倦怠产生太多的影响。由此可以得出，监控感知是影响倦怠产生的重要原因，视频会议使用者当感知到较强的自我监控时，会根据参会群体的特征和偏好有意识地规范自己的行为，以符合参会群体的期望。然而，这种持续的自我监控和行为调整可能会消耗大量的心理资源，从而导致倦怠的产生。在监控理论中，他人导向更加侧重于满足他人的需要。在视频会议等远程交流场景中，高自我监控者通过满足他人的需要来建立和维护良好的人际关系。然而，这种持续的他人导向也可能导致个体忽视自身的需求和感受，从而增加倦怠的风险。

3. 感知价值对视频会议倦怠的影响后果

通过研究发现，当用户的视频会议倦怠之感不断积累，便会引发不

---

① FARHOOMAND A F, DRURY D H, Managerial Information Overload, *Communications of the ACM* 45, 2002.

同程度的心理和行为上的表现和反应。心理表现包括被强迫感、烦躁感、尴尬感、无趣感、忧虑感，行为表现包括回避行为、转移行为、忽略行为、忍耐行为、调节行为以及产生逃离意向。由于视频会议耗时长、内容无趣、内容质量低等特点，用户极易产生烦躁、无趣等负面情绪，而由于视频会议的使用场景大多为学校课程、公司例会等，具有强制性和任务性，使用者也会产生担心被点名、被提问等忧虑情绪。而在研究中发现，心理表现和行为表现之间也具有正相关的关系，即产生负面心理反应后也会随之带来一系列的消极行为，例如使用者会选择在会议进行中同时做其他事情、假借网络故障客观状况等来回避被提问、开启静音功能来拒绝接收会议信息等，或者内心想逃离但由于其强制性而只能忍耐所产生的逃离意向。根据研究数据可知，当用户产生视频会议倦怠后相比于直接的行为表现更易发生情绪上的波动，而行为表现则更有可能是心理表现所导致的。

（二）讨论：视频会议倦怠的规避法则

1. 优化功能价值与认知价值

简化功能与提升易用性，减少视频会议软件的冗余功能，确保核心功能的高效、易用，避免过于繁杂的操作流程。进行用户调研，根据用户反馈持续优化界面设计和操作流程，降低用户的学习成本和使用难度。提升内容吸引力，确保会议内容有价值、有趣且紧凑。使用多媒体元素（如图表、视频片段）丰富会议内容，提高信息传达的效率和趣味性。增加互动环节，设置有趣的讨论话题等方式来激发用户的兴趣和积极性，同时，控制会议时长，减少用户的时间成本和情绪成本。

2. 降低成本价值的影响

提高信息传达效率，通过提前发送会议议程、资料等方式，帮助参会者提前了解会议内容，减少会议中的信息接收压力。同时，会议主持人应控制发言时间，确保信息传达的准确性和高效性。做好情绪管理，鼓励会议中的正面交流，减少负面情绪的传播。营造积极、和谐、轻松的会议氛围。

3.减轻自我监控与他人监控的压力

在会议开始前，明确每个人的角色和期望，减少参会者的不确定性和焦虑感。通过清晰的会议目标和分工，帮助参会者专注于自己的任务，而不是过度关注自己的表现。促进真实交流，鼓励参会者以真实的自我参与会议，减少"表演"的需求，会议组织者可以设定轻松、开放的交流氛围，让参会者感到舒适和自在，降低用户对自我形象的过度关注。

4.关注心理与行为反应

提供情绪支持，会议组织者应关注参会者的情绪变化，及时给予关心和支持。在会议中设置休息时间，让参会者有机会放松和调整心态。对于出现回避、转移等负面行为的参会者，会议组织者应及时给予引导和纠正，避免负面情绪的累积和扩散。同时，鼓励参会者积极表达自己的想法和需求，共同寻找解决方案。

5.持续改进与反馈机制

建立反馈渠道，设置会议后的反馈环节，鼓励参会者提出意见和建议。引入智能化工具，利用 AI 技术、虚拟现实技术、大数据分析等手段，为用户提供个性化的更加沉浸式的会议体验与服务，提高用户的满意度和忠诚度。

参考文献

宋耀武、齐冰：《自我监控研究的新进展》，《心理与行为研究》2003 年第 4 期。

KARR-WISNIEWSKI P, LU Y, When More Is Too Much：Operationalizing Technology Overload and Exploring Its Impact on Knowledge Worker Productivity, *Computers in Human Behavior 2*, 2010.

RAVINDRAN T, YEOW KUAN A C, HEO LIAN D G, Antecedents and Effects of Social Network Fatigue, *Journal of the Association for Information Science and Technology 65*, 2014.

RUAM J, BRANDT M, Institut für Beschäftigung und Employability, https：//www.ibe-

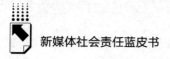

ludwigshafen. de/wp - content/uploads/2020/09/IBE - Studie - Zoom - Fatigue. pdf, Last retrieved: December 2, 2024.

SHOCKLEY K M, GABRIEL A S, ROBERTSON D, et al. , The Fatiguing Effects of Camera Use in Virtual Meetings: A Within-Person Field Experiment, *Journal of Applied Psychology 106*, 2021.

B.11
自动化算法新闻的伦理风险分析[*]

罗 昕 刘心怡[**]

摘 要: 自动化算法新闻是基于自然语言生成技术,通过从私人或公共的数据库选取数据,分配预选和未选数据特征的相关性,将相关数据集合结构化为一种语义结构,并在线上或线下平台发布最终文本的新闻形态。自动化算法正在变革传统的新闻业,数据驱动提升了传统新闻生产流程效能,算法处理技术解放了记者的生产力,最终生成的个性化内容优化了受众的体验。自动化算法新闻也面临着伦理风险:隐私泄露和权责模糊侵犯用户权益,数据偏差和算法偏见威胁社会稳定,价值偏移和新闻操纵引发行业危机。因此,新闻的传受双方要提升自身算法素养,规制部门要完善算法治理体系,社会各方共筑伦理风险防范体系,推动自动化算法新闻在"技术向善"的指引下健康发展。

关键词: 算法新闻 自然语言生成 伦理风险 风险规避

2024年是中国新闻传播业的双重节点。一方面,媒体融合发展走过十年,主流媒体通过改革机制体制、重塑业务链条、拓宽服务范围,在资源凝聚力、内容生产力、服务创新力等方面显著提升,全媒体传播体系初显雏形。另一方面,生成式人工智能异军突起,算法"比用户更懂用户自己",

---

[*] 本文为国家社科基金重大招标项目"媒体深度融合发展与新时代社会治理创新模式研究"(项目编号:19ZDA332)阶段性成果。

[**] 罗昕,暨南大学新闻与传播学院教授,主要研究方向为媒体融合、互联网治理;刘心怡,暨南大学新闻与传播学院硕士研究生,主要研究方向为媒体融合、互联网治理。

大数据驱动内容生产，技术浪潮席卷全球，在传播领域掀起继互联网兴起后的又一轮重大变革。

人工智能与新闻业的融合逐渐打破了传统新闻的生产方式，人工智能和算法带来的新质生产力重构了生产流程，不仅提升了内容生产和传播的效率，还推动了新闻个性化和互动性的发展。随着传统媒体的运作模式改变，移动客户端、手机网站等新业态应运而生，自动化算法新闻、聊天机器人进入用户的视野中。人工智能与新闻业的变革速度越来越快，人、机器、行业、社会之间的关系发生深刻变化。

一　自动化算法新闻的概念与特征

算法新闻是一个用于描述新闻领域近期技术变革所产生的程序的术语，学者康斯坦丁·尼古拉斯·多尔（Konstantin Nicholas Dörr）将其定义为一种自然语言处理的自动或半自动过程，即通过从私人或公共的数据库选取数据，分配预选和未选数据特征的相关性，将相关数据集合结构化为一种语义结构，并在线上或线下平台发布最终文本[1]。学者安德里亚斯·格雷费（Andreas Graefe）则认为，算法新闻是一种"使用软件或算法自动生成新闻故事的过程，无需人工干预"[2]。"算法新闻"概念也常常与计算新闻、机器人新闻和自动化新闻等类似概念互换使用[3]。

自动化内容生产的基础是自然语言生成（Natural Language Generation，NLG）技术，该技术被定义为"从数字结构化数据中自动创建文本"[4]，于

---

[1] Dörr K N, Mapping the Field of Algorithmic Journalism, *Digital Journalism* 4 (2016).

[2] Graefe A, *Guide to Automated journalism*, New York: Tow Center for Digital Journalism, Columbia University, 2016.

[3] Dörr K N, Mapping the field of Algorithmic Journalism, *Digital Journalism* 4 (2016); Montal T, Reich Z, I, Robot. You, Journalist. Who is the Author? Authorship, Bylines and Full Disclosure in Automated Journalism, Digital Journalism 5 (2017); Anderson C W, Towards a Sociology of Computational and Algorithmic Journalism, *New Media & Society* 15 (2013).

[4] Caswell D, Dörr K N, Automated Journalism 2.0: Event-driven Narratives: From Simple Descriptions to Real Stories, *Journalism practice* 12 (2018).

20 世纪 50 年代在机器翻译背景下首次出现。过去几年内，NLG 呈指数级增长和发展态势，许多行业将 NLG 和 AI 结合为特定的工具，用于进一步改善自身的产品和服务。新闻媒体行业也不例外，自动化算法新闻就是典型代表。

早期算法新闻主要基于统计数据来展开报道，常见的报道主题为体育、天气、经济、房地产分析等。2006 年，路透社宣布转向使用自动化技术报道新闻，在其线上新闻平台生成财经新闻。美联社使用自动化技术，每年能报道 1 万场小型棒球联赛。在国内，腾讯公司的新闻写作机器人"Dreamwriter"、新华社开发的"快笔小新"写作程序等，都引起了业界不小的反响。自此，自动内容生产不断进步发展，更广泛地应用在新闻媒体中，甚至生成的文本几乎无法与人类写作相区分开。

从生产流程来看，自动化算法新闻具有时效性、多元性、交互性等特点。时效性指基于算法技术的高效和智能实现，自动化算法能够快速处理和分析可获取数据库中的大量数据，省去了人力检索和分析数据的时间，及时生成新闻内容。这种特性使得新闻报道能够迅速反映最新事件和趋势，满足读者对即时信息的需求。多元性指自动化算法新闻涉及的内容和角度更全面，不同于知识储备有限的人类，大数据、算法、深度学习等技术能从现有的海量数据库中选择最有价值的材料用于报道，满足受众的多元信息需求。交互性体现在用户和新闻之间的关系中，一方面，算法能根据用户偏好、地域特征等信息向其推荐个性化的新闻；另一方面，用户也可以主动向系统喂送数据或发送偏好请求，自主选择需要的新闻内容并参与到新闻讨论中。

二　自动化算法新闻为新闻业带来的创新表现

AI 在新闻业的应用是一个里程碑式的转折点，数据研究机构 Zipdo 的数据显示，出版业中超过 42% 的出版商在其生产流程中采用了 AI 技术[①]。机

---

① AI In The Publishing Industry: Impressive Stats Show Significant Impact, https://zipdo.co/ai-in-the-publishing-industry-statistics/, 2024-07-25.

器介入后，新闻生产全流程几乎都被革新，同时也给传统新闻传播链路中的传受双方带来了新的角色体验。

（一）数据驱动提升内容质量

结构化数据是语义生成系统的运作基础和主要成分。康斯坦丁·尼古拉斯·多尔（Konstantin Nicholas Dörr）总结提炼了算法新闻 I-T-O 框架，即基于技术流程将自动化新闻生产划分为输入（input）、处理（thoughput）、生成（output）三个部分[1]。输入环节由数据库和生成新闻内容的需求组成，即算法从现有的数据库中识别并提取匹配用户需求或预期的信息数据，同时明确生成内容的需求，如叙事重点、报道类型等，为数据处理和文本生成做准备。处理环节指用预先设定的语言和统计规则处理数据，生成环节指最终用自然语言输出文本。

传统的新闻生产环节中，数据的挖掘和获取往往是难点。一方面，受困于人力，机械的数据检索工作占用了记者大量的工作时间，削弱了新闻的时效性。例如，数据新闻的选题和制作高度依赖于数据的可获取程度，若人工收集数据的时间较长，生产周期也会相应地被拉长。另一方面，技术壁垒和专业壁垒阻碍了数据的获取和利用，财经、科技等领域的数据库体量相对庞大，非专业出身、未掌握代码的记者需要耗费更多的时间和精力来完整采集并准确理解数据，而掌握专业知识的专家和能使用专业爬虫工具的程序员又未必了解记者的工作要求。

从数据中得出的有效结论、洞察、预测是一篇报道的核心竞争力，特别是财经、体育、气象主题的新闻报道。有了庞大完整的数据库和强大的算法，算法新闻在生产过程中能更高效地分析发现数据间显著的相关性，反向验证复杂的想法和假设[2]；还能更敏锐地捕捉到自然灾害、事故等异常情

---

[1]　Dörr K N，Mapping the Field of Algorithmic Journalism，*Digital Journalism* 4（2016）.

[2]　Latar N L，The Robot Journalist in the Age of Social Physics：The End of Human Journalism? *The New World of Transitioned Media*：*Digital realignment and industry transformation*；ed. *Gali Einav*，（Switzerland：Springer Cham，2015）.

况，或监测到有舆情风险的新闻。如 2014 年，《洛杉矶时报》的应用程序 Quakebot 密切监控美国地质调查局的数据，仅在加州地震停止三分钟后就自主完成并发布了一篇地震报道。

此外，数据挖掘还具有拓宽新闻传播面向的功能，如发现新的社会趋势并自动定位目标人群，实现更精准高效的内容分发。如美联社与 NewsWhip 公司合作开发了一种新工具，可以帮助新闻从业者追踪美联社所发布内容的使用情况，并分析这些内容如何推动了会员和客户的社交参与，从而进一步作用于内容的调整，以满足用户未来的数字需求[①]。

（二）算法处理解放记者工作

算法的一个简单定义是"对给定数据集执行的一组系统操作"——本质上是一个过程[②]。计算机的运行离不开四种基础的数据操作：创建（Create）、读取（Read）、更新（Update）和删除（Delete），简称 CRUD。数据集越大，计算机通过算法能执行的工作也就越多。当数据集足够庞大（如大数据），计算机就能基于既定模式以不固定的方式执行工作指令，同时进行机器学习。在新闻领域，算法在以数据为主要报道基础的新闻内容生产中承担原属于记者的工作，从而使人类记者的角色发生了转变。

数字新闻时代带来了庞大的互联网数据，记者的工作场域从现场转为线上——捕捉海量的互联网数据，用数据还原现场，最后生成报道。对于记者来说，从信息稀缺的世界转变到内容数据过剩的网络世界是困难的，需要分秒必争地在大量的视频、音频、图像和文本中做筛选，精准识别出非正常、有新闻价值的内容，随后围绕选题跟踪报道并进行事实核查。此外，报道筹备之初，庞大、繁杂、难以理解的专业数据也给新闻记者的工作带来了许多

---

① Guest Post: How the Associated Press Uses NewsWhip to Find and Track the News? https://www.newswhip.com/2016/04/guest-post-associated-press-use-newswhip/, 2016-04-19.

② The Newsreel Project Consortium, Newsreel2-New Teaching Fields for the Next Generation of Journalists-Research Report; ed. Martinho A P, Crespo M, Andrade W, et al, (Dortmund: Erich Brost Institute for International Journalism, 2021).

阻碍,处理这些数据集将耗费大量的人力,影响了新闻发布的时效性。

算法技术介入后,记者从新闻生产的主要执行者转变为统筹者,从机械、重复度高、效率低的人力工作中解脱,大量的数据内容将由预设的算法分析处理,即使记者未完全掌握分析体育或财经领域数据的能力,也能快速生成并发布完整的新闻报道。例如,西班牙 Diario AS 的记者在报道足球新闻时用"足球数据套件"(Football Data Suite)来分析足球统计数据,从而在比赛结束后快速发出赛事战报。英国的算法工具 Bellingcat 审查多个开放数据源,被记者用于跟踪和描绘英、法、美三国政府针对在新冠疫情中倒闭企业的财政支持情况。

过去,准确理解特定专业领域的数据对记者来说是一大挑战;现在,借助人工智能和算法展开数据挖掘成为解决这些所谓的"大数据"的唯一合理方法[①],从另一个角度说,自动化算法新闻似乎在一定程度上"摆脱"了记者,算法技术本身成为新的"新闻把关人",记者则更多地承担二次审核与监督任务。

最后,算法新闻同样也需要"把关",但记者不再是唯一的"把关人",事实核查的环节中出现了技术。英国的 Full Fact 网站使用人工智能来识别公众人物的主张,然后将其与公开的统计证据联系起来,用以检查其主张的有效性。美联社则是开发了同类内部验证工具,可帮助记者实时验证多媒体内容。此外,随着区块链技术的发展与应用,技术协助事实核查也不局限在新闻报道上,而是逐渐将注意力转向识别虚假或捏造的消息来源,试图从更多内容生产链路的上游有效杜绝虚假信息。

(三)个性化生成优化受众体验

自动化算法新闻生产的末端环节是生成(output),通过算法的分析与处理,系统最终以自然语言输出新闻文本,并在线上或线下平台发布并分发

---

① Kitchin R, Big Data, New Epistemologies and Paradigm Shifts, *Big Data & Society* 1(2014):
https://doi.org/10.1177/2053951714528481.

给用户。

在新闻分发环节中应用算法早已不是新鲜事，无论是聚合型新闻平台，还是官方主流媒体的新闻客户端，都离不开数据分析和算法技术，即系统根据受众的偏好和行为定制内容分发，考虑了用户人口统计、地理位置和内容参与度等因素。例如，如果用户经常阅读科学文章，应用程序的算法会优先推荐更多与科学相关的内容，以提高用户参与度。

媒体从受众角度出发，比精准分发新闻内容更具创新性的做法是为用户定制内容。新闻的作用之一是消除读者对周围环境的不确定性，在信息井喷的互联网中，用户对周遭环境的"不确定"体现在其在社交媒体中的浏览偏好、内容输出、文本情感等方面。自动化算法新闻基于内容分发环节中的算法与数据分析技术，将用户的偏好、行为、信息需求视作可被获取的数据，即数据库的一种，纳入新闻自动化生成的输入和处理环节中，从而生成定制化的新闻文本，最常见的是多语言的新闻文本。如路透社开发的针对社交媒体推特（Twitter）的算法预警程序"新闻追踪者"（News Tracer），运用算法评估发布者的用户资料、认证情况、关注者和被关注者、消息的传播方式等700余项指标，帮助记者判断一则推文的可信度，并利用机器学习发现被广泛讨论的事件，判断其是否具有新闻价值[1]。当自动化技术和算法进入生成环节，输出的新闻报道更贴合不同受众群体的偏好和需求。

哥伦比亚大学数字新闻中心发布的《自动化新闻指南》指出，在最极端的情况下，算法甚至可以只为单独的一名用户创造新闻[2]。例如，美联社旗下公司 Automated Insights 会为游戏雅虎梦幻足球（Yahoo Fantasy Football）的每位玩家生成个性化比赛日报告。同样，美国著名自动化科技公司 Narrative science 的核心业务之一就是为个体客户自动生成金融市场报告。除了新闻选题外，新闻文本的表达也同样有定制化和个性化的发展空间。如

---

① Reuters News Tracer, https：//www. reutersagency. com/en/reuters – community/reuters – news – tracer–filtering–through–the–noise–of–social–media/, 2017–05–17.

② Graefe A, *Guide to Automated journalism*, Columbia：Tow Center for Digital Journalism, Columbia University, 2016.

算法在创建体育赛事的报道时，可重点关注读者最感兴趣球员的表现，增加描述的篇幅；也可以根据读者的需要讲述同一个故事，如基于读者需要的情绪价值，用热情的语气为获胜球队的支持者撰写，或用同情的语气为输球球队的支持者撰写。

视频网站 Netflix 的前数据科学家泽维尔·阿马特里安（Xavier Amatriain）曾说："系统算法比你更了解你自己。"在新闻传播的过程中，更精准的"定制"不是由记者和媒体机构来完成，而是用户主动将"数据"递交给算法。2015 年，美国科技公司 Automated Insights 推出了其产品 WordSmith 的新测试版，允许用户上传自己的数据，预先编写文章模板，并自动从数据中创建新闻文本；德国公司 AX Semantics 通过其 ATML3 编程语言也实现了类似的功能。与媒体机构在算法中加入自身立场、价值观的思路类似，用户不再是被动地接收被认为需要的信息，而是完全发挥主观能动性自主上传专属于自己的原始数据，以一种更积极的态度加入自动化新闻生产的流程中。

三　自动化算法新闻的主要伦理风险

新事物的出现往往伴随着风险，自动化算法新闻给新闻业和社会的发展带来了丰富的可能性，但技术创新之下也存在许多伦理风险，从个体权益到社会发展，再到新闻业赖以生存的公众信任，都需要引起学界和业界的关注。

（一）隐私泄露和权责模糊侵犯用户权益

透明度是"新闻业内外的人都有机会监督、检查、批评甚至干预新闻过程的方式"[1]，因此，媒体要做到内部决策行动者透明和信源透明。当算

---

[1] Deuze M，What is Journalism? Professional Identity and Ideology of Journalists Reconsidered，" *Journalism* 6（2005）.

法介入新闻生产，"算法透明度"同样备受关注，其包括决策中使用的数据、如何处理这些数据以及输出。随之而来的伦理风险集中在两方面：一是科技公司滥用数据，侵犯用户隐私，二是算法决策黑箱模糊了责任主体，加之待完善的法律制度，侵犯了内容生产者的知识产权。

信息隐私与用户自主权密切相关，在互联网中收集个人信息普遍遵循"知情同意"原则，即任何实体在征集个人信息前，须通过明确的隐私政策向用户清晰揭示其数据收集活动，并赋予信息主体选择权，即决定是否授权此种数据收集行为。近年，科技巨头常被指控未经许可非法搜集用户数据，例如，谷歌曾在 2018 年被指控绕过 iPhone 手机 Safari 浏览器的隐私设置，收集英国 440 万用户的个人信息供广告主使用[1]；随后在 2020 年，用户再次指控谷歌浏览器中的"隐身模式"仅能删除用户端的浏览痕迹，实则仍在搜集用户的使用数据[2]。大量的用户身份和偏好信息，如年龄、地理位置、偏好等形成庞大的数据库，严重侵犯用户的隐私权益，且一旦数据库泄露或被入侵，结果是将公司甚至国家置于风险中。退一步说，即便算法新闻通过人工智能搜集的是非敏感性质的用户信息（如社交媒体发布内容），算法运行阶段可能通过信息整合与分析，无意间增强了个体的可识别性，如新闻故事中主人公的特殊经历，从而对社会公众的隐私安全构成潜在威胁。

随着算法新闻的出现，新闻生产的流程中纳入了越来越多的行动者，包括代理机构的算法、媒体组织、NLG 的程序员、服务提供商或数据收集者等。技术行动者的出现引发了对算法新闻作者身份归属的讨论：新闻的作者署名到底应该是谁？是机器和人类共享，还是只归因于算法、购买软件的人、数据提供者，或是归于"无作者"？随着新闻行动者的增加、作者署名"消失"，人们似乎同时失去了对机器的完全控制和判断信息的依据，出现

① Google Sued for Clandestine Tracking of 4.4m UK iPhone Isers' Browsing Data, https://www.theguardian.com/technology/2018/may/21/google-sued-tracking-44m-uk-iphone-users-browsing-data-apple-safari, 2018-05-21.
② Google Faces $ 5 Billion Lawsuit in U. S. for Tracking "Private" Internet Use, https://www.reuters.com/article/technology/google-faces-5-billion-lawsuit-in-us-for-tracking-private-internet-use-idUSKBN23933B/, 2020-06-03.

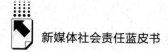

了"责任沟",即一篇自动生成的报道出现问题之后,责任主体指向不明,被侵权者维权困难①。

美国阿肯色州前州长迈克·赫卡比(Mike Huckabee)和畅销书作家莱莎·特尔科斯特(Lysa TerKeurst)等多人联合指控彭博社,称其未经许可就将原创书籍作品用于训练生成式人工智能系统 BloombergGPT,侵犯了原作者的知识产权②。用于机器训练的"Book3"数据集中包含从18.3万本盗版电子书中抓取的文本信息,被发布在开源人工智能研究社区 EleutherAI 中,Meta、微软、彭博社等多家科技公司都将其用于机器训练。在该案件中,责任主体包括彭博社、Book3 数据集的创建者和发布平台"EleutherAI"等,依照现有的法律,作者需要对各主体分别提起诉讼,大大提高了作者的维权成本。截至2024年10月,原告作者在案件的审理中暂未处于明显的优势地位。一方面,彭博社将以"合理使用"为辩护理由,称其通过大语言模型来优化金融报道属非商业用途的研究项目,这也将成为该类侵权案件的主要辩护点。另一方面,彭博社辩称,原告作者未能说明他们的哪些作品被抄袭以及如何被抄袭,仅仅依赖于宽泛、不明确的指控,未能提供有关彭博社使用其作品的细节③。而恰恰是因为各科技公司在数据抓取和算法运作的过程中存在不透明的"黑箱",给原告作者的取证和举证带来了困难和挑战。

(二)数据偏差和算法偏见威胁社会稳定

自动化新闻依赖于结构严密的数据集来运行,数据输入层面的道德问题需要关注。从数据本身来说,准确、可靠是自动化算法新闻生成的基本要求。错误的数据将直接输出错误的观点和结论,进而影响新闻读者和社会的决策。这在财经新闻中有直接体现,当作为基础数据集的财务报告、股票、

① 王晓培、常江:《新闻生产自动化伦理挑战——算法伦理分析的框架地图》,《中国出版》2019年第4期。

② Bloomberg Asks US Court to Toss Copyright Lawsuit Over AI training,https://www.reuters.com/legal/litigation/bloomberg-asks-us-court-toss-copyright-lawsuit-over-ai-training-2024-03-25/,2024-03-26。

③ Huckabee v. Bloomberg,https://www.bakerlaw.com/huckabee-v-bloomberg/,2024-05-03。

地震数据有错误或缺失且未被算法识别，系统将生成错误的报告和结论。由于 NLG 还不具有创造性或自学能力①，因此，算法新闻仍存在人为因素。例如，2016 年美联社曾在一篇关于格雷厄姆控股公司（Graham Holdings Co.）收益的自动化报道中错误地指出，该公司的股价自 2015 年初以来一直在下跌。而实际上，该公司股价 2015 年第一和第二季度上涨了 33%，相较上一年上涨 62%②，美联社通过机器运算得出了错误的结论。类似地，美国地质调查局在 2017 年误报了一场 6.8 级的地震，《洛杉矶时报》的地震新闻机器人 Quakebot 未核实数据便发布了相应的地震报道，并通过电子邮件推送给了每一位订阅的读者③。可见，尽管自动化算法新闻有很强的时效性，内容生产效率高，但其准确性高度依赖于数据库和算法决策，一旦出现偏差且未及时纠正，将影响个人和企业的决策，导致大规模经济损失，进而激发一系列社会不稳定因素。

算法偏见主要来源于算法训练标准、数据质量以及算法架构本身等，在自动化算法新闻的生产过程中，带有偏见的数据是产生偏见的主要来源之一④，系统在数据抓取时优先选择了反映现有社会偏见的脏数据而未被算法或人工识别⑤。例如，微软的生成式聊天机器人 Tay 与 Twitter 上的用户互动，吸收人类语言的自然形式，并使用人类的推文作为训练数据。短短几小时内，Tay 接受并学会了针对女性和黑人的仇恨言论，随后在平台上发表性

---

① Ehud Reiter, Natural Language Generation, The Handbook of Computational Linguistics and Natural Language Processin; ed. Alexander C, Chris F, Shalom L, Hoboken: Wiley-Blackwell, 2010.

② Correction: Earns-Graham Holdings Story, https://www.foxnews.com/us/correction-earns-graham-holdings-story? msockid=30971e9f442e6543195f0a6c457464b1, 2015-08-07.

③ A Massive Earthquake Was Reported in California Wednesday—by Mistake, https://www.washingtonpost.com/news/morning-mix/wp/2017/06/22/a-massive-earthquake-was-just-reported-in-california-turns-out-it-happened-in-1925/, 2017-06-22.

④ Shah H, "Algorithmic accountability," *Philosophical Transactions of the Royal Society* A 376 (2018): Article ID: 20170362.

⑤ Diakopoulos N, Koliska M, Algorithmic Transparency in the News Media, *Digital journalism* 5 (2017).

别歧视和种族歧视言论，变成了一个充满偏见的机器人[①]。此外，用于算法训练的数据很少会"从任何特定的实验设计"中获取[②]，即使是不准确、有偏倚或系统偏差，不能很好地代表所研究的人群或数据，也会被用于算法训练[③]。

算法新闻的价值观应该嵌入代码中。除了数据外，当偏见在代码运作中不断被强化，报道决策就会带入偏见。近年有出现过被用于促进谋杀和其他形式的暴力犯罪的自动化算法新闻案例。例如，2022 年 4 月，加拿大《多伦多星报》开始使用多伦多警察局的数据自动生成全市入室盗窃事件的报道，潜在的偏见风险在于，该系列报道可能会揭示如"在较不富裕和白人较少的社区中，越狱事件发生得更频繁"之类的结论，从而导致这些社区被污名化[④]。同时，一旦犯罪数据中出现纰漏且未被算法察觉，经 AI 和算法训练得出错误或极端的报告，很有可能造成社会恐慌、犯罪率增加、公民心理健康水平下降等严重后果。

（三）价值偏移和新闻操纵引发行业危机

在新闻的构成要素中，记者和媒体机构的公信力和报道的质量共同构成公众对具体某篇报道的评价和信任程度，进而决定采取行动与否。而算法不仅改变了新闻编辑室中人与机器之间的关系，重塑了新闻实践，还引发了关于新闻价值的伦理讨论——互联网生态和自动化工具撼动了传统的新闻价值

---

① 《微软聊天机器人上线 24 小时被教坏，变身满嘴脏话的不良少女》，https：//m. thepaper. cn/newsDetail_forward_1448368，最后检索时间：2016 年 3 月 25 日。

② Olhede S C，Wolfe P J，The Growing Ubiquity of Algorithms in Society：Implications，Impacts and Innovations，*Philosophical Transactions of the Royal Society* A 376（2018）：Article ID：20170364.

③ Richardson R，Schultz J M，Crawford K，Dirty Data，Bad Predictions：How Civil Rights Violations Impact Police Data，Predictive Policing Systems，and Justice，94 *NYUL Rev. Online* 192（2019）：Available at SSRN：https：//ssrn. com/abstract = 3333423.

④ What Types of Local News Stories Should be Automated? The Toronto Star is Figuring it Out，https：//www. niemanlab. org/2022/11/what - types - of - local - news - stories - should - be - automated-the-toronto-star-is-figuring-it-out/，2022 - 11 - 03.

地位。例如，Facebook 平台的新闻管理标准与传统的新闻价值观几乎没有相似之处，社交媒体平台更关注用户的社会关系或偏好而非新闻本身[①]；传统的欧洲媒体机构也在推进个性化新闻的发展，通过延长用户停留时间实现商业价值，或向利基受众传递新闻优化内容传播效果[②]。媒介技术发展与媒介生态演进不断影响网络新闻内容生产的价值规范，流量、用户、商业等价值的优先级逐渐越过经典的新闻"五要素说"，媒体生产的内容在满足经济效益的同时是否还能满足社会效益，消除人们对周边环境的不确定从而做出有利于自身发展的决策，成为用户心中的疑问。

如果说新闻价值标准的改变让用户重新审视新闻内容的质量，那算法推动下自动生成的虚假新闻则更直接地冲击了用户对媒体和新闻内容的信任防线。基于人为或偶然进入生成环节的"脏数据"，自动化内容生成机器可以在短时间内裂变大量的"假新闻"，误导公众对新近事实的判断和政治立场的选择。这也意味着新闻舆论的"可操纵性"更强，谁掌握了数据和技术资源，谁就能左右舆论风向，甚至影响国家政权的更迭。例如，在 2016 年美国大选中，谷歌的搜索结果排名将一条由 70News 发布的"假新闻"置于显著位置。该新闻称，特朗普以 70 万票的优势赢得了普选。实际上，根据哥伦比亚广播公司当时的最新新闻数据，克林顿实际上领先约 67 万票，普选票率高出特朗普 0.6%，随后，谷歌公司承认其算法确实存在问题，造成了虚假新闻的传播[③]。在总统选举这一重要政治事件中，广泛传播的虚假新闻将直接影响观众对候选人的判断和决策，算法的错误和偏向性将直接导致舆论偏移，有影响选举结果之嫌，选举的公平性和民主性也将大打折扣。

广泛使用技术创建自动化算法新闻存在新闻价值偏移、资本操纵新闻舆

---

① DeVito M A, From Editors to Algorithms: A Values-Based Approach to Understanding Story Selection in the Facebook News Feed, *Digital journalism* 5 (2017).

② Bodó B, Means, Not An End (of the World) – the Customization of News Personalization by European News Media, *Amsterdam Law School Research Paper* 9 (2018).

③ Google's Top Search Result for "Final Election Numbers" Leads to Fake News Site, https://www.cbsnews.com/news/googles-top-search-result-for-final-election-numbers-leads-to-fake-news-site/, 2016-11-14.

论等伦理风险，极大地影响了公众的媒体信任和新闻感知。路透社研究所发布的《2023年数字新闻报告》显示，读者整体上对算法新闻持怀疑态度，在全球受访人群中，只有19%的人同意"根据朋友的消费情况自动为他们生成新闻是一种获取新闻的好方法"，且自2016年起，人们对算法新闻的怀疑态度几乎没有改变①。《福布斯》2023年的调查也显示，76%的用户担心人工智能引起的错误信息②。相应地，风险也会反作用于媒体，破坏媒体机构在社会中的公信力、合法性和生存能力。新闻业被冲击后还可能导致更广泛的负面影响，如公共辩论水平下降，知情回避参与公共问题的讨论，进而破坏公众对民主进程的参与。

四　自动化算法新闻的伦理风险规避

在全球化的今天，风险社会在后真相时代愈演愈烈，社会更需要新闻业。我们更需要通过新闻求真履行新闻业的社会责任，引导失控的公共舆论。算法创新新闻业的同时也带来了伦理风险，我们需要采取有效的治理措施来规避这些风险，促进新闻业能够更好地履行社会责任。

（一）提升传受主体算法素养

2019年，北京智源人工智能研究院联合各大高校、科研院所和产业联盟共同发布《人工智能北京共识》（Beijing AI Principles）。文件中指出，人工智能的发展应该尊重人类的自主性，包括技术的研发应服务于人，尊重人的隐私、尊严、自由、自主、权利等③。一些学者关注算法自主学习对人类自主权的影响，并强调"人工智能的预测能力和推动能力，即使是无意的，

---

① Richard F, Kirsten E, Craig T R, *Reuters Institute Digital News Report 2023*, Reuters Institute for the Study of Journalism, 2023.

② Over 75% Of Consumers Are Concerned About Misinformation From Artificial Intelligence, https://www.forbes.com/advisor/business/artificial-intelligence-consumer-sentiment/, 2023-07-20.

③ Roberts H, Cowls J, Morley J, et al, The Chinese Approach to Artificial Intelligence: An Analysis of Policy, Ethics, and Regulation," *AI & Society* 36（2021）.

也应该促进而不是破坏人类尊严和自决"①。

算法带来的生产力变革固然可喜，但人的主体地位不可撼动。要将技术的主控权把握在人类主体的手中，简单来说就是提升大众的算法素养，只有提升个人对算法等技术的理解和应用能力，才能在日益被算法驱动的世界中做出明智决策。

另外，公民大众要加强自身对算法、人工智能等技术的认识和理解，具备审视算法客观性和公平性的能力。如了解算法的基本原理，即算法如何通过有序的步骤解决特定问题；要批判性地分析算法对社会的影响，主动辨认算法在信息筛选、新闻个性化推荐中的作用及潜在偏见，例如当发现新闻内容中的异常数据和结论时，可采取多方报道交叉验证的方式，或者及时通过社交媒体向发布媒体反馈。

审视之后，个人还要理解算法背后的数据处理逻辑及其对隐私权、知识产权的影响。算法技术能轻易地将互联网用户的信息和知识成果"收入囊中"。《中华人民共和国个人信息保护法》第十四条规定，无论是初始的数据收集阶段还是后续的数据利用阶段，均应当在数据主体明示同意的范围内进行。公民在使用算法技术支持的应用程序时应主动留意平台或机构相关的隐私政策、数据使用条例等，一旦判断到内容责任方或软件运营方未遵守"知情同意"规则，即自身隐私权益等被侵犯或被置于侵犯风险下，应主动用法律武器维护自身权利。例如，2019 年，杭州野生动物园将入园方式变更为人脸识别，作为年卡会员的郭某不同意注册人脸，并在双方协商无果后一纸诉状将动物园所属公司告上法庭。该案受到舆论广泛关注，被称为"人脸识别第一案"。案件中，当事人郭某作为法律专家，研究个人信息保护法律多年，凭借专业知识敏锐地发现了个人生物识别信息采集和使用中的问题。算法时代中的风险无处不在，提高算法素养能让每个算法技术使用者都有发现问题的潜力，如发现个人信息在报道中被披露、个人知识成果未经

---

① Yang G Z, Bellingham J, Dupont P E, et al, The Grand Challenges of Science Robotics, *Science robotics* 3（2018）：Issue14.

署名被盗用等，意识到权利被侵犯并积极维权将极大地推动更多主体注意并行动，规避技术带来的潜在伦理风险。

（二）完善人工智能算法法律体系

法律法规在技术治理中起到引领作用，完善的法律体系作为总抓手对算法新闻治理起到引领作用。目前，我国人工智能治理呈现地方式和场景式的特点，至今在国家层面还没有一部关于人工智能的专门立法或综合立法。因此，国家规制部门要加快制定人工智能的基础性和全局性法律，既促进技术在各行业领域健康发展，又能为技术风险提供兼具预防、控制和追责功能的法律保障。

具体来说，要借鉴国际上领先的数字立法思路，加快制定人工智能法律体系，以综合性法律统领人工智能算法的治理方向。如欧盟已建立起涵盖《通用数据保护条例》《数字市场法》等多部法律的数字立法体系，并在全球范围内率先颁布《人工智能法案》；我国《中华人民共和国民法典》《中华人民共和国数据安全法》《中华人民共和国个人信息保护法》等相关法律对深度伪造、人脸识别等技术做出了初步回应，体系化的监管将为人工智能快速发展提供重要推动力及安全保障。

此外，规制部门要以人工智能的应用场景为抓手，将行业立法提上日程。人工智能应用于各行业带来的创新变革不同，但涉及的伦理风险和侵权问题与其他法律讨论的范畴有交叉重复的地方，如自动化算法新闻涉及用户的隐私权、作者的著作权、数据安全等法律风险，因此立法部分要协调好新法和旧法的衔接关系，明确统一的第三方监管部门、审核制度标准和执行标准等内容。要根据行业特点将算法新闻的伦理规范纳入法律体系建设中，把握媒体行业中经济效益与社会效益的平衡，为促进算法技术与新闻业的互通互融提供完善的法律保障。

（三）构筑算法伦理风险防范体系

算法对新闻业的变革是一个动态的过程，在新浪潮的冲击下，仅从用户素养和立法层面规避风险远远不够，还需从顶层设计层面引领技术发展，巩固新闻记者在内容生产中的主体地位，更重要的是由掌握算法资源的科技公司推动技术纠偏，围绕生成式人工智能、算法技术在内容生产中的应用建立风险防范体系。

首先，有关政府部门要做好算法技术和新闻产品相融发展的顶层设计，将科技向善、算法正义、以人为本、公平等指导性理念纳入算法技术、新闻自动化生成相关的政策法规中，要求算法新闻符合主流价值观、保护用户隐私、维护社会稳定等，以此正确引导新技术、新成果的多元发展。

其次，媒体机构要巩固内容生产的主体地位，把握好个性化推荐和主流价值观引导的尺度。自动化算法新闻从主题选择、文本生成和推荐分发等环节为受众提供个性化内容，尼古拉斯·尼葛洛庞帝（Nicholas Negroponte）在30年前提出的"个人日报"有望由人工智能实现。同时，主流媒体具备引领社会舆论的能力并产生强大的社会影响力，在技术变革社会之际更有责任率先善用技术，推动社会的进步和发展。例如，我国主流媒体《人民日报》、央视新闻等优化算法推荐功能，在新闻客户端中加入主流媒体价值权重的"党媒算法"，向用户传递更符合主流价值观、正能量的优质内容。

最后，研发算法产品的网络服务商掌握大量丰富前沿技术资源和一手数据，应发挥自身特长推动技术纠偏，为算法偏差及其消极后果提供有效的解决方案。一方面，要打开研发产品的算法黑箱，提高新闻内容的算法透明度，通过外部审核纠正算法造成的偏见。如2018年今日头条资深算法架构师首次公开今日头条的算法原理，主动欢迎行业来问诊算法、建言算法，以纠正算法偏见和歧视等问题，消除各界对算法的误解。另一方面，网络服务商要推动技术纠偏，利用技术的精确和高效特质规避偏差结果带来的风险。如哈佛大学的研究项目社会科学一号（Social Science One）和脸书公司（Facebook）使用差分隐私（Differential Privacy）技术来安全发布 Facebook 上公开共享的 3800 万个统一资源定位器（Uniform Resource Locator），用于

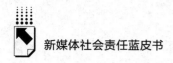

社交媒体社会影响力的学术研究①。这种技术进步允许组织公开共享数据集，同时防止个人信息被重新识别，实现对敏感数据的隐私保护②。

五　结语

自动化算法新闻的出现意味着一场深刻的变革，重新定义了新闻规范和实践，记者的工作内容被算法替代，受众接收的信息由自然语言生成技术和智能推荐"定制"，新闻信息传播者与受者角色走向融合。更重要的是，新闻的生产被颠覆，数据和技术推动新闻业向前迈进。

正如尼尔·波兹曼（Neil Postman）所言，"每一种技术都既是包袱又是恩赐"。蓬勃发展之下，自动化算法新闻的伦理风险潜藏在新闻生产流程各环节中。输入环节，基于大数据技术的数据抓取将直接带来侵犯用户隐私权和知识产权的风险；处理环节，数据偏差和算法偏见造成的消极后果将威胁社会稳定运行；生成环节，生成式算法新闻中存在的价值偏移和潜在的资本操纵将降低公众对新闻业的信任，甚至引发行业危机。因此，积极的伦理风险规避措施势在必行，应加快提升传受主体的算法素养，推动监管部门的规制进程，建立伦理风险防范体系，全方位牢固构筑防范算法技术风险的"保护伞"。

---

① Unprecedented Facebook URLs Dataset Now Available for Academic Research through Social Science One，https：//socialscience. one/blog/unprecedented－facebook－urls－dataset－now－available－research－through－social－science－one，2020－02－13.

② Wang S，Jiang X，Singh S，et al，Genome Privacy：Challenges，Technical Approaches to Mitigate Risk，and Ethical Considerations in the United States，*Annals of the New York Academy of Sciences* 1387（2017）.

B.12
生成式人工智能在新闻业中的社会责任：
机遇、挑战与应对策略*

张 屹 李洁琳**

摘　要： 生成式人工智能（Generative AI）是一种利用机器学习模型生成新数据的技术。它在新闻领域的应用，提升了新闻生产的效率与规模。但生成式人工智能的应用也引发虚假新闻、歧视和偏见、数据滥用、侵犯隐私和版权等社会责任问题。结合新闻从业人员对生成式人工智能的反馈，为促进生成式人工智能在新闻业中的健康发展，应考虑用新闻价值观引领生成式人工智能的应用，完善相关法律法规和行业规范，加强安全监管和建构评估体系等。这些措施的目的是进一步推动新闻业中生成式人工智能的合理规范使用，提升新闻业的社会责任水平。

关键词： 生成式人工智能　新闻业　社会责任

一　引言

生成式人工智能（Generative AI）是一种利用机器学习模型生成新数据的技术。生成式人工智能为图像合成、文本生成、音乐创作，甚至类人聊天

---

* 本报告为广东省哲学社会科学规划一般项目"广东主流媒体海外社交平台的传播实践及效能提升研究"（项目编号：GD23CXW01）阶段性研究成果，广东技术师范大学"创新强校项目"（项目编号：2021SDKYB001）阶段性研究成果。

** 张屹，文学博士，广东技术师范大学教授，主要研究方向为网络与新媒体传播；李洁琳，广东技术师范大学文学与传媒学院硕士研究生，主要研究方向为新媒体传播。

机器人等应用开辟了新的途径。[1]

在全球范围内，生成式人工智能在新闻业中得到广泛应用，其应用涉及从新闻采集写作到编辑发布等多个环节。自 2023 年 2 月"文心一言"发布，短短一个月时间就有 650 家合作伙伴接入文心一言。据世界新闻出版协会调查可知，49%的调查受访者（来自世界各地的记者、编辑共 101 位受访）表示他们的新闻编辑室正在使用 ChatGPT 等人工智能工具。但是，只有 20%的受访者认为他们在使用人工智能工具方面获得了指导。[2]

尽管生成式人工智能在提高新闻写编发效率和增强新闻制作能力方面具有显著优势，但也面临着诸多挑战和问题，如虚假新闻、版权侵权、深度伪造、偏见歧视等问题频频出现。学术界对于生成式人工智能在新闻业中的影响、新闻教育变革、版权侵权等有所关注，但是从社会责任的角度探讨生成式人工智能的研究较为少见。在此背景下，审视生成式人工智能在新闻业中的应用与引发的社会责任问题，提升新闻业中生成式人工智能应用的社会责任水平是现实急需。

二 机遇：生成式人工智能在新闻业中的创新应用

生成式人工智能在新闻业中正以史无前例的速度推动创新，从新闻内容的自动撰写到数据新闻的可视化，从新闻内容的个性化推荐到多语言实时翻译新闻，其应用正在逐渐改变新闻生产、传播与消费的方式。

（一）自动化新闻写作

自动化新闻写作在新闻业中的应用经历了不同的探索阶段。其实际应

---

[1] Chaoning Zhang, et al. "A Complete Survey on Generative AI (aigc): Is Chatgpt from GPT-4 to GPT-5 All you Need?" arXiv preprint arXiv: 2303. 11717, 2023.

[2] WAN-IFRA. "New Survey Finds Half of Newsrooms Use Generative AI Tools; Only 20% have Guidelines in Place", https: //wan-ifra. org/2023/05/new-genai-survey/, Last retrieved: July 25, 2024.

用，最早可以追溯到 20 世纪六七十年代，当时出现了第一代文字处理工具，完成自动化写作的早期工作，比如拼写和语法检查，以及引入软件驱动的文字编辑、排版和制作流程。2014 年，全球主要新闻组织之一的美联社开始使用 Automated Insights 的 Wordsmith 平台自动化写作季度公司财报，自动新闻撰写引发广泛关注。①

在国内，新华社、腾讯新闻、澎湃新闻、新浪财经、《南方都市报》、《人民日报》等多家媒体都已将自动化新闻写作引入新闻生产领域。《人民日报》开发的智能产品"人民日报创作大脑"能够进行自动化新闻写作，同时还具备多模态内容生成能力。《南方都市报》开发的"小南"AI 写作机器人，自 2017 年 1 月发布，截至 2023 年 3 月已经生成稿件超过 10 万篇，每篇稿件最快生成速度只有 3 分钟。② 这些生成式人工智能工具能够分析复杂的数据集并生成简短的新闻摘要，帮助记者快速高效地处理大量数据。

从全球范围内来看，世界主要的媒体机构都在探索自动新闻写作。如：英国广播公司（BBC）通过其 News Labs 项目探索生成式人工智能，开发了一套自动化工具来生成有关地方新闻和选举结果的报道。这些工具帮助 BBC 制作了近 700 篇报道，影响比较大的是报道了 2019 年 12 月的英国大选，其中包括 40 个用威尔士语写的故事。③ 2024 年 4 月《新闻周刊》（*Newsweek*）推出了一款定制的人工智能视频制作工具，以报道突发新闻。④

由以上自动化新闻写作的发展历史及其代表性案例可知，自动化新闻写作的创新经历了三个阶段，分别是模板阶段、数据驱动阶段、自动写作系统阶段。

---

① Andreas Graefe, "Guide to Automated Journalism", https：//data. journalism. columbia. edu/sites/default/files/content/ guide-to-automated-journalism. pdf, Last retrieved：July 28, 2024.

② 南方都市报·湾财社：《海量财经数据、3 分钟生成新闻 大湾区首个 AI 财经记者来了》，https：//finance. eastmoney. com/a/202303282676337286. html，最后检索时间：2024 年 8 月 2 日。

③ Samuel Danzon-Chambaud, "The Tow Center Newsletter：Experimenting with Automated News at the BBC", https：//www. cjr. org/tow_center/the-tow-center-newsletter-experimenting-with-automated-news-at-the-bbc. php, Last retrieved：August 3, 2024.

④ Andrew Deck, "Newsweek is Making Generative AI A Fixture in Its Newsroom", https：//www. niemanlab. org/2024/04 /inside-newsweek-ai-experiment/, Last retrieved：August 3, 2024.

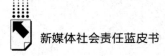

其一，早期简单模板阶段主要是通过预设语言模板，将金融数据导入模板，生成格式化财经短讯，这种方式生成的新闻内容单一、语言僵化，很容易被识别出是机器生成的文本。其二，数据驱动阶段，引入自然语言处理技术，以 StatsMonkey 系统为代表，能够理解和分析数据的深层含义，生成具有一定故事性的体育赛事报道，这一阶段的系统虽然展现出一定的"智能性"，但是局限于特定领域的应用。其三，自动写作系统阶段，自动写作系统已经能够结合上下文语境，生成自然流畅的新闻文本。例如，ChatGPT 在新闻写作中，不仅能够生成多样化的主题新闻，而且能够结合不同平台以及不同受众的喜好与需求，生成不同风格的新闻文本。

如今，自动化新闻写作已经由最初的财经、体育新闻报道领域，扩展到时政新闻、科技新闻、民生新闻等广泛领域。值得关注的是，自动新闻写作探索人机协作模式，记者负责观点分析和深度访谈，人工智能系统负责处理大规模数据和选题推荐，形成优势互补的新闻写作流程。

但是，不可否认自动化新闻写作当前仍然面临一些不足。首先，自动化新闻写作限制了新闻内容的多样化与丰富性。自动化新闻写作通常依赖于预设的模型结构，导致文章缺乏人类记者撰稿的灵活性与独特性。其次，自动化新闻写作也对新闻真实性、准确性等产生挑战，对新闻伦理与责任提出了新的要求。

（二）新闻摘要和长文本简化

新闻摘要和长文本简化，是新闻智能化、个性化的重要趋势，这一趋势也反映了信息爆炸时代新闻用户的阅读习惯变迁。在当前快节奏的社会中，读者往往没有足够时间深入阅读长篇报道，但又不想错过重要信息，这个时候新闻摘要和长文本简化的功能可满足用户需求。

生成式人工智能可以快速总结长篇新闻文章或复杂报道的要点，为读者提供简洁版本。路透社（reuters）开发的人工智能工具可以自动生成新闻摘要，以适应用户在移动设备上的快速阅读需求。美国大型传媒集团甘耐特（Gannett）宣布使用人工智能来识别文章中最重要的观点，并在文章顶部创建项目符号摘要。不过记者将拥有最终决定权，决定是否使用人工智能给出的摘要。甘耐特最终将把这种摘要技术整合到其出版系统中。[①]

在国内，百度大脑 AI 开放平台也具有新闻摘要功能。它是基于深度语义分析模型，自动抽取新闻文本中的关键信息并生成指定长度的新闻摘要。它可用于热点新闻聚合、新闻推荐、语音播报、App 消息推送等多种不同的场景。[②]

结合当前新闻摘要和长文本简化在新闻领域的应用，其创新主要体现在四个方面。一是多层次摘要创新。系统能够根据不同需求生成不同长度、不同深度的摘要，如：能够生成标题级、导语级等不同层次摘要，满足不同场景不同用户的阅读需求。二是关键信息提取创新。人工智能系统能够准确识别新闻中的核心信息，如事件主体、原因、结果、时间、地点等。三是语义理解创新，当前人工智能系统具有较强的语义理解能力，能够识别文章的主题与内容逻辑。这就使得生成的摘要不再是简单的句子拼接，而是语义连贯的简洁表达。四是个性化新闻发展应用，智能系统可以基于用户的阅读历史、新闻偏好等特征，定制个性化的内容摘要。

虽然生成式人工智能在新闻摘要和长文本简化方面体现出技术优势，但是在处理含义丰富的新闻文本时仍存在不可忽视的问题，如在生成摘要或简化新闻文本的准确性、严谨性方面有待改进等。

（三）音频和视频内容的辅助生成

在新闻业中，将生成式人工智能用于音频和视频内容的辅助生成，为行业新闻内容制作带来了便利，尤其在多媒体新闻制作与传播等方面。这一技术不仅提升了新闻的生产效率，也改善了用户体验，其创新应用主要体现在以下方面。

[①] Helen Coster, "Focus: Gannett Tiptoes into Generative AI, Giving Humans the Last Word", https://www.reuters.com/business/media-telecom/gannett-tiptoes-into-generative-ai-giving-humans-last-word-2023-06-16/, Last retrieved: August 5, 2024.

[②] 百度大脑 AI 开放平台:《新闻摘要功能介绍》, https://ai.baidu.com/tech/nlp_apply/news_summary, 最后检索时间: 2024 年 8 月 5 日。

一是提升新闻内容生产的效率，这是生成式人工智能辅助音视频内容生成的最显著的价值。传统的新闻音视频制作流程往往有策划、拍摄、剪辑、配音等多个环节，每个环节都需要专业人员参与，需要较长的制作时间。生成式人工智能系统能够将这一制作过程简化。例如：腾讯于 2023 年 3 月发布全新的 AI 智能创作助手"腾讯智影"，这是一款在线智能创作平台，具有智影数字人、文本配音、文章转视频等智能创作工具，功能强大。智影数字人能实现实时"形象克隆"和"声音克隆"，创作者可以通过上传图片、音频、视频素材，也可以通过从海量素材中选择模板，得到定制声音和数字人形象。这不仅节省了时间和人力成本，也使得内容更新的频率可更好地满足当前快节奏的用户需求。

二是降低创作门槛，这是生成式人工智能新闻生产的另一个重要价值。传统新闻视频制作需要具备摄影摄像、剪辑、音频处理等专业技能，对于普通用户来说形成了较高的进入门槛。但是，在 VideoGen 等旨在使视频创作过程民主化的平台，任何人无须任何编辑技能，只需要 8 秒就可以基于文本创建一个视频。准入门槛的降低，使新闻工作者可专注于内容本身，减少投入技术学习的时间。

三是提供了多样化新闻内容形式。生成式人工智能将文字新闻转化为音视频新闻，使得新闻形式多样化，能够满足用户在不同场景中的阅读需求。如音频新闻能够在不方便阅读场景中提供，视频新闻则可以通过生动的画面吸引观众的注意力。这种多样化的传播形式有助于新闻机构更好地适应用户的生活习惯，从而扩大其新闻用户范围。2024 年全国两会召开之际，津云新媒体推出 AI 创意短视频《好运接龙》，使用"AI 文生图""AI 文生视频""AI 图生视频""AI 修复""虚实融合"等技术，讲述了 8 个"好运接龙"的小故事。两会期间，央视新闻推出《AI 数"读"两会》系列竖屏 AI 短视频。该系列短视频是由人工智能从海量数据中学习并提取新闻画面中的风格与特征，快速生成素材。音频、视频的辅助生成，毫无疑问提升了新闻生产的效率，但是也要注意版权问题，要合法合规使用有关素材。

（四）事实核查和信息回应

生成式人工智能在新闻行业中的创新应用，还明显体现在事实核查和信息回答方面。人工智能可以通过快速交叉引用信息与可靠来源来协助事实核查。这有助于打击错误信息并确保新闻报道的准确性。

生成式人工智能在这一方面的创新应用主要体现在四个方面。

一是高效的事实核查。生成式人工智能辅助的事实核查的核心要素包括识别、检验、纠正。这种技术通过分析多个数据源，自动识别信息的一致性和可靠性，极大地提高了事实核查的效率。例如，全球事实核查网络（IFCN）利用开发的 AI 工具可以自动检测社交媒体上的虚假信息。生成式人工智能的便捷性使许多事实核查组织以不同的方式接受了这项技术，并承诺准确性和速度。[1]

二是实时监测与反馈。AI 系统能够对社交媒体、新闻网站等平台进行实时监控，快速识别可疑信息和潜在的虚假新闻。这种预警机制使得媒体机构能够在虚假信息大规模传播前及时介入，做出澄清和纠正。例如：人民网联合其他研究院推出的 AIGC-X 是 AI 生成内容检测工具，能够快速区分机器生成文本和人工生成文本，对中文文本的检测准确率超过 90%，有待提高对于图像、音频、视频等内容的检测能力。[2]

三是进行多维度信息整合。人工智能技术可以同时处理文本、图像、视频等多种形式的信息，实现全方位多维度的事实核查与信息整合。例如：人工智能审查工具 vera. ai，该工具目前已推出动图比对（CheckGIF）、推特数据分析（Twitter SNA）等新功能，且正在朝着深度伪造（Deepfake）探测等领域发力。

---

[1] Gretel Kahn, "How Generative AI Is Helping Fact-Checkers Flag Election Disinformation, But Is Less Useful in the Global South", https://gijn.org/stories/how-generative-ai-helps-fact-checkers/. Last retrieved: August 8, 2024.

[2] 界面快报：《人民网：AIGC-X 目前对中文文本检测的准确率已超过 90%》，https://www.jiemian.com/article/9017335.html，最后检索时间：2024 年 8 月 8 日。

255

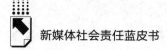

四是自动化信息回答。生成式人工智能能够根据用户的需求，或者信息查询，提供及时的信息回答，帮助记者和读者获取所需的事实的背景信息或者相关数据资料。这种功能不仅提高了新闻信息获取的便捷性，也支持了新闻从业者在撰写报道时的即时数据查询。基于自然语言处理技术，生成式人工智能的应用，显著提升了新闻报道的专业性和可信度。随着人工智能技术的发展，生成式人工智能技术在事实核查和信息回答方面的有效性，将会进一步增强。

（五）多语言新闻翻译

多语言新闻翻译，提高了新闻信息的可达性和全球传播的效率。其价值主要表现在以下三个方面。

一是翻译效率实现突破。生成式人工智能翻译技术可以帮助新闻记者、编辑人员等快速将新闻内容实时翻译成多种语言，扩大用户范围和提升新闻媒体的影响力。国内较为突出的事例是在 2024 年全国两会报道中，上海广播电视台的前方报道团队利用 AIGC 应用集成工具 Scube（智媒魔方），进行多模态素材识别、全语种智能翻译等新闻制播服务。

二是增强新闻信息的可访问性。AI 翻译技术使得更多非母语用户能够理解新闻内容，提升了信息的可达性。这对于多语言国家或地区尤为重要，AI 翻译工具可以帮助打破语言障碍，让更多人参与到新闻阅读中。如：2024 年 6 月国际著名学术期刊《自然》中的一篇文章《将神经机器翻译扩展到 200 种语言》称，研究团队 NLLB Team 开发出利用跨语言迁移学习的单一大规模多语言模型，该模型能翻译 200 种不同语言，提升了神经机器翻译的语言数量和质量，并将这项工作中的所有贡献免费用于非商业用途。[①]

三是个性化新闻翻译体验。生成式 AI 可以根据用户的偏好和需求提供个性化的翻译服务。比如，用户可以选择特定的翻译风格或语调，生成符合

---

① NLLB Team, "Scaling neural machine translation to 200 languages", https：//www. nature. com/ articles/s41586-024-07335-x, Last retrieved：August 10, 2024.

他们阅读习惯的翻译内容。这种个性化的体验有助于提高用户的满意度，使他们在获取信息时感受到更多的个性化服务。

生成式人工智能技术在新闻领域的应用，从自动化新闻写作、新闻摘要与长文本简化、音视频内容辅助生成、事实核查与信息回答，到多语言新闻翻译等多个方面，展现出强大的创新价值和发展潜力。应用这些技术不仅可提升新闻生产的效率，也正在重塑新闻业的工作流程和生产模式。然而，我们也要深刻认识到当前生成式人工智能技术在新闻业中的应用引发了一系列不可忽视的社会责任问题，澄清生成式人工智能在新闻业中的社会责任问题是我们需要持续思考和探索的课题之一。

三　挑战：生成式人工智能在新闻业中的社会责任问题

生成式人工智能为新闻业带来了巨大变革，但也产生了一系列社会责任问题，如新闻真实性与准确性、偏见与歧视、数据隐私与安全、版权侵权等，这就要求我们在追求技术创新的同时，必须高度重视人工智能应用于新闻业的社会责任问题，促进人工智能技术在新闻领域的健康发展。

（一）新闻准确性与真实性问题

生成式人工智能在新闻业中的应用，引发了关于新闻准确性与真实性的严峻挑战。这些问题不仅涉及技术层面，还触及新闻伦理、媒体公信力等多个层面。具体表现在以下方面。

一是自动化生成新闻的真实性审查问题。由人工智能生成的虚假新闻防不胜防，在各大平台传播迅速，影响广泛。如 2024 年 6 月 24 日，一则题为《九旬老人遭儿女遗弃，流浪乞讨多年成"皮包骨"》的文章①，经互联网传播后引发大量网民关注。经核查后发现，这则虚假新闻是借助 AI 生成工

---

① 成都网络辟谣：《男子利用 AI 造谣老人遭遗弃乞讨成"皮包骨"被拘！》，https://new.qq.com/rain/a/20240628A08P0D00，最后检索时间：2024 年 8 月 8 日。

具生成的虚假新闻。

2024 年多地公安机关发布了多起利用 AI 工具发布虚假新闻的相关案件。如发布"西安突发爆炸"虚假新闻的账号所属机构，最高峰一天能生成 4000~7000 篇假新闻，每天收入在 1 万元以上，公司的实际控制人运营账号多达 842 个。①

生成式人工智能在自动化新闻生成中通常缺乏对真实性的深度审查。因为 AI 依赖于数据和算法，可以快速处理和整合大量信息，但它的逻辑推理能力和独立批判能力不如人类记者，因此容易在生成过程中滥用数据或者引用错误信息。这种情况下，AI 生成的新闻就存在数据失实、事实错误等情况。

二是虚假信息与深度伪造（Deepfake）问题。生成式人工智能在处理视音频内容时，能够通过深度伪造技术生成非常逼真的虚假视频或者音频，这些内容严重危害新闻报道的真实性。

例如：2024 年奥运会期间社交平台各种虚假信息频出。如一段抨击嘲笑巴黎奥运会的病毒式音乐视频在 YouTube 和 X 等社交媒体平台上病毒式传播，并得到了 30000 个社交媒体机器人的帮助。几天之内，由于人工智能的快速翻译，该视频被翻译成 13 种语言，视频中的老鼠、污水、垃圾等图像是由人工智能生成的。这则虚假信息利用人工智能生成的内容传播煽动性言论并攻击东道国。② AI 生成的深度伪造新闻在社交媒体上广泛传播，造成虚假信息的快速扩散和对舆论的误导。

三是缺乏对复杂语义和相关背景的理解。生成式人工智能通常无法全面深入理解新闻内容背后复杂的社会、政治、文化等背景，虽然能够自动提取信息并生成新闻文本，但是由于无法像人类记者一样准确把握复杂的语义和

---

① 张守坤：《AI 让造谣更简单谣言更"科学"？记者调查 AI 谣言乱象》，http：//henan. people. com. cn/n2/2024/0717/c351638-40914158. html，最后检索时间：2024 年 8 月 9 日。

② David Klepper，"Russian disinformation slams Paris and amplifies Khelif debate to undermine the Olympics"，https：//www. ap. org/news - highlights/spotlights/2024/russian - disinformation - slams-paris-and-amplifies-khelif-debate-to-undermine-the-olympics/，Last retrieved：August 10，2024.

新闻背景，因此生成的新闻内容存在误解、片面或者过于简化的语言表达。根据数字公关公司 Redline 对 2023 年媒体中的错误信息的来源、传播和影响等关键数据的分析可知，66% 的美国消费者认为社交媒体上 76% 或更多的新闻是有偏见或者虚假的。①

生成式人工智能的便捷性与广泛可访问性会破坏人们对于真实事件的信任。随着互联网上人工智能生成内容的日常化，将可能产生"说谎者红利"现象，在这种现象中人们由于对于虚假信息的警惕而对真实信息产生怀疑，尤其是一些重大事件或者活动过程中，虚假信息可能会更加泛滥。

（二）偏见与歧视

由于生成式人工智能依赖大量数据进行模型训练，若数据本身存在偏见，或者算法设计价值观有问题，那么生成的新闻内容就可能会出现性别歧视、种族偏见、职业偏见等社会责任问题。具体来说，生成式人工智能引发的偏见与歧视主要体现在以下方面。

一是性别歧视问题。性别歧视在生成式人工智能生成的新闻中是一个常见问题，主要表现为在新闻报道中对女性的刻板印象的强化、特定情境下对女性不公平的描述等。例如，有研究者指出：Grover 模型生成的新闻中，与女性相关的词语使用频率比《纽约时报》或路透社的新闻中低 73.89%。这种偏见可能会导致在描述女性时，语言模型使用的词语更少，影响对女性的真实描述和现实反映。② 由此可见，生成式人工智能生成的新闻中，其语言模型偏见导致女性新闻报道中隐含性别偏见。

除此之外，生成式人工智能可能会根据训练数据中的性别刻板印象生成新闻，这种新闻不仅强化传统的性别角色期待，还可能会加剧社会对女性的

---

① Anton Konopliov, "Key Statistics on Fake News & Misinformation in Media in 2024", https://redline.digital/fake-news-statistics/, Last retrieved: August 11, 2024.

② Xiao Fang et al., "Bias of AI-Generated Content: An Examination of News Produced by Large Language Models", https://ar5iv.labs.arxiv.org/html/2309.09825, Last retrieved: August 11, 2024.

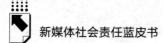
歧视。如：媒体报道中存在的大量"大龄未婚女性""大龄剩女"等话题，成为算法处理的个案。在媒体利用生成式人工智能生成的新闻内容中，女性常被贴上"收入低""素质不高""年龄大"等负面标签。这种偏见存在于对整体女性的认知中，加剧了性别不平等。

二是种族歧视问题。生成式人工智能会延续种族歧视，其生成的内容倾向于呈现和放大社会偏见。如由 Stability AI 公司发布的流行工具 Stable Diffusion 和 OPEN AI 公司发布的 DALL. E 压倒性地呈现刻板印象，在生成作品中常将"非洲"与贫困联系在一起，或将"穷人"与深肤色联系在一起。与职业相关的生成图像中，几乎所有的管家都被描绘成有色人种，空乘人员清一色是女性，其比例远高于现实社会中的实际情况。[①] 虽然 AI 系统并未直接传达种族歧视的明确信息，但是其新闻内容的语言选择和使用，体现出隐性种族歧视。

三是地理与地域偏见。AI 在生成新闻内容时，可能会包含对某些地区的偏见，这种偏见可能存在于城市与乡村之间，还可能涉及不同国家、地区之间的偏见。生成式人工智能生成的新闻可能更多关注的是大城市或发达地区的新闻，而忽视偏僻的、贫困的小城市的新闻。在国际新闻报道中，AI 生成的新闻倾向于根据西方国家价值观视角来建构新闻内容，而未充分考虑发展中国家的观点与声音。

生成式人工智能在新闻业中的应用，还可能引发或加剧职业偏见、健康偏见等问题。这些偏见不仅对新闻报道的公正性和准确性形成挑战，而且还可能加深社会的不平等问题。在 AI 技术的使用过程中，我们需要加强对偏见和歧视的审视与反思，确保生成的新闻内容客观、公正。

（三）数据隐私与安全

生成式人工智能在新闻业中的应用，尤其是在个性化推荐、自动生成新

---

① Ananya, "AI Image Generators often Give Racist and Sexist Results：Can They Be Fixed?" https：//www. ethicalpsychology. com/2024/05/ai-image-generators-often-give-racist. html, Last retrieved：August 11, 2024.

闻内容等方面，不可避免地涉及大量敏感数据的收集、存储和处理。因此，生成式人工智能在新闻领域中的应用可能引发以下方面的数据隐私和安全问题。

一是用户数据隐私泄露。生成式人工智能在个性化新闻推荐和生成新闻内容时，需要使用用户的大量数据，包括历史浏览信息、搜索信息、位置信息、平台互动信息等。这些数据可以帮助 AI 理解用户的个人偏好、兴趣特点等，从而为其提供定制化的新闻内容。但是许多新闻平台和 AI 服务商，在收集和使用用户数据时，通常并未完全告知用户数据使用的范围和目的，这些数据如果没有得到加密和合理保护，就会存在用户隐私泄露，甚至被滥用的风险。

例如，2023 年 3 月 OpenAI 被诉讼，指控其 AI 模型 ChatGPT 和 DALL-E 在未经同意的情况下使用数亿人的数据进行训练。这起诉讼声称 OpenAI 直接从使用其人工智能系统和其他包含 ChatGPT 的应用程序的人那里获取私人信息。起诉书认为，这种数据收集和使用违反了隐私法，尤其是对于儿童数据的滥用。[①]

二是数据合法与合规性问题。生成式人工智能在新闻业中的应用，需要关注国际范围内不同地区不同国家的法律和数据保护规定。不同国家和地区的数据隐私与安全保护规范和要求不尽相同，这就涉及跨境数据传输的合法性问题。生成式人工智能生成新闻内容需要依赖于全球范围内的数据，尤其是在云平台上运行时，数据可能在国际范围内流转，使得遵守不同国家和地区的数据保护法及相关规章制度成为必需，避免因数据传输不当导致法律风险。

三是生成式人工智能模型的"黑箱"问题。生成式人工智能的"黑箱"问题是指 AI 模型决策和生成过程的不透明性。由于 AI 模型的复杂性和高度算法化，以及商业竞争等关系，其算法机制和处理数据及内容的具体操作方式，往往并未完全公开，尤其是在涉及数据隐私和安全性方面。由于生成式

[①] Matt G. Southern, "ChatGPT Creator Faces Multiple Lawsuits Over Copyright & Privacy Violations", https：//www. searchenginejournal. com/chatgpt - creator - faces - multiple - lawsuits - over - copyright-privacy-violations/490686/, Last retrieved：August 12, 2024.

人工智能的数据使用过程不透明，缺乏清晰的追溯机制，加上新闻机构也缺乏有效的审核机制来监控生成式人工智能在处理数据过程中的行为，导致数据隐私与安全风险的增加。

新闻业应当加强对数据隐私和安全的重视与保护，采取合适的技术手段如加密技术、数据处理流程透明化等，遵守相关法律法规，确保数据使用的安全性和对用户隐私的保护，避免滥用数据和生成虚假信息，从而提升用户的信任。

（四）版权与知识产权

生成式人工智能自动生成文本、图片、音频和视频等新闻内容，这些生成的内容在创作过程中的"所有权"归属、使用权和版权保护等方面存在一定的模糊性，容易引发法律和道德等问题。其引发的主要版权与知识产权问题主要体现在两个方面。

一是侵犯原创新闻作品版权。生成式人工智能通过训练大量公开的或未经授权的版权内容来生成新的新闻文本、图像或音频，因此，AI 生成的新闻内容有可能侵犯原新闻作品的版权。2024 年 2 月 26 日，据《21 世纪经济报道》消息称：广州互联网法院近日生效了一起生成式人工智能服务侵犯他人著作权判决，这是我国继 2023 年 11 月北京互联网法院对"AI 文生图"著作权侵权纠纷作出裁判之后又一个具有代表性和创新性的司法判决。

侵犯原创版权，还涉及训练数据的版权授权问题。如：OpenAI 被多个诉讼指控未经授权从网站和书籍中抓取大量数据用于模型训练。2023 年 12 月，《纽约时报》以侵犯版权为由起诉 OpenAI 和 Microsoft，称其发布的数百万篇新闻文章被用于训练自动聊天机器人。2024 年 3 月，《纽约每日新闻》《芝加哥论坛报》《丹佛邮报》等 8 家美国报纸向纽约联邦法院提起诉讼，指控 OpenAI 和 Microsoft，在未经许可或付款的情况下"窃取数百万"受版权保护的新闻文章，以训练其人工智能聊天机器人。[1]

---

[1] Associated Press, "Eight US Newspapers Sue OpenAI and Microsoft for Copyright Infringement", https：//www.theguardian.com/technology/2024/apr/30/us－newspaper－openai－lawsuit Associated Press, Last retrieved：August 14 2024.

二是生成新闻内容的版权归属问题。根据传统的版权法，版权通常归属于创作者，即创作内容的人类作者。但是，AI 作为没有法律主体资格的工具，其生成的内容是否能获得版权保护，以及版权归谁所有，对此仍然没有明确的法律框架。例如，OpenAI 的 GPT 系列生成的新闻内容，是否可以认定其具有版权，是否应该由 AI 公司或者个人拥有版权，目前缺少统一明确的判定标准。

生成新闻内容还存在使用者与开发者的版权争议问题。生成式人工智能的使用者和开发者可能会因生成内容的版权归属问题产生争议。例如，用户依赖于 AI 模型编辑或创作新闻内容（UGC），可能导致内容的版权归属复杂化，尤其是在商业化场景的应用中。

由于生成式人工智能的新闻生产方式与传统新闻创作模式不同，现有的版权法和知识产权体系还无法完全覆盖和解决这些新问题。因此，这一领域亟须确立明确的法律框架，保护知识产权，促进技术创新的规范合理使用。

以上主要是从新闻业中生成式人工智能应用的角度，分析生成式人工智能在新闻业中的创新应用及其引发的社会责任问题。为了更全面地考察生成式人工智能在新闻业中的应用，下文将结合对新闻业从业人员的访谈，分析新闻从业人员对于生成式人工智能及其社会责任的认知与看法。

四 反馈：生成式人工智能在新闻业中应用的观点调查

在探讨生成式人工智能在新闻业中的创新应用与面临的挑战时，我们不能忽视新闻从业人员关于生成式人工智能应用的观点与看法。作为这一技术应用的核心主体，新闻工作者对生成式人工智能的态度与认知，直接影响着对这一技术的接受度和使用效果。通过对新闻从业人员的访谈，我们可以深入了解他们对生成式人工智能的实际反馈，以及他（她）们在日常工作中如何应对相关挑战。同时，访谈资料和访谈结果，也会为我们进一步探讨如何提升生成式人工智能在新闻业中的履行社会责任水平提供重要视角。

本报告在 2024 年 8 月对 10 位新闻领域的从业人员进行半结构化深度访

谈，采用目的性抽样的方法，主要选取对生成式人工智能了解较多，分布在报纸、新媒体平台等行业的工作人员 10 名，访谈时间均为 30~40 分钟，用编号 A1~A10 代表受访者（见表 1），访谈新闻从业人员对生成式人工智能在新闻业中的应用及其社会责任问题的认知。

表 1　新闻从业人员受访者

编号	性别	年龄(岁)	工作单位	职业
A1	女	22	报社	记者
A2	男	25	电视台	运营
A3	女	24	报社	记者
A4	女	26	报社	记者
A5	女	28	报社	记者
A6	男	27	电视台	摄像
A7	男	21	报社	实习记者
A8	女	31	报社	编辑
A9	女	25	新媒体公司	运营
A10	女	20	报社	实习记者

（一）新闻从业者普遍认识到生成式人工智能应用是大势所趋

生成式人工智能对新闻业的变革已经成为不可逆转的趋势，随着技术的不断发展，越来越多的新闻从业者意识到人机协作的重要性。关于生成式人工智能在新闻生产中的具体运用，世界新闻出版协会的调查结果显示，当前新闻编辑室内的最主流应用方式（54%）为自动创作内容摘要。此外，还包括简化性的研究或检索（44%）、文本纠错（43%），以及提升流程效率（43%）。[①]

本次访谈结果显示，受访的新闻从业者对生成式人工智能在新闻业未来的应用均保持乐观态度，他（她）们认为生成式人工智能在提升新闻生产效率、提升信息的精确性方面具有显著优势。

[①] WAN-IFRA. "New Survey Finds Half of Newsrooms Use Generative AI Tools; Only 20% have Guidelines in Place", https：//wan-ifra.org/2023/05/new-genai-survey/, Last retrieved：July 25, 2024.

受访的新闻从业者一致认为，生成式人工智能在数据收集和初步分析阶段能够提供帮助。一位受访者说："我曾经做过一篇分析中国导盲犬现状的数据新闻，然后在'文言一心'上问，我可以通过什么渠道搜索到相关的数据？它一一给我列了出来，这样我就能高效精准地搜索到我需要的数据。"（A1）不少受访者也表达了同样观点，认为"生成式人工智能可以收集资料、分析数据和编辑内容，提升记者的工作效率与创造力"（A7）。不仅如此，生成式人工智能在处理结构化和非结构化数据方面展现出了独特优势，能够揭示数据背后的趋势、模式，从而挖掘出有价值的新闻故事。这一优势使得新闻从业者能够快速筛选关键信息和提取新闻线索，为深入报道奠定基础。

生成式人工智能在内容生成方面也表现出色，生成式人工智能可以生成文本、图像、音频和视频等形态的内容，在一些标准化、数据驱动的新闻生产，如在财经新闻、体育报道、地震资讯发布等信息处理上体现出了其独特潜力，还能"快速生成新闻报道的初稿或摘要，减少信息的收集时间和工作量"（A5）。受访者也表示"希望人工智能的快速发展能取代我工作中一些日常、繁杂的事项，让我能够有更多的时间和精力寻找有意义的选题和报道。"（A5）这样一来，新闻从业者可以从繁重重复的劳动中解放出来，将宝贵的时间和精力投入需要深入调查和复杂分析的新闻选题上。从这一点来看，生成式人工智能不仅提升了新闻的生产速度，也可能提高了整个行业的工作效率。

还有受访者强调，生成式人工智能在提高报道准确性方面也具有一定潜力。多位受访者提到：生成式人工智能在新闻语言的完善方面是做得比较好的。自然语言处理和语法分析技术可以帮助记者检查文章的语法和语义错误，提供自动的拼写和语法纠错功能，从而提高文章的准确性和流畅性。并且，人工智能可以辅助进行交叉验证，减少人为错误的可能性，提高新闻报道的准确性。

（二）生成式人工智能在新闻业应用的隐忧

生成式人工智能在新闻业的应用带来了显著的效率提升，但同样伴随着一系列不可忽视的隐忧与担心。在内容真实性和准确性方面，受访者一致认为，在使用生成式人工智能生成内容时很怕使用的是虚假信息。这可能会误导读者、影响新闻机构的公信力。

多数受访者认为，不管是文字报道还是现场报道，专业记者长期从业所积累的写作能力、语言功底让记者在自身报道领域内游刃有余，而生成式人工智能"比较刻板单一，很少变化"。（A4）"如果一篇文章是用人工智能生成的，你仔细看一下就会发现它是用 AI 写的，所以我觉得它可能在可读性上没有人写的强。"（A1）而对于社会新闻、娱乐新闻、健康新闻等叙事风格强、内容表达自由的新闻稿件来说，由于生成式人工智能缺乏对新闻事件的思考能力，因此生产出来的新闻稿件可读性差。特别是"在一些需要人文关怀的报道上面，人工智能往往达不到记者的水平。"（A4）

尽管人工智能可以自动化执行某些任务，但生成的新闻信息同质化问题也越发突出。生成式人工智能更多的是对数据库中已有的信息进行收集，即从海量数据中驯化出模型，再用模型指导演化个案，倾向于生成风格和结构相似的内容，这势必导致新闻报道的同质化，影响用户接收到的信息的丰富性。而过度依赖人工智能也会影响记者的专业发展和新闻内容的深度。受访者称："虽然某些重复性任务可能可以通过生成式人工智能来完成，但核心的编辑、审稿和深度报道工作还是需要用到编辑自己的专业知识和判断力。"（A8）。

人工智能具备解决问题的能力，但并未发展出人类具有的逻辑思维能力和情感体验能力，无法感受到快乐、痛苦等情绪。生成式人工智能只能基于过去的信息来回答问题，"还难以捕捉到新闻事件背后的情感和进行深度分析，始终无法替代人的共情表达和深度剖析。"（A10）"新闻报道不仅仅是传递信息，更重要的是传递观点和态度。作为记者，我们需要在采访和写作过程中融入自己的思考和判断，以客观、公正的态度呈现新闻事件。"（A5）有受访者表示，生成式人工智能技术无法替代"在场"的触摸与感知，在新闻采访过程中，记者抵达现场，能够与采访对象建立有感情的联系，捕捉被访者的情绪波动，注入情感撰写出的稿件才有可能打动读者。

深入挖掘事件来龙去脉的能力也将人类与人工智能区别开来，专业记者能对新闻事件刨根问底地深入考察。受访者 A7 是一名民生新闻记者，需要根据市民群众的爆料，对事件进行调查、对相关方进行采访、撰写报道。他认为当前弱人工智能阶段，机器尚无法做到与人类自然地沟通，"需要跟大量的人交谈才能获得信息，并且要根据他们的讲述抽丝剥茧找出真相，而且写稿的时候需要保持中立，客观报道，目前生成式人工智能应该很难达到这一点。"（A7）新闻报道并不只是单纯对表面现象的复述，还需要有价值判断和事实验证，而目前阶段的生成式人工智能难以理解复杂问题，如与情绪、价值观和抽象概念相关的问题。

（三）生成式人工智能在新闻业应用的风险防范

生成式人工智能给新闻业的提高效率与革新带来了种种机会，但同时也带来了诸多挑战和风险。世界新闻出版协会的调查指出，大部分受访者（85%）面对生成式人工智能工具时最为担忧信息偏误，抄袭与侵犯版权（67%）、数据保护与隐私问题（46%）以及对工作的威胁（38%）也是受访者的关切所在。[①]

生成式人工智能存在系统偏差、价值观对立、性别偏见和刻板印象、虚假信息等问题。数据源本身的不透明性及算法可能会在生成内容时出现错误等情况，导致虚假信息的传播风险增加。这就需要"出台更多、更细致甚至更严厉的法律法规来限制和规范生成式人工智能在新闻领域的应用。"（A2）

新闻业如何合理地、负责任地使用生成式人工智能？受访者也提到了使用者需要遵守的相关行业准则和法律法规："生成式人工智能的新闻内容往往依赖于大量的数据输入，所以要保证数据源的真实性和可靠性。"（A6）"在使用过程中遵守法律法规和伦理规范。"（A5）"一定要有专门

---

① WAN-IFRA. "New Survey Finds Half of Newsrooms Use Generative AI Tools; Only 20% have Guidelines in Place", https：//wan-ifra.org/2023/05/new-genai-survey/, Last retrieved：July 25, 2024.

的编辑团队检查生成文本的准确性和质量。"（A1）"生成的新闻报道应当尊重他人的隐私权和著作权等合法权益，避免侵犯他人的合法权益。"（A10）同时，还要"透明地""可溯地"使用人工智能（A6），并建立读者反馈渠道。

为减少生成式人工智能生成虚假信息带来的负面影响，新闻从业人员也同时提到用户有必要重视提升信息素养，深入理解生成式人工智能的运行机制，能够甄别内容的准确性，并有选择地采纳，合理地将人工智能生成的内容应用于新闻生产等工作中。

五　应对：新闻业中应用生成式人工智能的社会责任水平提升策略

生成式人工智能技术正在深刻地改变新闻的采编发模式。因此，如何平衡新闻业中的技术创新应用与社会责任水平提升，是当前需要重视的问题。

（一）坚守正确的新闻价值观，引领生成式人工智能的应用

坚守正确的新闻价值观，主要是指坚持新闻传播中的基本道德准则和职业操守，包括准确性、客观性和公正性等核心原则，强调社会责任意识和展现新闻的人文关怀精神。新闻工作者应积极践行社会主义核心价值观，弘扬和传播社会主义核心价值观。

生成式人工智能的分析基于大量数据，而这些数据的来源和处理方式直接影响其分析结果的准确性。为增强公众对生成式人工智能的信任，新闻机构应该坚守正确的新闻价值观，适当披露资料来源，解释数据清洗、整合和分析的过程，向用户展示生成式人工智能的工作原理和内部逻辑，消除用户对数据质量和处理过程的疑虑，提高生成式人工智能在新闻报道中的透明度和可解释性，提高新闻的真实性和准确性。

虽然生成式人工智能能够显著提升新闻从业者的工作效率，但人文关怀

仍然是新闻传播的核心①。新闻从业者在采纳及运用生成式人工智能技术的过程中，应秉持以人为本的原则，优先考量公众的需求与情感共鸣，密切追踪社会问题和民生热点，致力于传递富有温情与深刻意义的新闻资讯，确保报道内容既具时效性又不失人文关怀的价值尺度。

在应用人工智能技术时，新闻从业者需要时刻谨记新闻不仅是为了传递信息，更是为了履行社会责任和传播正能量。因此，新闻从业者要"知行合一"地履行媒体社会责任，始终秉持客观公正的立场，遵循职业操守和道德底线，确保新闻报道的每一环节都紧扣事实真相，积极传播社会主义核心价值观。为此，新闻从业者需要加强新闻职业道德教育和培训，通过深入学习新闻传播法律法规，清醒认识到使用生成式人工智能进行新闻传播过程中可能出现的社会责任风险和道德伦理问题，与生成式人工智能进行人机协作，创新新闻报道模式，提高新闻报道的效率。

（二）完善政策法规和行业规范

对任何新兴技术的采纳与应用，若未能配套构建相应的"运作规范"，势必导致一定程度的秩序紊乱，生成式人工智能领域亦不例外。

为了确保新闻业中生成式人工智能的健康发展，政府及新闻业界应前瞻性地评估生成式人工智能使用时的潜在风险与挑战，包括但不限于信息失真、版权侵犯、隐私泄露以及算法偏见等。因此，政府需要完善相关法律法规，明确界定生成式人工智能在新闻传播过程中的法律地位、创作主体的责任边界、内容审核的标准与流程，以及生成新闻的适用范围、技术要求、版权保护等，防止出现不良后果。同时，政府应制定一系列保护用户信息的政策法规，对涉及个人隐私的数据收集、处理和使用等进行明确规定。此外，还需建立严格的问责机制，对违反规定、使用生成式人工智能误导用户或损害公共利益的行为进行严厉处罚。

2023 年 7 月 13 日，国家互联网信息办公室会同七部门联合发布了《生

---

① 潘雪等：《人工智能技术对新闻伦理的挑战与应对》，《青年记者》2023 年第 24 期。

成式人工智能服务管理暂行办法》①，这是我国首份生成式人工智能的监管文件，规范了新闻机构在利用生成式人工智能技术生产新闻内容时的行为准则。2024 年 3 月 21 日，中央广播电视总台正式制定出台了《中央广播电视总台人工智能使用规范（试行）》②，这是我国第一部以媒体界人工智能作为专门规制对象所制定的使用规范。

新闻业界也应积极制定并推广关于生成式人工智能应用的行业自律准则。这些准则应涵盖新闻领域的生产流程、内容标准、透明度要求以及伦理原则等方面，引导从业者在技术应用中保持高度的社会责任感与坚守职业道德。例如，要求新闻机构在应用生成式人工智能技术时，采用标签等方式，明确标注新闻内容的来源与生成方式，确保用户能够清晰辨识记者撰写与人工智能生成的内容。

他律通常被视为一种刚性的保障机制，而自律则是这一机制有效运作的基石所在。为了能够促进生成式人工智能在新闻领域的健康发展与应用，我们需要根据新形势新状况积极制定完善相关法律法规，也需要更多媒体机构、从业人员积极自觉地履行社会责任。

（三）强化安全监管与评估体系

在信息爆炸的时代，传统的监管和评估体系有些已不再适用。因此，需要相关专家介入，以明确监管目标、挑选适宜的技术路径、精心构筑算法逻辑框架，并确立数据处理的规范准则等，以适应新的传播环境和用户需求③。构建生成式人工智能安全监管与评估体系，确保技术应用符合法律法规和伦理标准，重点涵盖个人隐私保护、数据安全以及避免任何形式的歧视

---

① 国家互联网信息办公室：《关于印发〈生成式人工智能服务管理暂行办法〉的通知》，https://www.nrta.gov.cn/art/2023/7/13/art_113_64912.html，最后检索时间：2024 年 8 月 15 日。

② 中央广播电视总台：《关于印发〈中央广播电视总台人工智能使用规范（试行）〉的通知》，http://www.cnrmg.cn/xwzx1/hyzx/20240329/t20240329_526644509.html，最后检索时间：2024 年 8 月 15 日。

③ 雷霞：《智能传播时代谣言治理的挑战与应对》，《人民论坛》2024 年第 12 期。

性决策，以促进健康的信息传播环境的打造。

政府机构或相关部门应着力构建一套可行的监管体系，针对新闻业中生成式人工智能的应用进行有效监督，如对新闻传播平台的准入门槛、内容审核标准、用户隐私保护等进行监管，并定时抽查新闻传播平台，督促其遵守相关法律法规，维护新闻传播的良好秩序。

面对短时期内迅速传播的虚假新闻，各媒体和新闻传播平台需要构建可靠的核查渠道，为用户甄别真实有效的信息。主流媒体应强化人工智能技术的安全防护措施，加强对人工智能生成的谣言及高敏感度信息的研判和预警。目前，生成式人工智能展现出其在信息整合、数据分析、文本比对及图像识别等领域的辅助能力。依托机器学习与自然语言处理等技术手段，生成式人工智能可以迅速且有效地识别海量信息中的潜在虚假信息，从而保障信息处理的精准与高效，有效优化主流媒体在事实核查流程中的资源配置。同时，相关部门还可以部署事实核查网站、辟谣数据库等信息核查工具和平台，帮助用户快速查询以验证信息的真实性。此外，媒体机构建立内部审查机制，对生成式人工智能生成的新闻稿进行人工复核，以减少错误和偏见，维护新闻的真实性、准确性与客观性。

六　结语

生成式人工智能在新闻业中的应用既带来了新的机遇，可提升新闻生产的效率，同时也面临着虚假新闻、侵犯版权、偏见与歧视、数据泄露与滥用等社会责任问题。这些问题引起了新闻从业人员的广泛关注。

为更好地让生成式人工智能服务于新闻业，一方面需要重视技术创新应用，另一方面还应该强调新闻业社会责任履行。为此，我们提出一系列应对措施，主要包括用新闻价值观引领生成式人工智能的应用，完善相关法律法规和行业规范，加强安全监管和评估体系等。这些措施的目的是进一步推动新闻业中生成式人工智能的合理规范使用，提升新闻业的社会责任水平，增强新闻媒体的公信力。

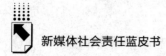

　　生成式人工智能在新闻业中的应用，不仅需要新闻从业人员坚守新闻价值观，强化社会责任意识，同时还需要技术开发人员、新闻用户共同努力，共同构建负责任的人工智能新闻生态系统，发挥新闻舆论引领社会、推动社会进步的重要作用。

B.13
中国互联网平台企业的社会治理
动机及路径

于婷婷　范心雨　王　珂*

摘　要： 在移动互联时代，互联网平台企业已成为社会治理的关键参与者，但其参与动机复杂多样，在路径上缺乏规划，很难形成正反馈和对商业价值的反哺。本文选取字节跳动（抖音）、美团、阿里巴巴、蚂蚁集团四家代表性企业为研究对象，运用行动者网络理论，通过资料分析和深度访谈，揭示了互联网平台企业参与社会治理受企业规模与收益、管理层与员工、合作方与技术、国家与社会等方面影响，具有多重动机。为此，本研究提出了针对互联网企业在社会治理参与中可能的改进方向和建议，包括强化企业内在动机、提升参与主动性，加强战略规划、实现治理与商业价值的双赢等，以期促进其更有效地服务于社会发展和公共利益。

关键词： 中国互联网企业　社会治理　行动者网络理论　社会治理动机

移动互联时代，互联网平台企业已成为重要的社会治理主体。一方面，网络平台的用户规模呈现爆炸性增长态势，作为用户获取信息和服务的主要入口，互联网平台有责任保护用户的日常数据和个人隐私。此外，互联网平台企业的数据和技术优势有助于感知社会态势、预测社会风险，并实现其决

---

* 于婷婷，博士，华中科技大学新闻与信息传播学院副教授，研究方向为品牌传播；范心雨，华中科技大学新闻与信息传播学院 2024 级研究生，研究方向为品牌传播；王珂，华中科技大学新闻与信息传播学院 2024 级研究生，研究方向为品牌传播。

策模式从经验决策向数据驱动决策的转变。基于此，互联网平台企业具有技术、数据与海量用户等多重优势，其参与社会治理可以有效提升治理的现代化水平。

对于互联网平台企业，动机是其参与社会治理的直接动力。卡尔·波兰尼指出人类社会发展演进的过程也是一个市场逐步"嵌入"社会生态的进程，在这一"嵌入"进程中，各类行为主体并非只有单一的经济属性或目标取向，还具有社会、政治、道德等多维属性和多元化的价值追求。[①] 正如阿里巴巴的马云，通过成立阿里巴巴公益基金会，投身于教育支持、环境保护和公共卫生等多个领域，展现了企业家的社会责任感。

近年来，互联网平台企业在促进经济增长、保障社会民生、响应共同富裕等方面发挥了积极作用，与此同时也暴露了其参与社会治理过程中动机的复杂性，比如滴滴出行的"问题司机"、饿了么的"无证餐厅"、快播的"涉黄案"等等，这些现象都反映出在平台经济模式下企业过分追求商业利益这一共性问题。

企业的内在动机是一个类似"黑箱"的存在，商业性和社会性二者交织，难以推断，过往研究往往聚焦于企业参与社会治理的外在影响因素，而对内在动机方面的研究较少。互联网平台企业在参与社会治理时具有怎样的动机？企业所具有的动机又如何影响其参与社会治理的行动？为了解答这些问题，本研究选取字节跳动（抖音）、美团、阿里巴巴、蚂蚁集团四家互联网企业的数据作为样本，基于行动者网络理论，通过获取二手资料及访谈文本材料，实证研究互联网企业的社会治理参与动机与实践路径。

一　互联网企业参与社会治理的现状

（一）互联网企业参与社会治理的内涵和类型

在我国，社会治理是指以实现和维护群众权利为核心，发挥多元治理主

---

① 乔浩：《浅析卡尔·波兰尼的"嵌入"与"脱嵌"理论》，《中外企业家》2016 年第 19 期。

体的作用，针对国家治理中的社会问题，完善社会福利、保障改善民生、化解社会矛盾、促进社会公平、推动社会有序和谐发展的过程。[①] 党的十九大报告提出，要打造共建共享共治的社会治理格局，提高社会治理社会化、法治化、智能化、专业化水平。管理与治理的重要区别之一就在于，管理强调政府作用的发挥，而治理则注重治理主体的多元化，构筑包括政府、互联网平台企业、行业协会、公众等多元主体在内的治理格局。因此，社会治理能力的现代化需要不断优化治理结构，充分发挥多元主体作用，形成治理合力。

互联网平台企业一般是指基于互联网形成的一种集成信息交流、资源共享和在线服务等多种功能的互动空间，它可以扮演多种角色，包括内容提供商、社交媒体、电子商务网站、在线服务提供商等。互联网平台企业是社会治理主体之一，它通过平台、技术、产品、媒介等方式参与社会治理，内容包含环境保护、社会责任和公司治理方面。学者高海涛将具体行为分为市场服务行为、结盟合作行为、社会宣传行为、政治关联行为、环保公益行为、经济增长行为等[②]。

通过对阿里巴巴、美团、字节跳动、蚂蚁集团这四家互联网平台企业碳中和、ESG、社会责任报告书的整理，将互联网企业参与社会治理的内容和类型归纳如下。

其一，环境保护，指为实现碳中和目标，进行能源转型、鼓励科技创新、建设参与者生态的一系列行动，如阿里打造一朵清洁的云、用云计算替代传统 IT、赋能智能化转型，推动云计算价值链和生态向绿色低碳循环经济转型；抖音上线了面向中国区所有员工的"让地球低一度"低碳节能打卡平台；美团推进"青山计划"，围绕绿色包装、低碳生态、青山科技、青山公益四大板块持续探索解决方案，推动行业绿色低碳发展实践。

其二，社会责任，指保护员工福利、社区福祉的一系列行动，如阿里通

① 王浦劬：《国家治理、政府治理和社会治理的基本含义及其相互关系辨析》，《社会学评论》2014 年第 3 期。
② 高海涛：《我国企业如何参与互联网治理——基于百度、阿里和腾讯（BAT）的案例研究》，《新闻与传播研究》2021 年第 2 期。

过淘宝天猫平台服务视障用户，与联合国教科文组织开展人工智能与教育教席合作，探索人工智能在教育中的应用场景，让乡村孩子用上更先进的计算机；抖音推出多样化的数字工具、专项扶持等，助力中小企业、新老品牌、区域产业更好地开展数字化经营；大众点评上线"随申无碍"聚合入口，用户搜索"随申无碍"即可享受餐食、居家照护、养老机构、心理咨询等服务，还推出海量老人相关优惠套餐，覆盖老年人生活中的方方面面。

其三，公司治理，指完善公司治理机制，优化公司的组织和决策，如阿里采用新的治理结构，根据自身发展情况，探索和明确各自的 ESG 工作目标和优先级；抖音集团制定《中国大陆反垄断合规守则》，致力于在遵守反垄断法的前提下积极参与市场竞争；美团设有《阳光职场行为规范》等内部制度，阳光委员会采用预防、调查及宣传三位一体的模式，推动反舞弊体系稳健运行。

（二）目前中国互联网企业参与社会治理实践效果

自 2018 年以来，中国的头部互联网企业，如腾讯、阿里巴巴、百度、美团等，纷纷发布了 ESG（环境、社会和公司治理）报告，这不仅响应了政策法规的要求，也体现了企业扩大品牌影响力、参与国际竞争的战略考量。全球范围内，谷歌、微软、亚马逊等科技巨头也将 ESG 纳入企业战略层面，将企业的发展目标从单一的"创造商业价值"转变为"创造社会价值"，这已成为全球互联网行业的共识。

然而，互联网平台在资本逻辑的驱动下，对商业价值的过度追求已对平台的社会价值实现产生了严重影响，制约了平台治理的有效推进。一方面，互联网平台以流量为中心的经营模式导致了非理性行为的泛滥和道德意识的缺失，另一方面，企业对实现平台社会价值的认识和行动仍然不足。在过去几年中，互联网企业频繁发生的负面事件涵盖了内容违规、未成年人保护不力、产品故障、服务安全性受质疑、团队解散及裁员、员工贪腐、侵权纠纷以及违规收集个人信息等多个方面。

综上所述，中国互联网企业在 ESG 实践和社会责任履行方面取得了一定的进展，但仍面临诸多挑战和问题。企业需要在追求商业价值的同时，更加重视社会价值的实现，加强内部治理，提升企业的社会责任感，以实现可持续发展。2020~2024年互联网平台企业典型负面事例见表1。

表1 2020~2024年互联网平台企业典型负面事例

平台	问题类型	2020年	2022年	2023年	2024年
阿里巴巴	App出现故障、员工受贿		阿里巴巴旗下阿里云的香港服务据点出现故障，多个香港及澳门网站受到影响	阿里旗下多款App出现不同程度的故障，原因或在于阿里云产品控制台访问及API调用出现使用异常	运营岗位员工利用其审批家具类官方旗舰店入驻的职权，一年内就伙同他人收受贿赂达1.3亿元
蚂蚁集团	旗下金融类产品恶意催收，随意抽贷，利息高		蚂蚁集团非持牌经营违规的"相互宝"业务（已于2022年1月关停）	蚂蚁集团因在贷款业务中的恶意催收行为被处以巨额罚款	
字节跳动	大幅收缩业务，大规模裁员，侵犯用户隐私		1.字节跳动的内审人员为堵住内部资料外泄给媒体的漏洞，动用特殊权限查看了多名美国媒体记者在TikTok上留下的隐私数据。2.字节跳动加班文化在海外引发离职潮	字节跳动对游戏、教育、PICO等新业务均进行了大幅收缩	1.字节跳动纪律与职业道德委员会发布2024年2号通报，涉及61起员工违法违纪案件。2.字节跳动新加坡公司130名员工食物中毒
美团	平台压榨骑手	《外卖骑手，困在系统里》暴露了外卖系统中的算法是如何压榨外卖骑手的，也让美团一度陷入舆论漩涡	员工涉刑，包括收受合作商贿赂、侵占公司结算款、截留/窃取商家利润款等多种案件类型。此外涉及勾结黑产人员刷单、虚构订单诈骗平台赔偿金等多种案件类型	在业务实际操作中，会对骑手有明确的年龄要求：BOSS直聘上要求不超过50岁，广州招聘更是要求不超过45岁	

资料来源：笔者根据互联网数据整理。

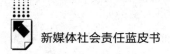

这些负面事例表明，互联网企业多选择披露自身擅长的领域，对其面临的挑战和风险则提及较少，各大互联网企业披露不足、参与社会治理行动效果欠缺的现状同时也反映出其参与社会治理时动机的复杂性。过往研究指出互联网平台企业履行社会责任的影响因素主要分为外部、内部两方面。外部因素包含市场、法规政策、监管媒体关注和有关部门的监督等因素，内部因素包括债务偿还能力、企业规模、行业特征和盈利能力等企业属性，以及涉及管理结构和董事会的管理特征。

由此，本研究从互联网平台企业参与社会治理的动机和路径两方面，分别提出以下两个假设。

假设1：目前平台企业参与社会治理的动机主要是应对舆论危机、美化和修复企业形象、应对上级部门或者监管要求等。

假设2：因为参与治理行为并非企业战略推动，所以在战术和路径上缺乏规划，很难形成正反馈和对商业价值的反哺。

为了对假设进行验证，本研究将通过分析大量互联网企业参与社会治理的报告、宣传、新闻等资料，并对互联网平台企业管理层、在职和离职员工、外围公益营销合作伙伴展开深度访谈，以从主动披露和隐性事实两个层面，洞察互联网平台企业参与社会治理的主动性和路径的多样性、有效性。

二　研究方法和理论构建

（一）研究对象选择

《深圳互联网行业振兴发展规划（2009—2015年）》指出，互联网行业是以互联网为依托、以信息技术为主要支撑的现代服务业。[①] 这些企业的主业务虽分属不同行业，但其依附于互联网开展业务，与人们的生活紧密相关。鉴于互联网企业覆盖范围较大、数量众多，本研究将围绕平台型的互联

---

① 参见《深圳互联网产业振兴发展规划（2009—2015年）》概述部分。

网企业展开调研，选取阿里巴巴（中国）有限公司及旗下蚂蚁集团、北京三快在线科技有限公司（美团）、北京抖音信息服务有限公司四家平台型互联网企业进行重点调研，与企业高管、员工进行访谈，并从第三方营销合作方的视角，了解这四家企业参与社会治理的动机与路径。选取这四家公司作为案例的理由如下。（1）依据中国互联网协会 2023 年 10 月发布的《中国互联网企业综合实力指数（2023）》报告，蚂蚁科技、美团、抖音均为中国互联网综合实力排名前十的企业。同时这四家企业分属不同领域的头部企业，在市场规模、使用人数、产品功能等方面都在各自领域中居优势主导型地位，即阿里巴巴—电商、抖音—社交、美团—外卖，覆盖了人们购物支付、出行饮食、社交娱乐等日常生活所需，上下游合作及资源丰富集中，平台模式完善。（2）这四家企业的新闻动态比较健全，均向社会披露其参与社会治理的行动及效果，在参与社会治理方面具有一定的代表性。阿里巴巴是第一家发布社会责任报告的互联网企业，其旗下的蚂蚁集团推出的公益活动具有高参与度和影响力；美团在社会责任报告之外还提出关于骑手的权益保护报告；抖音利用平台流量积极推动弱势群体、乡村经济的发展。

（二）研究方法及数据收集

本文以阿里巴巴、蚂蚁集团、抖音、美团企业官网上的企业对自身活动的动态报道作为分析单位，对于企业所披露的企业治理行为，需要对活动所属的治理类型、治理方式、治理时长等进行整理归纳，按时间线纵向分析企业的行为变化，按企业类别横向分析企业治理的共性和特性，并尝试针对企业社会治理的不足提出有效建议。

动机部分，由于从文本报告难以清晰深入地了解企业在参与社会治理时的考量，因此本文主要通过深度访谈法，邀请 4 位在互联网企业有过相关工作经历（包括在职）的业内人士展开线上访谈，从专业性和亲历者的角度，提供更具有效性和说服力的信息，每场访谈均在 40 分钟以上，保证访谈的充分和深入，被访者信息具体见表 2；路径部分，笔者主要通过非参与式观察，对近 5 年内的企业社会责任报告及相关动态新闻报道进行整理。由于企业参与社会治理的路径与动机有着密不可分的关系，动机的复杂性直接影响路径的选择，而路径产出的结果也在一定程度上可能影响动机的改变，因此本文结合访谈内容，对这几家平台型互联网企业的社会治理路径展开综合性研究。

表 2　被访者身份信息

被访人	访问时间	时长	就职企业	职务
刘帅	2024 年 8 月 4 日	46 分钟	声色全码营销创意工作室	工作室成立者
X 男士	2024 年 8 月 4 日	41 分钟	阿里巴巴	离职员工
X 女士	2024 年 8 月 5 日	60 分钟	美团	离职员工
杰子	2024 年 8 月 5 日	68 分钟	蚂蚁集团	算法工程师、公益社团发起人

互联网参与社会治理并非孤立、静态的发展过程，国家及政府的引导、市场和经济环境的变化、社会价值观和公民的倡导、企业内部文化的滋养、管理者和员工的投入、上下游合作方及各机构的协同等，这些内外部多重力量，不断激活互联网企业参与社会治理的主动性，增加治理行为的多样性。20 世纪 80 年代中期，法国社会学家拉图尔（Bruno Latour）提出了行动者网络理论（Actor-Network Theory，简称 ANT），其核心主张是要完全对称地看待自然和社会在科学技术实践中的作用。[①] 行动者网络理论有三个核心概念——行动者、网络和转译。ANT 认为行动者具有广泛性和能动性。行动者不只包括人，也包括观念、技术等，并且这些行动者并不仅是处在特定位置、具有特定功能的个体，而是构成社会网络的具有差异性能力的节点[②]。转译主要包括问题化、利益相关化、征召、动员四个环节，其中有随时可能出现的异议。在问题呈现中，首先应清楚了解每一个作为网络节点的行动者所面临的障碍和困难，并逐个给出解决措施，达成各自目标的强制通行点（OPP），之后找到在此网络中的多方利益，并以此凝聚各方行动者，招募动

---

① 〔法〕布鲁诺·拉图尔：《行动者网络理论（ANT）——布鲁诺·拉图尔科学哲学研究》，郭明哲译，中国文史出版社，2014。

② 戴宇辰：《"旧相识"和"新重逢"：行动者网络理论与媒介（化）研究的未来——一个理论史视角》，《国际新闻界》2019 年第 4 期。

员行动者更积极地发挥能动性，实现共同利益的最大化①。

在此基础上，对于互联网企业参与社会治理的动力因素，不能简单地把"企业"当作个体予以研究，应当将治理网络中的多元人类行动者及非人类行动者联结和互动纳入分析。结合深度访谈及相关文献，基于行动者网络理论，得到互联网企业参与社会治理的行动者网络框架，见图1。

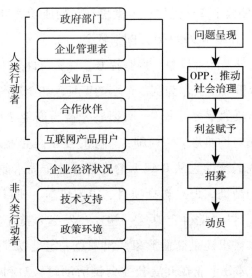

图1　互联网企业参与社会治理的行动者网络框架

三　潮流与行动：互联网企业社会治理动机和路径分析

（一）规模与收益：企业投入的根本考量

生存是企业最关心的问题。观察《中国互联网企业综合实力指数（2023）》中前十的互联网龙头企业，其在社会治理方面的行动投入相较于其他中小互联网企业多，根本原因在于这些企业自身的组织架构健全、商业模式完善、

---

① 张琳、唐一焱、张凤华：《行动者网络视角下新乡贤治村的动力机制研究》，《社会治理》2023年第3期。

经济收益稳定、市场占比较高等，当企业规模壮大，进入壮年发展阶段时，就拥有足够强的行业影响力，在经营层面相对成熟，投资方的认可度高，因此有足够大的力量和资本投入一些跟商业无关的项目中，更主动地参与社会治理。例如，2015 年，腾讯公益联合数百家机构共同发起了首个互联网筹款日活动——"99 公益日"。就在这一年的春节，腾讯旗下的微信刚刚通过"摇一摇"向全国发放了 5 亿元红包。微信红包的成功直接促进了腾讯启动首届"99 公益日"并拿出 9999 万元配捐资金。

除了经济回报外，品牌形象、声誉提升、社会口碑等也会间接促进企业经济发展。公益营销最初被作为利基市场的工具，如今逐渐发展成为企业建立和宣传其慈善形象的重要途径①。而把握公益与商业之间的平衡是企业在开展公益初期面对的难题。（刘帅："有的互联网企业从来没有做过公益营销，就需要我们帮助它从 0 到 1 的搭建，这个需求越来越高。"）虽然有营销工作室的帮助，但是选择项目、投入成本、项目目的还是基于企业的意愿。（刘帅："我觉得企业这一端，在发起公益需求或者公益项目的时候，它的根本需求还是商业形象，出发点一定是以维护它的商业利益为核心。"）因此部分企业在开展公益营销活动时，对利益的追求大于公益的目标，营销主导了公益的开展，就会使得公益项目的延续性取决于项目的商业收益。（X 女士："有的公益项目虽然每年会在报告中宣传，但其更多是一个营销项目，其实只做过一次；有些事情很认真地投入了，但到最后很有可能烂尾，就会打击公司及员工的积极性。"）尽管美团已经投入上亿元的资本去做一些骑手关怀和商户帮扶的项目，针对负面舆情不断改革，但观察美团社交账号相关内容下的评论，仍有许多用户不满平台的作为，发表大量负面的言论，不断争取对骑手的保护，因此面对公众对投入项目的负面反映，企业在达不到投入收益预期时会在下一轮投入时多加考量。

---

① 贺爱忠、郑帅、李钰：《公益营销对消费者品牌信任及购买意愿的影响》，《北京工商大学学报（社会科学版）》2009 年第 3 期。

（二）管理层与员工：自上而下的内生动力

在互联网行业转型迈向规范化与可持续发展的新纪元之际，企业社会责任构建的紧迫性日益显著。一些互联网企业在发展壮大的过程中，日益深刻地认识到社会责任与企业运营的各个环节紧密相连、密不可分，并更加主动地承担起社会责任，以企业文化的方式将履行社会责任渗透进企业的决策、执行中。企业文化是从管理者到员工文化的有机融合，有研究表明，企业对管理层的长期激励会促进其在环保方面的投入①。作为国内企业参与社会治理较为成熟的两家公司——腾讯和阿里巴巴，将"善""公益"等文化内涵融入企业文化中，管理者自上而下的思想滋养和以身作则，在有形无形中影响着员工的观念和行为，激活员工的力量，为企业输入源源不断的活力，彰显企业文化的企业形象。

"人人公益 3 小时"是由阿里巴巴集团董事局主席马云提出的，他在阿里巴巴"全球 XIN 公益大会"等多个场合强调，公益不应是一种外在负担，应当成为一种内在基因，应该把整个企业的责任、把公益的基因注入商业模式中，把商业和公益完美结合在一起。基于此，阿里巴巴公益基金会建立"3 小时公益"平台，将其与芝麻信用以及高德地图等打通，向社会发出"人人 3 小时，公益亿起来"的倡议。为更好地激发员工参与社会公益、践行企业文化，阿里巴巴还将公益纳入员工考核，促使员工将参与公益内化于心、外化于行。（X 男士："员工自发的公益实际上也源于企业文化的倡导，在此之下，我们感受到了在阿里工作和平台带给我们的经济价值、社会价值和个人价值；管理层这么做了，员工也会这么做，我们的客户及合作伙伴也会加入其中。"）另外，蚂蚁集团于 2022 年推出"数字普惠""科技创新""绿色低碳""开放生态"的四位一体 ESG 可持续发展战略，并将其列为公司面向未来的核心战略之一。（杰子："这几年在 ESG 战略推出后，公司上

---

① 薛求知、伊晟：《企业环保投入影响因素分析——从外部制度到内部资源和激励》，《软科学》2015 年第 3 期。

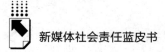

下对公益活动的看重程度会更高一些。ESG 之前，蚂蚁森林的活动，会考虑到公益和商业两方面；ESG 之后，整体的外部环境有所变化，公司与政府、社区的互动越来越多，所以纯公益战略的影响会越来越大。"）如今，围绕 4 大主题，蚂蚁集团已全面将 19 项核心议题深度融入日常运营中，致力于探索并实现商业效益与社会贡献并行不悖的创新路径。

在企业文化上突出社会责任的还有腾讯。腾讯是一家率先践行可持续发展理念的中国科技公司。2019 年，腾讯将"科技向善"确立为使命愿景，秉持可用、可知、可靠、可控的"四可原则"，加强员工科技伦理培养和责任治理，确保人工智能技术被负责任地开发和应用。马化腾先生认为，扎根消费互联网、拥抱产业互联网、推动可持续社会价值创新这三大战略，共同构成了公司发展的底座，构成了腾讯发展的蓝图。在创始人马化腾的战略引导下，腾讯还成立了可持续社会价值事业部，设立了关于数字公益、乡村发展、基础研究、公共健康、社会应急、养老与教育、碳中和等可持续发展议题的 10 个实验室，启动了资金资助计划，让社会治理与企业发展同频共振。

而美团的企业文化侧重用户端的生活体验提升，秉持"帮大家吃得更好，生活更好"的使命，发起"袋鼠宝贝公益计划""同舟计划"等活动，致力于骑手及其未成年子女的帮扶和支持；面向全体商户推出"繁盛计划"，建设共生共荣的外卖餐饮生态；并基于平台的消费，增加"无需餐具"的环保行为；动员公益商家和爱心用户捐赠美团乡村儿童操场等，让公益走进消费日常，带动酒店、餐饮、休闲娱乐等多个生活服务领域的商家共同参与。

由此可见，企业文化的定位会决定管理层整体战略的制定，激励管理层将可持续发展和社会治理的目标尽可能与企业的产品和项目融合，凝聚员工的社会责任意识，形成以企业文化为精神核心、管理层战略主导、员工有效执行、用户积极参与的一体化内在动力，促使平台型互联网企业网络中的每个人都成为社会治理的参与者，共同为社会治理作出贡献。

（三）技术与合作方：有力的资源支撑

传统的公益形式具有空间可及性差、流向透明度低等弊端，而技术则为社会治理注入更创新更专业的力量。2017 年，哈佛大学肯尼迪政府学院艾什民主管理与创新中心发布《价值与愿景：二十一世纪的中国慈善》报告指出，科技可用于鼓励更广泛的捐款群体，提高捐款效率及通过提升透明度建立信任感。"经济增长和技术进步在中国慈善事业的快速发展中发挥着至关重要的作用。"[1] 在技术的推动下，公益信息网络的组织呈现"去中心化"的网状结构[2]。2015 年以来，"互联网+"行动计划被大力推行，形成以网上"枫桥经验"为典型的科技赋能新时代社会治理的有益成果。

腾讯坚持"科技向善"，旗下公益慈善基金会建立腾讯技术公益平台，基于互联网技术，通过连接核心技术能力、人才与资源，携手公益组织、社会企业、科研机构等行业各方，共同建设公益行业创新性解决方案。面对适老化及无障碍行动这个社会性议题，腾讯在微信、QQ、腾讯新闻、腾讯地图等各产品和平台均设置了"关怀模式"，通过加大字体、设置按钮等方式，让"银发族"用户更好地体验数字产品、接触数字内容。截至 2023 年底，腾讯已累计申请超过 80 项无障碍相关专利，覆盖超过 40 项产品与功能，核心产品均已完成无障碍优化。抖音是"银发族"社会参与的新工具，为了提高老年和行动障碍用户使用的便捷度，抖音创新性地推出多端解决方案"云标签"以提升无障碍改造效率，开展多项适老化改造优化，包括防沉迷和诈骗提示。另外，抖音也在助力古籍数字化整理、提高中国地震台网中心数字化水平、推进智慧城市建设、公益组织运行等方面不断提升数字技术，发挥自身技术的优势。在云技术的助力下，越来越多的公益赛道被打开，乡村发展、弱势群体扶持、生态保护等方面都融入数字化的力量。基于互联网开展的公

---

① 参见《数字向善，全球新型慈善捐赠研究——中国（2013）》。
② 陈一丹等：《中国互联网公益》，中国人民大学出版社，2019。

益项目，能够得到大范围的传播，社交媒体和移动支付搭建的捐赠场景，激活更多公益打开方式，如运动捐步、能量种树、消费捐等便捷的公益方式。在降低参与公益的门槛、方便人们进行小额捐赠和参与公益活动的同时，技术平台也以"游戏化运营"公益的方式，形成共生共促的模式[1]。

资源依赖理论强调，企业经营依赖于利益相关者为其提供的外部资源，因此企业需要通过积极履行社会责任赢得利益相关者的支持[2]。平台型互联网企业所具备的准公共性，要求其承担起相应的社会责任[3]。（X 女士："从上市企业的一个要求来说，每年需要披露 CSR 报告，一方面是发挥企业力量，带动利益相关方去解决社会层面的一些问题，另一方面也是希望能够提高投资方的信任，以此去吸引他们持续对我们投资。"）目前，越来越多的互联网企业主动向社会披露其在社会治理领域所做的努力和影响，这将有利于让投资者、客户、学者和监管机构评估和了解企业所承担的社会责任和作出的社会贡献，增加合作方对企业的好感度和信心，也将吸引政府、学校、社区、基金会等投入更多的资源和进行更有力的监管。例如阿里巴巴"3 小时公益"志愿服务平台账户中的公益时长记录已经可以和杭州市积分落户、杭州市部分惠民政策如钱江分、芝麻信用分，以及团中央大学生第二课堂学分关联；抖音通过媒体访谈、座谈会议、公益平台、线上线下调研等方式积极与用户、创作者伙伴、政府、社区与社会组织、投资者等利益相关方沟通，积极与基金会、名校名师名医、多地文旅部门、近百个老字号商家、千位达人等合作。抖音集团认为，开放地与相关方沟通，能够更好地帮助企业推进可持续发展；美团则建立了一个完善的本地生活服务体系，从供给侧（商户）和需求侧（用户）提供更便捷、有利于发展的服务，在提升人们生

---

① 陈晓蓉、杨铃、张汝立等：《技术平台游戏化运营如何驱动公益发展——基于虚拟捐赠的分析视角》，《青年研究》2023 年第 1 期。

② 马迎贤：《资源依赖理论的发展和贡献评析》，《甘肃社会科学》2005 年第 1 期。

③ 叶敏：《基于互联网平台企业多重身份的准公共性分析》，《中国高校社会科学》2023 年第 3 期。

活质量、促进商业公益化的同时，也吸引了越来越多的商户入驻和用户使用。

（四）国家与社会：复杂交融的环境要素

从国家与社会的层面来看，政策环境和市场环境的变化是影响企业参与社会治理动力的重要因素。企业的社会治理投入，离不开政策支持和社会导向。近几年，在全球 ESG 潮流下，互联网企业参与社会治理受到宏观政策、经济环境、疫情反复等多重因素的影响，遇到了前所未有的困难。2022 年，腾讯、阿里巴巴、百度、京东、网易、美团等头部互联网企业的年报也反映整个行业普遍面临增速放缓与净利润下滑的困境。因此 2022 年以来，国家层面实施了多项举措推动平台经济健康发展。国家发展改革委等九部门联合印发《关于推动平台经济规范健康持续发展的若干意见》，明确坚持发展和规范并重，推动平台经济规范健康持续发展①。中共中央政治局召开会议，指出要实施常态化监管，推动平台企业规范健康发展，鼓励头部平台企业探索创新。在恢复相对宽松的互联网治理政策环境后，我国互联网企业营收企稳回升，但仍然形势严峻。（杰子："今年我自己感受有一点点缩减，主要是由于经济环境。总的来说，这两年提出来 ESG，一些大的公益开支会越来越多，但是今年相较于去年，因为互联网行业的形势相对来说没有前几年那么好，在一些小的项目上，可能比去年会稍微节省一点。总体上 ESG 出来之后，公益在公司层面的重要性会高一点，具体每一年的投入还是跟经济环境有关。"）

近五年来，国家在绿色政策、就业促进、乡村振兴、传统文化、数字鸿沟以及网络治理等方面出台了一系列相关政策。阿里巴巴、蚂蚁集团、抖音、美团等企业纷纷开展了相应的行动，以适应政策导向并推动自身发展（见表3）。

---

① 参见《关于推动平台经济规范健康持续发展的若干意见》。

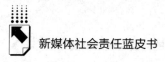

表3 阿里巴巴、蚂蚁集团、抖音、美团四家互联网企业的社会治理路径

	阿里巴巴	蚂蚁集团	抖音	美团
绿色政策	自身运营净碳排放和价值链碳强度的"双降";阿里云自建数据中心电力使用效率(PUE)保持亚洲领先水平;菜鸟打造"数智循环物流",在多个物流环节开展减排行动	通过蚂蚁森林项目,鼓励用户参与低碳行为,减少碳排放;积极响应国家"三北"工程攻坚战号召,通过蚂蚁森林项目在特定地区持续投入资金,助力当地打好沙地歼灭战	绿色运营(绿色办公、绿色数据中心);绿色倡导(绿色供应链、绿色电商、绿色宣导)	"青山计划"(绿色包装、低碳生态、青山科技、青山公益);与中华环境保护基金会共同发起"青山公益自然守护行动";带动爱粮节粮
就业促进	通过电商平台和云计算等业务,为中小微企业和个人创业者提供创业和就业机会	2012年发起成立蚂蚁云客服平台,为有能力、有意愿从事客户服务工作的社会力量提供数字就业机会;针对偏远地区,与地方政府合作建设服务星站,为不具备电脑、宽带等工作条件的年轻人提供工作场地	衍生多样就业岗位,降低就业门槛,为大学生、返乡青年、残障人士、宝妈等群体提供就业帮助	直接或间接增加商品选品、加工、供应链、物流运输等传统岗位,培育电商运营、水果测糖师等新兴岗位;针对骑手的保险、装备并提升、职业培训、生活关怀
乡村振兴	农村淘宝等项目,推动农村电商发展;乡村特派员等项目,深入县域助力乡村建设	通过生态助农和科技助农两条途径助力乡村振兴;于2021年启动"百县百品"线上助农项目,通过品牌孵化、流量支持等方式,助力县域农产品品牌升级和电商发展能力提升	开展"美好乡村等你来"乡村旅游数字提升行动;发起"乡村守护人"项目,发掘并扶持本地乡村创作者;发起"乡村英才计划"项目,培养乡村数字化人才	小象超市推出"本地尖货"计划;疫情期间发起"春归计划"和"新起点计划",面向贫困县招募骑手;联合慈善组织发起乡村儿童操场公益计划
传统文化	在电商平台上积极推广传统文化产品,如手工艺品、传统服饰等	蚂蚁链推出"文昌星传统文化焕新计划"	推出非遗扶持计划、博物馆文物数字化展览及知识传播	开展"中华老字号数字化发展专项行动"

续表

	阿里巴巴	蚂蚁集团	抖音	美团
数字鸿沟	蚂蚁集团推出了"数字木兰"计划,从基础保障、创业就业支持、多元发展等层面助力女性跨越数字鸿沟	推出了"数字木兰"计划; 联合浙江蚂蚁公益基金会等社会各界共同发起"蓝马甲"公益助老行动; 在技术战略与执行部门中成立专门负责标准化工作的专业团队,致力于推动数字普惠技术标准体系建设	持续对产品进行读屏改造适配等无障碍优化改造。创新性地推出多端解决方案"云标签"以提升无障碍改造效率; 构建了多维度的未成年人保护机制,并设有"青少年守护专线"; 产品适老化改造、打造老友内容生态和开展适老化公益行动	关注数字化浪潮中的老年人和弱势群体,助力孝心经济、完善适老化产品; 联合中国盲人协会发起"看见数字化"盲人商户关爱行动,上线运营"盲人版商户通"
网络治理	在阿里巴巴集团层面建立由集团风险管理委员会领导的数据安全管理架构; 在业务单元专门设立"个人信息保护官"(PIPO); 发布了《科技伦理审查管理规范》	建立了完善的反欺诈与风控体系,如"基于可信 AI 的 IMAGE 风控体系"; 积极参与网络生态治理,通过技术手段打击网络诈骗、谣言等违法行为	完善内容、电商、直播、广告等方面的管理体系与制度,开展网络暴力、不实信息、网络诈骗专项治理行动; 开发主动监测和管理平台,识别侵权风险; 成立信息安全委员会和隐私保护工作小组	建立完整的线上品牌保护体系及提供服务,拒绝"山寨门店"侵权

资料来源:表格系笔者基于互联网信息整理。

如今,数字平台已经与我们的生活紧密相关,平台型互联网企业的公共性和社会性,要求其在开展活动时将社会和自然环境所造成的影响纳入考量。(刘帅:"2018 年是汶川地震十周年,那一年正好是公益的爆发期,加上当时精准扶贫也是国家政策的重点,因此我们当时决定未来的商业方向可以跟中国大的社会环境去结合,公益其实也是一个社会正确价值观导向。")与此同时,中国消费者环保意识不断增强,越来越愿意为绿色溢价付费,可持续发展战略带动市场需求升级,使互联网企业进一步推动运营和商业模式绿色化;另外,中国互联网协会着手推动行业社会责任标准化建设,通过论坛、报告等方式引导企业规范化推进社会责任工作。在社会痛

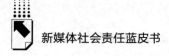

点、市场变动、经济起伏、政策支持等多重环境因素的作用下，企业投入社会治理的资源和方向随之改变。

四 动员与创新：互联网企业参与社会治理的提升方向

当下，相较于国外企业，国内互联网企业对于社会治理仍有积极性欠缺、营销性大于公益性、公益和商业化难以平衡、与社会期望有偏差等不足，且向公众披露信息的透明度和积极性不高，尽管部分企业每年均发布企业动态，但在"争议–解决"中，难以看到明显的成效。通过访谈和对文本资料的研究，验证了当前平台企业参与社会治理主要存在以下两个问题：一是互联网企业在开展社会治理项目时，受到应对舆论危机、美化和修复企业形象、上级部门监管要求或商业目标等的影响，内在公益性动力不足；二是当参与治理行为未和企业战略共生共促时，企业在战术和路径上容易缺乏规划，难以形成正反馈和对商业价值的反哺。

为更好地帮助互联网企业破解难题，针对呈现的动力问题及路径问题，对企业的建议如下。

（一）强化内在动机，提升参与社会治理的主动性

企业要将社会责任融入企业文化价值观中，确保从高层到基层员工都认识到参与社会治理不仅是应对外界压力的手段，更是企业长期发展的基石。

从企业内部来说，可以设立专门的社会责任基金或项目，用于支持社会治理相关活动，如环境保护、公益教育、乡村振兴等，展现企业对社会问题的积极回应和主动担当；重视员工公益，一方面鼓励员工自发组织发起公益活动，提出有助于社会治理的想法，降低社会治理的商业性，另一方面，企业在做社会责任相关活动时，应多倾听基层员工的建议。基层员工作为企业内细分组织的一部分，更能整合内部资源，从部门业务层面提出合理有效的项目建议，同时，基层员工更懂外部的声音，可避免"一言堂"或社会需求与项目投入存在偏差的情况，提升项目给社会和公司带来的价值。

欧盟于 2014 年通过了 95 号指令，要求欧盟大型上市公司从 2017 财年开始编制年度非财务信息披露报告。有研究指出，这一指令推动 CSR 报告和 CSR 活动水平较低的公司重视承担社会责任[①]。因此互联网企业需要在政府和互联网协会的监管下，通过公开报告、社交媒体、新闻发布会等方式，定期披露企业在社会治理方面的努力和成效，增强公众信任，形成正面舆论环境，获得投资方的信任。另外，还应积极建立与地方政府、互联网协会、基金会、媒体组织、产业链的交流，通过协作的方式，联名为项目做宣传，减少不必要的项目投入，降低企业单方面的成本，同时扩大项目的影响力；利用平台优势，开展公众教育活动，提升用户对社会责任的认知，激发社会共治的热情，形成良好的互动氛围。

（二）加强战略规划，实现治理与商业价值的双赢

互联网企业的商业属性意味着企业投入要考量自身的实力和投入的回报比，尽管部分企业在推动社会治理时，怀着奉献社会的使命愿景，但龙头企业独立推进所有的社会治理，需要承担巨大的社会成本，因此企业要想持续参与社会治理，最好基于企业本身的产业和业务，在发展自身产品的同时，创造企业与社会共享的价值。具体提升路径有如下几点。

制定长远战略。互联网企业应将社会治理纳入企业战略规划中，明确参与领域、目标、路径和预期成果，确保治理活动与企业整体发展方向相契合。

探索技术创新模式。企业可结合业务特点和优势，利用大数据、人工智能等技术手段提升治理效率，创新治理手段，更有效地创造社会价值及服务社会公益。

建立评估与反馈机制。通过建立科学的评估体系，企业可定期对治理项目的成效进行评估，并根据评估结果及时调整策略，形成正反馈循环。同

---

① Peter F., Jörg H., Nico L., Real Effects of a Widespread CSR Reporting Mandate: Evidence from the European Union's CSR Directive, *Journal of Accounting Research*, Vol. 4, 2022.

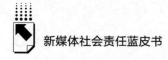

时，企业应注重收集用户、合作伙伴、监管机构等利益相关方的反馈，不断优化治理路径。

挖掘商业价值。在参与社会治理的过程中，企业需要积极寻找与自身业务相结合的商业机会，如开发绿色产品、推广公益营销等，从而实现社会治理与商业价值的双赢。

如今，互联网及数字化生活普及，中国网民已经超过 10 亿，这让社会层面的监督效力越来越高，因此互联网企业更需注重企业的战略规划，调整参与社会治理的心态，切勿以营销为主要目的，导致既投入一定的成本，又因营销意图明显而与社会希冀相悖，产生对企业负面的社会评价。

总的来说，互联网企业的规模是决定其在社会治理上投入多少的根本因素；受到国家政策与经济大环境的影响，互联网企业的收益也处于动态波动中，企业的投入也随之调整；在同一环境下，互联网企业受到企业文化的影响，在社会治理方面的投入有所不同，管理层的战略制定将会直接影响员工的工作方向，间接影响上下游合作方的社会治理投入；互联网产品用户（消费者）、合作伙伴等人类行动者和技术支持等非人类行动者，则会进一步提高企业社会治理的积极性。尽管互联网企业是以营利为目的的商业性企业，但是社会的期待和国内外成功的企业案例都表明，社会治理与商业价值的平衡，是企业可持续发展的生存之道。互联网企业顺应数字时代的浪潮飞速发展，它成于这个社会，也当回馈社会，发挥其独特的社会治理作用。

B.14
短视频平台在老年人社会融入中的传播责任[*]

曾润喜 刘祝言 黄璐颖[**]

摘 要： 短视频平台成为老年人自我表露的新兴渠道和重要途径，为老年人的社会融入提供了契机。本报告对18名短视频平台老年人用户进行半结构化深度访谈，分析老年人通过短视频自我表露进行社会融入的过程，揭示短视频平台在助推老年人社会融入方面的责任。研究发现，短视频平台的自我表露对老年人社会融入的各个层次产生积极影响，这些层次可以划分为社会支持网络形成、认知观念接纳、身份认同再造三个层次。研究认为，鉴于短视频平台对老年人的社会融入具有正向作用，应重视短视频平台的老龄传播责任，聚焦老年人的社会融入需求，积极创造条件为老年人提供数字化支持。

关键词： 老年人 社会融入 平台型媒体 老龄传播 积极老龄化

一 引言

我国正面临老年群体日益扩大和人口老龄化加速的严峻形势。伴随老龄

---

* 本研究为西安市社会科学规划基金重大项目"基于人工智能生成与传播的网络谣言协同治理研究"（项目编号：25LW191）阶段性研究成果。

** 曾润喜，重庆大学新闻学院教授、博士生导师，智能与传播治理研究中心主任，主要研究方向为公共政策传播、数字政府传播、网络综合治理、媒体融合发展；刘祝言，重庆大学新闻学院2021级硕士研究生；黄璐颖，重庆大学新闻学院2024级硕士研究生。

化的加速，老年人的社会融入问题愈加凸显。一方面，老年期是人生中的重要转折期，老年人可能会面对亲友离世、职业生涯结束和成为社会闲暇人员所带来的社会角色丧失、中断和边缘化的感受①，从而出现主观上的"自我隔离"②。另一方面，随着数字化进程的加速，新媒体的技术隔离、信息隔离机制会导致老年人因客观社会环境而陷入"社会隔离"的困境③。因此，为了防止老年人与社会隔离，需要探寻求老年人社会融入的路径，这是老年人实现积极老龄化的重要途径④。同时，老年人的社会问题是每个个体的问题，帮助老年人实现社会融入不仅有助于解决老龄化问题，也能帮助人们克服对衰老的恐惧、焦虑和不知所措，找寻到每个个体在数字化社会中如何作为、如何行动与如何改变的答案⑤。

短视频平台迅速发展成为老年人与数字社会产生联结的重要途径。不少老年人在短视频中大胆地进行自我表露，并借此与他人在短视频平台上建立社会关系、获得社会关注，积极融入社会。老年人的短视频自我表露行为是一种特殊的媒介使用行为，它相对于其他"只刷不发"的媒介使用行为而言更加积极主动，也更能体现老年人的主观能动性。老年人在短视频中的自我表露能够促进社会互动与交往，并在一定程度上调节老年人因社会参与匮乏导致的孤独、排斥等心理隔离困境⑥。这种数字世界的交流互动能帮助他们找到精神寄托，从而缓解在现实世界中的失落感⑦，是一种直接的心理调

---

① 蒋俏蕾、陈宗海：《银发冲浪族的积极老龄化：互联网使用提升老年人主观幸福感的作用机制研究》，《现代传播（中国传媒大学学报）》2021年第12期。

② Van Willigen M. , " Differential Benefits of Volunteering Across the Life Course," *Journals of Gerontology Series B-Psychological Sciences and Social Sciences*, 2000, pp. 308-318.

③ 王娟、张劲松：《数字鸿沟：人工智能嵌入社会生活对老年人的影响及其治理》，《湖南社会科学》2021年第5期。

④ 靳永爱、刘雯莉、赵梦晗、王东晖、胡文波：《短视频应用平台的使用与中老年人生活——基于专项调查的探索性研究》，《人口研究》2021年第3期。

⑤ 师曾志、仁增卓玛：《生命传播与老龄化社会健康认知》，《现代传播（中国传媒大学学报）》2019年第2期。

⑥ 赵丹、余林：《社会交往对老年人认知功能的影响》，《心理科学进展》2016年第1期。

⑦ 方惠、曹璞：《融入与"断连"：老年群体ICT使用的学术话语框架分析》，《国际新闻界》2020年第3期。

适途径。然而，目前研究仍倾向于把老年人看作数字世界的"流民"，并未将其纳入数字使用者范畴①，忽略了新媒体对老年人社会融入的作用。

本报告将审视老年人通过短视频自我表露进行社会融入的主观体验，分析短视频平台在这一过程中的作用与责任。具体而言，本报告选取抖音短视频平台的老年人用户作为分析对象，进行半结构化深度访谈，为助推老年人社会融入、改善老龄传播效果、增强短视频平台的社会责任履行能力提供理论支持。

二 研究设计

本报告从"短视频平台的老龄传播责任"这一问题出发，把问题拆解成两个层面，即（1）老年人通过短视频自我表露进行社会融入的过程是什么？（2）在此过程中，短视频平台扮演了什么角色，又应当承担怎样的社会责任？构建老年人经由短视频自我表露进行社会融入的理论分析框架，即三个不同的融入层次：社会支持网络形成、认知观念接纳、身份认同再造，再从这三个不同的层次出发，评估分析短视频平台的社会责任表现。

（一）理论分析框架

社会融入是一个多元的、复杂的理论，一直以来受到了众多学者的关注。在宏观层面，社会融入是一个正向的社会目标，其内涵是将个人与社会有机结合在一起，形成统一协调的整体②。在中观层面，社会融入是指外来群体在经济、社会和文化层面融入目标地的主流社会群体，并最终达到相互融合和平等的结合状态③，主要研究移民的城市适应问题和农民的市民化问

---

① 周裕琼：《数字弱势群体的崛起：老年人微信采纳与使用影响因素研究》，《新闻与传播研究》2018年第7期。

② 吴晓林：《社会整合理论的起源与发展：国外研究的考察》，《国外理论动态》2013年第2期。

③ 陈成文、孙嘉悦：《社会融入：一个概念的社会学意义》，《湖南师范大学社会科学学报》2012年第6期。

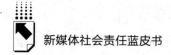

题。在微观层面，社会融入围绕认同与接纳展开，它是指个体将自己整合进入目标群体的心理建构，也是个人融入目标群体的心理基础①。梳理已有文献发现，目前学界探讨出多种不同的社会融入框架，并且，不同框架从不同角度出发突出的影响要素也有所不同。但总的看来，大多研究框架都从个人外部影响因素出发再逐步过渡到个人内部的融入，这一基本逻辑也为本次研究提供了参照。

就当下老年人特点而言，经济融入并非他们社会融入的主要指标，因为随着社会经济的快速发展，老年人中很少有在劳动市场中工作的就业者②，相比于需要自己打工挣钱实现经济适应的中青年劳动力，他们的经济来源依赖养老保险、离/退休金、子女支持等，通常较为固定。根据社会心理周期，老龄阶段个体的主要任务是克服失望感、获得满足感，但是老龄阶段同时标志着个人生理与心理衰退与老化，容易陷入社会脱节困境，这不利于老年人的个人心理发展，所以老年人需要调整心态，积极进行社会融入。

首先，已有研究框架较少考量社会支持网络的形成，但老年人出于退休等社会事件以及衰老带来的腿脚不便等原因，维护个人社会支持网络需要花费更多成本与精力，所以需要对老年人的社会网络层面加以考量。其次，本研究框架纳入认知观念接纳指标。老年人已经形成固化的价值思想观念，对于社会中一些新认知观念的接纳比幼年、中青年时期更具难度，因此老年人的认知观念接纳情况会对其社会融入产生重要影响。最后，结合大多数框架中提到的心理层面的自我身份认同再造进行考察。社会融入最终需要个体重新认识自己，认同自己是社会当中的一员。短视频的发展给老年人提供了一个了解社会、调适个人、展示自我的渠道，老年人可以拍摄抖音视频来呈现个人生命历程、展示当前的自我、获得自我身份认同，也可以在抖音发表评论，与其他人群进行交流，进行思想观念的碰撞融合。综上，本报告构建了

---

① 黄匡时、嘎日达：《社会融合理论研究综述》，《新视野》2010 年第 6 期。
② 靳小怡、刘妍珺：《农村随迁老人的社会融入研究》，《西安交通大学学报》（社会科学版）2019 年第 2 期。

老年人的社会融入的三个层次，即社会支持网络形成、认知观念接纳、身份认同再造（见图1）。

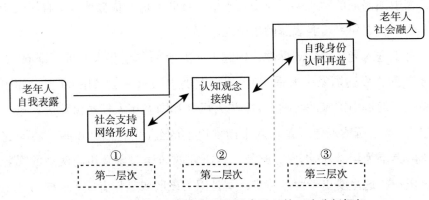

图1　老年人通过自我表露进行社会融入的理论分析框架

社会支持网络形成是老年人社会融入的第一层次。它是社会融入的基础，老年人需要首先结成人际关系网络，才能从中获取社会支持，为下一层次的社会融入作出铺垫。认知观念接纳是老年人社会融入的第二层次。它是老年人社会融入中必不可少的一个层次，老年人的社会融入会涉及个人认知观念的转变，如网络文化观念、家庭观念、社会融入态度的变化等。老年人的社会网络形成能够有效地为认知观念接纳作出铺垫，认知观念接纳也能推动下一层次老年人自我身份认同的再造。自我身份认同再造是老年人社会融入的第三层次。它是老年人社会融入的最高层次，指的是老年人需要对个人社会身份重新定位、找寻社会价值，更新个体、集体、社会认同，转变"过客"心态，成为社会生活的主动参与者。三个层次互相影响、互相促进，向老年人社会融入的目标靠近。

（二）研究方法

本报告将研究情景设定在短视频平台。根据2023年11月北京师范大学心理学部发布的《老年人情感关怀与短视频使用价值研究报告》，经常观看短视频直播的老年人比例接近65%，超75%的老年人有过短视频创作经历，

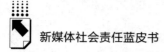

其中经常发布短视频的老年人占比近28%①。具体而言，本报告聚焦抖音平台。与其他短视频平台相比，抖音作为一款短小、直观、有趣的新社交媒介，在中国当前的短视频行业中位于第一梯队，占据优势地位，且深受老年人喜爱，是老年人自我表露的集聚地。

对于进入老年的年龄标准，国际上一共有两种老年人标准，即60岁或65岁，西方发达国家一般采用65岁，发展中国家一般采用60岁。我国目前尚处于发展中国家的行列，《中华人民共和国老年人权益保障法》第二条规定："本法所称老年人是指六十周岁以上的公民"，因此本报告将研究对象年龄界定为年满60周岁。此外，本研究的访谈对象是川渝两地的抖音老年人用户，这主要出于两点考量：一是因为该区域是作者成长、学习或工作的地方，对川渝的文化观念更熟悉，这更有利于研究的推进。二是川渝地区老龄化问题突出，根据第七次全国人口普查公布的数据，重庆和四川60岁以上人口占比分别是21.87%和21.71%，排名全国第五和第七位。综上，本研究的调查对象初步确定是生活在川渝地区的，并且在抖音平台上有过自我表露的60岁以上用户。

本报告主要采用深度访谈法，并通过"滚雪球"的方式选择访谈对象。为了详细、深入地掌握抖音平台对老年人使用创作功能的履责状况，本报告将现有新媒体自我表露调查中的等级评定问题设计以及原因设计修改成半结构化访谈问题，对于涉及研究中心的部分要求受访者予以陈述并作出必要的解释，在访谈结束后归纳总结每一位被访者的答案，对问卷不断进行补充和调整。最后，对整理后的访谈文本进行整理、归纳总结，将结果与其他文献资料进行对比，结合社会融入理论分析抖音老年用户自我表露对社会融入的作用。根据前期的初步调查，本报告最后选取了18名访谈对象，访谈对象均明确表示知情同意。受访者基本信息如表1所示。

---

① 《短视频中的老年人：数字时代"能力者"》，新华网，http://www.xinhuanet.com/tech/20231117/c4ac8cfc3e27418b9dd8cfbba8a2e9c2/c.html，最后检索时间：2024年10月11日。

表1　受访者基本信息一览

编号	性别	年龄（岁）	职业（退休前）	婚姻情况	居住情况	文化水平	拍短视频年限（年）	抖音粉丝量（个）
S1	女	66	工人	丧偶	独居	初中	2	327
S2	女	60	公职人员	丧偶	独居	小学	3	145
S3	女	64	个体户	已婚	与家人合住	小学	1	78
S4	女	70	企业职员	丧偶	独居	初中	3	228
S5	男	66	个体户	已婚	与家人合住	初中	4	1502
S6	女	60	公职人员	离异	与家人合住	大学	2	892
S7	男	60	工人	已婚	与家人合住	初中	1	64
S8	女	65	公职人员	已婚	与家人合住	初中	2	3514
S9	女	64	公职人员	已婚	与家人合住	研究生	3	39
S10	女	61	事业单位退休人员	离异	与家人合住	高中	1	82
S11	男	60	农民	已婚	与家人合住	初中	4	2053
S12	男	65	事业单位退休人员	已婚	与家人合住	专科	5	8570
S13	男	61	公职人员	已婚	与家人合住	高中	4	641
S14	女	62	其他	丧偶	独居	初中	1	96
S15	男	72	个体户	离异	独居	高中	2	1780
S16	女	73	个体户	已婚	与家人合住	初中	2	45
S17	男	65	事业单位退休人员	丧偶	独居	专科	3	2781
S18	男	67	事业单位退休人员	已婚	与家人合住	专科	1	1440

此外，本报告还采用文本分析法。本报告考察的文本主要是访谈形成的文本内容、受访者短视频中的文字内容（标题、字幕等）以及受访者短视频下方的评论与回复，通过对老年人自我表露内容的分析，以期窥见老年人自我表露的主题、偏好，以及老年人表露出的对社会的感知，从而寻找短视频平台履行老年传播社会责任的优化路径。

在资料分析过程中，研究主题的命名、内涵、外延及其对研究问题的理论贡献都在不断扩充与发展，而当连续3次资料分析收集到的数据资料均没有形成新的主题时（即出现理论饱和迹象），即启动饱和度检验流程：研究拟追加3次访谈，以新获取的3名老年人的数据资料与既有主体框架进行迭代对比。该检测将持续进行，直至新增数据无法析出任何新主题时，则确定

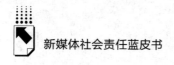

研究达到了内容饱和，可以完成访谈。

在实际操作过程中，当访谈到第 15 名老年人时，发现收集到的数据资料与之前相比没有再形成新的主题，这时再选择与编号第 16、17、18 的老年人进行访谈与文本资料收集，发现依旧没有再形成新的主题，则判定研究内容已经饱和，完成数据收集。

三　老年人社会融入的新路径：作为自我表露窗口的短视频平台

（一）打破个人"孤岛"：社会支持网络的形成

老年人之间的社交不再局限于现实空间，无论何时何地，老年人都能通过抖音自我表露实现社交互动中"遥远的在场"，这对于远离家人朋友、腿脚不便的老年人充满了吸引力。同时人际关系突破线上线下的界限，老年人的社交网络会向虚拟空间迁移，线上社交关系也会向线下迁移。作为一种更加便利的社交方式，抖音自我表露节省了老年人走街串巷、登门拜访的时间，很多时候老年人也更愿意通过抖音进行人际互动，形成了个人的陪伴性支持网络。

1. 获得陪伴支持

抖音自我表露是老年人获得陪伴感以及维护社交关系的新场域。第一，抖音中的评论、分享、拍摄等自我表露能为老年人提供一种陪伴感，使他们能够在远程互动中见证彼此的生活。"我每天都会专门安排一个时间来拍抖音，其实最让我有动力做这件事的就是我想让我的亲人朋友看到，我可以过得很好。"（S2）第二，对于那些没有时间、精力串门的老年人来说，抖音也能实现跨越时间、距离限制建立交流与沟通，提供陪伴支持，"我这个岁数，社会上的朋友都很多，要得好的朋友、亲戚这些，我现在每天守门市可能没有时间去串门了，但是抖音刷到了就会问候一下。"（S15）第三，抖音的算法推荐机制还让老年人找到与自己有共同兴趣爱好的人，这有助于让老年人在现代生活中发展包容个性的陪伴关系，"她们经常会给我的视频评论'友友，跳得真好！'还给我送花，我们都喜欢跳舞的嘛，后来才知道她们是另外一个舞蹈队的，就慢慢约着一起学舞、跳舞、拍东西，现在我们经常周末都要一起耍。"（S3）

在老年人自我表露的过程中，寻求关系与社会资本是其核心内在驱动力[①]。通过在抖音中的自我表露，老年人既强化了家庭内部的交流沟通，又强化了与外部社会网络的联系。最终，老年人的家人、朋友和网友组建了一个社会支持系统，增加了老年人的陪伴感，化解了老年人现实中的社会支持困境，让老年人超越时空限制获得陪伴，在社会中建立起新型的依赖关系。

2. 提供信息支持

抖音自我表露连接形成的社交网络为老年人提供信息支持，从信息支持系统中老年人能够获取有利于他们解决问题的方法和建议。老年人往往将自己习得的养生经验知识、平时的爱好互相分享，并一起探讨交流，这形成了老年人信息支持网络，帮助老年人获取相应信息，做出最优决策。

"原来（抖音中）就经常有人夸说我（书法）写得好，但我也纠结自己去不去学，也是一个偶然的机会吧，原来的老同事评论说 xx 区这个老年大学有书法班，我干脆也去报了个！"（S13）

S13 热爱书法，在纠结要不要进行深入学习时，有人在他的评论中建议他可以去老年大学进行学习，这些建议为 S13 决定进行书法学习提供了决策支持。可见，抖音自我表露能够为老年人带来关注，并提供相应的信息支持，这构成了老年人的信息支持网络，让老年人的需求问题得以顺利解决。

3. 构建情感支持

抖音自我表露是老年人人际关系发展的助推器，为老年人构建出情感支持网络。抖音作为一种可见性媒介能够让人们在互相窥视之间建立一种亲密感[②]，老年人抖音自我表露越多，互动越频繁，关系也会越推进。在此过程中抖音

---

① 袁靖华：《关系障碍：人际传播视角下的边缘身份融入——基于在浙新生代农民工的社会调查》，《新闻与传播研究》2015 年第 5 期。
② 徐仁翠：《驯化：山东 D 村村民的抖音实践》，《新闻记者》2022 年第 3 期。

自我表露还让老年人获得家人、朋友的情感支持，老年人不再"孤岛式"存在。

首先，在家庭情境中，当老年人在抖音拍摄遇到困难时，他们会选择向子女求助。子女作为信息优势方，对父辈的数字反哺增加了代际沟通，促进着家庭关系的和谐发展，让家庭氛围更加融洽[①]。"我的儿子和老公都很支持我，他们经常给我转发点赞，每次出门玩的时候都叫我不要忘记拍抖音记录一下，我儿子还教我怎么使用剪映，在这个过程中有他们的支持我也感觉自己很幸福，更愿意去拍了。"（S9）

其次，在抖音自我表露过程中，老年人的个人情感需求能够因融入集体而获得满足。S12曾在一个短视频里说自己感染了新冠病毒，评论区不少网友前来支招，其中也不乏一些鼓励性的话语。面对家人、朋友在抖音中的关心和祝福，他在评论区中对这些评论作了"统一回复"——"统一回复：谢谢家人们关心，我目前好些了，不用为我担心。"这样的自我表露既让他们收获到来自社会的关心与帮助，回应老年人的情感诉求，帮老年人填补感情缺失，又成为一种情感能量，化作老年人积极融入社会的强大动力。由此可见，短视频可以缓解老年人的焦虑情绪，显著提高老年人的主观幸福感[②]。

此外，抖音自我表露能够打通原本没有的社交节点，构建起新的社交圈层，帮助新关系的建立。"前几天没有出去拍视频，评论还催我'美女姐姐，怎么最近不发视频了？'他们爱看嘛，我就更爱拍了啊。"（S14）S14在新冠疫情期间因为没有外出所以视频拍摄变少了，在视频底下有评论在催促着她拍视频，为她加油打气。这样的情感链接给予了老年人一种慰藉，并转化为老年人抖音自我表露的情感动力，推动老年人的下一次自我表露。

总的来看，老年人的抖音自我表露复制了因血缘与地缘结成的人际关系

---

① 周裕琼：《数字代沟与文化反哺：对家庭内"静悄悄的革命"的量化考察》，《现代传播（中国传媒大学学报）》2014年第2期。

② 姜照君：《社会网络、媒介依赖与老年人主观幸福感——基于新冠肺炎疫情的实证研究》，《现代传播（中国传媒大学学报）》2022年第7期。

网络，成为老年人与家人、朋友、老同事等之间联结的重要方式，也让老年人创造原本没有的社交节点，扩大社交范围，与另一些年龄相似、兴趣相仿的个体联结起来。家人、朋友、老同事甚至是陌生的网友组建起老年人的情感支持网络，成为老年人情感支持的主要来源。

（二）调适固有思维：认知观念的解构与重塑

1. 解构固化的老年认知

老龄阶段的个体经历了数十年的社会化过程，审美理念、生活态度和价值观念等已经根深蒂固，因而老年人的抖音自我表露无法避免地反映着过去时代的特点。这可能会造成过去时代和当今时代诸多观念的区隔与冲突，但从另一个侧面看，这种客观存在的区隔与冲突可以帮助老年人解构固化的认知。

在审美理念方面，个人审美与流行的偏差让老年人精心制作的视频人气不高，部分年轻人甚至还会凭借网络话语优势对老年人进行嘲讽、排斥与放逐[1]，这容易挫伤老年人自我表露的积极性。"抖音上面这些人他们张张嘴就有几千几万个赞，但是像我这种认真拍的，最多300多个赞，我自己感觉我的视频难度还是比较大哟，要学习很久的！"（S3）但这同时也解构了老年人的审美理念，让他们捕捉到更具现代性的审美，思考怎么拍摄视频才能获赞更高。"我自己也在经常思考怎么拍才更好，让大家更喜欢看……有时候看到有的年轻人拍得不错的、好看的，我也会尝试。"（S11）这一过程是学习与模仿的过程，老年人在其中解构了自己原本的审美观念，朝着更具时代特色的审美理念变化。

在生活态度方面，不少老年人将"老了，不中用了"挂在嘴边，产生"无用感"，生活态度趋向消极。抖音自我表露让老年人获知自身价值，收获充实感，从而转变消极的生活态度，鼓起勇气积极面对社会生活。"原来

---

[1] 黄钟军、潘路路：《从中老年表情包看网络空间的群体身份区隔》，《现代传播（中国传媒大学学报）》2018年第4期。

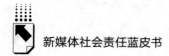

总是觉得老了、没用了，抖音这种年轻人做的事我就不爱去凑热闹。后来发了一些原来拍的视频，居然有很多人评论说我拍得好！我还觉得心里很高兴呢……之后我就把这当成一个事情，留心身边的东西，拍了分享出来，我发觉自己也不是不中用嘛。"（S13）

在价值观念方面，中国传统的"家本位"价值观念根深蒂固，老年人的生活也是如此，一切以"家"为圆心向外扩散，而抖音自我表露不仅让他们获得了数字时代的自我呈现权利，也让老年人重新进行自我审视，开始自我追求。"之前总围着锅炉转、围着小孩转，现在我也想为自己活一把。"（S16）通过抖音自我表露，"家本位"的价值观念逐渐被"老有所乐"的价值观念所替代，老年人变得更加关注自我。他们不再局限于在家带孩子、伺候小辈，而是更倾向于追求老有所为的自己、找回年轻漂亮的自己。"原来很少追求漂亮、美丽这些东西……但因为拍的东西大家都能看到，我还是很希望自己在他人眼中是美丽的，所以我喜欢抖音的美颜功能，我感觉看到了不一样的自己，这些美颜让我觉得回到了年轻的时候。"（S9）

2. 塑造新的个人观念

帕克认为，传播有"指示"（referential）与"表达"（expressive）两种途径，前者通过符号传递思想与事实，后者通过姿态或其他表达行为传递感情、态度和情绪。抖音也是如此，它如同冲突的"缓冲带"，通过传播中符号与关系的互动，老年人完成了对符号意义与关系的重新解读与再认证，强化了个人关系认知，从而形成新的身份认同[1]。

在语言文化方面，抖音为所有用户提供了一个宽松的自我表露空间，用户之间能够通过有效沟通建立共通的意义空间从而达成认知共识。这种认知共识是个体构成社会的黏合剂，而共识的高级阶段就是帕克所认为的传播的最理想状态——同化。尽管"同化"可能难以实现，但老年人需要通过语言认识他人和社会，也需要通过符号互动形成最基本的文化理解。

---

[1]　张淑华：《网络反腐的符号传播逻辑及其社会整合作用——以"杨达才事件"为例》，《新闻与传播研究》2013 年第 10 期。

　　首先，网络语言作为网络文化的载体是老年人融入数字世界的第一关卡。老年人在接触网络语言符号的过程中，也会听取他人对符号意义的解释，并对一些新的网络用语进行理解。潜移默化中，老年人的认知也受到他人影响，从而达到对语言符号的一致性理解，与其他传播者进入共通的意义空间。"我看别个抖音发'集美'这种词，一开始不太懂，后来抖音给我推送了一些讲解网络用语的视频，有点恍然大悟的感觉。刷抖音之后才觉得人还是得跟上时代，要多'冲浪'啊！"（S16）

　　其次，老年人对一些新的社会文化不适应，而对于社会文化的一致性理解是社会整合的基础①。抖音自我表露能够进行文化价值的传播，老年人在抖音上与其他个体互动交流时，也在逐渐理解与接受当下的网络文化，实现个人的心理适应。"我娃儿喜欢这些动漫，之前看他们好像是稀奇古怪的，我也刷到过这种孩子，他们给我评论说'阿姨真年轻'，我发现其实他们也是普通小孩儿，我也去夸他们拍得好，反正我不排斥了，这些不关对错好坏的。"（S10）

　　在家庭价值理念方面，老年人对于婚恋观、育儿观的看法一般偏向传统，如"养儿防老""多子多福"等。随着时代的发展，一些传统的家庭价值理念在当下并不被年轻人所认可，中国传统家庭观念的影响现在已明显弱化②，老年人通过抖音自我表露不断地反思，开始理解与接受年轻人的认知与想法。"我发了条抖音（关于孩子晚婚这件事），有个人评论说'不结婚也可以过得精彩，不需要用婚姻来绑架自己'，慢慢地我也想着不劝他了。"（S8）"我之前就把精力放在儿子女儿身上，担心他们工作、婚姻，现在就是没有完全把精力放在他（她）们身上了，忙自己的事反而感觉自己也轻松一些，他（她）们也不说我唠叨了。"（S6）通过抖音自我表露，老年人的一些传统价值理念如婚恋观、育儿观等在不断革新。解构一些旧的家庭价值理念，让新的理念成为老年人的生命体验，有助于成功缓和代际矛盾，营造出更轻松和谐的家庭氛围。

---

① 张文娟、刘瑞平：《中国老年人社会隔离的影响因素分析》，《人口研究》2016年第5期。
② 吴帆、刘立光：《年轻人家庭观念的传承与变化——基于代际差异的测量与分析》，《人口学刊》2022年第5期。

（三）寻找身份归属：个体与集体认同的更新

1. 再造个体身份认同

自我认同再造是个体对自身的判断和评价，是在新的环境中对自我的新认识，需要个体重新定位自己的社会位置，重新考虑个人与世界的关系，还需要在心理层面重新认识和重塑自我①。研究发现，在抖音自我表露的过程中，老年人能够再造自我身份，建构对社会关系新的理解，并且保留自己的独特惯习，向外传递自身价值理念，促成个体身份认同的更新。

第一，自我身份构建的基本途径是叙事，而自我叙事是自我身份构建的核心②。调查发现，老年人在自我表露视频中经常会添加一些个人身份标识，作为自我叙事的一种，这些标识反映出老年人如何看待自己退休后的角色转换问题。他们也通过这些标识来寻找与自己同质的个体。如 S3 来自农村，她常常在自己视频中添加上"xx 村的朋友请点赞""不嫌弃农村人的进来"等话语。还有 S7 在抖音自我表露中称自己为"半个东北人"、S13 称自己为"书法家"。这些身份标识大多超越了年轻时社会赋予的身份，其中很多并非老年人担任过的工作角色，而是一些从个人生活经历或个人爱好中提取出的角色。它们既是老年人自我认同中自我了解的一部分，也能让老年人通过抖音中的标签找到自己的同属，促成了老年人在老龄阶段对自我的探寻以及角色的转换。

第二，老年人的身份认同再造不仅要对个人身份有新的认知，更重要的是进行自我质询与反思，摆脱老年人对于自己的刻板印象，对老年期形成新认识。在传统上，人们倾向于将"老化"看作生理与心理的衰减与退化，认为老年期是"一衰俱衰"的过程，对老年人身份内涵的界定相对消极。这种对老年人的刻板印象会影响老年人的自我评价，对他们的自我身份认同

---

① 王莹：《身份认同与身份建构研究评析》，《河南师范大学学报》（哲学社会科学版）2008 年第 1 期。

② 王纯磊、何丽、冯蕾：《身份认同与自我身份叙事的认知路径阐释》，《兰州大学学报》（社会科学版）2022 年第 5 期。

产生消极影响，从而形成老年人个体认同的恶性循环①。抖音自我表露除了能够在一定程度上推动老年人进行社会参与、提高其对自身的评价，还能帮助老年人打破上述恶性循环、超越老化心态。"一共就 10 个节目，我参加的节目都比别人多两个，跳什么舞或者演什么小品，都是由我去下载的，他们都不会弄……这个事让我觉得自己实现了些价值。"（S3）此外，抖音自我表露还可以改变社会对老年人的印象。以 S3 为例，由于抖音上她带领团队拍的舞蹈视频获得了很多点赞，"三八"妇女节，当地妇联还邀请她的团队一起去演出。通过抖音的自我表露，老年人超越了个体的老化状态，不断追赶时代的步伐，传递着不甘落后、"老有所成"的价值观。周围个体对老年人认同的加深让他们更加自信和独立，最终形成一种老年人身份认同的良性循环。

第三，老年人的自我表露并不是对网络文化的盲从，而是保留着之前个人的独特惯习。这种独特惯习的体现之一是老年人在自我表露过程中对于当地方言的使用。调查发现，有些老年人在自我表露视频中往往说普通话，但说话内容包含"巴适"（指东西很好）、"登独"（夸一个人长得壮实或者形容人好看）、"污糟"（指脏和乱）等方言。这是因为老年人在成长环境中较少使用普通话，他们常用的是方言。这种个人语言习惯的保留也是老年人自我认同的表现之一，它代表着老年人社会融入与自我认同之间的巧妙平衡，让老年人保有自己的独特性，在社会整合的过程中保持自己的张力，避免其在融入主流社会的过程中消失殆尽。

第四，老年人在自我表露的过程中也让优秀传统习俗历经岁月洗涤，代代相传。这一类型的自我表露是老年人主动的价值输出。"过年的时候挂年画、耍龙灯、舞狮子、拜年贺喜我都会拍下来，我觉得这种传统习俗还是应该引起年轻人的重视。"（S4）"端午节是我们中华民族的传统节日，我女儿没兴趣搞，但是端午的时候我会把我在家包粽子、踏青给拍下来，让大家都

①　谢立黎、黄洁瑜：《中国老年人身份认同变化及其影响因素研究》，《人口与经济》2014 年第 1 期。

看看。"（S5）随着生活节奏加快，很多年轻人忙于工作，没有时间也没有兴趣去研究和参与传统风俗活动。相对于年轻人，老年人更加重视传统习俗，并且把习俗看作是美好的精神寄托。对优秀传统习俗的主动传承也代表老年人从骨子里对传统习俗及其背后个人价值信仰的强烈认同。

第五，抖音自我表露带来的积极反馈缩短了老年人感知到的社会距离，从心理层面帮助老年人进行积极的自我认定。"我的老伴去世了……我的孙女给我下载（抖音），在上面很多人给我点赞……后来有次走在街上，有人过来跟我说，'你抖音拍得很好！'感觉自己成了'抖音网红'了！"（S4）外界的及时反馈，如点赞、关注等形式，会被老年人默认为是一种善意的、对自己创作内容的喜欢与认可。S4将自己视为"抖音网红"，而实际上S4的粉丝只有几百人，她感知到的"我"，并非简单的他人眼中的"我"，或者他人对"我"的行为方式的客观描述，而是其内心的理想化自我[1]。但是通过这种"理想化"的自己，老年人感受到了"受欢迎"的理想自我形态，获得了积极的自我认同。

2. 重塑集体身份认同

群体认同的形成包含两个方面：一是划定群体边界，二是界定规则[2]。调查发现，老年人通过抖音自我表露把与自己不同质的群体区分开来，集结同类群体，建立起更充满认同的"社交舒适圈"；并界定老年人群体的规则，让老年人在其中更加坦率地自我表露。除此之外，老年人在抖音自我表露中找到自己的坐标，或投身于社区建设，或利用自己所长继续为社会发挥余热。

第一，老年人在自我表露中感受到与个人同质的群体，推动着老年人将同类群体集结起来形成了个人的"社交舒适圈"。这种"社交舒适圈"代表着老年人在进行人际分类、认同和比较后找到了与身边人的共性，也象征着

---

[1] 王纯磊、何丽、冯蕾：《身份认同与自我身份叙事的认知路径阐释》，《兰州大学学报》（社会科学版）2022年第5期。

[2] 〔英〕安东尼·吉登斯：《现代性与自我认同》，赵旭东、方文、王铭铭译，生活·读书·新知三联书店，1998，第195~214页。

老年人群体认同的形成。"给我评论的那些人我们往往很聊得来,大家感觉都喜欢的是一个东西,画画、爬山、喝茶什么的,久而久之我们自己也拉了个群。"(S7)

第二,老年人在自我表露中也会感受到与个人不同的异质性群体,这时他们会选择界定一些隐形的群体规则。不少老年人都会选择将自我表露的范围进行可见性区分,"我的视频一般是分成了两类,一种是拍大自然、美景,我会设置为公开,还有一种是我拍的简单的舞蹈,还有生活中的事情,我就会设置成好友可见,这样感觉有界限,更有私密性。"(S10)还有一些老年人对自我表露的内容做限制。"我们觉得最重要的一点就是要正能量,所以我们之间是不会发一些不好的、不正能量的东西的。"(S17)通过这样的规则界定,老年人更加加深了对同类群体的区分与理解,达到集体内部一致的认同。

第三,曾存在"过客心理",部分老年人不愿意主动亲近社会,导致他们与城市社会进一步疏远。而在抖音自我表露中,一些老年人能够很快适应环境变化,找到自己的坐标,或投身于集体建设,或利用自己所长,继续为社会发挥余热。"因为我没读过什么书,让我去搞一些太高雅的东西,我不会。现在就是感觉自己随便拍的东西也能让很多人有感触,我自己也感觉自己还是有点作用!"(S7)S7是一名退休工人,退休让他感觉自己没有了用武之地,但抖音自我表露带来的共鸣与感触,让他感受到了别人的尊敬,也获得了自我价值感。而S8是老年大学办公室的一名工作人员,她的抖音视频中有关于文艺汇演的彩排、花絮、台后训练等内容,其中,不少视频下的评论都是对她的夸赞。"只要是党的大型的活动要搞汇演,我就要拍视频。这些可能不是领导安排我做的事,但我就是尽心尽力地做,我不在乎回报,我就是想通过拍视频给单位出一份力。"(S8),她认为自己作为集体的一员,就应该无偿为集体进行拍摄,而这也让她收获单位同事和领导的尊敬,感受到自己被单位需要。她告诉研究者自己收获同事一句"有你在,我们就放心了"的赞扬时,显得神采奕奕。

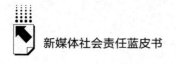
四 短视频平台的老龄传播责任: 满足老年人多重需求

(一)忘却烦恼的情感寄托

抖音自我表露是老年人忘却烦恼的情感寄托。老龄阶段生理机能的下降是不可避免的,而抖音自我表露相对于"光刷不发"的行为而言,更能调动老年人的肢体与情绪,更容易让老年人投入短视频世界中,短暂忘掉现实生活中的烦恼。"感觉拍抖音(视频)之后,自己全身心都投入抖音(视频)里面去了,啥子烦恼都解决了。"(S1)"一开始学拍的时候弄得不是很好,后面慢慢学起来,我就一个人拍跳舞,一个人弄一个竿竿来拍,拍的时候烦恼都忘记了,开心!"(S4)老年人在老龄阶段会遇到很多"不顺心的事",这些失落感干扰着老年人的情绪,影响其心理平衡,导致其情绪低落。抖音自我表露分散了一部分老年人对于"老化"这件事的注意力,让老年人能够投入视频创作中,将注意力集中在个人的视频拍摄中,慢慢形成乐观的种子。

(二)追随朋友的娱乐场所

抖音自我表露帮助老年人与同辈保持亲密关系,追随身边朋友的步伐。调查发现,大部分老年人的抖音自我表露在一开始是同辈朋友之间"先用带后用"的结果。当感知到身边朋友在拍抖音(视频)时,出于不甘落后于同辈以及与同辈保持紧密联系的初衷,一些原本并未接触的老年人会因此产生使用兴趣,使用态度也更趋向主动接触。"抖音就是娱乐嘛!我每天除了做饭、打扫之外,就拍点抖音(视频),看到抖音里面我的那些老朋友年轻漂亮得很,我觉得看着都是一种开心!慢慢地我自己就全身心投入,我也去拍。"(S1)

这种同辈影响体现在老年人的抖音自我表露当中,抖音中的"拍同款"

为他们追随同辈朋友步伐提供了另一个契机。"拍同款"是一种视频翻拍行为，指对他人视频中的内容、创意进行模仿。在调查中发现，有三分之二以上的老年人都对同辈中一些流行的歌曲或对过口型，或用作配乐，有三分之一的老年人对其他朋友拍过的模板进行过拍摄、改编。这种行为上的趋同心理能够为从心理上拉近老年人与朋友间的距离产生积极影响。

此外，老年人接触抖音、拍摄视频后，抖音的美颜、道具等功能也在推动着他们的自我表露，他们感觉自己在抖音中"变得年轻、漂亮了"。抖音中的特效、道具、美颜功能不断吸引着他们，拍抖音视频成为一些老年人的生活消遣，改变了老年人的日常行为方式。从这个角度看，老年人的自我表露是娱乐需求与社交需求相互作用的结果，抖音是老年人追随朋友的娱乐场所。

（三）交流健康信息的平台

一方面，抖音自我表露是老年人解决自身健康问题的重要途径。在新冠疫情期间，部分老年人会在平台上发布关于自身身体健康状况的短视频，而他们的需求问题能借抖音的力量加以解决。"每天我都去小区做了核酸的，突然有一天我就阳了，我着急得很！儿子他们在外地，喊我还是去医院待起。我看别个说那里条件不好，我也不知道啷个办，后头我发了个抖音，很多亲戚朋友都来劝说我，我也觉得自己这样在家不是办法，还是应该配合社区和医生！"（S12）S12在新冠疫情期间不幸"中招"，他发布抖音短视频有"求助"的意味，儿子不在身边，抖音自我表露为其解决自身问题提供了一个重要的途径。

另一方面，抖音自我表露也促进老年人分享有价值的"利他"健康信息。年龄的增长标志着老年人身体机能的退化，老年人对养生健康类信息逐渐形成一种集体关切，老年人会在平台中沟通交流这一类信息。有身体健康隐患的老年人往往会把自己的病症和解决方法发布在短视频中，互相交流。"随着年龄增长，我们都特别注意养生，我老伴有高血压，我就会看一些关于这方面的东西。我自己也经常会发一些关于锻炼的东西，比如我学了一个太极拳，我就会拍下来，我想着对别人也是一种帮助吧。"（S18）当老年人能够向他人提供有价值的信息时，他们也会对自己的信息分享行为感到满足，这也彰显了一种信息关系的联结。从这一角度看，抖音是老年人交流健康信息的重要平台，老年人的抖音自我表露也是其健康意识日渐提升的结果。

（四）获取关注的社交空间

抖音的直观性、趣味性与交互特性可满足老年人对增强社会关系联结的渴望。在网络时代，老年人群体内部发生交往断裂、亲密圈子遭到分解，为老年人的交往带来了障碍①。在陌生网络环境中他们渴望能够与他人联结，线下日益增长的孤立感和孤独感让他们依赖互联网②。在这样的情况下，直观、有趣同时又极具交互性的抖音介入老年人生活，在网络环境中增强老年人与其他人的联结。无论是老年人的视频拍摄内容还是粉丝互动形式都暗含老年人对社会关系联结的渴望。"我觉得自己最大的变化可能是，更想去交际，更想去得到别人的关注，这就促使我自己更想去拍好抖音，形成一个循环。"（S15）

另外，抖音的点赞与评论成为老年人的一种社交方式。老年人常通过点赞、评论的"互惠"行为建立新的社交关系，即在获得他人的点赞或评论后，他们不仅会回复评论，还会去别人的原创内容下捧场。"如果别人点赞或者是评论了我的（短视频），我又没去点别人的（短视频）就感觉很不礼貌，所以我也会点赞一下他们的，或者评论一下，表示'我也在关注着你'。"（S9）这些生活记录通过抖音的简单剪辑配乐和有来有往的评论点赞被赋予了新的社交意义：老年人分享日常生活事件，其他人留下美好祝福，在一来一往的评论与回复中，老年人不仅丰富了其对社会的感知、想象与体验，还满足了社会交往的需要。

---

① 雷望红：《空间排斥视角下农村老年人地位边缘化研究——基于山东J村撤村并居实践的考察》，《华中农业大学学报》（社会科学版）2017年第2期。

② Brashier N M, Schacter D L., "Aging in an Era of Fake News," *Current Directions in Psychological Science*, 2020, pp. 316-323.

五 结论与建议

（一）研究结论

老年人的社会融入过程包含着社会支持网络形成、认知观念接纳、身份认同再造三个层次，在不同的融入层次，抖音自我表露的作用也有所不同。具体而言如下。首先，在社会支持网络形成层次，抖音自我表露在社会网络联结中打破了老年人"孤岛式"的生活状况，帮助老年人建立起个人的陪伴支持网络、信息支持网络和情感支持网络，为后两个层次的社会融入奠定一定的基础。其次，在认知观念接纳层次，抖音自我表露能够对老年人原本的审美理念、生活态度、价值观念进行解构。同时，让老年人理解当下的网络符号与文化，转变老年人的社会融入态度。这也是老年人社会融入中必不可少的层次。最后，在身份认同再造层次，通过抖音自我表露，老年人在新的生活逻辑引导下重新审视自我、认识自我，并且在心理与行为方面不断向现代社会规范和社会价值靠拢。老年人能够通过抖音自我表露首先完成对个人身份认同的再造；同时，老年人还能够通过抖音自我表露完成对集体身份认同的再造。

抖音自我表露让老年人从新媒体遮蔽者变成自我呈现者，实现从场外路人、入场围观到主动参与的跃升。回溯老年人对于抖音自我表露的访谈内容可以发现，抖音可以从四个方面满足老年人的多重需求，分别是忘却烦恼的情感寄托、追随朋友的娱乐场所、交流健康信息的平台、获取关注的社交空间。抖音自我表露让老年人融入数字世界当中，成为老年人社会融入的基础。

（二）研究建议

第一，短视频平台应积极关注老年人的社会需求，不断完善平台功能，以更优质的平台服务为老年人带来积极体验，提高老年用户留存率。一方面，可以从老年用户的心理需求出发，利用大数据新兴技术全方位勾勒用户

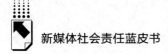
画像，将老年人的需求、期待等与数据应用相连接，更加精准地满足老年人的社会交往需求。另一方面，可以从老年用户的使用偏好出发，适配老年人的审美偏好、视觉体验和操作习惯，增加老年用户黏性，开发老年用户的蓝海。

第二，短视频平台应平衡商业效益与社会效益，兼顾社会责任感，积极响应工业和信息化部《互联网应用适老化及无障碍改造专项行动方案》，为老年人提供更加以人为本的数字支持。在时间管理上，升级休息提醒和时间管理工具，帮助老年人合理安排时间、适度使用平台；在内容安全上，应优化涉老内容的审核标准，提升潜在风险私信预警响应等级，为老年用户创造一个安全的内容环境；在内容生态打造上，平台可以持续鼓励老年人进行内容创作，加大平台优质内容池比重。在用户服务上，可以与社区、老年大学合作，开设线下"老年课堂"，面对面为老年人讲解短视频使用方式、拍摄技巧等。

第三，老年用户应正确合理地使用抖音等新媒体，消除认同困境与身份焦虑，满足自身融入社会的需要。一方面，在使用新媒体时，可以采用更加积极、主动的方式，如拍摄、点赞、评论等，培养自信、乐观、开朗的良好心态，填补个人关系与情感的双重真空状态，从而发挥社交媒体在社会生活中的正向作用；另一方面，警惕"过度"使用社交媒体，造成网络沉迷，应积极进行自我心理调适，正确认识平台匹配与推送机制，合理使用社交媒体。

第四，全社会需要关心数字时代的老年人的社会融入。近年来，我国人口老龄化程度加深，积极应对人口老龄化，事关国家发展和民生福祉。社会各界应积极关心老年人的新媒体使用和新媒体自我表露行为，为老年人提供必要的机会和资源，帮助老年人共享技术发展带来的社会福利和智慧生活。

B.15
社交媒体上农村女大学生的在线
社会支持获取研究[*]

周婷婷　李娜娜　牛　静^{**}

摘　要：　本研究关注小红书平台中农村女大学生群体的社会支持寻求和获取现状与实践，结合内容分析法和半结构化访谈法进行研究。研究发现农村女大学生寻求和获取的在线社会支持主要包括信息、情感和陪伴支持三种类型。农村女大学生对小红书平台算法和情感氛围进行想象，能动地利用平台寻求和获取在线社会支持，并衍生了具有利他意义的反哺社会支持以回馈平台中其他用户，这体现了个体使用媒介技术的主观能动性和在线社会支持的延续。

关键词：　在线社会支持　农村女大学生　小红书　算法想象

一　引言

农村女大学生面临着学业与就业、婚恋和原生家庭多重压力，这构成了她们的现实困境，然而强关系连接的社会资本无法为她们提供有用信息、资源等，这一群体的现实社会支持普遍处于不足的状态。在小红书平台中，农村女大学生通过多种方式寻求和获取在线社会支持。社交媒体的发展重塑了

---
　* 本研究是华中科技大学研究生课程《新闻传播政策、法规与伦理》教学团队建设的成果。
** 周婷婷，华中科技大学新闻与信息传播学院副教授，研究方向为性别与媒体、新闻业务；李娜娜，华中科技大学新闻与信息传播学院硕士研究生，研究方向为媒介社会学；牛静，华中科技大学新闻与信息传播学院教授，研究方向为媒介伦理、新媒体传播。

人们的社交体验，为新的社会关系的构建打造了平台。许多人更愿意从社交媒体平台中的陌生人网络获取支持和帮助。传统的基于面对面沟通建立起的社会支持在网络平台中得到延伸，为社交媒体用户提供包括信息支持、情感支持、认同支持等在内的多样化帮助①。

来自不同地区、不同专业的农村女大学生因家庭背景和经历困难的相似性在社交平台中相聚，通过发帖和回帖等方式寻求和获取线上弱连接带来的社会支持。社交媒体为农村女大学生构建了一个发声、寻求共鸣、抱团取暖的线上平台，如豆瓣、小红书等。本文关注这一类农村女大学生在寻求社会支持时使用的平台，聚焦农村女大学生在小红书平台获得的社会支持，从社会支持理论的视角，分析社交媒体平台上的社会支持能够给予这些女大学生怎样的帮助。

二 文献综述与问题提出

20 世纪 60 年代，心理学研究发现社会支持程度会影响个人的身心健康状况。20 世纪 70 年代，社会支持这一话题开始被各领域的学者关注，但学界对社会支持这一概念的定义暂未达成共识。Torsdorf 认为社会支持是一些行为或行动，其功能在于帮助个体实现个人目标，或是满足个体在某一特殊情境下的需求；Cobb 认为社会支持是一种信息，帮助个体在关系网络中获得关爱、尊重等正向情感；Uehara 认为社会支持是人与人之间的社会互动关系和社会交换，而不限于单向的沟通和帮助②；Albrecht 和 Adelman 认为社会支持是社会网络中一个通过双向沟通交换援助的过程③。因研究者的分类标准不同，对于社会支持的划分也不同。现有的分类方式主要有两种：一

---

① 涂炯、周惠容：《移动传播时代社会支持的重构：以抖音平台癌症青年为例》，《中国青年研究》2019 年第 11 期。

② Uehara E. , "Dual Exchange Theory, Social Networks, and Informal Social Support", *American Journal of Sociology*, 1990, pp. 521-557.

③ Albrecht T. L. , Adelman M. B. , "Communicating Social Support", *Sage Publications*, 1987, pp. 42-51.

种是按照社会支持的主体来划分，将其划分为家人、亲友等提供的非正式社会网络的支持，以及政府、企业等提供的各种制度性支持，即正式支持[1]；另一种分类方式把社会支持划分为工具性支持和情感性支持两种类型[2]。House 从情感、信息、物质和陪伴四个层面对社会支持进行了分类[3]。

现有的研究多是从社会网络视角出发，将社会支持当作整个社会关系网络中流动的资源。社区成员间存在互动能在一定空间范围内形成初步的网络关系。人与人之间的联结构成了复杂的社会关系网络，每个个体和群组在其中作为节点存在，社会支持作为流动的资源维系节点与节点之间的关系。该研究取向认为社会支持是社会关系网络中他人给予个体的情感或工具上的协助，社会关系网络的结构性特征如大小、密度等会影响社会支持，进而影响人的心理和健康[4]。

目前学界对在线社会支持的研究多集中于心理健康、医疗护理和个人保健领域，研究对象多为受身心健康问题困扰的患者人群[5]。如有研究证实视频社交媒体 YouTube 上癌症患者发布的叙事类视频能够获得来自评论的社会支持，其中情感支持最为普遍[6]。近年来在线社会支持的研究开始扩展到教育、传播和信息科学等领域，研究对象也不再局限于寻求身体和心理健康层面社会支持的患者人群。例如有学者发现滴滴司机通过在微信社群中的互动能够获得以信息支持为主的社会支持，且社群成员的虚拟社区感会影响其社会支持的获得。但目前对于非患者人群使用社交媒体获得社会支持的研究，

---

① 丘海雄、陈健民、任焰：《社会支持结构的转变：从一元到多元》，《社会学研究》1998 年第 4 期。
② Wellman B, Wortley S., "Brothers' Keepers: Situating Kinship Relations in Broader Networks of Social Support", *Sociological Perspectives*, 1989, pp. 273–306.
③ House J. S., *Work Stress and Social Support*, Addisoon-Wesley, 1981, pp. 132–136.
④ 梁晓燕：《网络社会支持对青少年心理健康的影响机制研究》，华中师范大学博士学位论文，2008，第 1~130 页。
⑤ 常李艳、华薇娜、刘婧等：《社交网站（SNS）中在线社会支持的研究现状与趋势分析》，《现代情报》2019 年第 5 期。
⑥ Hale B. J., Gonzales A. L., Richardson M., "Vlogging Cancer: Predictors of Social Support in YouTube Cancer Vlogs", *Cyberpsychology, Behavior, and Social Networking*, 2018, pp. 575–581.

还是比较少的①。

本研究关注小红书平台中农村女大学生群体的社会支持寻求和获取现状，讨论她们如何能动地运用社交平台的力量获取帮助。研究问题主要有：其一，小红书平台中农村女大学生的社会支持寻求议题呈现何种情况？其二，作为社会支持寻求者的农村女大学生在与小红书平台的持续交互中如何感知并能动地使用平台？

三 研究方法

（一）内容分析法

本研究利用 Python、八爪鱼等爬虫软件进行自定义采集，在小红书平台中选取"农村女大学生""农村女研究生""农村女硕士""农村第一代女大学生""农村女孩""农村大学生"等关键词进行检索筛选。主要爬取了小红书平台中图文类的相关内容，取样时间段为 2023 年 11 月 27 日至 2024年 1 月 28 日。爬取原帖链接、标题、内容详情、点赞数、评论数、收藏数以及评论的详细内容，共计爬取 1078 条笔记，将不具备社会支持寻求属性、重复发言和疑似营销帖的笔记剔除，得到 773 条笔记。考虑到后续人工编码所有笔记的评论内容工作量过于庞大，故采用系统抽样的方法抽取 25% 的数据共 193 条笔记作为样本数据库。在 193 条样本数据基础上，爬取所有评论回复内容，得到 17683 条评论回复数据。按照评论级别进行初步筛选，本研究主要选取了所有一级评论回复内容共 9180 条。然后采用系统抽样的方式抽取 25% 的数据共 2295 条作为评论回复数据库。其中 243 条评论回复内容无关社会支持或已删除、不可见，因此将剩余的 2052 条作为评论回复样本，样本有效率为 89.41%。数据收集完成后，按照社会支持编码方案分为

---

① Moorhead S. A., Hazlett D. E., Harrison L, et al., "A New Dimension of Health Care: Systematic Review of the Uses, Benefits, and Limitations of Social Media for Health Communication", *Journal of Medical Internet Research*, 2013, pp. 193−211.

"社会支持寻求"和"社会支持供应"进行文本的内容分析，进而研究小红书平台中农村女大学生的社会支持寻求和获取现状。

本研究将"社会支持供应"和"社会支持寻求"两个类别两大类别进一步划分为信息支持、情感支持和陪伴支持三种社会支持类型。具体编码方案如表 1 所示。

表 1　社会支持编码方案

社会支持供求性质	社会支持类型	社会支持子分类	举例
社会支持寻求	信息支持	寻求信息参考	"农村女硕士该如何给父母养老?"
		寻求指导建议	"农村女大学生就业求助。""农村女大学生未来发展求建议。"
	情感支持	表达迷茫	"农村女大学生的出路在哪里?"
		寻求共鸣/理解	"表达一下来自农村的女大学生的真实感受。"
		寻求鼓励/安慰	"农村女大学生就业失败现状。"
	陪伴支持	吐槽诉苦	"成为大学里最可悲的一群人……"
社会支持供应	信息支持	提供参考:分享个人经历或信息	"我妹妹也是农学本硕,毕业直接考的专业对口的事业单位,供参考。"
	情感支持	提供参考:分享个人经历或信息	"1. 关于待遇,其实公务员待遇在一定程度上并不比企业低多少,吃住都是单位有,这能给你节省很多。2. 将来择偶选择上,其实现在无论什么家庭,优选的就是女公务员。3. 体制内工作轻松,有大把时间照顾家庭。"
		提供指导:给出解决问题的建议	"建议百万医疗+城市普惠型保险+定期寿险,人均 1k~2k 应该可以搞定""建议考南京的公务员,江苏公务员待遇都不错,南京房价我感觉不算太贵,自己一个人存几年买个小房子也是可以的……"
		表达安慰/鼓励	"抱抱姐妹""加油! 文科也能找到好工作的,别被外界的声音弄得太焦虑了。"
		表达共鸣/理解	"深有同感""理解你,我都打算以后放假尽量晚回来或者不回来,越来越感觉我就是回来当劳动力和受气包的。"

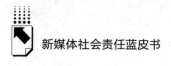

续表

社会支持 供求性质	社会支持 类型	社会支持子分类	举例
社会支持供应	陪伴支持	提供下行比较的对象	"本人农村独生,父亲在我小学三年级的时候瘫痪在床,母亲做保洁一个月 2500~3000 元。也是没有大见识的父母,高考发挥失常,中上等 211 的水平整了个双非,但好歹是一本。我是不是比你开局 harder。"
		闲聊/调侃	"好真实的焦虑……"

在正式开始编码前,研究者邀请了一位有编码经验的传播学在读硕士研究生进行了类目说明和编码前培训。两人共同对随机抽取的前 30% 数据,即 58 条笔记样本和 616 条评论回复样本进行了试编码,并对编码员间的信度水平进行测算。经测算,编码方案中社会支持供求性质的 Cohen's kappa 系数为 0.80,社会支持类型的 Cohen's kappa 系数为 0.75,社会支持子分类的 Cohen's kappa 系数为 0.73。在完成试编码和信度检验后,开始进行所有研究样本的正式编码工作。

（二）半结构化访谈法

本研究于 2024 年 1~2 月招募访谈对象后随即展开访谈。在正式开始访谈前,笔者事先与访谈对象简要沟通了本次访谈目的、主题和注意事项,并约定具体的访谈时间。本次访谈主要通过腾讯会议语音聊天的方式展开,访谈时间控制在 30~60 分钟。一共访谈在小红书平台中积极寻求社会支持的农村女大学生 20 人。访谈问题包括但不限于被访者个人和家庭背景、发布笔记寻求支持的动机、收获到的支持类型以及运用平台求助的策略等。

四　社会支持的描述性统计分析

通过统计本研究笔记样本和评论回复数据库的所有编码内容,共计得到有效编码内容 2245 条。具体统计结果如表 2 所示。

表 2 社会支持统计结果

供求分类（条数）	一级类目（条数）	占比（%）	二级类目（条数）	占比（%）
社会支持寻求（193 条）	信息支持（79 条）	40.9	寻求信息参考（28 条）	35.44
			寻求指导建议（51 条）	64.56
			总　计	100
	情感支持（104 条）	53.9	表达迷茫（43 条）	41.35
			寻求共鸣/理解（48 条）	46.15
			寻求鼓励/安慰（13 条）	12.5
			总　计	100
	陪伴支持（10 条）	5.2	吐槽诉苦（10 条）	100
社会支持供应（2052 条）	信息支持（898 条）	43.76	提供参考:分享个人经历或信息（216 条）	24.05
			提供指导:给出解决问题的建议（682 条）	75.95
			总　计	100
	情感支持（788 条）	38.4	表达安慰/鼓励（326 条）	41.37
			表达共鸣/理解（462 条）	58.63
			总　计	100
	陪伴支持（366 条）	17.84	提供下行比较对象（121 条）	33.06
			闲聊（245 条）	66.94
			总　计	100

从描述性统计结果来看，在社会支持寻求的笔记样本中，按照比例大小排列为情感支持、信息支持、陪伴支持，分别占比 53.9%、40.9%、5.2%。寻求情感支持的笔记共 104 条，寻求信息支持的笔记共 79 条，二者共同构成了农村女大学生社会支持寻求类型的绝大部分。从一级类目下的构成来看，情感支持中的"表达迷茫""寻求共鸣/理解"两项分别占比 41.35% 和 46.15%，"寻求鼓励/安慰"占比为 12.5%；信息支持中的"寻求指导建议"共 51 条，占比 64.56%，"寻求信息参考"共 28 条，占比 35.44%。

在社会支持供应的评论回复中，比例从大到小依次为信息支持、情感支持、陪伴支持的顺序，三者分别占比 43.76%、38.40%、17.84%。共 898 条评论回复提供了信息支持，共 788 条评论回复提供了情感支持，共 366 条评

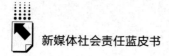

论回复提供了陪伴支持。对这三种社会支持的分析如下：信息支持中的"提供指导：给出解决问题的建议"共 682 条，占比为 75.95%，"提供参考：分享个人经历或信息"共 216 条，占比为 24.05%；情感支持中的"表达共鸣/理解"共 462 条，占比为 58.63%，"表达安慰/鼓励"共 326 条，占比为 41.37%；陪伴支持中的"闲聊"共 245 条，占比为 66.94%，"提供下行比较对象"共 121 条，占比为 33.06%。

基于以上分析能够发现，农村女大学生的社会支持寻求以信息支持和情感支持为主，而社会支持供应以信息支持和情感支持为主。

五　社会支持寻求者对平台的想象和能动性实践

技术对人类使用媒介的影响不是决定性的，社交可供性的本质仍然是将关于社交方式和对象的选择权交给个体用户，用户是互联网时代社交传播的中心[①]。社交媒体平台用户不是被动地、麻木地和机械地被技术牵引着使用媒介，而是能动地进行内容创作、社会交往和满足需求。下面分析农村女大学生在社会支持寻求实践中对小红书平台的想象与使用。

（一）平台选择：对可获取社会支持的想象

各类社交媒体平台都为普通用户提供了"被看见"的舞台，在农村女大学生的媒介使用实践中，她们基于对小红书平台特性和用户群体的感知，衍生出对平台算法和友好互动氛围的想象。利用小红书获取社会支持，既是媒介环境影响用户行为的结果，也是她们基于对可获取社会支持的想象和判断做出的选择。

1. "普通人友好"的算法想象

社交媒体平台中的交往互动是由参与其中的平台用户和平台设定元素共

---

① 傅鹏、陈长松：《元宇宙社交初探——基于社交可供性视角的分析》，《东南传播》2022 年第 7 期。

同建构的，算法是其中的重要元素之一。诸如抖音、小红书、B 站一类的社交媒体通过计算的方式为用户提供了个性化的信息服务。用户的浏览、评论、点赞、收藏、分享或编辑等媒介使用行为都会被算法记录，成为其连接用户与内容的依据。由于算法属于各平台的商业机密，并不公开，而用户在使用媒介的过程中也无法有形地接触到算法。这种不可见性使得普通用户只能通过"算法想象"来感知算法的存在，与算法互动，并推测算法的运作规律①。"算法想象"指的是用户对算法运作的方式、行动规律的认知和理解，对自身媒介使用的影响以及如何反向利用算法的想象②。用户能够通过"算法想象"运用算法、引导算法，在一定程度上控制算法，使其为自己的内容获取和内容创作推送服务。

研究发现，小红书平台的算法具有较高的可见性，许多小红书用户基于他们在浏览发现页内容推荐过程中总结的规律，将小红书算法理解为"普通人友好"。他们发现，算法推荐页面不只有热度高的笔记和热门博主的笔记，还有许多普通用户发布的内容，即使只有零星几个赞和评论③。在访谈过程中，笔者发现许多受访者同样对小红书有着"算法友好"的想象，并且在寻求社会支持的过程中尝试进一步利用算法为满足自身的需求服务。

> "我比较常用小红书发一些生活类的笔记，感觉相比于抖音、微博这些平台，小红书的流量更愿意推我们这些普通用户的帖子。所以我想求助的时候更愿意用小红书，也会刻意带一些话题。"（访谈 15）
>
> "我发求助笔记之前已经看了很多类似的笔记，有挺多评论回复，感觉像这种大家都困扰的问题还是有很多人会关注的，我自己发笔记求助的时候会仔细编辑标题、内容和话题，希望能引起大家的共鸣和讨

---

① 别君华：《平台化数字交往：基于技术可供性的情动实践》，《青年记者》2023 年第 4 期。

② Bucher T. , "The Algorithmic Imaginary: Exploring the Ordinary Affects of Facebook Algorithms", *Information, Communication & Society*, 2017, pp. 30-44.

③ 别君华、曾钰婷：《算法想象的平台参与及情感网络——基于"小红书"的用户分析》，《中国青年研究》2024 年第 2 期。

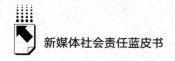

论。"（访谈19）

与抖音、微博一类社交媒体平台相比，小红书作为社区型社交媒体，其中普通用户创作内容多并引起讨论的现象在用户看来比较常见。对于寻求社会支持的农村女大学生而言，小红书相关笔记的评论区成为在线社会支持流动的空间，普通用户的求助能够满足"被看见"的需求。大部分受访者表示在选择求助平台时，更愿意选择小红书，因为无论是通过搜索获取信息支持还是发布求助笔记寻求共鸣和安慰，都得到了良好的反馈和体验，因此用户在下一次需要求助时选择小红书的倾向性会更加明显。

用户在对平台机制和算法的观察基础上，衍生出了对小红书的"算法想象"，农村女大学生试图利用这种"普通人友好"的算法想象获取社会支持。她们在使用小红书的过程中并不是机械地任由媒介技术牵引，反而懂得利用算法和平台机制，为获取支持与帮助吸取来自平台的力量。

构成算法的并不仅仅是一串二进制代码，还有用户的实践、经验和文化体验等。平台、用户、算法之间的互动机制是由无数用户的算法想象建构而成的[1]。农村女大学生在寻求社会支持中与平台、算法互动，是在"标记我的生活"。一方面，在数字交往实践中，小红书平台能够通过"标记"引导算法为农村女大学生推送相关内容；另一方面，在寻求社会支持的过程中，农村女大学生用户会反过来利用"标记"的算法想象控制算法的内容生产，影响自己的平台界面上社会支持性内容在发现页中的推送，同时也控制了自身寻求社会支持笔记的推送范围和可见度。

2. 对平台友好氛围的想象

相较于其他社交媒体，小红书不仅是内容分享的社区，也在算法和平台机制的共同作用下形成了一个典型的充满情感流动的社交平台，用户群体之间有着友善、和谐、亲切的社交氛围。Bucher在关于Facebook算法的研究

---

① 别君华：《平台化数字交往：基于技术可供性的情动实践》，《青年记者》2023年第4期。

中指出，算法想象不限于用户对于算法是什么、算法如何运作的思考，而且包括用户与算法互动过程中产生的情绪和感觉①。在提及使用小红书求助的感受时，大多数被访者表示相比于抖音、微博一类社交媒体，小红书上的内容少了很多戾气，内容比较真诚，没有那么多充满敌意的、暴力性的言论，更多的是网友热心的建议和鼓励。

大部分受访者都提到了自己在小红书中浏览类似求助笔记的经历，从他人的笔记里看到了许多人设身处地为求助者提供建议和安慰，对平台氛围形成了温暖、热心的印象。

> "我感觉小红书是比较温暖的，我看到的很多笔记其实都是普通用户无偿分享的，她们也不是博主，就是单纯地帮助大家，我自己的求助笔记评论里也有很多人都真诚地给了建议，有些人都打了蛮长的一段话，感觉大家都挺热心的。"（访谈17）

"姐妹加油"，"姐妹你已经很棒了"一类的评论在农村女大学生的求助帖中并不少见，评论的用户以女性居多，并且许多评论都会互称一句姐妹，给予求助者真诚的建议和安慰。有受访者指出她真切地感受到了自己求助帖下其他用户的热心帮助：

> "她们都挺热心的，就像我那篇帖子下面的评论，感觉都是非常热心的那种大姐姐的回复，确实是有真心实意地在帮我想一些办法的。"（访谈3）

对平台中友好氛围的感知，能够增强农村女大学生借助小红书寻求社会支持的意愿。此外，对年轻人多、女性用户多的平台想象也促进了她们对小

---

① Bucher T. , "The Algorithmic Imaginary: Exploring the Ordinary Affects of Facebook Algorithms", *Information*, *Communication & Society*, 2017, pp. 30-44.

红书的选择和使用。小红书平台中的月活跃用户超过三亿人次，其中女性用户占比和 90 后用户占比均超过七成。① 在小红书中，"姐妹"一词已经成为用户发帖、打招呼和评论回复的常用词。"姐妹"一词带来的亲切感和熟悉感，迅速拉近了用户与用户之间的心理距离，营造了亲近的社区氛围，用户之间不再陌生和疏离，而是共同联结到一个女性群体中②。

农村女大学生从小红书平台的互动中感受到了温暖，这种良好的情感体验，使得她们会积极地运用小红书，从而获取在线社会支持，为自己排忧解难。

农村女大学生对平台友好氛围和用户群体的想象，一方面影响了自身对平台的使用和情感体验，另一方面还会促进其能动地参与情感实践，展开讨论、释放善意。在这种热心、友善的平台氛围的推动之下，用户之间容易以真诚和信任为基础进行情感联结，求助者愿意向陌生的网友透露自身情况，其他人也十分热心地给予建议和支持，从而更加深了友好的社交氛围，形成良性循环。

（二）积极求助：寻求社会支持的策略性

社交媒体平台用户不是静态的、被动的，或机械地由技术决定的，而是动态地根据媒介平台自身的特性，有倾向性地使用平台。在寻求在线社会支持的媒介实践中，农村女大学生根据对平台特征的感知和以往累积的平台使用经验，尝试在自主求助过程中加入个体策略，以获取更多、更高质量的在线社会支持。

1. 平台利用的机动性

在对算法进行捕捉和理解的基础之上，小红书平台用户具有较高的"算法意识"，他们能通过实践掌握算法规律，让算法为己所用，而不是麻

---

① 腾讯研究院：《2024 活跃用户研究报告（小红书平台）》，https：//research. tencent. com/ pdf/web/viewer. html？r＝0Wj0&a＝/，最后检索时间：2024 年 10 月 15 日。
② 张议文、杨红旗：《媒介可供性视角下小红书对女性向群体的建构》，《科技传播》2023 年第 14 期。

木地被算法支配①。用户的点赞内容在小红书的算法机制中会被实时反馈，算法推荐系统检测到之后会以此为依据在后续的信息流中推荐类似内容②。寻求信息支持的农村女大学生在掌握了这种平台算法规律的基础上，引导算法为自己服务，在一定程度上体现了其寻求支持的主体能动性以及利用平台的机动性。

受访者在访谈中表示，在她直接发布笔记询问网友父母养老问题之前，还尝试过搜索和浏览相关笔记以获取信息。

> "我直接搜农村父母养老，就能出来一些相关的内容，只要我看几个笔记还有点赞之后，系统就知道我想要这方面的内容，就会给我推很多相关笔记，我就看他们的笔记里有没有适用于我的信息。但是每个人家庭情况还是不一样，所以我就仿照这些笔记，发了我自己的求助帖。"（访谈10）

大部分用户对小红书的使用不限于发布笔记以引起讨论，更多时候体现为通过检索关键词获取相关笔记信息。部分拥有较强算法意识的用户会尝试积极地控制算法、驯化算法为自己的信息需求服务，打造贴合自身需求的主页推荐，以更高效地获得更多信息支持。

此外，参与访谈的大部分受访者表示，利用小红书主动进行信息检索已经成为她们的日常媒介使用行为之一。

> "平时有啥不明白的就用小红书搜，都能出来蛮多笔记的，那些经验帖还有评论都能提供一些信息，比百度有用。"（访谈7）

---

① Dogruel L., Facciorusso D., Stark B., "I'm Still the Master of the Machine: Internet Users' Awareness of Algorithmic Decision-Making and Their Perception of Its Effect on Their Autonomy", *Information, Communication & Society*, 2020, pp. 1-22.

② 胡承勇：《场景、长尾、平权：可供性视角下小红书平台化发展的三重逻辑》，《视听》2024年第1期。

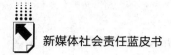

在面临决策时，个体由于经验或信息的缺乏时常难以对决策结果进行准确的预判，在这种情况下，参考互联网平台中的他人经验进行判断、选择成为当下普遍的趋势。在内容分享型平台中，通过将个体的生活经历归纳为经验性知识，创作者利用平台为其他用户的行为决策提供了参考途径①。

出于对平台的不同感知和期待，用户在使用不同媒介时的行为和关注也有所不同。在小红书平台中，涵盖方方面面的生活化场景的搭建为行为决策者寻求经验和信息提供了一个巨大的资料库，而农村女大学生在运用小红书的过程中积累的媒介实践经验将影响她们对平台可供性的感知，从而加强对平台信息检索和获取功能的倚重。

用户在使用过程中对平台的感知以及随之产生的情感体验影响了用户与用户之间、用户与技术之间的实质性互动。在具体的使用情境中，平台自身的设计和机制以及用户对平台的感知、期待、使用侧重与行为共同决定了平台走向，并不断衍生新的媒介使用样态。

在农村女大学生获取在线社会支持的媒介实践中，用户把小红书当作信息"搜索引擎"，小红书成为她们获取信息支持的一大主要平台。这种基于用户的理解衍生出的新的媒介使用样态为平台中的信息积累提供了原动力，与现实问题息息相关的笔记和评论会在平台中以滚雪球的方式不断增长，在无形中更加强了小红书的生活化氛围。

2. 构建身份认同与联结群体情感

学者 Kay Deaux 指出，身份认同（identity）指的是一个人对自己所归属群体的认知，是自我概念中极其重要的一个方面②。对于女性用户群体偏多的现象与小红书平台的特性相符，能够增强农村女大学生在小红书中发帖求助的倾向性。许多发帖者试图通过带相应的话题标签的方式在小红书中寻找同为女性、同为农村大学生的人群，寻求群体共鸣。同一帖子下的物理空间

---

① 喻国明、赵睿：《媒体可供性视角下"四全媒体"产业格局与增长空间》，《学术界》2019年第 7 期。

② Deaux K. , "Reconstructing Social Identity", *Personality and Social Psychology Bulletin*, 1993, pp. 4–12.

和同一情感下的话语空间汇聚成了小红书平台中的同一空间。小红书算法将对于该话题感兴趣的用户快速地聚集于同一空间，实现情感的凝聚①。

访谈 6 中受访者受原生家庭"重男轻女"思想的困扰，选择在小红书中发帖求助。

> "在微博上我也发过，但都是吐槽的，没有讲得很细。在小红书上面发的帖确实是想让大家跟我一起讨论一下。就比较详细地描述了我的情况。我觉得小红书比较适合讲这个话题，上面女生比较多，对女性是比较友好的，大家可能就能够理解你那种心情。"

学者 Martin Gibbs 等人在"可供性"理论视角下首次提出了"平台方言"（Platform Vernacular）的概念，他们将其定义为"每个社交媒体平台所拥有的独特语言、语法和逻辑"，形成了平台独有的特殊表达和互动形式。一方面，社交平台的基本物质架构与功能限制了个体用户的具体表达模式；另一方面，用户的媒介实践行为和沟通习惯也约定俗成了共同的惯例和交流语法。因此，在平台和用户之间持续的交互中衍生了平台方言②。同理，在以圈层为单位的传播过程中，同一圈层的人在媒介平台中呈现的共性和沟通习惯也可能产生"圈层方言"。

根据内容分析的结果，农村女大学生寻求支持的笔记普遍以表达自身面临的困境或问题为主，其文本表达呈现模式化和趋同的特点：如标题"农村第一代女大学生的出路?""农村女大学生如何破局""农村一代女硕真的无助，求解"等，这类求助笔记会在标题中凸显自身农村和女性大学生或研究生的属性，利用身份符号对笔记的推送人群进行标记，筛选可见用户，界定群体交集的范围。

---

① 张议文、杨红旗：《媒介可供性视角下小红书对女性向群体的建构》，《科技传播》2023 年第 14 期。

② Gibbs M., Meese J., Arnold M., et al., "Funeral and Instagram: Death, Social Media, and Platform Vernacular", *Information*, *Communication & Society*, 2015, pp. 255-268.

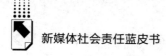

此外，超过半数的受访者表示在求助笔记中披露自身信息、宣泄情感既是她们自然情感流露的结果，也是在对群体共同困境有所了解后，对圈层中心话题和情感趋向的理解与利用，以聚集更大范围的群体成员，获取更多在线社会支持。

在求助笔记的词频统计中，"迷茫"和"焦虑"出现的频率分别为190和125，农村女大学生的求助笔记中弥漫着迷茫、无助、焦虑的情感氛围。"Debuff"，"人生 hard 模式"一类的描述性词语也成为这一群体描述原生家庭情况时的共用话术和戏称，利用这样的词组归纳了对自身发展不利的各种因素，反映了农村女大学生群体的共同属性。

如在"Debuff叠满了的农村女孩出路在哪"的笔记中，发布者具体描述了自己身上的各种"Debuff"："江西农村第一代女大学生、文科专业、有弟弟，是家里的大姐，父母重男轻女。"诸如此类的笔记通过描述家庭和个人发展背景中的不利因素，抒发茫茫未来、不知路在何方的心情以寻求群体共鸣、获取情感支持。

> "我发笔记其实更多是为了能和有共同遭遇的人交流吧，我看别的笔记很多姐妹都和我一样原生家庭挺烦的，所以也是希望可以吸引到这些姐妹来沟通一下，这样就感觉自己不是一个人了。"（访谈20）

在农村女大学生的求助笔记语境中，农村、女大学生、"debuff"一类身份符号的运用更多起到了筛选受众、建立身份认同、在圈层中利用方言集结群体的作用。在求助笔记和评论的内容中，支持寻求者和支持提供者都在一定程度上对个体信息和情感进行披露，不断强化个体对群体内共同困境的感知和认识。通过对同一境遇表达看法，从而达成共鸣，农村女大学生获取了各种支持，从而缓解其面临困境时的孤独感和焦虑感。

（三）社会支持的延续：反哺社会支持

通过算法中介、小红书强调利他性的内容推送，在互相关联的内容与用户之间建立联结，鼓励用户之间有温度地相互支持，营造了真诚、友爱、温暖的平台氛围，给用户带来愉悦的平台体验。在此基础上形成的用户算法想象的情感维度引导了其情感实践，从而促进了情感网络的形成①。有学者认为数字平台中的情感网络是驱动用户不断重复进行内容制造、评论、转发等行为的力量，用户的这种不断积累和交错的数字生产和再生产会使得情感痕迹长时间留存于平台之中，从而维系用户之间的联结，形成一种"无社区的社区感"（community without community）②。在访谈中，笔者发现许多受访者在主动浏览相关笔记获取社会支持的过程中，因为觉得平台的氛围是友善、和谐的，所以她们更愿意在平台上进行利他性的情感实践，如主动帮助其他用户，反哺社会支持，维护平台友好的氛围。

"我自己也会经常刷其他一些农村女大学生或者女研究生的类似笔记，对她们面临的问题挺有共鸣的。对我自己的求助笔记就有很多热心人通过评论安慰我，给我提建议，所以我一般看别人的这种笔记也会评论，分享我自己的经历，希望能给她一点参考吧。"（访谈16）

"我感觉小红书的整体氛围还挺好的，之前我发笔记是记录家里的一些矛盾，当时挺难过的，没想到很多人都看到了，有很多评论安慰我、鼓励我，还有一些姐妹私信我分享她原生家庭里的问题，我们就互相分享，互相给对方提供情绪价值。"（访谈4）

与熟人社会中对社会支持的规制不同，社交平台虚拟环境中的社会支持往往诞生于生人关系网络之中，与现实社会关系并无关联。也就意味着在这之中获取的网络社会支持背后不存在确定的关系动机，即社会支持是在一种

---

① 别君华、曾钰婷：《算法想象的平台参与及情感网络——基于"小红书"的用户分析》，《中国青年研究》2024年第2期。

② Moore M., *Democracy Hacked: Political Turmoil and Information Warfare in the Digital Age*, London: One World, 2018, pp.76-79.

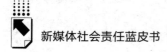

无私的、去关系化的情况下流动①。从这个意义上来说，支持寻求者获取的网络社会支持是利他性的，这类社会支持在虚拟平台中的流动会进一步加强平台的利他性氛围。利他性的平台氛围能够加强用户之间的情感联结，促进双方的情感交流，增强对彼此的信任。社会支持寻求者在这样的环境中主动反哺他人社会支持的行为本质上也是一种利他行为，既是在友善和谐的平台互动中滋养出的热心之举，也是基于互惠规范的回报性支持。

根据社会规范理论，利他行为的产生是人们按照社会责任规范和互惠规范这两种社会规范自觉行动的结果。社会责任规范指的是个体作为社会人应该承担的责任在于向有需要的人提供帮助；互惠规范即在获得他人帮助的基础上，应当给予回报。互惠规范包含特殊互惠和普遍互惠两种具体形式：特殊互惠即两人之间具体的互相帮助和等值回报；普遍互惠则强调群体内部形成的成员之间互相帮助的共识，提供帮助者对求助者的即时回报不做要求和期待，而是希望当自己遇到困难时有人能伸出援手②。

在小红书平台上农村女大学生求助笔记中，无论是支持寻求者还是支持提供者，她们的交流大多仅限于求助帖之内，大部分人并没有建立长久的联系，双方在小红书平台之外往往没有建立点对点的亲密互惠关系。支持寻求者往往只是在小红书平台上从事利他行为，以帮助他人。

"我平时看到一些姐妹的类似求助笔记也会点进去。因为觉得她和我境遇差不多，而且我之前发的笔记就有很多人给了我建议，对我的情况挺有帮助的，所以我也想在评论里给她这种建议参考，有时候可能是分享我自己的经历，有时候是引用我笔记里的比较有用的评论信息。"（访谈 2）

无论是在平台氛围的感知下基于情感联结做出的情感实践，还是基于互

---

① 宋航、王怡溪：《"晚安，陌生人"：社交媒体平台社会支持的重构与延伸——基于对微博"走饭"评论区留言的分析》，《新闻与写作》2023 年第 4 期。
② 方亚琴：《社区互惠规范：形成机制、类型与特征》，《学习与实践》2016 年第 1 期。

惠规范付出的回报性支持，这些农村女大学生提供的反哺性社会支持本质上都是利他的、善意的。

六　结语

处于相似困境中的人们可能会以抱团取暖的方式在社交媒体平台完成求助和自救，这体现了现实社会支持在网络环境中的延伸，也引发了对媒介平台"帮助"生活的思考。媒介技术已经广泛地渗入大众的生活，在这样的背景下，我们更应该思考人如何能够更好地利用媒介平台攻克难关，媒介平台在助力人们生活方面的可取之处、不可取之处以及可改进之处都值得深思。

在农村女大学生群体的社会支持寻求实践中，小红书平台的确提供了来自平台方面的帮助，助力了这一群体获取社会支持。但是，作为社交媒体，线上平台能够提供的力量始终是有限的，且无法跨越网络与现实之间的鸿沟；此外，尽管在她们寻求社会支持的平台实践中，所收获的大部分都是正面、积极的内容和信息，但少部分负面信息的传播带来的影响也不容忽视。这些问题可以在以后的研究中进行讨论。同时未来的研究可以关注普通人的在线社会支持寻求和获取实践，选取更多元化的人群和媒体平台进行研究，总结不同平台中社会支持寻求和供应方面呈现的特性和差异，研究不同人群的社会支持寻求和获取实践如何展演。

B.16
短视频平台青少年模式的使用
及其影响因素研究[*]

刘琼 张文薇 席智慧[**]

摘 要： 短视频平台已成为青少年获取信息和娱乐的重要渠道，也带来了诸多风险。本报告运用扎根理论方法对短视频平台青少年模式的使用情况及其影响因素进行系统分析。研究发现，青少年模式的使用包含使用动机、使用情境、内容偏好、使用目的四方面；用户因素、环境因素、产品因素是影响青少年模式使用的主要因素；目前青少年模式存在主动使用率低、内容低龄化、功能限制过度、模式设计漏洞等问题。基于此，本报告提出强化用户使用内生动力、家庭内外共筑安全防线、产品赋能青少年使用体验、政策法规完善平台管理等优化短视频平台青少年模式使用的多维策略，旨在通过个体、家庭、社会、平台、政府之间的协作构建安全健康的数字生态系统，提升青少年模式在网络保护中的有效性。

关键词： 青少年模式 短视频平台 青少年网络保护 社会责任

一 研究缘起

网络是作为"数字时代原住民"的青少年重要的成长环境。调查显示，

---

* 本报告为国家社会科学基金一般项目"人机共生视角下网络视频社群的共情传播及其风险调适研究"（项目编号：24BXW074）的阶段性研究成果。

** 刘琼，华中师范大学新闻传播学院教授，硕士生导师，主要研究方向为网络视频、网络舆情、互联网治理；张文薇，华中师范大学新闻传播学院硕士研究生；席智慧，华中师范大学新闻传播学院硕士研究生。

近年来我国青少年"触网"低龄化趋势加剧，数字化设备成为青少年生活学习的"标配"，青少年互联网普及率达到 94.9%，远高于成年人互联网普及率。[①] 在未成年人的网上娱乐活动中，观看短视频排名第三，[②] 短视频已成为青少年数字生活必不可少的组成部分。

在享受互联网带来的便利与乐趣的同时，青少年群体也不可避免地暴露于网络沉迷、个人信息泄露、不良信息泛滥等网络风险之中，身心健康和社会化进程受到严重影响，青少年网络沉迷及网络安全问题已成为世界各国高度关注的公共卫生问题。短视频因具备视听合一、沉浸感强、高频刺激的特点使青少年极易上瘾且难以自拔，由此导致的短视频沉迷及相关问题进一步加剧了对心理、行为健康的挑战，急需行之有效的措施予以解决。在新媒体时代，运用技术手段促使青少年合理安排上网时间、降低上网风险成为一种针对性的应对方案。

2007 年 4 月 15 日，国家新闻出版总署携手教育部、共青团中央等部门联合颁布了《关于实行网络游戏防沉迷系统以保障未成年人身心健康的通告》。网游防沉迷系统要求未成年玩家实名注册，且累计在线游戏时长不超过 3 小时，以此推动未成年人形成健康的游戏习惯。这是我国最早通过技术保护未成年人防沉迷的措施，也是当下短视频平台青少年模式的雏形。2019 年 3 月 28 日，国家网信办指导短视频平台试点上线青少年模式，旨在通过限制使用时长、访问内容和平台功能来预防青少年网络沉迷。[③] 然而，尽管大多数未成年人和家长知晓青少年模式，其实际使用率却并不高。[④] 在此背

---

① 中国互联网络信息中心（CNNIC）：第 53 次《中国互联网络发展状况统计报告》，https://www.cnnic.net.cn/NMediaFile/2023/0908/MAIN1694151810549M3LV0UWOAV.pdf，最后检索时间：2024 年 7 月 3 日。

② 中国互联网络信息中心（CNNIC）：第 53 次《中国互联网络发展状况统计报告》，https://www.cnnic.net.cn/NMediaFile/2023/0908/MAIN1694151810549M3LV0UWOAV.pdf，最后检索时间：2024 年 7 月 3 日。

③ 《国家网信办组织网络短视频平台试点青少年防沉迷工作》，http://www.cac.gov.cn/2019-03/28/c_1124293349.htm，最后检索时间：2024 年 7 月 3 日。

④ 《2021 年全国未成年人互联网使用情况研究报告》，光明网，https://m.gmw.cn/baijia/2022-12/01/1303210916.html，最后检索时间：2024 年 7 月 3 日。

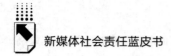
景下，国家网信办于 2023 年 8 月 2 日研究起草了《移动互联网未成年人模式建设指南（征求意见稿）》，拟全面升级"青少年模式"为"未成年人模式"，推动模式覆盖范围从 App 扩大到移动智能终端和应用商店，实现软硬件三方联动，这一举措预示着青少年网络保护将进入一个全新的阶段。①

青少年模式在短视频平台上线至今已逾五年，在帮助青少年正确使用网络、净化网络空间、树立正确价值观方面发挥了积极作用，但问题也十分突出。研究表明，只有 48.2% 的未成年网民及 47.3% 的家长设置过青少年模式；40.1% 的家长和 46.2% 的教师认为青少年模式效果欠佳。② 青少年模式缺乏统一、明确的标准，出现了各平台青少年模式参差不齐、形同虚设、卸载破解、缺乏认证、监管有限等现象。③

目前关于短视频平台青少年模式的研究大多聚焦于该模式的优缺点和影响④⑤⑥⑦⑧，缺乏对于该模式使用状况的调研分析。欲充分发挥其应有作用，必须结合其实际使用情况进行研究，了解青少年对于该模式的真实需求，如此方能为青少年模式在短视频领域的实践提供有益指引。因此，本报告将对短视频平台青少年模式的使用及其影响因素展开深入分析，进而探讨如何构建更为全面有效的青少年网络保护体系。

① 《国家互联网信息办公室关于〈移动互联网未成年人模式建设指南（征求意见稿）〉公开征求意见的通知》，http://www.cac.gov.cn/2023-08/02/c_1692541991073784.htm，最后检索时间：2024 年 7 月 3 日。
② 《2021 年全国未成年人互联网使用情况研究报告》，光明网，https://m.gmw.cn/baijia/2022-12/01/1303210916.html，最后检索时间：2024 年 7 月 3 日。
③ 吴运时：《网络平台"青少年模式"的失范及治理》，《少年儿童研究》2022 年第 5 期。
④ 孙田琳子、周奕：《智能媒体"青少年模式"应用的评价研究——基于 32 个样本 App"青少年模式"应用的调查与评价》，《现代教育技术》2023 年第 11 期。
⑤ 郑雷：《基于强制性策略的短视频 APP"青少年模式"交互设计比较研究》，《产业创新研究》2023 年第 22 期。
⑥ 陶贤都、李美玲：《互联网平台"青少年模式"的困境及优化策略》，《少年儿童研究》2023 年第 3 期。
⑦ 苏妍：《短视频平台"青少年模式"内容分析及发展对策研究》，《声屏世界》2021 年第 17 期。
⑧ 段文娥：《短视频平台"青少年模式"存在的问题及对策研究》，《新闻世界》2020 年第 9 期。

二 研究设计

（一）方法选择

青少年模式使用及其影响因素尚未得到充分考察，也没有成熟的变量范畴及测量量表，因此本报告采用扎根理论方法开展研究，通过系统化的操作流程对理论内涵进行探索。[①] 首先通过深度访谈法获取数据，而后对获取的数据进行开放式编码、主轴编码、选择式编码，从原始资料中归纳、提炼概念与范畴，最终实现理论的建构。

（二）数据采集

1.明确访谈对象

目前抖音、快手等短视频平台要求 14 岁以下的实名认证用户必须使用青少年模式。以此为参照，综合访谈对象的自我认知、表达能力等因素，选取 8~14 岁的青少年作为访谈对象。通过线上与线下双重路径确定访谈对象，线上访谈对象从抖音、快手、西瓜视频等头部短视频 App 中选定，线下访谈对象是 2023 年 12 月至 2024 年 2 月从北京市、河北省、湖北省的中小学、图书馆等地点招募而来。共选取 40 位访谈对象，包括 10 位家长（均为青少年的父母）和 30 位青少年，受访者个人资料如表 1、表 2 所示。

表 1 访谈对象基本信息（家长）

编号	性别	年龄（岁）	身份	所在地	子女使用青少年模式时长（月）
A1	女	34	四年级家长	河北廊坊	6
A2	女	35	三年级家长	天津	3
A3	女	33	三年级家长	天津	7

---

① 〔美〕朱丽叶·M.科宾、安塞尔姆·L.施特劳斯：《质性研究的基础：形成扎根理论的程序与方法》（第 3 版），朱光明译，重庆大学出版社，2015，第 48~71 页。

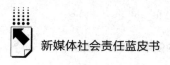

续表

编号	性别	年龄（岁）	身份	所在地	子女使用青少年模式时长（月）
A4	男	38	七年级家长	河北廊坊	9
A5	女	36	二年级家长	北京	10
A6	男	37	六年级家长	北京	13
A7	女	35	四年级家长	湖北武汉	4
A8	女	36	五年级家长	安徽蚌埠	9
A9	女	32	二年级家长	北京	11
A10	男	36	五年级家长	河北廊坊	5

表 2　访谈对象基本信息（青少年）

编号	性别	年龄（岁）	身份	所在地	使用青少年模式时长（月）
B1	女	14	八年级学生	河北廊坊	6
B2	男	12	六年级学生	北京	12
B3	女	10	四年级学生	湖北武汉	7
B4	女	10	四年级学生	河南开封	8
B5	女	10	四年级学生	浙江杭州	5
B6	女	9	三年级学生	陕西西安	7
B7	女	13	七年级学生	上海	8
B8	女	10	四年级学生	河北廊坊	21
B9	男	14	九年级学生	河北廊坊	10
B10	男	10	四年级学生	山东德州	11
B11	男	12	六年级学生	北京	16
B12	女	8	三年级学生	北京	14
B13	女	12	六年级学生	广东深圳	3
B14	女	13	七年级学生	河北廊坊	8
B15	女	9	三年级学生	河北廊坊	5
B16	女	10	四年级学生	河北保定	4
B17	女	12	六年级学生	河北廊坊	3
B18	女	11	五年级学生	河北廊坊	3
B19	女	13	七年级学生	辽宁沈阳	9
B20	女	10	四年级学生	湖北武汉	14
B21	女	11	五年级学生	北京	9

编号	性别	年龄(岁)	身份	所在地	使用青少年模式时长(月)
B22	男	10	四年级学生	北京	16
B23	男	13	八年级学生	天津	15
B24	男	8	三年级学生	天津	8
B25	男	8	三年级学生	河北廊坊	9
B26	男	9	四年级学生	河北石家庄	11
B27	女	10	五年级学生	山西大同	15
B28	女	11	五年级学生	湖南长沙	9
B29	女	14	八年级学生	山东济南	4
B30	女	12	六年级学生	江苏南京	9

2. 实施访谈

运用半结构化与非结构化两种方式展开访谈。设计访谈提纲过程中，除参考已有文献外，还分别对 5 名家长、青少年实施预访谈，吸纳其对题目的建议并改进，确保解决问题的合理性及有效性。访谈提纲主要分三部分：访谈对象个人信息；青少年模式使用和影响因素相关问题；针对青少年模式的开放性问题。

访谈采用线上线下结合的方式，线上一对一访谈 22 人，线下一对一访谈 18 人，每人访谈时长 30~40 分钟。最终形成访谈资料 15 万字左右，使用 NVivo12 进行编码。

（三）内容编码与模型建构

1. 开放式编码

作为扎根理论过程的第一步，开放式编码是从访谈资料中发现概念类属和范畴的操作化过程。[①] 研究者将访谈文本导入 NVivo12 中，对原始资料设置标签，发掘初始概念；然后深入分析概念，整合相同或相似的概念，摒

---

① 贾旭东、谭新辉：《经典扎根理论及其精神对中国管理研究的现实价值》，《管理学报》2010 年第 5 期。

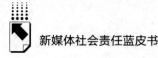

弃出现次数少于 3 的无效概念，生成 28 个出现次数在 3 次及以上的初始概念；接下来将概念聚类为范畴并赋予准确的名称，得到 14 个初始范畴（见表 3）。

表 3　开放式编码形成的初始概念和范畴

初始范畴	初始概念	代表性原始资料语句
强制使用	服从性强制	B11：爸妈之前不让我刷短视频，我就偷偷在百度浏览器上看。现在有青少年模式，我妈就让我用这个看短视频了，我比较听我妈话
	反抗性强制	B13：每天都在和我妈抗争(不使用青少年模式)，但没用
自主探索	内容期待	B12：因为刷短视频会看到恐怖的东西，我就打开(青少年模式)了
	功能期待	B9：想用这个(青少年模式)控制自己玩手机刷短视频、别看太久
个人情境	碎片化时间	B17：上厕所或者需要歇一歇的时候，用比较碎片化的时间去看短视频
	私密化空间	B2：我比较喜欢自己看，因为更自由，如果有人和我一起看我会觉得比较奇怪，很不自在
间歇性中辍使用情境	假期放松	B18：假期就会多玩会儿，等假期结束再开启(青少年模式)
	家长奖励	B10：平时我表现好的时候，我就会让我妈输入密码、关闭青少年模式
休闲类内容	搞笑类内容	B8：短视频里有些内容是人们做出超级奇葩的事情，或者是宠物猫狗做出超级搞笑的表情和动作，我可以反复观看
	动漫类内容	B15：我喜欢用哔哩哔哩看奥特曼、小猪佩奇之类的，青少年模式下没有广告，有好多好看的动画片
知识类内容	科普信息	B3：我比较喜欢看科普内容，之前看一个《坐飞机吃飞机餐，开飞机吃什么》，感觉非常有趣
	新闻知识	B19：我在青少年模式下看到的新闻内容短视频不像教科书那样枯燥，它们让我能够快速理解并记住事件的要点
情绪调节	缓解压力	B2：我一般写完作业后就会想刷一会短视频放松一下
	情感表达	B21：我看到喜欢的内容会点赞，想表达一下自己的喜好
社交互动	发布短视频	B28：看到好玩的特效滤镜就想玩一玩，发出来给大家看看
	交流短视频	B7：我喜欢看打羽毛球，刷到羽毛球相关的技巧，有时就会告诉同学
媒介素养	媒介接触	B13：第一次使用这个模式的时候很烦躁，不理解它为什么每天设置的时间只有 40 分钟，对于刷短视频来说真的太短了
	媒介认知	B9：使用后可以刷一些有意义的东西，也不会沉迷了，我觉得还挺好的

初始范畴	初始概念	代表性原始资料语句
感知风险	不良信息风险	B16：（不使用青少年模式）有时候会刷到恶趣味的视频
	时间管理不当	B29：不使用的时候经常感觉没干啥，半天就过去了
人际影响	长辈监管	A4：我闺女成绩下滑得太厉害了，每天回到家先去厕所玩半个小时手机才知道学习，她妈说得限制她玩手机了，就用了这个模式
	同辈推荐	B4：刚开始不是很了解，但好朋友跟我推荐说这个（青少年模式）还挺好用的
社会宣传	平台宣传	A7：每次点进来刷短视频总给我推荐这个模式，我看它的内容池、功能设置都改进了很多，就给孩子用了
	媒体宣传	A5：看新闻总是说什么未成年人防沉迷之类的软件，就对这个青少年模式有些印象，感觉应该对孩子还不错
产品效能	感知安全性	A6：一些低俗、暴力色情的，这些是绝对能屏蔽掉的，因为他看的时候我看过几次，一些比较恶搞的确实没有再出现了
	感知易用性	A2：设置起来挺简单，没有技术上的难题
适龄化程度	内容适龄化	B17：有一些说地球怎么诞生的，我觉得这个挺有意思的
	功能适龄化	B22：刷短视频主要是让我放松一下，没有其他乱七八糟的感觉也挺好

2. 主轴编码

主轴编码是将开放式编码的结果整合，发现和建立概念类属和范畴之间的联系，挖掘范畴间的潜在关联。[①] 研究者对开放式编码阶段获得的 14 个初始范畴进行分析归纳后形成 7 个主范畴，分别为使用动机、使用情境、内容偏好、使用目的、用户因素、环境因素、产品因素，并对初始范畴的内涵进行阐释（见表 4）。

---

① 〔美〕约翰尼·萨尔达尼亚：《质性研究编码手册》，刘颖、卫垌圻译，重庆大学出版社，2021，第 223 页。

表4　主轴编码情况

主范畴	副范畴	范畴内涵
使用动机	强制使用 自主探索	在家长要求下被迫使用 自己愿意使用
使用情境	个人情境 间歇性中辍使用情境	习惯在私人空间碎片式浏览短视频 停止使用青少年模式后,隔段时间重新使用、再放弃使用的循环行为
内容偏好	休闲类内容 知识类内容	搞笑类、动漫类短视频内容 科普类、新闻类短视频内容
使用目的	情绪调节 社交互动	通过短视频进行情感表达和压力释放 通过发布或与他人分享、讨论短视频来进行社会交往
用户因素	媒介素养 感知风险	在使用媒体和信息技术方面所具备的媒介接触经历和认知能力 对短视频不良信息风险、时间管理不当的感知
环境因素	人际影响 社会宣传	受长辈监管或经同辈推荐使用青少年模式 受到平台宣传、媒体宣传的影响使用青少年模式
产品因素	产品效能 适龄化程度	产品能否让青少年感到易用和安全 内容、功能与青少年的契合程度

3. 选择式编码

选择式编码是对主轴编码的进一步深化,是从已有的主范畴中挖掘更具统领性的核心范畴,在核心范畴与非核心范畴之间建立联系。通过分析主范畴间的关系,确定了5个典型关系结构(见表5)。最后以"短视频平台青少年模式的使用及其影响因素"为核心范畴,建立使用与影响因素模型(见图1)。

表5　选择式编码情况

典型关系结构	关系结构内涵	受访者代表语句
使用动机、使用情境、内容偏好、使用目的→青少年模式使用	对青少年模式的使用包括使用动机、使用情境、内容偏好和使用目的四方面	有时候我想刷视频放松一下,但又怕自己控制不住时间,就会设置这个青少年模式
用户因素、环境因素、产品因素→青少年模式使用影响因素	影响青少年模式使用的因素包括用户因素、环境因素和产品因素	刚开始经常会刷到一些恶趣味的视频,使用青少年模式后屏蔽掉很多低俗内容,我就一直设置了
用户因素→青少年模式使用	青少年的媒介素养和感知风险会影响青少年模式使用	之前玩游戏的时候设置过这个,刷短视频看到这个提示就主动设置了

典型关系结构	关系结构内涵	受访者代表语句
环境因素→青少年模式使用	人际影响与社会宣传会影响青少年模式使用	朋友推荐说这个不错,而且一打开App 就是这个设置,就给孩子用了
产品因素→青少年模式使用	产品效能和适龄化程度会影响青少年模式使用	这个设置起来挺简单的,里面的内容也很有意思,能拓宽我的眼界

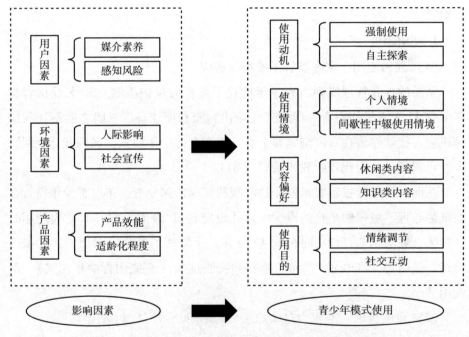

图 1   短视频平台青少年模式的使用及其影响因素模型

4.理论饱和度检验

理论饱和度是扎根理论是否需要继续进行的采样标准,当新的资料出现,扎根理论的结果却不再出现新的范畴时,则视为理论饱和,此时可以不再获取新的样本。在获取第 34 份访谈资料时,基本模型已经建构,对其余 6 份访谈资料进行理论饱和度检验,未发现新的重要概念范畴,相关类属间也未产生新的逻辑关系,故认为理论模型已达到饱和。

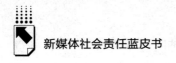

三 研究发现

（一）短视频平台青少年模式使用情况

访谈发现，短视频平台青少年模式的使用主要包含使用动机、使用情境、内容偏好和使用目的，通过对这四方面的分析可以勾勒出青少年模式使用图景。

1.使用动机

（1）强制使用：家庭监管下的被动适应

家长的媒介管理规则为青少年构建了重要的保护机制。30 名受访青少年中有 22 人表示使用青少年模式完全出自家长要求。"爸妈之前不让我刷短视频，我就偷偷在百度浏览器上看。现在有青少年模式，我妈就让我用这个看短视频了，我比较听我妈话。"（B11）

然而，家长的强制要求并非总能顺利实现，部分青少年对青少年模式存在抵触心理。短视频平台的青少年模式设定每日 22 时至次日 6 时为使用时间禁区，并限制单日使用时长为 40 分钟，这加剧了青少年对该模式的抵抗情绪。受访者 B13 表示："每天都在和我妈抗争（不使用青少年模式），但没用。"

（2）自主探索：内驱力与认知成长的体现

青少年基于对短视频内容的认知评估和个人兴趣去尝试、体验青少年模式，相较于受到外部压力影响的被动使用，自主探索源自青少年的内在动机和自我驱动力。

产生自主探索动机的青少年主要有两类。一类年龄较小，对普通模式（非青少年模式）下的短视频内容存在恐惧或不适应心理，对青少年模式下的内容则怀有期待。"因为刷短视频会看到恐怖的东西，我就打开（青少年模式）了。"（B12）"想（用青少年模式）屏蔽一些不太好的东西。"（B6）这种自发行为反映了青少年在媒介使用中的自我保护意识。

另一类年龄较大，他们使用青少年模式的动机多基于对自己媒介使用时间的规划。"感觉刷短视频让我很容易上瘾，之前经常写作业想看会儿短视频，然后半天就过去了，很耽误学习。这个有时间限制能提醒一下自己。"（B30）青少年的网络技能素养从小学到初中再到高中阶段逐步增强，这与他们自身生理和心理发展的规律密切相关。[1] 年龄增长带来认知水平和网络使用能力的提升，部分青少年在使用短视频平台时能够识别和应对潜在的媒介风险，对媒介使用的自我管控也逐渐增强。

2. 使用情境

（1）个人情境：利用碎片化时间探索私密空间

移动终端把一切碎片时间都利用了起来，但也把一切时间都变成了碎片时间。[2] 短视频以短小、快捷的特点成为青少年学习之余碎片化时间的绝佳填充物。"上厕所或者需要歇一歇的时候，用比较碎片化的时间去看短视频。"（B17）碎片化观看模式是青少年在信息海量化与闲暇时间有限性之间做出的自然选择。

同时，移动互联网加速了不同个体之间的分离，观看短视频逐渐演变为一种高度私人化的活动。"我比较喜欢自己看，因为更自由，如果有人和我一起看会觉得比较奇怪，很不自在。"（B2）随着年龄的增长，青少年开始渴望不受外界评判地探索个人私密空间，这是他们自主意识增强、追求个体自由的体现。

（2）间歇性中辍使用情境：家庭约束下的弹性调节

间歇性中辍指用户决定采纳并使用某种创新后，经历一段时间的中止使用，再次采用甚至反复循环中止后再采纳行为。[3] 青少年模式每日使用时间最多为40分钟，一遇假期青少年学业压力较小、自由消遣时间较多之时，

---

① 田丰、王璐：《中国青少年网络技能素养状况研究》，《中国青年社会科学》2020年第6期。

② 朱杰、崔永鹏：《短视频：移动视觉场景下的新媒介形态——技术、社交、内容与反思》，《新闻界》2018年第7期。

③ 张明新、叶银娇：《传播新技术采纳的"间歇性中辍"现象研究：来自东西方社会的经验证据》，《新闻与传播研究》2014年第6期。

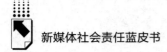

青少年模式的使用时长限制就显得过于严格，许多家长会在孩子的请求下暂时关闭青少年模式，待假期结束再重新启用。"寒暑假时间比较长，我也没时间一直陪着他，就关闭青少年模式让他多玩会儿，假期放松一下，等开学了再好好学习就行。"（A10）

也有部分家长将延长短视频浏览时长作为奖励，当青少年学业成绩显著提高或表现出色时会暂时解除青少年模式。"平时我表现好比如成绩进步、作业写得好的时候，我就会让我妈输入密码关闭青少年模式，这样我可以多玩一会儿。"（B10）家长通过在不同阶段开启和关闭青少年模式以实现对青少年约束的动态平衡，也反映出这一模式在不同生活场景下的灵活适用性。

3. 内容偏好

（1）休闲类内容：短视频平台的娱乐体验

已有研究表明，青少年模式下搞笑娱乐类和动漫类内容因其轻松诙谐和富有创意的特点，成为青少年的首选。[①] 访谈中也发现青少年在紧张学习之余对于搞笑、动漫等休闲类短视频具有明显的观看偏好。搞笑娱乐类内容以其幽默和创意满足了青少年对即时满足和快速消费的需求，提供了有效的压力释放方式。"短视频里有些内容是人们做出超级奇葩的事情，或者是宠物猫狗做出超级搞笑的表情和动作，我可以反复观看。"（B8）而动漫作品则以丰富的情节和幻想元素满足了青少年的想象力和创造力需求。一些富有教育意义的动漫作品通过故事情节传递正面价值观和生活智慧，对青少年的价值观形成和人格发展产生积极影响。[②]

（2）知识类内容：青少年模式下的学习拓展

"媒介依赖理论"是用于解释个体在信息社会中对媒体的依赖程度及其影响的理论。该理论指出，媒体在现代社会中起着至关重要的作用，个体的

---

① 《2023快手暑假青少年数据报告》，快手，https://ir.kuaishou.com/static-files/36c2fc2e-bcd1-4a58-afca-ae32b7752dfb，最后检索时间：2024年7月3日。
② 韦陀：《电视动画片与儿童教育》，《中国电视》1996年第6期。

行为、态度和价值观往往受到媒体的影响和制约。[①] 然而，这里的"依赖"并非负面的沉迷，而是一种积极利用媒介资源实现多样化目标的需求表现。[②]

青少年模式下科普类和新闻类短视频所占比重较大，为青少年接触和理解科学知识、时事信息提供了更多机会，短视频平台由此成为一个具有较高教育价值的新型学习与探索空间。根据哔哩哔哩平台公布的青少年模式关键词搜索量数据，兼具知识性和趣味性的内容尤为受欢迎。[③] 这与本报告的访谈结果——青少年在使用短视频平台时更倾向于选择那些能够激发好奇心并提供有趣知识的内容——不谋而合。"我比较喜欢看科普内容，之前看一个关于鲸鱼如何睡觉的视频，感觉很有意思，还有一些剪纸、手绘类的视频我也很喜欢。"（B4）

4. 使用目的

（1）情绪调节：心情的避风港

情绪调节理论强调个体在情绪体验和表达中的主动调节过程。短视频平台通过多样化的内容和功能满足青少年的情感需求，帮助他们缓解学习压力，实现情绪的自我管理。[④] 受访青少年表示，压力较大时想要观看轻松愉快的短视频来调节情绪："我一般写完作业后就会想刷一会短视频放松。"（B2）部分短视频平台的青少年模式保留了"点赞""收藏"功能，能够在一定程度上满足青少年的情感表达欲望。"我看到喜欢的内容会点赞，想表达一下自己的喜好。"（B21）"看到喜欢的视频会收藏，因为我想再次看的时候能找到。"（B14）"点赞"提供了表达喜爱、认同的即时简便的反馈形式；"收藏"则不仅是对内容的肯定，更是希望保存内容并

---

① 蒋俏蕾、郝晓鸣、林翠绢：《媒介依赖理论视角下的智能手机使用心理与行为——中国与新加坡大学生手机使用比较研究》，《新闻大学》2019 年第 3 期。

② 蒋俏蕾：《青少年数字权益的发展现状及保护路径》，《青年记者》2023 年第 24 期。

③ 《2022 年 B 站未成年人保护报告》，https://www.bilibili.com/read/cv17133749/，最后检索时间：2024 年 7 月 3 日。

④ 侯瑞鹤、俞国良：《情绪调节理论：心理健康角度的考察》，《心理科学进展》2006 年第 3 期。

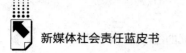

再次回顾的愿望的体现。短视频平台青少年模式轻松有趣的内容及便捷的功能给予青少年情绪宣泄和表达的渠道，为他们在繁重的学业压力下提供情感的出口。

（2）社交互动：群体的融合剂

社会化涵盖了个体从自然状态逐渐融入社会群体，适应并参与社会公共生活的过程。[①] 短视频平台为青少年提供了一个了解社会规范、价值观并进行社交互动的空间，通过观看、创建和分享短视频，青少年不仅可以学习社会规范，还可以通过点赞、评论等行为与他人建立联系，逐步融入更广阔的社会群体中。

抖音平台的青少年模式通过设置"仅自己可见"的功能、提供丰富的创意工具，帮助青少年在充分展示自我和创意表达的同时保护其个人隐私。青少年模式还通过算法推荐适宜的内容、话题，促进了同龄人社交圈的互动融合，增强了社会认同感和群体归属感。"我和我同学经常会在学校里交流看到的搞笑短视频然后给对方讲，我俩都看到同一个的时候就特别激动，觉得超级巧。"（B2）

（二）影响短视频平台青少年模式使用的因素

短视频平台青少年模式的使用受到多重因素影响，包括用户因素、环境因素以及产品因素，它们相互交织，共同决定着对青少年模式的使用。

1. 用户因素

（1）个人媒介素养影响使用认知

媒介素养包括对信息的批判性理解和有效利用能力，它影响着对青少年模式的接受度和使用选择。过往研究发现，青少年媒介接触经历越丰富，越能快速领悟平台限制时间和筛选内容的意义并有效利用平台提供的优质资源。反之数字认知经历较少的青少年习惯于对短视频进行无限制使用，缺乏

---

① 邹韵婕、韩晓宁：《"图书+短视频"：知识螺旋生产与传播实践研究》，《编辑之友》2023年第 11 期，第 67~74 页。

对青少年模式的正确认知，将之视为"牢笼"。① 访谈中有人表示，"第一次使用这个模式的时候很烦躁，不理解它为什么每天设置的时间只有 40 分钟，对于刷短视频来说真的太短了。"（B13）也有人说，"使用后可以刷一些有意义的东西，也不会沉迷了，我觉得还挺好的。"（B9）不难发现，媒介素养影响着对青少年模式的使用：一些之前使用过普通模式的青少年将青少年模式视作不必要的限制，不能正确理解该模式的作用，而具有较高媒介素养的青少年则能够正确理解使用青少年模式的必要性。

（2）短视频感知风险强化使用意愿

感知风险是指个体或组织对潜在风险的认知和感知程度，② 它产生基于个体的经验、知识、价值观以及对环境的理解。研究显示约三分之二的未成年网民对网络权益维护或举报有一定认知，青少年使用网络时的防范意识和自我保护能力不断提升。③"（不使用青少年模式）有时候会刷到恶趣味的视频。"（B16）"不使用的时候经常感觉没干啥，半天就过去了。"（B29）当青少年感知到普通模式下短视频浏览产生的不良信息风险、时间管理不当等负面影响时，会选择使用青少年模式来保护自身安全，减少不良信息接触，发挥时间管理功能来限制使用时长、控制使用时间，减少网络沉迷的风险。

2. 环境因素

（1）人际影响形塑使用习惯

玛格丽特·米德（Margaret Mead）将文化分为"前喻文化"、"并喻文化"和"后喻文化"。其中"前喻文化"是指年轻一代从长辈那里自上而下学习到的知识与行为规范；"并喻文化"是指年轻一代与同代人或不同代际的人之间所传递的知识和经验。在青少年模式使用中同样存在"前喻文化"

---

① 方勇、季为民、沈杰主编《中国未成年人互联网运用报告（2023）》，社会科学文献出版社，2023，第 35 页。

② 董大海、李广辉、杨毅：《消费者网上购物感知风险构面研究》，《管理学报》2005 年第 1 期。

③ 中国互联网络信息中心（CNNIC）：《2020 年全国未成年人互联网使用情况研究报告》，https://pic.cyol.com/img/20210720/img_960114c132531c521023e29b6c223e438461.pdf，最后检索时间：2024 年 7 月 3 日。

与"并喻文化"的影响,分别对应于家庭关系与人际关系的作用。

首先,家庭教育对于青少年的媒介使用有着最为直接且重要的影响。"我闺女成绩下滑得太厉害了,每天回到家先去厕所玩半个小时手机才知道学习,她妈说得限制她玩手机了,就用了这个模式。"(A4)父母的监管引导潜移默化地形塑孩子对社交媒体的态度和行为,父母往往还会根据青少年的学业表现对其媒介使用情况进行适当调节,上网时使用青少年模式就是调节方式之一。

其次,同辈推荐也是青少年模式使用的外驱力之一。同辈推荐会产生两种主要影响,一是青少年之间朋辈评价的影响。受访者 B1、B4 均提到使用青少年模式会被打上"小学生行为""自控能力差"等负面标签,影响了他们的使用热情。反之也有受访者表示,身边人分享使用青少年模式的正面经历激发了其使用意愿。"刚开始不是很了解,但好朋友跟我推荐说这个(青少年模式)还挺好用的。"(B4)二是家长之间口碑推荐的影响,部分家长就是从朋友处得到关于青少年模式的积极反馈后才让自己的孩子也使用的。"我朋友家有个孩子跟我家儿子差不多大,说用这个还不错,我就给他也用了。"(A10)

(2)社会宣传成为重要补充

平台宣传与媒体宣传的协同效应构成了青少年网络保护体系中不可或缺的一环,引导青少年健康安全地上网。

平台宣传方面,短视频平台打开时会自动弹出是否设置青少年模式的提示,基于"默认选择"理论,人们往往倾向于默认提供的选项,而不是主动去改变它们,[①]因此将青少年模式作为默认选项可以显著提高用户的选择概率。"打开抖音之后不是会有弹窗提醒嘛,一开始没在意,后来总是弹出就看看然后用了。"(A9)不仅如此,短视频平台还利用算法推荐技术针对潜在的用户群体来宣传推介青少年模式,通过精准匹配用户的兴趣、偏好和

---

① 贾云鹏、狄昱函、曾红权、刘青秀:《教育经济学的新发展:教育行为经济学介评》,《教育与经济》2020 年第 2 期。

行为模式，加深用户对青少年模式的印象，提高其认知和接受度。

媒体宣传方面，如前所述，2019 年 3 月 28 日起抖音、快手、火山小视频等短视频平台就试点上线了青少年防沉迷系统，青少年模式以"青少年防沉迷系统"的形式首次出现于公众视野之中。"看新闻报道说有个青少年模式可以控制孩子的游戏时间和过滤不良信息，我就给孩子开通了。"（A1）媒体的宣传不仅提升了青少年及其监护人的网络安全意识，也提高了青少年模式的社会接受度。

3. 产品因素

（1）产品效能影响持续使用

青少年模式通过内容限制规避色情、暴力、游戏等信息，推送符合用户年龄的内容；通过时间管理功能提醒用户适度观看，降低网络成瘾风险。此外，青少年模式设置方便快捷的特点也大大增强了用户的易用性感知，初次使用只需在设置里找到青少年模式，选择开启后设置密码，并在时间管理界面调整使用时间至 40 分钟以内，之后每次打开就会自动进入该模式。对青少年模式的有用性感知、易用性感知提升了使用时的安全体验、信任和好感度。

当然，对该模式的使用感受因人而异："一些低俗、暴力色情的，这些是绝对是能屏蔽掉的，因为他看的时候我看过几次，一些比较恶搞的确实没有再出现了。"（A6）"我觉得用了青少年模式和不用之后，它播放和推送的视频基本差不多。"（B5）尽管不同用户之间看法存在差异，但总体而言产品效能越好越能促进用户的使用。

（2）产品适龄化程度影响使用体验

青少年模式的适龄化程度分为内容适龄化程度和功能适龄化程度。内容层面，平台通过增加科普、传统文化等教育性内容拓展青少年视野。如哔哩哔哩推出了"知识光年·青少年科普计划"，带青少年领略物质起源、生命演化的奥秘；引入非遗工艺、民间文艺、曲艺杂谈等传统文化内容合集，让用户在包罗万象的视频中感受传统文化魅力；联合多个警务机构和相关 up 主推出《青少年守护计划》，讲述人民安全守护神背后的故事，并介绍安全

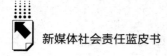
防护、自我保护等知识，促进青少年健康成长。这些都是针对青少年特点作出的有益尝试。

功能层面，青少年模式关闭了直播功能以避免打赏行为，保障财产安全；关闭了评论功能以过滤负面言论；没有好友功能，转发分享只能以下载短视频再从别的社交软件上发出的方式进行，旨在帮助青少年更专注于内容本身。"刷短视频主要是让我放松一下，没有其他乱七八糟的感觉也挺好。"（B22）上述功能设计也引发了一些争议，部分受访者表示这种封闭性限制了他们学习与互动的需求。"我感觉我还是挺想看看评论的内容，不能评论转发对于我来说有点过于封闭。"（B1）这说明青少年模式还应在后续开发过程中不断调整，逐步提升产品的适龄化水平以优化青少年的使用体验。

四 问题与路径

（一）短视频平台青少年模式存在的问题

1. 主动使用率低，应用效果不显著

中国青少年研究中心发布的《未成年人短视频青少年模式使用研究报告》显示，仅有 53.3%的未成年人使用过青少年模式，超过五成是被家长、老师要求和软件强制使用。[①] 尽管青少年模式已在各短视频平台全面应用，政府也在加大推广力度，但实际落地和应用效果并不理想，原因在于缺乏使用动力。

本报告的发现印证了上述结果。目前短视频平台的青少年模式是选择性而非强制使用，于是掌握家庭中电子产品支配权的家长的态度成为直接决定青少年模式是否被使用的最主要因素，青少年的主观意愿反而成为次要因素。多数青少年是在家长要求下才使用青少年模式的，如果家长认为自己能

---

① 《未成年人短视频青少年模式使用研究报告》，中国青少年研究中心，http：//www.cycrc.org.cn/kycg/seyj/202208/P020220803376435294649.pdf，最后检索时间：2024 年 7 月 3 日。

够把控孩子对短视频的浏览而不必使用青少年模式，或出于知识缺乏、意识缺失等原因没有要求孩子使用的话，许多孩子并不知道青少年模式的存在，或者即便知道也不会主动去使用这一"限制性模式"，许多青少年并未亲身体验到青少年模式的益处，缺乏使用积极性也就不足为奇了。

2. 内容低龄化，分龄设计不完善

不同年龄段的青少年在认知能力、兴趣爱好等方面存在较大差异，对信息的需求迥异。然而，目前短视频平台青少年模式下的内容存在"一刀切"现象，只有抖音、快手等少数平台对用户年龄进行了细分。

除此之外，虽然部分短视频平台对于年龄有明确界定，但不同年龄段的推送内容并无明显区别。上海市消费者权益保护委员会曾表示目前短视频平台青少年模式的年龄分层流于形式，大多数 App 的视频内容偏于低龄化，基本以动画片为主。[1]《2022 年抖音未成年人保护数据报告》显示，青少年模式内搜索量最高的三大关键词为：奥特曼、小猪佩奇、动画片。[2] ——这对于年龄偏大的青少年并不适用，降低了其使用意愿。

3. 功能限制过度，社交功能被削弱

青少年模式开启后，信息检索、评论互动、网络直播等许多常见功能被关闭，这种功能限制虽然出于保护未成年人的目的，却忽视了某些功能在青少年教育和社交中的积极作用。例如，短视频平台的直播间在疫情期间曾成为在线教育的重要工具，在青少年模式下却被禁用，使得欲将其用于学习的青少年受到不必要的限制。"感觉上（青少年模式）不是特别好用，这个不支持直播间，之前看的学习直播间也看不到了。"（A1）短视频平台以保护青少年为名，过于简单粗暴地关闭一些功能，不仅没有细致区分内容质量，也未针对产品功能进行合理的分层管理。[3] 过于严苛的功能限制令青少年模

---

① 上海市消费者权益保护委员会：《说好的"深夜禁用"呢？"青少年模式"不能流于形式！》，https://news.hbtv.com.cn/p/2391567.html，最后检索时间：2024 年 7 月 3 日。

② 《2022 抖音未成年人保护数据报告》，https://www.douyin.com/note/7103471937845857544，最后检索时间：2024 年 7 月 3 日。

③ 孙田琳子、周奕：《智能媒体"青少年模式"应用的评价研究——基于 32 个样本 App"青少年模式"应用的调查与评价》，《现代教育技术》2023 年第 11 期。

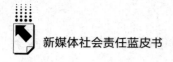

式难以满足青少年的学习和社交需求。

4. 模式设计漏洞，技术应用不精准

青少年是不少平台的"流量密码"，短视频平台的青少年模式具有非营利性，其对商业广告的限制和对打赏功能的禁用与平台整体商业模式之间无疑存在冲突，加之青少年模式缺乏统一的法律标准，导致平台对该模式的责任意识较为淡薄。一些平台甚至将青少年模式的入口设计得不易察觉，以降低年轻用户的流失率，或者故意降低内容准入门槛，放松对内容审核的要求。

再者，受技术研发水平影响，目前各大平台还无法充分利用人脸识别、指纹识别等前沿技术精准识别青少年身份，实质上无法保障青少年模式的有效运行。即便家长设置该模式，青少年也极易通过重新下载安装 App 来破解，此时是否使用青少年模式的主动权就由家长转移到了青少年手中。正如A10 所言，"青少年模式是防君子不防小人，毕竟没有多少孩子会自觉地开启青少年模式，而且退出方法很简单：不用密码，直接删掉重下就行了。"

（二）短视频平台青少年模式的优化路径

1. 用户为主：强化使用的内生动力

首先，青少年应努力提高自身媒介素养。若将青少年模式视为对青少年短视频使用的外部防护机制，则青少年的媒介素养便构成了一道内部防御线。青少年应理解媒体对个人、社会的影响以及在传递信息、塑造价值观方面的作用；学会分辨信息的可信度，主动规划媒体使用时间，选择适合自己年龄和兴趣的内容，避免过度沉迷；通过中央网信办违法和不良信息举报中心官网或者举报热线 12377 等途径举报有害信息，积极参与网络安全建设。

其次，重视普及青少年模式相关知识。当前我国数字素养培育体系滞后，缺乏完善的培养机制和氛围，导致未成年人对数字素养的重要性认识不足。可通过学校或社区组织网络安全讲座或课程，由专业人士、家长或青少年模式开发者介绍青少年模式的作用和使用方法。

最后，还可以利用青少年常用的媒体平台发布相关宣传资料，结合生动案例来深化认知、提高兴趣；培训一批青少年导师或网络安全志愿者，在学校或社区担任宣传大使，宣传青少年模式的重要性和介绍其使用方法，增强青少年的自我保护意识和能力。

2. 合力育人：家庭内外共筑安全防线

青少年模式的有效实施离不开家庭和社会的共同努力。家庭是青少年成长的第一课堂，家长是青少年成长中最重要的榜样，家长的角色不仅是监管者，更是教育者和引导者，其决策和行动会对青少年的认知、行为产生深远影响。在青少年模式应用过程中，家长的网络素养至关重要。家长需要掌握基本的网络知识，了解网络安全状况，以便为青少年树立正确榜样，引导青少年合理使用网络；应洞察青少年的心理发展状况，确保他们在现实世界中获得足够的价值感和归属感，这是避免网络沉迷的有效手段；还应与青少年建立良好的沟通机制，及时了解他们的网络需求和行为。

社会外部支持方面，应强化智能媒体行业的规范性，推动实名注册和面部识别等身份鉴定技术的应用及完善，堵塞技术漏洞，确保对用户身份的精确验证。同时，提升技术开发人员对法律规定和社会责任的认识，共同营造健康有序的网络环境。

3. 平台优化：产品赋能，优化青少年使用体验

青少年并非成年人的简单缩影，相应地青少年模式不宜仅仅作为网络视频平台的"缩减版"，对青少年模式进行产品赋能有助于提供更准确的个性化体验，增强其吸引力。具体措施如下。

其一，通过多种方式了解青少年的短视频观看需求。如通过访谈询问了解青少年的兴趣点，利用问卷调查了解其观看偏好、频率、内容期待，还可以借助数据分析工具和平台提供的用户反馈信息对点击量、播放时长等数据进行统计和分析，以便准确把握青少年的需求和喜好，为开发出获得青少年认同的优质内容、服务提供参考，让青少年模式能够被青少年主动使用。

其二，对电子产品进行"青少年化改造"。当代青少年对技术有天然的亲近感，青少年模式不应仅仅是保护性的锁定机制，其核心应是"启发"而非"约束"。举例而言，目前许多平台已嵌入限时功能，但往往缺乏适时

提示，导致使用时间耗尽时突然中断，这可能引发用户抵触情绪，对此可以设置时间提醒机制，帮助青少年更主动地管理时间。

其三，构筑适合青少年不同成长阶段的"内容池"。不同年龄层次的青少年关注的内容各异，媒体开发者应积极倡导青少年参与内容完善过程；媒介素材的呈现应遵循青少年发展的阶段性特点，构建涵盖儿童、少年至青年的三层次教育内容体系，实现教育目标定位的精准化；采纳智能化推荐系统增强内容对用户年龄的适配性；实行智能化产品的分龄分级策略，引入生物识别验证（如指纹或面部识别）、分龄时间管理及内容筛选等功能，并改进风险预警系统的效能，以确保"内容池"与青少年年龄的适配性。

4.政府监管：政策法规完善平台管理

政府作为社会秩序的守护者，需在青少年网络保护中发挥宏观引领作用。卡罗尔（Carroll）的企业社会责任理论指出，企业不仅应追求经济利益，还需承担社会责任。[①] 当前政府在短视频平台监管方面存在一定不足，法律法规的制定和实施往往滞后于技术发展，导致对平台的监管存在空白，青少年模式的发展缺乏统一的规范性标准。《中华人民共和国未成年人保护法》在2021年修订时将网络青少年模式从推荐实施提升为法律层面的强制性措施，然而该法律仅对青少年模式作出原则性规定，并未制定统一且明确的具体规范，目前青少年模式的功能设置及对用户的使用限制基本由网络平台自主决策。如表6所示，各平台的青少年模式存在规则设定标准不一、功能不完备等现象。

表6 主要短视频平台青少年模式下的功能设置

	直播	搜索	年龄设置	发布视频	点赞	收藏	分享	关注
抖音	×	√	√	√	√	√	√	√
抖音火山版	×	√	√	×	√	√	√	√
快手	×	×	×	×	√	×	×	√

---

① Archie B. Carroll, "A Three-dimensional Conceptual Model of Corporate Performance", *Academy of Management Review* 4, 1979, pp. 497-505.

	直播	搜索	年龄设置	发布视频	点赞	收藏	分享	关注
哔哩哔哩	×	×	×	×	×	×	×	×
西瓜视频	×	×	×	×	×	×	×	×
腾讯微视	×	×	×	×	×	×	×	×
好看视频	×	×	×	×	×	×	×	×
微信视频号	×	×	×	×	√	√	√	√

　　政府应通过制定政策法规加强对平台的监督和管理，督促短视频平台确立青少年模式的统一标准，建立内容分级制度，确保平台采取有效措施保护青少年。如德国政府就通过《青少年保护法》要求平台在青少年模式中提供适龄的内容过滤和时间管理工具，平台必须根据德国媒体监管机构的指导来设置保护未成年人的机制，此外德国政府还与其他欧盟国家合作，通过《数字服务法案》确保跨国平台遵守统一的青少年保护标准。——这是我们可以借鉴的"他山之石"。

　　治理是多方参与、合作共治的过程，现代社会中政策制定和实施需要依赖多方协作。[①] 构建多元共治的网络治理体系是保护未成年人网络权益的有效途径，需要个人、家庭、社会、平台、政府等多方共同参与，形成合力。在此过程中，参与各方应明确各自的职责分工，各司其职，同时建立有效的沟通与合作机制，及时分享信息，提升协同效率，共同应对青少年网络保护中的挑战。

---

① Rhodes, Roderick Arthur William, " The New Governance: Governing without Government," *Political studies* 44 （1996）: pp. 652–667.

案例篇 ▷

B.17
人"码"融合背景下个体的数据化生存、主体性困境与社会责任

余 红 贝佳丽*

摘 要: 数字技术发展催生个体"数据化"的生存新样态,码作为便捷高效的信息载体连接虚拟与现实,在多元场景中深深嵌入社会生活,却也使个体面临技术僭越导致的主体性困境。本报告以交通、支付用途的代表性码应用为例,对知乎平台相关议题中的回答文本作内容分析。研究发现,目前人"码"融合的环境存在认知差异、权力失衡、技术操纵三个层面的主体性困境,引发许多现实问题。基于此,本报告从新媒体社会责任的角度提出媒体侧、政府侧、技术侧和个体侧的解决对策,呼吁数据化生存模式下人主体性的复归。

关键词: 码技术 数据化生存 主体性 社会责任

---

* 余红,华中科技大学新闻与信息传播学院教授,博士生导师,主要研究方向为风险传播、新媒体与社会、网络舆情;贝佳丽,华中科技大学新闻与信息传播学院 2023 级硕士研究生,主要研究方向为风险传播、新媒体与社会、网络舆情。

一　研究源起

近年来，数字技术被广泛运用到了社会生活的各个方面，深刻影响和重构着人们的生活方式。技术背后的软件代码发展为社会的基础设施和主导型媒介，其构建出的巨型数字系统实现信息的汇聚，个体与社会通过系统连接，并进一步推动社会的数字化运作。

在此过程中，个体从地理上的位置到心理上的喜好，再到社会中的一切行为都能通过采集、抽象、计算转化为可被机器读取的数据，多维度的数据聚合为"数字化"的人。1995年，计算机领域学者尼葛洛庞帝出版《数字化生存》一书，提出"数字化生存"的概念，并将其阐释为数字技术所带来的人类新的生存方式，关键标志是人们从原子世界到比特世界的飞跃，书中他一针见血地预言到"计算不再仅仅和计算机有关，它决定我们的生存[①]"。此时，其侧重点在于人们所消费的产品和服务的数字化。移动互联网的发展使人与数字空间的勾连更为全面和深刻，作为事物的符号化记录的"数据"成为其中的纽带，"数据化生存"的概念从数字化生存中延伸出来，它更强调个体的状态和行为被分解量化为不同维度的数据的过程。"全息"数据化带来了人存在的新方式，拓展了人与人、社会环境间的关系模式，同时，数据化世界中的外部控制也日渐凸显[②]。

数字技术对数据的全力挖掘使"码"诞生[③]。体积小、成本低等优良特征使以二维码为代表的码被广泛应用于信息存读等诸多领域。有学者指出"码"最为特殊的媒介特性："它提供了连接实体和过程的方法，将生活中

---

① 〔美〕尼葛洛庞帝：《数字化生存》，胡泳、范海燕译，海南出版社，1997。
② 彭兰：《"数据化生存"：被量化、外化的人与人生》，《苏州大学学报（社会科学版）》2022年第2期。
③ Rob Kitchin, *The Data Revolution: Big data, Open Data, Data Infrastructures and Their Consequences* (London: Sage, 2014).

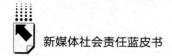

的人、物、信息复杂、动态地相连接，形成紧密的'块茎式聚合体'"①。当前，码已成为数字社会中最重要的信息载体之一。贯通虚实间，码聚合了个体的多元信息，嵌于社会空间的各处，织就了个体与社会紧密相连的信息网络②，如交通码整合物质运动和信息流动双重功能，实现个体的数据化出行，助力城市智能交通发展；支付码隐货币于无形，实现个体间的数据化交易，促进商业和消费新框架形成；等等。

然而，技术变革往往伴随了潜在的隐患和挑战。主体性概念源于哲学界有关主客体的对象性关系研究，意为主体潜在具有的、能够发挥出来的性质，马克思的观点表明，主体性体现为能动性、受动性和为我性③。主体性是人所特有的属性，包括作为实体的人在自主自为的意识指导下进行对象性活动，以及该过程中与外界建立的主动性关系和实际结果④。随着数字技术不断渗透到社会的各个角落，人的"数据化生存"样式日新月异地发展着，现实空间中的实体生存形态也被逐渐解构。现今，人们的生活与依托多维数据的各类码紧紧交织，形成虚实互嵌的人"码"融合关系，当个体生存逐步借助甚至依赖于技术时，其主体性面临弱化和消解的危机。

在各类社交媒体中，对于码技术深入社会生活，已涌现出大量观点各不相同的讨论。有学者认为，码是数字技术不断跃进的阶段性产物，数据连接使生活更便利；也有学者认为，码的迅速覆盖挤占了个体自由选择的空间，万物互联背后是个人信息、财产信息泄漏的风险，强调要用发展的眼光看待码的应用和普及，在享受成果的同时要警惕被技术主导。万物数据化是数字时代劲头正盛的浪潮，但个体在波涛中却不可避免地陷入了主体性困境。如何走出数字技术裹挟下个体的主体性困境，媒体、政府等多方角色在其中承

① Martin Dodge, Rob Kitchin, *Codes of life: Identification Codes and the Machine-readable World* (Environment and Planning D: Society and Space, 2005).
② 孙玮、李梦颖：《"码之城"：人与技术机器系统的共创生》，《探索与争鸣》2021年第8期。
③ 魏小萍：《"主体性"涵义辨析》，《哲学研究》1998年第2期。
④ 黄冀：《数字化生存样式下人的主体性解构与复归》，《辽东学院学报（社会科学版）》2021年第2期。

担怎样的社会责任，成为亟待回答的问题。

本报告以社交媒体平台上用户在"码技术"主题下的讨论文本为研究对象，旨在通过内容分析揭示人"码"融合背景下个体的数据化生存和主体性困境现状，并从新媒体社会责任角度提出促进人主体性复归、营造人"码"和谐共生系统的可行路径。

二　研究设计

（一）研究方法和对象

内容分析法是一种系统地、客观地对具有明确特性的传播内容进行定量描述的研究方法[1]，在文本数据中提取出有价值的信息，以解释文化和社会现象。本报告采用内容分析法，通过考察社媒平台"码技术"相关议题中人们的讨论内容，对人"码"融合背景下个体的主体性困境现状进行分析，并进一步探讨媒体在其中需承担起的社会责任。

知乎是体量最大的中文问答社区之一，2023 年平台的平均月活跃用户达 1 亿。知乎作为一个自由分享认知、经验和见解的空间吸引并聚集了广泛多元的用户群体，平台中的问答内容覆盖社会生活的各个方面。相较于其他以短文本为主的社媒平台，知乎中的问答文本在篇幅、思维广度、观点深度上的质量都更高，基于此，本报告选取知乎作为内容分析的数据来源。

在具体研究对象的选取上，考虑到码在生活中最广泛的应用场景，选择交通出行、移动支付两类典型场景所对应的码。笔者在知乎平台内以交通场景中的"公交码""地铁码""交通码"、支付场景中的"付款码""收款码""支付码"为关键词分别检索，抓取相关问题下的所有回答数据，时间范围为 2022 年 1 月 1 日至 2024 年 6 月 30 日，初步得到 1466 条数据样本，

---

① 卜卫：《试论内容分析方法》，《国际新闻界》1997 年第 4 期。

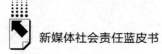

主要字段有问题标题、回答时间、回答内容、赞同数、评论数。为保证样本质量，在去除重复项并基于主题相关性、内容有效性进行清洗后共保留 294 条有效样本作为后续分析的基础，其中交通主题 77 条，支付主题 217 条。

（二）编码与测量

在浏览阅读每一条数据样本后，笔者基于已有研究的分析框架对编码类目进行建构。深入梳理国内外智能技术相关文献发现，作为主体性思想的重要内容，"人本主义"是技术伦理的核心理念，其内涵包括九个层面，即"人类尊严""人类自主""公平""透明""个人信息保护""安全""责任""真实""可持续发展"①。综合考虑"码"这一技术的实际应用场景以及本报告的研究目标后，笔者参考上述技术伦理的维度，拟定了个人尊严、自主性、公平性、技术透明、信息保护、技术安全、个人责任、信息真实、可持续发展八个编码类目（见表1）。

表1 知乎"码技术"相关议题的内容类目

类目	层面
个人尊严	权利层面的尊严、人格层面的尊严
自主性	是否使用的自主性、会否使用的自主性
公平性	不同人群(不同年龄、收入水平、受教育程度等)间的公平性、不同角色(管理者与被管理者、技术研发者与技术使用者等)间的公平性、不同地区(发达地区或贫困地区等)间的公平性
技术透明	技术底层逻辑的透明、技术具体实现的透明
信息保护	个人信息访问的保护、个人信息使用的保护
技术安全	使用可控性、运行稳定性、数据准确性、防破解和攻击性
个人责任	法律层面的责任、社会层面的责任
信息真实	技术信息的公开真实、政策信息的公开真实、相关新闻的信息真实
可持续发展	技术本身的可持续发展、技术加持下社会的可持续发展

---

① 张梦、俞逆思、师文等：《"开放伦理"何以可能？微博场域中的公众智能技术伦理争议研究》，《新闻界》2021 年第 1 期。

　　为保证编码信度，正式编码前由两位编码员对编码类目进行充分的讨论，对各个类目含义的理解达成一致，从交通、支付两个主题中分别随机抽取 10% 的样本进行试编码。依据试编码结果计算得 Cohen's Kappa 系数为 0.837，一致性可被接受。正式编码由一位编码员独立完成。

　　此外，为提高分析的严谨度，本研究设置回答的影响力指标，计算方法参考既有研究①，为"点赞数×40%+评论数×60%"。对每一条回答样本均进行了影响力指标的计算。

三　数据分析

（一）数据概览：不同主题与内容的数量与影响力差异较大

　　从主题上看，本报告的有效数据样本共 294 篇，其中交通主题 77 篇，支付主题 217 篇；样本总平均影响力为 121.79（Max = 9932.20，Min = 0.00，SD = 753.24），其中交通主题为 21.76（Max = 307.00，Min = 0.40，SD = 55.14），支付主题为 157.29（Max = 9932.20，Min = 0.00，SD = 873.92）（见图 1）。回答数量变化趋势上，支付主题的内容在数据抓取时间范围内数量分布较为均匀且保持在较高的水平（见图 2）。

　　支付主题的讨论热度显著高于交通主题，这可能与支付码在日常生活中的高普及率、高频使用及其直接涉及资金安全的敏感性有关，人们对其的关注度更高。相比之下，交通码的使用场景相对固定，部分用户仍依赖传统交通卡或 NFC 技术，讨论量较低。此外，支付码最新的政策变动引发了大量讨论，进一步推高了其影响力。

　　从内容上看，自主性内容最多，共有 105 篇，占比 35.7%，其次是技术安全内容，共有 68 篇，占比 23.13%，信息真实、技术透明、公平性、信息

---

① 宁海林、羊晚成：《重大突发公共卫生事件传播效果的影响因素实证分析——以卫健类抖音政务号为例》，《现代传播（中国传媒大学学报）》2021 年第 1 期。

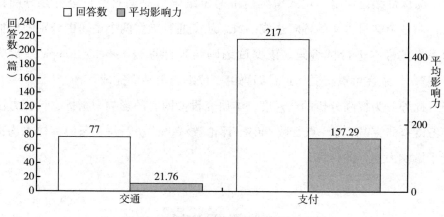

图1 各主题的回答数量和平均影响力

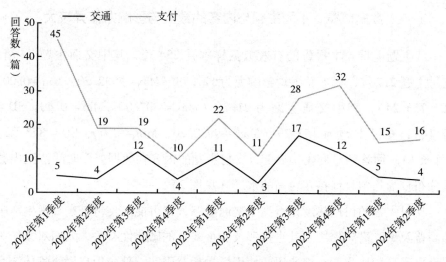

图2 各主题的回答数量变化趋势

保护、可持续发展、个人责任、个人尊严内容相对较少，分别占到12.6%、7.1%、6.8%、5.8%、5.4%、2%、1.4%；样本总平均影响力为121.79，其中个人尊严内容影响力最高，为622.15（Max = 2329.4，Min = 0.00，SD = 1139.97），其次是技术透明，为482.17（Max = 9932.2，Min = 0.00，SD = 2165.43）（见图3）。

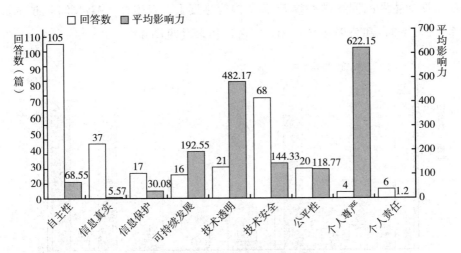

图3　各内容的回答数量和平均影响力

数据显示，自主性内容的数量占比较高，这反映了人们对技术选择权的强烈关注。个体置身特定场景时对相关码的使用保持充分有效的自我决定，是个体主体性的一个重要体现，也是人们讨论最多的议题。技术安全内容的高占比则凸显了用户对数据安全和系统稳定性的担忧，尤其是在支付码场景中，资金安全问题直接关系到用户切身利益。个人尊严内容则关注技术的应用是否损害个体对自身社会价值和道德价值的自我评价；技术透明内容则反映了公众对技术"黑箱"的普遍焦虑，当技术底层逻辑和具体实现方式的透明性不足时，容易引发信任危机。这两类内容较易激起受众情绪，引发点赞和评论行为，致使影响力数值较高。

（二）交通码：自主性类内容最多

交通码主要指地铁乘车码、公交乘车码，不同于传统的实体卡片和车票，交通码集成用户地理位置数据并内嵌于移动设备中，乘坐公共交通时，人们通过扫描二维码即可上下公交车、进出地铁站，完成相关的缴费动作，该码的诞生旨在优化人们的公共交通出行效率和体验，推动城市交通的智能化进程。

交通主题的回答样本共 77 篇，内容维度上，自主性（41.6%）、技术安全（14.3%）和公平性（13.0%）占比较多（见图 4）。

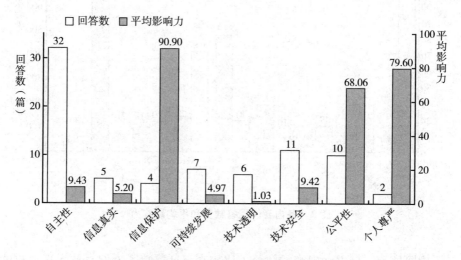

图 4　交通主题下各内容的回答数量和平均影响力

自主性类中，相关回答的讨论重心在乘坐公交地铁可选择的检票方式及如何操作上。一方面，不少网友提到目前公共交通可以按照个人习惯自行选择乘车码、实体卡、购买单程票等方式，自主性较强。另一方面，也有网友指出各地都有自己独立的一套乘车码体系，彼此互不相通，如地铁异地出行时需要下载对应的 App 才能扫码进出闸，十分不便，希望能够尽快实现交通码全国统一以降低异地出行门槛。

技术安全类中，关注点集中在乘车码使用的稳定性上，被提及的影响因素主要有技术逻辑决定的"依赖网络"和为避免刷码作弊而设置的"蓝牙验证"，"受网络环境影响"的特征最遭诟病，许多回答都讲述了因网络不畅而导致的无法过闸或整体进站速度缓慢等亲身经历，更有网友表示"设计愚蠢""深恶痛绝"。

公平性类中，主要有两方面问题，一是发达地区和落后地区间的公平，即使是在技术快速发展的当今，依然有地方未投入应用乘车码，当地民众无法享受到其可能带来的便利；二是尽管得到技术支持，但地方交通集团为保护自身利益不愿加入交通联合系统，各自为政，这与民众的诉求相悖。

平均影响力最高的内容是信息保护类，为 90.9（Max = 307.00，Min = 8.80，SD = 144.60）。相关回答表示，目前的乘车码都依赖于实名制的支付App，背后的交通企业掌握着用户的姓名、证件号、手机号等信息，每换一个城市就是传递一次个人信息，信息泄露风险很大。对此，部分网友选择拒绝使用任何乘车码。

总的来说，公共交通的出行方式多样，选择比较灵活，无法适应使用交通码出行的人们可以转向实体交通卡、单程票或 NFC 等工具。因此，交通码相较其他主题而言，整体的讨论热度较低。分析回答样本，交通码作为出行工具领域的革新产物，虽然一定程度上规避了以往办理交通卡、购买实体票的烦琐操作，提升了人们出行的效率，但仍然存在一些明显缺陷。总结网友观点可发现，目前其限制性主要体现在以下几点：①交通码各地自成一派，固守自有系统，造成异地出行不便；②交通码需依靠网络和信号，频繁发生亮码和读码不畅问题，无法顺利上下车或进出闸机；③交通码对接支付平台可能导致个人信息泄露。

（三）支付码：自主性类内容最多

支付码主要指付款码、收款码，是移动支付领域关键性的工具，它基于账户体系实现了付款方亮码、收款方扫码即完成资金交易的流程。传统交易方式需要消费者随身携带现金或银行卡，商户需付出较高的人力和机器成本。支付码凭借便利快捷、低成本等优势迅速普及，塑造出社会的数字交易形态。

支付主题的回答样本共 217 篇，内容维度上，自主性（33.6%）、技术安全（27.6%）和信息真实（14.7%）占比较多（见图 5）。

自主性类中，从商家角度，2022 年 2 月有关个人经营收款码的新规出台，关系到大量个体户小商贩的切身利益，大量有关个人收款码和商家收款码具体区别的问题和回答涌现，其中许多回答对市面上不同商家收款码的优劣进行比较，这些样本体现了人们互通信息，以保障基于自身实际情况对码使用的选择自主性；消费者角度的回答比较少，主要围绕付款码

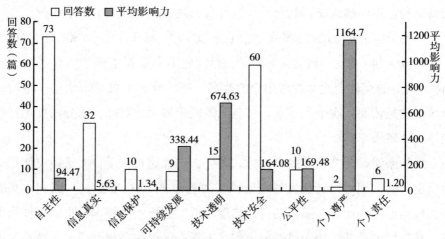

图5　支付主题下各内容的回答数量和平均影响力

的选择。

技术安全类中，网友提及使用可控性、运行稳定性、防破解和攻击性。使用可控性层面，网友担忧付款码和收款码外露可能引起资金风险，对如何在使用无须输入密码、可被截图、偷扫的支付码时最大限度地保障个人资金安全及利用支付码漏洞进行的新型骗局作了讨论；运行稳定性层面，存在收付款时由于网络、信号或终端原因造成交易失败或重复扣款的问题，造成各方利益受损；防破解和攻击性层面，有网友怀疑不法分子可以通过支付码挖取资金信息或是在扫码时被植入病毒等。

信息真实类中，相关回答涵盖了技术信息的公开真实和政策信息的公开真实。技术信息的公开真实层面，包括许多收付款码的机制细节，如到账时间周期、信息绑定情况等；政策信息的公开真实层面，主要客观转述收付款码相关各机构的最新政策条规，如商家收款码申请条件、风控触发条件、手续费明细等。

平均影响力最高的是个人尊严类，为 1164.7（Max = 2329.40，Min = 0.00，SD = 1647.13）。有效回答表示，相较于发达国家死板的"信用卡+POS机"交易形式，我国简单便捷的收款码消解了人们"换零钱"的窘迫、"收到假币"的茫然，真正保障了人们的尊严。

技术加持下，基于扫码动作的移动支付已经成为人们日常生活中最普遍的交易方式，付款码、收款码的身影遍布城市乡镇的各个角落，由于该技术牵涉资金流动，民众表现出很高的关切，讨论热度居高不下。一方面，2022年收款码新规发布，关系到千万商贩个体户的经营活动，个人和商家两类收款码有何区别，不同机构推出的商家收款码有何区别、如何选择以及如何申请成为知乎支付主题下的热门话题，人们通过在社交媒体平台发问和回复以消解信息差，保障数据技术时代的自身权益；另一方面，支付码提高了交易速度，却留下了安全隐患，51篇回答与资金和信息风险的顾虑有关，包括支付码是否会被偷拍偷扫、发给他人是否安全、扫描他人的支付码是否安全等。

四　研究结论

（一）认知差异：信息不对称遮蔽主体能动性

数字化社会中人们的种种生存活动被量化、计算并映射成数据，数据又反过来重构了人们的生活。这深刻影响到时代洪流中的每一个平凡的个体。然而，"数据化"蔓延的速度却远远超过了人们接受和适应崭新生存方式的脚步。相较于社会中技术结构的上层者，大部分民众作为技术渗透中的被动方，往往由于认知能力和水平的限制，无法及时、充分地获取相关信息。码是什么？为什么要使用码？如何使用码？码会给生活带来什么影响？人面对不确定却又与自身紧密联系的事物时，通常会产生很多迫切需要被打消的疑虑，但回答相关问题的角色却频繁缺位。信息的缺乏导致个体无法形成对码技术的全面准确的认知，影响能动性的发挥，就如同呛水一般，只能磕磕绊绊被技术汹涌的浪涛裹挟前行。

梳理回答样本可以发现，人们在接触和使用交通码、支付码的过程中，都由于信息缺失遇到了不同的障碍。首先，两类码的推行都存在科普性话语不足的问题。不少民众，尤其是经济落后地区、受教育程度较低等信息弱势人群，对如何使用特定二维码没有足够的认识。在这样的情况下，数据化的普惠没有使他们获益，如不会使用交通码的乘客只能继续购买单程票乘坐公交地铁，不会使用收款码的商贩只能流失掉惯扫码支付的顾客。其次，即便掌握了各类码的使用方法，大部分人并不了解其技术的底层逻辑和政策上的详细规则。地铁乘车码怎么判断费用？个人收码和商家收款码的区别是什么？人们在问答社区中不断发问，希冀在数据化生存模式中缩小认知差异，争取到最大程度的主动权。

不同社会群体对码技术的认知存在明显差异。年轻群体、高学历人群和城市居民往往能快速掌握技术使用方法，而老年人、低学历人群和农村居民则面临较大的认知障碍。这种认知鸿沟不仅体现在基础操作层面，更体现在对技术原理、数据权利等深层次问题的理解上。信息不对称问题不同程度地遮蔽了个体的主体能动性，阻碍个体更快、更好地融入数字化社会中。

（二）权力失衡：隐形赋权异化主体受动性

尽管数字技术已被广泛而深入地应用到各个领域，但与其飞速发展不匹配的是，目前对应的管理条规并不具备系统成熟性。技术本身并无倾向性，但却在实际应用中加剧了权力失衡。普通民众的利益和声音在一定程度上被忽视，本应造福大众的数字技术被无形的手所控制，成为冰冷的外部力量，外化为码的形式制约着被数据化的个体，迫使其让渡自身权利甚至挤占其生存空间。

分析相关回答样本，权力不平衡的问题也均在交通码和支付码的实行环节中显露。交通码关系到个体与地方交通集团的利益矛盾。作为乘客的个体追求出行的便利性，故具有异地乘车码互认统一的诉求，而独立运营的地方交通集团可能是不希望管理权被分散，也可能是认为接入统一系统的性价比不高，导致交通联合的进程十分缓慢。支付码关系到个体与对应服务提供商的矛盾。作为经营户的个体追求低费率和收款机制的稳定性，而各家收款码为提高收入会在商业竞争中尽量设置较高的费率，在市场中占据垄断地位、已使经营户形成使用习惯的支付宝和微信两家的手续费则更为高昂。此外，受政策改变、风险调控等因素影响，收款码规则频繁变更，对管理方而言是一次简单的规则调整，对广大小微经营户而言却是巨大的时间和金钱成本的浪费，技术权力会转化为经济权力和社会权力。隐形的差异化赋权异化了个体的主体受动性，使个体的生存面临多重外部条件制约。

（三）技术操纵：工具主导蚕食主体为我性

技术为人所创造，也应为人服务，决不能僭越人的主体地位[①]。数据技术将个体的各种行为编码为一串串能被自动处理的数字符号，二维码则是数据的外化，它掌管着个体全面而详尽的信息，代替执行社会活动中的各类事务，大大提高了个体生产生活的效率。然而，结合码的实际应用可以发现，个体接受、习惯甚至依赖于使用各类码的过程，本质上是让渡自身主体地位换取程序化生存模式的过程。码的诞生是为满足人们快节奏生产生活的诉求，但肉身被量化计算为数据，数据又被重构为外显的码的整条链路具有太多不确定性，有时会偏离个体本身的需要，甚至凌驾于个人意志之上。技术在人机关系中的角色从"协助者"变质为"操纵者"，而这与技术革新的初衷相悖，也破坏了人实践活动的自我实现性。

码带来的工具主导威胁同样普遍嵌于交通会与支付场景中，主要体现在个体对个人信息、个人资产以及社会身份的掌控权的弱化。一是几乎所有的码都存储着使用者的一些基本信息，根据用途的不同又额外承载特定维度的详细信息，比如交通码的乘车记录、支付账户，支付码的交易账户、交易令牌等。虽然上述个人隐私数据被压缩为黑白几何图形，人无法直接识读，但仍然存在被特定设备扫描读取而造成信息泄露的风险。二是交通码、支付码涉及扣费交易行为，关系到个体的资产安全。以支付场景为例，常规的交易流程由买家亮码和卖家扫码两个步骤组成，由于付款码在电子设备屏幕上生成，又缺少输入密码等中间环节，一旦页面被不法分子获取，将面临极大的

---

① 吴大娟：《智能在场与主体之困：人工智能时代人的主体性危机与破局》，《理论导刊》2024 年第 3 期。

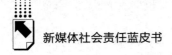

资金隐患。随着数据化程度的加深，人们对生活方方面面的掌控感逐渐降低，工具主导的生存模式正在蚕食个体的主体为我性。

五　对策与建议

基于上述研究结论中总结出的问题，本报告从社会责任视角，提出媒体侧、政府侧、技术侧和个体侧四个方面的对策与建议。

（一）媒体侧：保障及时准确的信息同步

包括传统媒体、网络媒体在内的各类媒体具有信息传播和教育的作用，作为当前公众获取信息的主要渠道，应当在数据技术革新的浪潮中及时、准确地向人们传递相关信息，提高人们对技术及其应用的立体了解程度和认知水平。首先，技术的概念、用途和影响等基本资料的传达需要与技术普及的速度保持同频。对于深入人们日常生活的各类码，媒体要通过报刊、广播、电视、互联网等不同渠道实时更新发展动态，确保信息最大限度地覆盖到所有人群，消解信息差，并使用文字、图片、音视频等多种呈现形式尽可能地将复杂的内容可读化、易理解化，避免认知差异的门槛阻拦人们拥抱数据化生存方式的脚步。其次，当公共话语空间集中出现与技术相关的问题时，应迅速整合多方信源，收集客观权威的信息来为公众作出解答。如果放任不确定性造成的疑虑蔓延，人们可能会感到不安，进而对技术产生抵触心理。同时，全程关注舆论动态也十分必要，媒体需及时以权威的声音遏制不实信息的传播，避免大众被难辨真伪的观点所误导。

（二）政府侧：完善技术配套的治理体系

管理方、研发方等上游角色在技术投入应用的链路中天然拥有更大的权力，为规避受利益驱使的权力滥用行为，政府应在公众的监督下，制定和完善具有约束性、强制性的监管政策和法规，健全与技术配套的治理体系。一是建立具有普适性的码技术应用标准，确保所有涉及个体数据采集和互联的码系统拥有一套统一的研发和推广规范，实现高效管理。二是对于已稳定在社会系统中运行的码，在个体与垄断性的技术服务商间，需最大程度地保障前者的权利不被损害，如敦促地方交通集团基于广大乘客的需要加快交通码联合进程、限制支付服务提供方对收款码费率的上调等。政府侧应全面厘清相关角色的权力和责任边界，对于权力越界和责任推诿行为采取相应的惩罚措施，从根源上杜绝不当利用技术牟利而挤占民众生存空间的乱象。

（三）技术侧：推进以人为本的技术迭代

技术的发展必须始终保持人的主体地位，这就要求研发团队应以民众的需求和利益为出发点，把人放在首要位置进行设计和开发工作。技术产品投入实际应用后，需要持续评估其对使用者带来的影响，时刻关注和聆听使用者的诉求，并以此为基础推进技术产品的迭代升级。对于涉及信息和资产数据的码，要通过高级加密、动态图像、多重认证、数据令牌、风险监测等技术不断增强数据系统的安全性和健壮性，保障个体对自身信息和资产的掌控权。减少"码"上事故的发生，消除人们有关信息泄露和资产安全的担忧，建立对数据工具的信任。任何码在投入使用的过程中应对外公开接受公众监督，这样有助于及时调整优化、提高技术的公信力并让个体最大限度地保持对自身身份表达的主动权。

（四）个体侧：树立责任意识和发展观念

事物的发展是螺旋式上升的，生存形式的演变总会面临矛盾和冲突，作为技术接受方的个体也应当以发展的眼光看待人"码"融合的数据化生存现状，承担起个人责任。技术的革新根本上是为了促成人的美好生活，普遍惠及社会中的每个人，面对实际应用中不可避免出现的瑕疵，个体应怀理性和包容的态度，可以发挥能动性自主规避，也可以通过有效渠道合理反映相关诉求，参与到社会数字系统的建设中。在警惕技术消解主体性的同时，也不能一味否定技术的积极作用，而要看到其前进性和发展性，在时代浪潮中注入自己的力量，推动技术向高效、可靠和人性化不断靠近。

B.18
人机共生：AI 生成内容的认知风险与媒体社会责任治理
——以新浪微博和哔哩哔哩平台为例*

徐明华　孔维知**

摘　要：　AI 生成内容逐步投入应用，由于其较高的能动性，其内容生产机制和信息传播模式为用户带来各类风险。本研究从人类认知逻辑和 AI 的信息生产机制出发，选取微博与哔哩哔哩的信息作为研究对象，对涉及 AIGC 话题的信息进行爬取，分析其分布状态、互动情况以及相关的情感分布等，发现在社交媒体上的 AIGC 相关内容呈现出较高的社会关注度；话题涉猎较广，主题丰富，不同平台差异较大；情感和态度总体呈现中等偏高的水平，差异化分布、微博平台情感极化现象较为严重。据此从个体、群体、社会、国家层面的风险得出结论并分析出四条可行的治理路径。

关键词：　AI 生成内容　认知风险　媒体责任

一　研究缘起

生成式 AI，即 AIGC（AI Generated Content），指能实现自动化创作文本、

---

*　本报告系"'一带一路'背景下国际学生国情教育与讲好中国故事全媒体传播体系建设研究"（课题编号：23LH0401）的阶段性研究成果。

**　徐明华，华中科技大学新闻与信息传播学院教授、博士生导师，主要研究方向包括传播理论、跨文化传播、国际传播、人工智能技术的创新应用；孔维知，华中科技大学新闻与信息传播学院硕士研究生，主要研究方向为国际传播、计算传播。

图像及音像等多模态内容的人工智能技术①。美国人工智能公司 OpenAI 在 2022 年底推出的 ChatGPT，凭借强大的语言模型和自主学习能力，已经能够模拟人类的情商、记忆与用户的聊天记录、制造模拟的对话情境，使用流畅的语言和语音，是 AIGC 的代表性应用成果。2024 年初，生成式人工智能模型 Sora 问世，通过人工智能技术实现文本驱动的高质量视频生成，标志着 AI 技术从理论进入实践阶段，人类迈入了 AIGC 时代。从 ChatGPT 到 Sora，这些智能系统以惊人的速度重塑了现代传播格局和生态，智能传播技术成为社会变革的关键因素。

随着人工智能技术的不断成熟，人与机器的关系也拓展到了一个全新的维度②。一方面，人工智能沿袭了机器的特质，成为人类外接的"超级大脑"；另一方面，随着机器智能的提升，其超越了简单的程序执行，并进行主动探索，逐渐成为连接人类与世界、人类与社会的智能中介。人类与机器的关系不再仅仅是共生，更非是单方的辅助利用，而是人与机器相互演进，并且这种演进重点体现在认知层面。

《生成式 AI 服务管理暂行办法》由国家互联网信息办公室等七部门于 2023 年 8 月 15 日联合发布实施，明确要求"提供和使用生成式 AI 服务应当符合法律、行政法规，尊重社会公德和伦理道德"，即提出 AIGC 需要遵守社会道德秩序的良俗，不得产生违背法律道德的内容、违背国家安全和社会公正的内容，具有认知风险。

二　文献综述

（一）AIGC 与认知逻辑

1. 互联网内容生产方式对认知的冲击

认知心理学将认知作为一个特殊的领域。人们通过自己的生活经验、主

---

① 李白杨、白云、詹希旎等：《人工智能生成内容（AIGC）的技术特征与形态演进》，《图书情报知识》2023 年第 1 期，第 66~74 页。
② 刘德寰、程馨仪：《工具依赖的认知风险——ChatGPT 工具性与创造性迷思》，《青年记者》2024 年第 3 期，第 17~22 页。

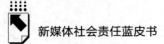
体感知和私人化的心智活动，利用理性的思维能力判断事物的因果与逻辑，从中抽象出一定的规律①。接触信息，感知信息，从信息中判断归纳是认知形成的重要过程。网络内容生产模式的演进改变了人们能够接触到的信息内容，进而影响人们对于信息的总结与归纳，进一步影响用户的认知。

网络内容生产模式经历了从专业生产内容（PGC）到用户生产内容（UGC）再到人工智能生产内容的飞跃。PGC 制作的内容拥有严格流程和审核机制，专业性和权威性极高，因而有助于增强说服力；同时，其更高的专业性要求也带来了较高的准入门槛，使得 PGC 在数量上限制了生产主体和生产内容，限制了用户对资料的选择空间②，受众往往倾向于认同其内容③。UGC 时代，生产者根据其价值观和认知倾向对信息进行差异化选择和认同所生产海量内容，构成受众导向的信息自由市场④。单位内容制作成本相对较低，内容质量也是鱼龙混杂。用户的文化程度和信息素养不同，接触到的信息也大相径庭。因此，UGC 模式对于受众认知的影响来自用户自身的选择与认同。AIGC 可以高效精准地生成符合用户认知模式的内容，通过深度学习等技术满足用户的需求。AIGC 基于对用户的全面追踪，高效实现供需匹配，使用户失去对于多元信息的连接，使其深陷茧房之中。因此，AIGC 是基于用户的认知，并加以窄化，更为精准地反作用于用户，形塑用户的认知。

曾润喜等学者认为，从 PGC 到 UGC 再到 AIGC 的生产方式是一个相互交织、螺旋式上升的发展过程，逐渐构成了"专业区分离—用户参与—人

① 刘德寰、程馨仪：《工具依赖的认知风险——ChatGPT 工具性与创造性迷思》，《青年记者》2024 年第 3 期，第 17~22 页。
② 王诺、毕学成、许鑫：《先利其器：元宇宙场景下的 AIGC 及其 GLAM 应用机遇》，《图书馆论坛》2023 年第 2 期，第 117~124 页。
③ 曾润喜、秦维：《人工智能生成内容的认知风险：形成机理与治理》，《出版发行研究》2023 年第 8 期，第 56~63 页。
④ 陆小华：《AIGC 与智能变革：让认知震荡催生能力生长》，《青年记者》2023 年第 7 期，第 88~90 页。

机协作"的生产关系链条，形成了人机共创的局面①。传播方式呈现从上到下再到算法中介的趋势，体现了传播主体从专业驱动到用户驱动再到算法驱动的过程，而受众地位则从被动到主动再到先入为主的选择②，因此在现在这样的生产方式和传播模式快速改变并呈现出 AI 高度相关特点的时代，研究信息对于受众认知的形塑和影响尤为重要，是时代的需要。

2. AIGC 的生成模式及对认知的影响

生成式 AI 所依托的大模型技术架构主要分为基础层、技术层、能力层、应用层、终端层五大板块。生成式 AI 技术将大量的数据和信息源整合在一起，利用其自然语言处理、图像识别和数据分析等功能，可以快速、精确地收集、整理和提供多样化的信息。AIGC 在内容生产中融合其作为工具属性和创新特质的能力，从信息接触的方面超越传统机器智能，作为信息中介，直接替代人类去感知社会，连接知识和他人，甚至代替人类思考，进行作品的创作，反向塑造人的认知方式。

首先，基于 AIGC 生产逻辑，其在内容生产过程中的过滤机制忽视信息处理中的丰富性，从而阻碍用户偶遇包括个性化算法推荐的多层过滤功能。用户的信息接触既受到 AIGC 技术自我认知能力的局限，又受到技术坚固性的约束，并非完全理性的选择③。其次，AIGC 的技术工具特性决定了其具有算法黑箱的特质④。AIGC 的训练资料来源广泛，种类繁多且数量庞大，外界通常不知道特定的资料收集过程。并且，AIGC 算法模型具有深度学习功能，使得用户在信息过滤过程中并不十分清楚计算规则，很难做出精确的调整和优化。最后，AI 智能系统的创新性使其具备基于用户的自我进化能力。通过加深对用户需求的理解，模拟用户心理和行为模式，以及定制化的内容供给，使机器智能逐步模拟人类意识，不断完善预训练模型。从而实现

---

① 曾润喜、秦维：《人工智能生成内容的认知风险：形成机理与治理》，《出版发行研究》2023 年第 8 期，第 56~63 页。

② 彭兰：《生存、认知、关系：算法将如何改变我们》，《新闻界》2021 年第 3 期，第 45~53 页。

③ 〔美〕赫伯特·A. 西蒙：《管理行为》，詹正茂译，机械工程出版社，2013，第 111 页。

④ 〔美〕帕斯奎尔：《黑箱社会：控制金钱和信息的数据法则》，赵亚男译，中信出版社，2015，第 103 页。

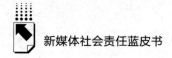

个性化内容定制和持续提升，精准匹配个人需求和供给①。

生成式 AI 技术通过其强大的信息整合和处理能力，以及个性化内容定制的能力，对受众的认知方式产生了显著影响。AI 不仅作为信息的提供者，还可能成为塑造受众认知的重要力量。然而，AI 的算法黑箱和过滤机制的局限性也可能导致用户认知的偏差。因此，研究 AI 对受众认知的影响是一个复杂且重要的课题，需要深入平台研究关于 AI 生成内容相关数据，探讨其如何平衡信息的丰富性和个性化需求。

（二）认知风险与媒体责任

1. 媒介接触与认知风险

认知科学将认知定义为遵循特定程序和规则的计算系统，涉及人类信息的获取、存储、交换、处理、利用和再现等多种机制。对个体来说，认知是指对活动的认识过程，也就是对信息的处理过程②。人们通过感知信息、吸收信息和输出信息来认识世界，不同信息接触会产生不同认知。Wilson 和 Rowlands 提出，认知主体通过与环境的互动来动态生成认知，并在进一步的互动中将这些认知不断扩展回环境③。

在当代信息社会，媒介接触成为认知主体与环境互动的主要渠道。过去传统的媒体，通过对信息的筛选、加工和过滤，创造出"拟态环境"，并与受众建立共识，进而对其认知产生影响④。随着网络的兴起，传递主体之间的界限变得模糊，信息输出呈现多向性，个体与群体互动更加频繁，群体力量"去中心化"加剧。目前国内对于认知风险与媒介接触之间关系的研究较为稀缺，并且集中于主体在 PGC，UGC 等内容影响下的认知。例如，刘

---

① Jordan M I, Mitchell T M. "Machine learning: Trends, Perspectives, and Prospects," *Science* 349 (2015): pp. 255-260.

② 欧阳宏生等：《认知传播学》，科学出版社，2020，第 2 页。

③ 〔美〕霍华德·加德纳：《心灵的新科学》，周晓林、张锦等译，辽宁教育出版社，1989，第 128~139 页。

④ 黄鑫昊、冯馨瑶：《大学生移动短视频主动发布意愿的动力机制研究》，《情报科学》2021 年第 11 期，第 83~89、95 页。

国杰学者发现，在短视频使用中，大学生群体会受到认知趋同、认知狭隘等影响①。徐霄扬和黄镇如研究表明，用户在算法新闻的信息接触下会产生价值偏导向与认知失调、媒介信任度降低等认知风险②。种种研究表明，用户的信息接触和其认知形塑的关系是较为重要的研究议题，并且用户群体不同，内容生产模式不同，其塑造过程与结果也大相径庭，本研究以目前新兴的 AI 技术重构内容生产模式为切入点，探究其产生何种认知风险，并在用户群体的不同层面如何表现。

2. 风险社会与媒体责任

风险社会理论主要由德国社会学家乌尔里希贝克（UlrichBeck）提出，旨在分析现代社会如何组织自己，面对新的风险时如何进行自我调控③。贝克的理论强调了现代社会在经历快速技术和经济变革的过程中如何产生新的风险，以及这些风险如何影响社会结构和文化④。继续发展风险社会理论的吉登斯（Gidens）提出了风险的"两重性"，一方面风险本身的特性可能导致风险的"两重性"；另一方面，风险也成为推动经济创新、科技创新的原动力⑤。目前国内对风险社会的研究，既有社会放大的风险理论，也有集体行为等风险社会方面的研究。⑥⑦

美国新闻自由委员会于 1947 年首先提出了媒体社会责任的概念⑧。一是强调媒体组织内部的自律性，报道的新闻应当具备真实性和客观性。二是

① 刘国杰：《大学生短视频使用中的认知风险及防范举措》，《新媒体研究》2023 年第 13 期，第 33~36、48 页。
② 徐霄扬、黄镇如：《算法新闻的认知风险与防范》，《汕头大学学报》（人文社会科学版）2023 年第 12 期。
③ 牛艳秋：《风险社会的治理逻辑研究》，《经济师》2021 年第 8 期，第 21~23 页。
④ 杨魁、刘晓程：《政府·媒体·公众：突发事件信息传播应急机制研究》，中国社会科学出版社，2010，第 6 页。
⑤ 王焕荣：《吉登斯风险社会理论研究》，燕山大学硕士学位论文，2021。
⑥ 孙壮珍、陈文胜：《谣言、技术风险与集群行为逻辑解析——以"江苏响水化工厂爆炸谣言引万人逃命"为例证》，《当代传播》2015 年第 2 期，第 19~22 页。
⑦ 祝兴平：《社会风险网络传播中的集体行动与情感动员》，武汉大学博士学位论文，2020。
⑧ 〔美〕新闻自由委员会：《一个自由而负责的新闻界》，展江等译，中国人民大学出版社，2004，第 34 页。

强调媒体组织外部的他律性，需要外部的政治管制以及法律管制。改革开放以来，中国学者对于媒体社会责任相关理论不断发展扩充，目前国内媒体社会责任的相关研究，大部分学者着眼于我国媒体社会责任缺失的问题，或从社会热点事件和现象着手探讨媒体社会责任缺失的原因和解决方法；或从某个或某类媒体着手探讨如何有效地防止媒体社会责任缺失；或从我国媒体社会责任缺失的现状谈起，寻求解决问题的思路与方法等。

在网络媒体成为主要传播渠道的当下，传播的广度和深度都有了极大的提高，媒体社会责任的范畴和重要程度也大大增加。除了要确保新闻传播真实性和及时性外，还要坚持正确的舆论导向，对传播内容进行细致筛选。本研究从 AIGC 逐步改变了内容生产模式，影响了用户信息接触习惯这一社会现象，探讨了在网络媒体时代，媒体应该承担怎样的社会责任，以避免新兴的内容生产主体所产生的不良影响，以及由此诱发的新传播模式。

三 研究设计

ChatGPT 的横空出世使 AIGC 进入大众视野，人们震惊于人工智能的广泛性感知能力以及数据处理和传输能力，Billgates 曾断言 ChatGPT 的发明是"又一次工业革命爆发的先兆"。同时也引发了人们对于人工智能内容生产的种种担忧。AI 技术的不断精进和广泛使用关乎所有人，并且似乎直接指向某种未来的社会形态。相较于新兴的 AIGC 平台来说，用户对于 AI 本身及其生成内容的讨论还是集中于传统并被广泛使用的社交媒体平台。新浪微博不仅仅是一个简单的信息发布平台，更是一个汇聚了时事热点、公众舆论、明星动态以及各种社会话题的综合性社交媒体平台，是国内目前重要的信息获取、讨论的平台。哔哩哔哩视频弹幕网站是国内最大的弹幕视频网站之一，涵盖包括音乐、娱乐、科技、生活等多个领域的视频。目前，用户分享讨论 AIGC 相关视频主要在哔哩哔哩和微博上，因此本研究选取哔哩哔哩和微博作为主要平台和资料来源。

本研究在哔哩哔哩视频弹幕网站爬取视频标题、视频链接、播放量、点赞量、视频标签、视频分区等内容，关键词为"AI 生成""AIGC""AI 生成内容"等；爬取新浪微博中的博文、图片、点赞、浏览、评论等内容。收集到哔哩哔哩 721 条数据、微博 1389 条数据。对数据进行简单预处理筛选后得到哔哩哔哩 629 条数据、微博 1044 条数据。在此基础上，结合认知风险相关理论分别从话题热度、风险的感知效果、话题整体内容呈现等方面对于 AIGC 的认知风险进行分析。

四　研究发现

（一）AIGC 目前社会关注度较高

以"AIGC""AI 生成内容""AI 生成"为微博搜索的关键词，拥有极高的信息量，在 50 页微博限额内，筛选出 1044 篇博文，但从博文分布上看，热度较高的博文较少，仅有 3 篇文章点赞数过万；点赞数、评论数、百位数转发数都过万的只有 32 篇；较为火热的内容更多集中在 100 名以外的量级上。这说明，虽然关于"AIGC""AI 生成内容"的信息量巨大，但是相关讨论度不高，在微博社交媒体网络内部的互动性不强（见图 1）。

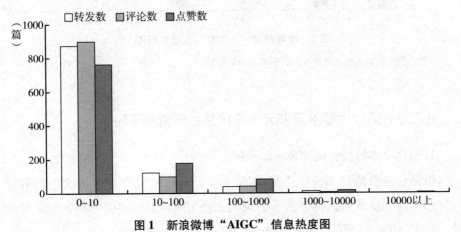

图 1　新浪微博"AIGC"信息热度图

注：图中横轴为数量分布区间，纵轴为博文数目。

在哔哩哔哩视频弹幕网站却呈现出较为不同的场景，从清洗后得到的629条可用数据的情况来看，关于"AIGC""AI生成内容""AI生成"话题的关注度、热度、讨论度都处于较高水平。千级以上播放量的视频高达509条，超过总量的80%，大部分视频的点赞量和评论量也都在三位数量级至五位数量级。在爬取的视频中，播放次数最多的一段视频的播放量高达247.4万次。反映出在哔哩哔哩视频弹幕平台，AIGC信息热度较高，关于该话题的社交网络互动程度远超微博平台。在爬取信息后笔者发现哔哩哔哩视频网站的相关视频仍以较高速度每天更迭出新，各类行业信息层出不穷。上述种种情况表明，关于"AIGC""AI生成内容""AI生成"相关话题处于较高的社会关注度与讨论度，并且在不同平台热度以及讨论度呈现较大的差异性（见图2）。

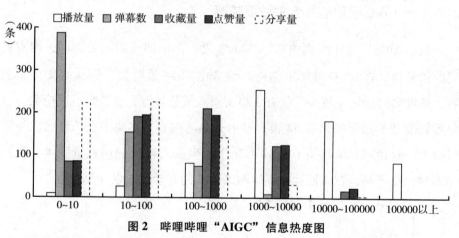

图2 哔哩哔哩"AIGC"信息热度图

注：图中横轴为数量分布区间，纵轴为视频数目。

（二）AIGC话题涉及多元，不同平台侧重点不同

1.总体文本特征：词频表与词云图

根据新浪微博"AIGC""AI生成内容""AI生成"相关博文的内容进行分词和词频统计后，排名前十的词汇如表1所示。观察表中高频词汇可发现，除了AIGC话题必须涉及的专业词汇以外，出现高频的词汇为"使用""PPT""网页""创作"，多与使用到AI技术或者直接使用AIGC产品的行

业有关。侧面反映出微博平台在 AIGC 信息交互中的多元性，对于 AIGC 话题的讨论不仅仅局限于 AIGC 技术本身，而是发散型地涉及许多应用场景和相关行业的内容。

表 1 微博 "AIGC" 话题博文内容词频表

排名	词汇	频率（个）	排名	词汇	频率（个）
1	AI	740	6	人工智能	94
2	AI 生成	431	7	使用	84
3	AIGC	305	8	PPT	76
4	模型	138	9	网页	74
5	生成式	95	10	创作	67

根据哔哩哔哩视频弹幕网站 "AIGC" "AI 生成内容" "AI 生成" 相关博文的内容进行分词和词频统计后（见图 3），排名前十的词汇如表 2 所示。高频词汇与 AIGC 涉及技术高度和教学相关，出现 "模型" "教程" "工具" "学习" "入门" 等（见图 4）。体现出在哔哩哔哩视频平台 AIGC 相关信息多以技术科普教学为主，专业性较强；平台定位于用户类型的细致化程度较高，关于 AIGC 话题的信息交互较为集中。

图 3 微博 "AIGC" 话题博文内容词云图

表2 哔哩哔哩"AIGC"话题短片标题词频表

排名	词汇	频率(个)	排名	词汇	频率(个)
1	AI	245	6	生成	81
2	AIGC	155	7	工具	67
3	视频	121	8	学习	51
4	模型	87	9	入门	45
5	教程	83	10	课程	45

图4 哔哩哔哩"AIGC"话题短片标题词云图

2. 文本主题特征词

在本研究中，采用了潜在狄利克雷分配（LDA）模型来识别文本数据中的主题。对数据集进行 LDA 主题建模，构建前缀词典，并从中提取显著的主题。这些主题通过分析每个主题的关键词及其权重来确定，从而揭示了数据中潜在的语义结构。

在微博与 AIGC 话题相关的博文内容主题分析的结果中，析出了9个代表性的主题，9个主题按照主题概率分布排序（见表3），表中显示，相关话题主要集中于 AI 在生成任务中的应用和相关技术的发展；部分博文也与特定领域的应用相关，包括内容创作、游戏设计等。从概率分布的数据发现，绝大部分博文内容讨论 AI 的一般概念和 AI 在特定领域的应用方面具有较高的相关性。

表 3　微博"AIGC"话题博文内容主题分析

排名	主题	排名	主题
1	AI 在生成任务中的应用	6	AI 在视频内容生成和分析方面的应用
2	AI 技术的发展与变化	7	大型 AI 模型的生成能力和模型训练
3	AI 在内容创作、处理和管理方面的作用	8	AI 和 AIGC 的一般讨论和技术探讨
4	AIGC 在特定领域的应用和技术	9	AI 和 AIGC 在游戏开发和游戏内容生成中的应用
5	AI 在内容识别、分类理解方面的作用		

在哔哩哔哩与 AIGC 话题相关短片的标题主题分析结果中，析出了 8 个代表性主题，8 个主题按照主题概率分布排序（见表 4），表中结果表明，主题为 AIGC 和 AI 模型以及相关的产品概率分布最广，其次是与 AI 相关的轻松体验；同时析出的主题为 AI 相关模型教程、产品开发、艺术创作的应用等主题，概率分布基本一致。对比表 3 和表 4 主题分布以及排序的差异性可知，微博博文内容呈现多元性，设计各类话题，特别是利用 AI 及 AIGC 技术的广泛应用场景；而哔哩哔哩视频标题及内容多以知识普及的方式呈现，包括技术知识的讲解及介绍、特定专业领域的使用教程及培训，例如 AI 绘画及艺术领域，专业性较强。

表 4　哔哩哔哩「AIGC」话题短片标题主题分析

排名	主题	排名	主题
1	AIGC 和 AI 模型以及相关的产品	5	AI 和 AIGC 的模型教程
2	侧重轻松的 AIGC 相关内容和体验	6	AI 技术的实际应用和产品开发
3	AI 和 AIGC 的教程和视频	7	AI 在艺术创作中的应用
4	AIGC 和 AI 在技术竞赛和特定领域的应用	8	聚焦 AIGC 和 AI 视频内容

（三）针对 AIGC 的态度情感差异化分布

本研究使用了 SnowNLP 库来进行情感分析。SnowNLP 专门用于处理中文文本，包括情感分析、文本分词、词性标注等操作。对微博博文内容进行情感分析，对哔哩哔哩视频标题进行情感分析，描述性统计结果和情感分布情况如表 5 和图 5 至图 8 所示。

表 5   "AIGC"话题微博博文内容及哔哩哔哩短片标题情感分析描述表

描述统计量	值（微博博文内容）	值（哔哩哔哩视频标题）
count：非空值的数量	1044.00000	629.00000
mean：平均值	0.762334	0.754847
std：标准差	0.375349	0.292060
min：最小值	0.000000	0.001006
25%：第一四分位数	0.612345	0.546609
50%：中位数	0.998911	0.900277
75%：第三四分位数	1.000000	0.994509
max：最大值	1.000000	1.000000

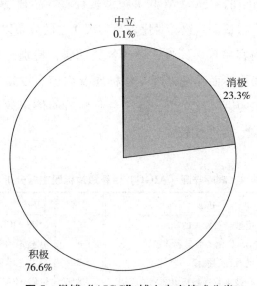

图 5   微博 "AIGC" 博文内容情感分类

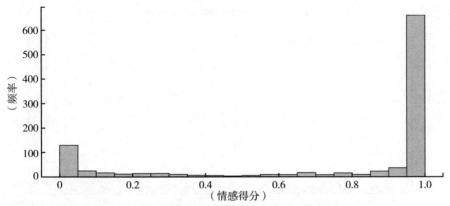

图6 微博 "AIGC" 博文内容情感分数分布

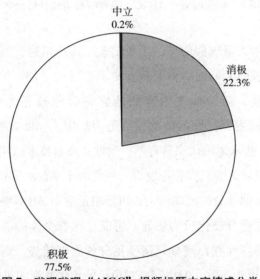

图7 哔哩哔哩 "AIGC" 视频标题内容情感分类

　　情感分析的结果显示，虽然公众对 AIGC 技术普遍持积极态度，但这种积极情绪背后可能掩盖了对 AIGC 技术潜在风险的认识不足。微博博文内容的平均情感得分为 0.762，而哔哩哔哩视频标题的平均情感得分稍低，为 0.755，无论在哪个平台上，大多数内容都表达公众对 AIGC 技术的热情和期待。然而，这种对于新兴技术产品的积极态度极大可能遮蔽公众对于 AIGC 潜在风险的考量。例如，AIGC 技术可能导致信息的真实性、准确性和

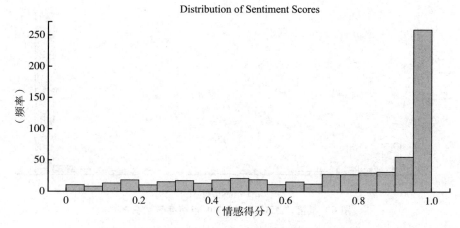

图8 哔哩哔哩 "AIGC" 视频标题情感分数分布

合规性问题，产生大量虚假信息、不良信息、违法信息，给人们带来严重的负面影响，甚至威胁人们的生命财产安全。

同时结果表明，微博博文内容的情感得分分布更为分散，标准差为0.375，而哔哩哔哩视频标题的情感得分更为集中，标准差为0.292。两个平台上用户对 AIGC 技术风险认识具有不一致性，及对技术应用具有不同态度和期待。观测图6及图8的直方分布发现，尽管两个平台的情感得分均较高，但微博博文内容中情感得分的波动较大，可能暗示着对 AIGC 技术风险认识的不一致性，并且情感得分极化较为明显，可能意味着个体的情绪极端化和群体的极化现象。而哔哩哔哩视频标题情感得分的集中趋势，则可能表明用户对 AIGC 技术的接受更为一致，但也存在对风险的集体忽视的可能性。

五 AIGC 的认知风险与治理路径

（一）AIGC 认知风险

1. 个体层面：纠结与冲突

（1）认知狭窄

AIGC 作为机器生成的内容，其具有的黑箱机制使得用户已很难保证其内容质量。黑箱机制首先是源于数据输入阶段使用到的虚实真假、价值标准无法考量的海量数据；其次是源于其核心步骤对于数据筛选和操作中使用的各类算法的未知性。首先，对受众而言，AIGC 是内容生产的工具，同时也是价值输出的主体。受众通常无法获知 AI 是如何分析海量原输入数据的，也不清楚其在内容输出中所采用的具体标准。其次，AIGC 帮助受众缩短了需要的信息与其距离，辅助受众在庞大的数据中构建了一个简化的信息通道①。也可以说在用户获取需要信息内容过程中，用户使用 AIGC 内容收获二手资料而非直接与海量数据接触。但是具有随机性和不透明性生成的内容的逻辑性难以被剖析，其正确性与精准性也难以被证实。最后，AIGC 过滤机制所遵循的用户满意而非结果最优原则，使得信息接触有一个相对封闭的"利益"空间，让用户长期沉浸在内容"茧房"中，而这些"茧房"只专注于单一领域，不接触多样化的信息，这也加剧了"回音室效应"，使得信息接触变得狭窄，限制了用户的认知。使用户长时间沉浸在内容"茧房"中，注意力只集中于单一领域，不去接触多样化信息，因此也加剧了"回声室效应"②，使得信息接触窄化，限制了用户认知。用户情绪分布的数据图也可以直观反映用户认知窄化后的特点。

（2）认知异化

人类理解世界、塑造认知的过程通过两条并行的路线实现。一是自己直接的实践、观察。二是通过信息接触，大脑对世界的多层次联想，对动作与情感经验的模拟演绎③。而 AIGC 是通过纯粹理性和纯粹规律性竞选内容生产。根据"镜像神经元"的发现，接触到的内容画面会激活自己与之对应的相关的大脑区域。也就是说在建立起理解与认知机制之前大脑就会产生相关反应，甚至可能在未形成完善认知辨别能力的情况下进行下意识的参考与

① 丁大尉：《大数据时代的科学知识共生产：内涵、特征与争议》，《科学学研究》2022 年第 3 期，第 393～400 页。
② 黄杰、刘磊杰：《抖音短视频信息流广告用户接受度研究：基于 UTAUT 模型的实证研究》，《国际品牌观察》2021 年第 25 期，第 25～28 页。
③ 吴国盛：《芒福德的技术哲学》，《北京大学学报（哲学社会科学版）》2007 年第 6 期，第 30～35 页。

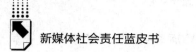

模仿。因此,在 AI 逐步改变用户信息接触的过程中,AI 的规律性和寻找相关性的生产方式逐渐成为用户习惯,也会将社会的一切事物都按照技术的逻辑进行解释,人类自身的认知规律受到冲击,进而丧失对更广阔、更真实世界的深度感知和响应。正如埃卢尔的观点"技术不仅仅是一个工具和机器的集合,它还是一个复杂的社会和文化系统,塑造了我们的价值观、信仰和行为,有一种扩张和自主的趋势"[1]。人类在进行技术变革的同时,也受到技术的制约与约束,使其在无意识、非自主的情况下嵌合进技术的使用形式中,接受来自技术的反向驯化。

(3)认知失调

认知失调是由美国心理学家费斯廷格提出来的一种理论。该理论认为,认知失调的原因主要包括:逻辑上的不一致、文化习俗的差异、与普适观点相悖和与过去经验相左[2]。AIGC 基于算法的纯粹理性和纯粹规律性而非人的认知规律竞选内容生产,在逻辑性方面和人类传统的思维逻辑并不匹配,也逐渐形成对人类认知体系的挑战。并且,由于 AI 生成内容的真实性、正确性和价值标准无法考量,生成的观点也极有可能是悖论或是与人类经验不符,甚至算法与技术的歧视导致 AI 产生价值偏颇和异化,进而影响用户认知与价值。2024 年 8 月 22 日被爆出儿童电话手表的 AI 智能对话系统回答问题时恶意贬低中国,侮辱中国人容貌,甚至污蔑说四大发明是伪造。AI 生成内容很可能带有强烈的价值偏向与异化,与用户原始认知相悖,使其产生认知失调等后果。

2. 群体层面:圈层与分化

艾弗里·赫斯(Evelyn K. Haug)和詹姆斯·鲍文(James D. DeFleur)提出的知沟理论表示信息传播对社会中不同社会经济群体产生影响,信息获取的差距会在社会中扩大。而内容生产方式从人类到 AI 的革新也加剧了数

---

① 刘千才、张淑华:《从工具依赖到本能隐抑:智媒时代的"反向驯化"现象》,《新闻爱好者》2018 年第 4 期,第 13~16 页。

② 〔美〕利昂·费斯廷格:*A Theory of Cognitive Dissonance*,斯坦福大学出版社,1957,第 4 页。

字鸿沟的风险。从"接入沟"到"使用沟"再到"知识沟"①，在人工智能时代，还可能出现"算法意识沟"，意即用户是否意识到并且有意识地使用算法应用与设施②。"算法意识沟"随着 AIGC 发展而扩大，并潜移默化地影响用户认知。作为新兴技术，少量用户意识到 AIGC 的先进性并合理使用，同时多数算法素养不高的用户在使用中很难清晰意识到 AI 的生成模式对于认知的影响，更多的是算法意识薄弱的群体未接入新兴技术而滞留在信息孤岛。

（1）用户圈层化

AIGC 能够根据不同个体和群体的特征，创造出多样化的社会圈层，并加快用户归属圈层的过程，从而影响圈层的认知和行为。基于用户或群体的数据和喜好生成相关内容，促使相同圈层内的用户产生共鸣③，让他们维持在舒适区。哔哩哔哩平台数据就呈现出较为明显的圈层化特征。因此导致用户接触到的信息可能缺乏多样性和广度，导致认知偏差和局限性，从而加剧社会的分裂和隔阂。同时，AIGC 依赖算法驱动，清晰地界定了不同圈层之间的边界。算法逻辑塑造了理性的思维方式，AIGC 缺乏对非理性和情感的价值认同和共鸣，这不仅导致理性与感性认知模式的分化，还进一步拉大了圈层之间的裂痕。

（2）群体极化

群体极化是指在网络环境和群体互动影响下，成员的观点或态度逐渐向极端方向发展，变得更加保守或激进④。AIGC 的漏斗模式虽然能减少信息

---

① Arquette T J, "Assessing the Digital Divide: empirical analysis of a meta-analytic framework for assessing the current state of Information and Communication System development, presented to the International Association of Mass The InfoMetrics project currently tests d," *Computer Science* (2001).

② Anne-Britt Gran, Peter Booth & Taina Bucher, "To be or not to be algorithm aware: a question of a new digital divide?" *Information, Communication & Society* 12 (2020) pp. 1779–1796.

③ 喻国明、颜世健：《认知竞争时代的传播转向与操作策略》，《东南学术》2022 年第 6 期，第 227~237、248 页。

④ 〔美〕凯斯·桑斯坦：《网络共和国：网络社会中的民主问题》，黄维明译，上海人民出版社，2003，第 135 页。

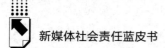

泛滥，但它生成的极端内容也可能激发用户的情绪反应。AIGC的算法模型可以看作是认知模板，通过与用户的互动不断调整，从而模仿和感知人类意识，强化个体和群体的态度，实现对认知的控制。例如，ChatGPT在处理用户输入时会不断调整其算法模型，通过不断的"输入—输出—训练—输出"循环，直到生成符合用户要求的内容。这种方法展示了算法的"自动化偏见"以及个体或群体的"选择性接纳"①，进而导致AIGC可能在某种程度上塑造或操控用户的观点和态度。正如数据分析的结果，微博博文内容呈现出较为极化的情感特征，极端反对和支持情感较多，反映出群体极化在微博平台较为严重。

3. 社会层面：颠覆与操控

（1）社会认知情景的颠覆

当AIGC内容生产模式成为主流，算法、算力和数据成为社会生活的底层架构，底层架构的变化将会影响社会惯习和社会文化等上层建筑。传统与多元的社会认知依赖于个体在具体情境下与社会要素进行互动②，而AIGC直接生成的二手内容使得用户的多元认知情景消失，减少了用户间交流所诱发的思想碰撞和认知冲突，AIGC认知拟态环境下用户难以突破刻板的社会认知结构。同时，AI生成内容快捷、大量、高效的特性使得用户倾向于选择短平快的信息获取模式，无疑对主流媒体、人际交往、传统权威的信息获取模式产生冲击。随着AIGC计算认知的进展，社会的公共领域和文化共享逐渐减少③，因此导致了社交网络的分化。人们更加偏好接受智能化和碎片化的信息，而忽视了更广泛和系统的知识。

（2）社会认知权威的操控

AIGC算法通过塑造新的社会权威来控制社会认知。随着新兴技术崭露

① Alon-Barkat S, Busuioc M, "Human-AI Interactions in Public Sector Decision Making: 'Automation Bias' and 'Selective Adherence' to Algorithmic Advice," *Journal of Public Administration Research and Theory* 33 (2023): pp. 153–169.

② 〔美〕阿尔伯特·班杜拉：《社会学习理论》，陈欣银、李伯黍译，中国人民大学出版社，2015，第168页。

③ Striphas, T, "European Journal of Cultural Studies," *Algorithmic culture* 18 (2015): pp. 395–412.

头角，创新了"AI+"多重行业的社会场景，AIGC 成为现实世界和网络世界的发展标杆，逐渐建立起属于 AI 的权力范式。并且社会大部分人对于 AI 技术缺乏全面了解，对于算法黑箱与人工智能鲁棒性等局限性缺乏理性认知。在 AI 全方位嵌入社会的过程中，不可避免地潜移默化改变着社会认知状态。在参差不齐的算法意识下，社会作为整体也倾向于以同质、默许，规劝的方式回应这一现实。恰恰反映了从福柯的"规训社会"① 过渡到德勒兹的"控制社会"②，对社会成员的行为和思想进行操控。

4. 国家层面：壁垒与迷雾

（1）冲击民意共识

随着 AIGC 的不断普及，AI 也成为技术工具辅助国家治理、公共决策等的完成。但其技术本身存在的无法避免的问题，也使得其生成的政策制度、治理策略等方面的决策建议缺乏科学性和民主性，会冲击政府决策者和民众的认知。一是底层数据的噪声和不完善会造成基于数据训练而生成的算法模型失误，在模拟决策和生成建议的过程中会干扰政府决策者的认知。二是算法自身如果携带偏见或歧视特性，也为决策者带来认知噪声。三是 AIGC 算法规则的透明度不足和公众参与的缺失，可能使得算法结果的合理性和被接受程度受到质疑，甚至催生复杂的社会观念，进而导致公众与主流价值观不符的态度和行为，从而破坏社会共识的稳定性。

（2）制造认知战争

哈罗德·拉斯韦尔将宣传定义为"操纵表述来影响人们行动的技巧"③，而算法引发的认知战例如利维塔效应，通过制造谣言、政治拟态环境等手段，达到制造"政治腹语"的目标。俄乌冲突期间，舆论战场

---

① 〔法〕米歇尔·福柯：《规训与惩罚：监狱的诞生》，刘北成、杨远婴译，生活·读书·新知三联书店，2019，第 103、227 页。

② Lyon, David, "Liquid Surveillance: The Contribution of Zygmunt Bauman to Surveillance Studies," *International Political Sociology*, 4（2010）: pp. 325–338.

③ 〔美〕哈罗德·拉斯韦尔：《世界大战中的宣传技巧》，张洁、田青译，中国人民大学出版社，2003，第 22 页。

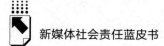
已经从传统的"图文信息"扩展到"算法认知"层面[1]。一些国家甚至运用社交机器人等 AIGC 工具来生成虚假信息，并通过社交媒体平台加速虚假信息和"政治操控"的传播，以此干扰交战双方及其他国家民众的认知。

（3）渗透意识形态

AIGC 作为高新技术的产物，其发展关乎不同国家的科技水平。技术强国掌握了人工智能的核心技术，并对技术欠发达国家实行技术垄断，导致信息流动的不均衡，进一步加剧信息贫乏国家和地区用户的认知壁垒。甚至在长期状况下形成国家间信息和认知两极分化。另外，当 AIGC 被技术强国当成文化扩张和意识形态渗透的手段时，虚假信息、带有高度误导性的内容将层出不穷，用于制造虚假公众舆论，煽动民众情绪。

（二）治理路径

1. 技术层面：输入的审核+算法的改进+输出的启蒙

首先，在 AIGC 数据输入阶段强化数据管理，保质保真地采集高质量数据，以为后期数据训练奠定基础，根据资料来源、安全级别等将数据进行简单分类等预操作，剔除一些不合理数据，提升数据输入质量。其次，在算法优化阶段，技术开发者应运用算法交叉验证和公正性实验等手段，以防止在数据采集、算法模型构建和运行过程中嵌入社会偏见和歧视[2]。同时，在算法内部嵌入风险感知机制。Daniel Neyland 提出，通过将问责机制编码整合进算法系统中，我们能够构建一个算法自监督的体系[3]。最后，在输出阶段强化机器的启蒙，提升 AIGC 的技术和伦理理性，确保生成的内容符合人类的主流价值观。在训练 AI 的过程中加强伦理教育与规训，避免 AIGC 的内

---

[1] 方兴东、钟祥铭：《算法认知战：俄乌冲突下舆论战的新范式》，《传媒观察》2022 年第 4 期，第 5~15 页。

[2] Carbonell J G, Michalski R S, Mitchell T M, "An Overview of Machine Learning," *Machine Learning* 1（1983）: pp. 3~23.

[3] NEYLAND D, "Bearing Account-able Witness to the Ethical Algorithmic System," *Science, Technology & HumanValues* 41（2016）.

容偏颇。此外，还需建立一套完善的人机交互决策的规范体系，让 AI 更合理地感知用户需求。

2. 用户层面：算法素养的提升

提升用户算法素养，可以减轻算法鸿沟、认知失调、群体极化等认知风险。一是针对算法意识薄弱的群体加强 AIGC 操作及功能的科普和算法辩证教育，弥合算法意识鸿沟；二是增强用户 AIGC 内容理解力，快速识别 AIGC 内容，并中立地理解内容，采纳建议。通过人机互动学习实现协同作业，明确人类和机器的各自任务与角色，并在任务完成后进行效果评估[①]；三是提升用户的算法批判意识，努力破茧和反极化。通过认识算法的偏见、进行信息验证和事实核实，并接触各种信息来源，可以提升个人在算法交互中的能力。这包括增强选择的自主性，提高识别偏好标签、辨别信息真假、抵御极化信息的影响以及避免认知操控的能力。

3. 平台层面：自我管理的加强

对媒介平台来说，内部自查与纠正尤为重要。许加彪等强调了内容审核人员在确保内容真实性和质量方面的重要性，提出在 AIGC 时代，应当建立一个人机协作的纠错机制，即以人工审核为主，机器算法为辅[②]。也就是说，在人工智能时代，并不可以把内容以信息的"把关"权力完全交付 AI 手中。针对算法素养不高的情况将 AIGC 内容予以适当标注；对含有不当倾向的内容采取限流、不公开等措施，并对危险活动或不适内容加上安全提示，如"操作有风险，请注意安全"或"请在专业指导下进行"。

4. 国家政府层面：管控机制的完善

针对 AIGC 生成机制中携带的不可避免的认知风险，采取事前预防、期

---

① Hirschberg J, Manning C D., "Advances in Natural Language Processing," *Science* 349 (2015): pp. 261-266.

② 许加彪、韦文娟、高艳阳：《技术哲学视角下机器人新闻生产的伦理审视》，《当代传播》2019 年第 1 期，第 89~91 页。

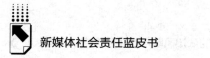

中治理、事后反馈的全过程治理的方式，降低认知风险及其带来的影响。首先，建立 AIGC 认知风险长期监管、快速识别、高效判断机制，对风险的来源和出现原因进行全面梳理，监测潜在的风险内容，机器和人协助判断风险并进行预警。其次，在发现认知风险后迅速反应，采取灵活的措施，及时阻断风险扩散。最后，完善评价反馈体系，进而对认知风险全过程治理进行优化。

数字化隐忧：Z世代的社交回避
与人机情感依恋

——基于虚拟主播A-SOUL嘉然粉丝群体的分析

张梅兰　张　萌　尹秀元*

摘　要：　数字时代到来，虚拟数字人引发Z世代的广泛追捧，带来了"人机互动"到"人机情感依恋"的互动样态新变革。数字化隐忧随之出现。人机情感互动样态如何？这会对社会回避和苦恼者产生什么样的影响？本文以头部虚拟主播A-SOUL嘉然为例，运用文本分析法对嘉然直播弹幕进行数据分析，运用问卷调查法对194位嘉然粉丝进行调查，并对其中7位进行半结构化访谈。研究发现，虚拟主播在受众心中形成了介于"真实"与"虚假"之间的微妙距离感，让受众更愿意真实表达。这一情感互动模式为社交回避和苦恼者打造了情感寄托的乌托邦，让他们得以回避现实社交的不适情绪，获得真实的情感慰藉。

关键词：　虚拟数字人　社交回避和苦恼　人机情感依恋

一　研究缘起

数字时代到来，虚拟数字人引发社会的广泛追捧。2022年，中国虚拟

---

* 张梅兰，博士，华中科技大学新闻与信息传播学院副教授，主要研究方向为仪式传播、数字健康传播、新媒体文化；张萌，华中科技大学新闻与信息传播学院2024级硕士研究生；尹秀元，华中科技大学新闻与信息传播学院2023级硕士研究生。

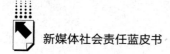

数字人带动 1866. 1 亿元的产业市场规模，预计 2025 年将达到 6402. 7 亿元，呈现惊人的增长态势。虚拟数字人（Virtual human/avatar）作为一个集成概念，指的是具有数字化外形，为特定内容的对话而训练的人工智能角色，具有一定的形象以及感知、表达和娱乐互动能力，涵盖了包含虚拟偶像、虚拟主播在内的全类型虚拟数字人物，按类型可以分为服务型虚拟数字人和身份型虚拟数字人①。

虚拟主播是身份型虚拟数字人下的重要分支，被定义为通过全身动态捕捉技术，以虚拟形象从事媒体直播的新型互联网传播主体，主要有智能技术驱动和真人扮演驱动两种类型。首个通过直播与粉丝实时互动、引领虚拟直播文化的虚拟主播绊爱（Kizunaai）于 2016 年诞生。此后，借助人工智能、面部识别、动作捕捉技术的快速发展，虚拟主播数量井喷。2018 年，B 站正式上线虚拟直播板块，成为国内虚拟主播聚集度最高的平台。2022 年，共有 23 万名虚拟主播在 B 站开播，直播弹幕互动量达 14. 2 亿②，超量的主播、受众涌入虚拟直播赛道，虚拟直播呈现出蓬勃的活力和持久的生命力。

其中，虚拟主播及其受众的互动样态开启了"人机互动"到"人机情感依恋"的新变革，大量的御宅族投入巨量时间、金钱、情感，虚拟主播成为其生活不可或缺的一部分。2023 年，Vox 强势入驻 B 站，首播超 5 万人同频互动，近 4 万人付费。据艾瑞咨询《2022 年中国虚拟主播行业生态研究报告》，虚拟直播用户每天观看一次及以上的占比 72. 6%，每周观看 10 小时以上的占比 69. 1%③。超高的时间投入，加上御宅族天然附加的"宅"属性，使得虚拟直播极大侵占了他们现实的社交时间和空间，对那些原本存在社交回避和苦恼的受众带来极大的影响。

因此，本文研究的核心问题在于：虚拟主播是如何与受众进行人机情感

---

① 程思琪、喻国明、杨嘉仪等：《虚拟数字人：一种体验性媒介——试析虚拟数字人的连接机制与媒介属性》，《新闻界》2022 年第 7 期，第 12~23 页。

② 《B 站年度直播之夜，获得收入的主播数同比去年增长 78%》，https://cj. sina. com. cn/articles/view/5328858693/13d9fee4502001m3s8，最后检索时间：2024 年 2 月 21 日。

③ 《2022 年中国虚拟主播行业生态研究报告》，https://report. iresearch. cn/report/202210/4078. shtml，最后检索时间：2024 年 2 月 21 日。

互动的？对于社交回避和苦恼的受众来说，虚拟直播中投射的数字化情感是否能够替代他们现实的情感需求？这是否会对他们现实的社交行为产生影响？

二　文献回顾与问题的提出

（一）人机情感依恋

近几年，国内外关于虚拟主播的研究直线上升。2022年之前，关于虚拟主播的研究多聚焦于行业发展状况、技术创新、行业运用、社会伦理这四大方向，2023年以来，虚拟主播与受众之间的关系研究、情感传播路径研究、情感关系构建研究成为学术研究的重点。

其中，虚拟主播分为智能技术驱动和真人扮演驱动两种类型，关于他们的研究侧向也有所不同。由于智能技术发展的阶段性局限，目前智能技术驱动型的虚拟主播往往呈现出机械化的对话输出和程序化的内容表达，难以真正实现与受众情感连接，研究的现实语境欠缺，所以目前关于虚拟主播和受众之间的人机情感研究多聚焦于真人扮演的虚拟主播，本文也基于真人扮演的虚拟主播展开研究。

虚拟主播作为一种媒介形象，其与受众之间的关系样态研究是学者们关注的第一个重点，美国学者Brown等梳理了相关研究，总结出受众对媒介形象的卷入度分为四种类型：迁移、准社会交往、认同和崇拜[1]，这四种动因下也形塑了准社会互动关系、偶像粉丝关系等不同的关系样态；Zhou X[2]认为，虚拟主播在网络表演的过程中，构建了与受众之间的亲密感，这是准社

---

[1] Brown, W. J. "Examining Four Processes of Audience Involvement with Media Personae: Transportation, Parasocial Interaction, Identification, and Worship". *Communication Theory*, vol. 25, no. 3, 2015. p. 261.

[2] Zhou X. Virtual Youtuber Kizuna AI: co-creating human-non-human interaction and celebrity-audience relationship, 2020.

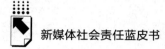

会互动关系在社交媒体背景下的延伸。虚拟主播代表了一种高科技的文化想象，它的魅力在于在明星和粉丝的关系中实现了非人和真人的互动。此外，田玉桑①等人也界定虚拟主播与其受众之间的关系为一种准社会关系。总结来看，学者们普遍认为，虚拟主播与受众之间的关系超越了普通的偶像粉丝关系，形成了一种想象的亲密关系，即社交媒体背景下准社会关系的延伸。

想象的亲密关系构建离不开情感的传播和接收，学者们分别从主播侧和受众侧入手探究二者之间情感传播的路径。主播侧领域，喻国明、田玉桑等人从"情感三层次"理论切入，分析虚拟主播/虚拟偶像如何通过直播利用"本能层、行为层和反思层"三层次的情感表达向受众传递情感价值，影响情感体验。受众侧领域，有学者发现，受众对虚拟媒介形象的情感、认知和行为反应与对人类的反应相似，在与虚拟媒介形象互动时，情感和人际体验相关的大脑区域会被激活②。受众可以在与虚拟媒介形象交互的过程中满足一些与人际交互相同的社会需求，甚至会将他们当作同伴一样对待③，甚至相比于真人，人们更愿意向虚拟媒介形象透露令人不安的情况④。以上研究从主播侧和受众侧证实了虚拟主播和受众之间情感关系构建的可能性。

虚拟主播和受众情感关系的构建研究方面，薛静利用"情感现实主义"理论，分析两者情感关系构建的过程。她认为，虚拟主播与受众之间想象亲密关系的构建，并不是因为客体真实，而是因为情感真实。虚拟主播是否完全真实并不重要，受众会游走在虚拟的"外之形"与真实的"中之人"之

---

① 田玉桑：《数字媒介时代虚拟主播的情感传播》，《传播与版权》2023 年第 12 期，第 45~48 页。

② Krämer, N. C., Rosenthal-von der Pütten, A. M., Hoffmann, L. "Social Effects of Virtual and Robot Companions". UK: *The Handbook of the Psychology of Communication Technology*, 2015. pp. 137 - 159. Von der Pütten, A. M., Krämer, N. C., Gratch, J., Kang, S. H. "It doesn't Matter What You Are!" Explaining Social Effects of Agents and Avatars. *Computers in Human Behavior*, vol. 26, no. 6, 2010. pp. 1641-1650.

③ Krämer, N. C., Lucas, G., Schmitt, L., Gratch, J. "Social Snacking with A Virtual Agent-On the Interrelation of Need to Belong and Effects of Social Responsiveness When Interacting with Artificial Entities". *International Journal of Human-Computer Studies*, vol. 109, 2018. pp. 112-121.

④ Lucas, G. M., Gratch, J., King, A., & Morency, L. P. "It's Only A Computer: Virtual Humans Increase Willingness to Disclose". *Computers in Human Behavior*, vol. 37, 2014. pp. 94-100.

间，采撷最好的形象元素，创造出他们心中满意的情感投射对象①，并在其身上感受到自身情感的声呐回波，从而确认自我主体的存在；李镕、陈飞扬也认为受众通过对虚拟主播的情感投射和关系想象来构建自我身份认同。王文锋、姜宗德则从"情动劳动"的理论视角分析受众在观看虚拟直播时感受到"真实"的原因②。他们认为，虚拟直播改变了粉丝与"虚拟偶像"的隔空喊话，可以在直播过程中感受到接近于日常人际交互的情感流动，这种实在的情感感知与确认，让受众在虚拟直播观看中感觉到真实，受众不仅是情感流动的接受方，而且是作为情感生产者和塑造者参与其中。喻国明等认为虚拟偶像是情感与关系逻辑下缔结圈层的新型媒介，是人们强关系的延伸③，即虚拟主播所生产的内容就具有关系属性，与虚拟主播受众的内容偏好是息息相关的。虚拟主播聚合的都是同圈层的用户，绝大多数是御宅族爱好者，虚拟主播寄托着圈层内部个体的情感归属，所以他们愿意通过特定的传播渠道接收与之相关的信息，并愿意付出一定时间、金钱和劳动力。

虽然现有关于虚拟主播与受众之间的人机情感研究较为丰富，但鲜少有人聚焦到受众御宅族"宅"的社交属性，探究人机情感依恋会对他们产生什么影响。

这是本文的研究切入点。

（二）社交回避与数字媒介

社交回避和苦恼是数字化时代下 Z 世代面临的突出问题，表现为个体回避社交的倾向，或者在社交时有身临其境的苦恼感受，该问题普遍发生在缺少现实社交或沉迷网络的人身上。

国内外关于社交回避与苦恼的研究较为丰富，大致可总结为四个方向：

---

① 薛静：《"我爱故我在"：虚拟偶像与"情感真实主义"》，《文艺理论与批评》2022 年第 6 期，第 115~126 页。
② 王文锋、姜宗德：《情感、技术与文化：情动劳动视域下虚拟直播用户体验真实的建构》，《科技传播》2023 年第 5 期，第 1~8 页。
③ 喻国明、滕文强：《发力情感价值：论虚拟偶像的"破圈"机制——基于可供性视角下的情感三层次理论分析》，《新闻与写作》2021 年第 4 期，第 63~67 页。

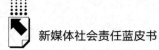

一是探究自尊/情绪/负面身体自我/孤独感/安全感/依恋等个体心理因素对其社交回避的影响研究；二是个体所受的外在因素（例如疾痛、亲子冲突、受虐待）对于其社交回避的影响研究；三是心理治疗手段（团体心理辅导/团体箱庭疗法等）对于社交回避群体的治疗效果研究；四是社交逃避群体的替代性媒介使用研究，如社交回避群体与手机上瘾的关系研究。可见，社交回避作为一个心理学概念，对其进行的研究绝大多数还是聚焦于心理学领域，但也存在与传播学重叠的部分，即社交回避群体与社交替代性媒介的关系研究。

虚拟主播/直播作为一种新型的媒介形式，还未有学者聚焦于社交回避群体与虚拟主播之间的关系研究，但其研究存在可行性依据。Suzukia T 等发现社交回避与苦恼群体会更青睐于把机器人作为自己的社交交流对象①。加上前文提到的虚拟直播受众绝大多数是御宅族，普遍投入的时间、情感、金钱较多，社交回避和苦恼群体实际占比较高。同时，虚拟主播和受众之间的人机情感交流展现出与现实社交的相似性，这可能对社交回避和苦恼的群体存在更强的吸引力，从而进一步影响其社会回避和苦恼程度。以上是笔者基于现有研究做出的合理化推测，虚拟主播/直播是否会对社交回避和苦恼的群体产生影响，影响的具体表现是什么，本文聚焦于此展开进一步研究。

（三）研究问题

基于上述，本研究拟探讨以下问题。其一，人机深度互动的媒介背景下，Z 世代的社交回避和苦恼者为何会选择从现实的社交回避中走向虚拟的情感世界？他们如何在与虚拟主播的情感互动中建构了数字情感和社交图景？

其二，人机情感互动是否满足了社交回避和苦恼者的情感需求？是否解决了他们的社交问题？

---

① Suzukia T, Yamadab S, Kandac T, et al. "Influence of Social Avoidance and Distress on People's Preferences for Robots as Daily Life Communication Partners" [J]. [2023-07-16].

三　研究设计

（一）研究对象：虚拟主播 Asoul-嘉然的直播受众

本文选取虚拟主播 Asoul-嘉然的粉丝为研究对象。嘉然（Diana）是乐华娱乐旗下虚拟偶像女团"A-SOUL"成员，2020 年 11 月 26 日开始在 B 站活动，定期开展直播，曾贡献了"宅舞串烧二十首连跳""A-SOUL 动物园""打嗝小嘉然"等经典名场面。嘉然（Diana）粉丝数量庞大，影响力极高，嘉然（Diana）B 站粉丝 176 万，两度获得哔哩哔哩 2022 年度百大UP 主、2022 年直播年度最强舰队的奖项，其舰长数一度成为全站第一，具有研究的代表性。

（二）研究方法

1. 文本分析法

通过 Python 数据处理工具对弹幕参数进行统计分析。以嘉然（Diana）B站账号"嘉然今天吃什么"2023 年 10 月 18 日的直播弹幕数据为研究样本，对嘉然直播时粉丝的弹幕情感交互行为进行探究，分析其在时间、数量、弹幕文本三方面的特征，并将弹幕信息以可视化形式输出。其中，时间特征是统计弹幕用户社会交互的集中时间段；数量特征是统计弹幕数量随视频播放变化的趋势；弹幕文本特征是统计用户发送弹幕字数长度以及弹幕颜色的使用频数。

2. 问卷调查法

依托问卷星平台发放电子调查问卷，利用 SPSS24.0 进行数据统计分析，调研嘉然（Diana）直播受众中社交回避和苦恼者的比重，分析社交回避和苦恼者的直播观看习惯和直播影响表现与正常受众的异同之处。

本研究依托嘉然（Diana）微博超话、嘉然（Diana）微博、B 站账号评论区、嘉然（Diana）百度贴吧等嘉然粉丝的聚集区发放调查问卷，以确保研究样本具有更高的外部效度。本研究基于问卷星平台发放230份电子正式问卷。为了保证问卷的有效性和科学性，本研究在数据收集后按照以下原则剔除无效问卷：（1）剔除问卷填写时间过短和过长的答卷；（2）剔除具有明显规律性的问卷；（3）不具有观看嘉然直播习惯的问卷。结合以上条件，最终获得194份有效问卷，问卷有效率为84.35%（见表1）。

表1 被试样本基本信息

		频率	百分比（%）
性别	男性	126	64.9
	女性	68	35.1
年龄	18岁以下	5	2.6
	18~25岁	146	75.3
	26~35岁	40	20.6
	35岁以上	3	1.5
所在城市	一线城市	74	38.1
	二线城市	35	18
	三线城市	85	43.8

社交回避和苦恼水平：根据Watson和Friend（1969）编制的《社交回避及苦恼量表》来测量被试的社交回避水平，共28个条目。示例题目包括"即使在不熟悉的社交场合里我仍然感到放松"。采用"是-否"方式评分（0="否"，1="是"），得分越高社交回避越严重。本研究中Cronbach's α 系数为0.775。

其中，根据量表的测试标准，总分项目≥12.67（常模+标准差），被界定为具有一定社交回避和苦恼状况的人，本研究筛选出社交回避和苦恼者98人，占调查总人数的50.5%（见表2）。

表 2　被试样本基本信息

		频率	百分比（%）
性别	男性	64	65.3
	女性	34	34.7
年龄	18 岁以下	4	4.1
	18~25 岁	73	74.5
	26~35 岁	20	20.4
	35 岁以上	1	1
所在城市	一线城市	33	33.7
	二线城市	17	17.3
	三线城市	48	50

3. 半结构式访谈法

访谈法是研究者与被研究者直接交谈来了解受访者深层心理和行为动机的定性研究方法，在研究复杂、抽象问题上具有突出优势。本研究通过半结构化访谈探究社交回避和苦恼者是如何通过直播与嘉然进行人机情感交互的，以及长时间的虚拟直播观看将对社交回避和苦恼者的现实社交行为产生什么样的影响。

本研究在发放调查问卷的同时进行访谈对象招募，结合问卷回答情况，共向 10 位发出访谈申请，其中 7 位接受并完成了 30~45 分钟的半结构式访谈，并通过检验确定为有效内容，访谈对象基本信息见表 3，访谈提纲见表 4。

表 3　被试样本基本信息

编号	性别	年龄	职业身份	所在地	直播观看频率	社会回避状况
F1	男	29 岁	金融行业	陕西西安	每日 30min~1h	社交回避者
F2	女	20 岁	学生	河北廊坊	每日 2~3h	社交回避者
F3	男	27 岁	算法工程师	湖北武汉	不忙时每日 3~5h	社交回避者
F4	男	28 岁	博士研究生	湖北武汉	每日 30min~1h	社交回避者
F5	男	20 岁	学生	湖北武汉	每周 2~3 次，时长在 4~5h	非社交回避者
F6	男	18 岁	学生	湖南长沙	每周 3~4 次，时长 2h 左右	非社交回避者
F7	女	20 岁	学生	四川成都	每周 2~3 次,时长 30min 左右	非社交回避者

表4 访谈提纲

访谈主题	访谈问题
人口统计学信息获取	告知受访者笔者的所在机构以及研究目的,获取受访者信息的使用权限,说明录音需求并获得许可,记录受访者人口统计学基本信息:性别、年龄、所在地、职业。
直播观看习惯	Q1. 您平时观看直播的频率、时长? Q2. 您平时更倾向于看哪一种类型的直播?[真人主播/虚拟主播(有中之人)/AI主播]为什么? Q3. 您是否喜欢通过弹幕与主播/其他受众互动,您通常会互动一些什么内容? Q4. 您不喜欢通过弹幕互动,有什么原因吗?
观看直播的情感体验	Q1. 对您来说,您为什么会喜欢看嘉然直播呢(嘉然相比于其他的主播来说好在哪里)?您通过观看嘉然直播获得了什么样的体验? Q2. 下列哪个或哪些词语用来形容嘉然在您心目中的身份更贴切,为什么呢?偶像/朋友/宝宝(妈粉属性)/爱人 Q3. 您是如何看待嘉然皮套和中之人的关系?如果嘉然目前的中之人毕业(或者被AI主播替代),您会继续追随嘉然吗?为什么? Q4. 如果伴随着AI技术的发展,嘉然得以通过技术手段成为生活陪伴式机器人,您是否会选择让她替代你的朋友/爱人陪伴在您身边?
观看虚拟直播的影响	Q1. 您有没有通过虚拟直播结识到志同道合的朋友? Q2. 您是否因为观看虚拟直播而减少了和现实朋友的交往? Q3. 您是否因为虚拟直播而觉得现实社交变得更加困难?困难在哪里? Q4. 您是否觉得依托于虚拟直播的情感表达更加真实,也让您更愿意表达您的内心想法? Q5. 伴随着技术的发展,当借助虚拟身份进入元宇宙进行社交成为现实,您是否会选择放弃现实社交,而把更多的精力放在虚拟世界社交中?为什么?

四 研究发现

(一)欢腾与共鸣:直播场域下的人机情感互动

虚拟主播依托直播平台搭建与受众直接沟通的桥梁,情感的即时传播和接收都在直播间这一聚合的场域发生,形塑着人机情感互动的即时样态。

1.虚拟主播:情感剧目设计引发集体欢腾

嘉然(Diana)作为乐华娱乐虚拟偶像企划A-SOUL的一员,其直播内容也是娱乐公司开展虚拟偶像养成企划的一部分。这暗示着嘉然直播区别于普通聊天式的虚拟直播，在减少随机互动性的同时，增加了更多的流程和话题设计性，不仅增加了直播趣味性和紧凑性，更让直播贴近于一场可互动式的"情感剧目"〔"嘉然直播带给我最大的体验应该是有设计感，因为它不算是典型的互动式直播，它每场直播都会有一个流程，然后像表演的形式去直播，直播整体的节奏就会比较的紧凑（F4）"〕。

嘉然每场直播开场前，直播间都会播放类似于剧目片头的过场动画，这养成了粉丝固定的互动习惯，集体通过发催促的弹幕表达焦急的心情。如果超过直播的预定时间嘉然还未登场，粉丝会集中发布"大草莓了"（草莓来源于"枝江最可爱的小草莓"一个称号，这句话是梗"大明星了"的变体，指的是对大明星摆架子的调侃，并不具有攻击性）的互动弹幕，以表达对于嘉然直播迟到的调侃。这些弹幕互动的习惯和"黑话"成为粉丝圈层用来区分粉丝属性的依据，将非粉丝群体排除在外，成为粉丝集体欢腾的暗号。

除了片头的流程设计，直播过程中，嘉然也会固定在开场、中场、结尾演唱2~3首的歌曲/舞蹈，并通过预先的话题设计，制作用于话题沟通的PPT，在直播过程中与粉丝互动。以嘉然《【B限】想和嘉心糖简单聊聊天的晚上2023年10月18日20点场》直播为例，嘉然预先准备了"桂花食物"的聊天话题，通过PPT图片与粉丝们分享自己喜欢喝的"桂花咖啡"，喜欢吃的"桂花食物"，并鼓励受众通过弹幕分享自己的"桂花故事"。嘉然通过话题设计与受众进行互动，共享经历与情感，提供个性化的情感服务，增强受众的情感投入和忠诚度。

总结来看，嘉然的直播就像一场完整的"剧目表演"，通过流程设计构建剧目的框架，通过话题设计构建"剧目高潮"，引发粉丝的集体互动和情感欢腾。

2. 受众：情感能量高度集聚

虚拟直播中，受众会关注主播的一举一动，依托弹幕不断传递与输送直播情境中的情感能量，从而实现情感能量的高度集聚。本研究以嘉然（Diana）B站账号"嘉然今天吃什么"《【B限】想和嘉心糖简单聊聊天的

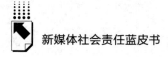

晚上2023年10月18日20点场》直播弹幕数据为研究样本，依据B站提供的弹幕接口，找到样本视频中存放弹幕数据的cid号。调用Python中requests库编写代码，爬取截至2023年10月29日样本视频中的弹幕数据，部分弹幕数据见图1，部分爬虫代码见图2，共获取弹幕数据9600条。

```
▼<i>
    <chatserver>chat.bilibili.com</chatserver>
    <chatid>1303871228</chatid>
    <mission>0</mission>
    <maxlimit>8000</maxlimit>
    <state>0</state>
    <real_name>0</real_name>
    <source>k-v</source>
    <d p="682.37100, 1, 25, 16777215, 1698310576, 0, e4111d3e, 1436292234809987072, 10">woc, 太可爱了</d>
    <d p="4067.22700, 1, 25, 16777215, 1697991678, 0, 1ca6ee59, 1433617124680697088, 10">妈妈妈妈妈妈妈妈</d>
    <d p="1470.62000, 1, 25, 16777215, 1697824020, 0, 4000222a, 1432210704530032896, 10">oi</d>
    <d p="1651.94600, 1, 25, 16777215, 1697708091, 0, 1fafcda1, 1431238224311096320, 10">可爱捏</d>
    <d p="5088.94500, 1, 25, 16777215, 1697666972, 0, 71b21f48, 1430893286670732032, 10">嘉心糖</d>
    <d p="5088.06200, 1, 25, 16777215, 1697666972, 0, d917eb78, 1430893286494720512, 10">晚安喽</d>
    <d p="5087.83300, 1, 25, 16777215, 1697666972, 0, e913aca9, 1430893286050456320, 10">晚安</d>
    <d p="5087.68000, 1, 25, 16777215, 1697666972, 0, fc03e43d, 1430893285764972032, 10">就算流泪也要和你一起~</d>
    <d p="5087.51000, 1, 25, 16777215, 1697666971, 0, 6dc38274, 1430893285605596160, 10">嘉心糖</d>
    <d p="5087.10500, 1, 25, 16777215, 1697666971, 0, 2b176b5b, 1430893285161259008, 10">就算流泪也要和你一起</d>
    <d p="5086.89900, 1, 25, 16777215, 1697666971, 0, 9f95442f, 1430893284867654912, 10">嘉心糖</d>
    <d p="5086.19000, 1, 25, 16777215, 1697666971, 0, 43fb230, 1430893284582352640, 10">就算流泪也要和你一起</d>
    <d p="5085.67600, 1, 25, 16777215, 1697666971, 0, f72428e3, 1430893284212980736, 10">就算流泪也要和你一起</d>
    <d p="5085.15600, 1, 25, 16777215, 1697666971, 0, 1806991b, 1430893283978467072, 10">晚安捏</d>
    <d p="5084.34500, 1, 25, 16777215, 1697666971, 0, 1a637f2d, 1430893283659492864, 10">[脑洞波系列主题装扮-嘉然_嘉心糖]</d>
    <d p="5084.07600, 1, 25, 16777215, 1697666971, 0, 6b42119c, 1430893283458359552, 10">然然晚安啦</d>
    <d p="5083.97500, 1, 25, 16777215, 1697666971, 0, eee9ad2d, 1430893282996978944, 10">贪吃</d>
    <d p="5083.10300, 1, 25, 16777215, 1697666971, 0, 5f6be484, 1430893282795657216, 10">晚安晚安</d>
    <d p="5082.84200, 1, 25, 16777215, 1697666971, 0, d917eb78, 1430893282619499008, 10">就算流泪也要和你一起</d>
    <d p="5082.30000, 1, 25, 16777215, 1697666971, 0, d7a78585, 1430893282107814656, 10">就算流泪也要和你一起</d>
    <d p="5082.13900, 1, 25, 16777215, 1697666971, 0, fcada9ed, 1430893281780648192, 10">和你一起</d>
    <d p="5082.20700, 1, 25, 16777215, 1697666971, 0, a1d90df, 1430893281763878144, 10">晚安啦~</d>
    <d p="5082.09600, 1, 25, 16777215, 1697666971, 0, 355d2899, 1430893281369613056, 10">就算流泪也要和你一起</d>
    <d p="5081.87400, 1, 25, 16777215, 1697666971, 0, 969159c7, 1430893281143112704, 10">就算流泪也要和你一起</d>
    <d p="5081.46600, 1, 25, 16777215, 1697666971, 0, ed102a94, 1430893280924999936, 10">嘉心糖</d>
    <d p="5081.18200, 1, 25, 16777215, 1697666971, 0, 6b42119c, 1430893280463622656, 10">就算流泪也要和你一起</d>
    <d p="5080.44100, 1, 25, 16777215, 1697666971, 0, 38fe8101, 1430893280245169152, 10">早睡</d>
    <d p="5079.96800, 1, 25, 16777215, 1697666971, 0, 75908dbc, 1430893279951647744, 10">就算流泪也要和你一起</d>
    <d p="5079.89100, 1, 25, 16777215, 1697666971, 0, 1806991b, 1430893279750347776, 10">就算流泪也要和你一起</d>
▼<i>
    <chatserver>chat.bilibili.com</chatserver>
    <chatid>1303871228</chatid>
    <mission>0</mission>
    <maxlimit>8000</maxlimit>
    <state>0</state>
    <real_name>0</real_name>
    <source>k-v</source>
    <d p="682.37100, 1, 25, 16777215, 1698310576, 0, e4111d3e, 1436292234809987072, 10">woc, 太可爱了</d>
    <d p="4067.22700, 1, 25, 16777215, 1697991678, 0, 1ca6ee59, 1433617124680697088, 10">妈妈妈妈妈妈妈妈</d>
    <d p="1470.62000, 1, 25, 16777215, 1697824020, 0, 4000222a, 1432210704530032896, 10">oi</d>
    <d p="1651.94600, 1, 25, 16777215, 1697708091, 0, 1fafcda1, 1431238224311096320, 10">可爱捏</d>
    <d p="5088.94500, 1, 25, 16777215, 1697666972, 0, 71b21f48, 1430893286670732032, 10">嘉心糖</d>
    <d p="5088.06200, 1, 25, 16777215, 1697666972, 0, d917eb78, 1430893286494720512, 10">晚安喽</d>
    <d p="5087.83300, 1, 25, 16777215, 1697666972, 0, e913aca9, 1430893286050456320, 10">晚安</d>
    <d p="5087.68000, 1, 25, 16777215, 1697666972, 0, fc03e43d, 1430893285764972032, 10">就算流泪也要和你一起~</d>
    <d p="5087.51000, 1, 25, 16777215, 1697666971, 0, 6dc38274, 1430893285605596160, 10">嘉心糖</d>
    <d p="5087.10500, 1, 25, 16777215, 1697666971, 0, 2b176b5b, 1430893285161259008, 10">就算流泪也要和你一起</d>
    <d p="5086.89900, 1, 25, 16777215, 1697666971, 0, 9f95442f, 1430893284867654912, 10">嘉心糖</d>
    <d p="5086.19000, 1, 25, 16777215, 1697666971, 0, 43fb230, 1430893284582352640, 10">就算流泪也要和你一起</d>
    <d p="5085.67600, 1, 25, 16777215, 1697666971, 0, f72428e3, 1430893284212980736, 10">就算流泪也要和你一起</d>
    <d p="5085.15600, 1, 25, 16777215, 1697666971, 0, 1806991b, 1430893283978467072, 10">晚安捏</d>
    <d p="5084.34500, 1, 25, 16777215, 1697666971, 0, 1a637f2d, 1430893283659492864, 10">[脑洞波系列主题装扮-嘉然_嘉心糖]</d>
    <d p="5084.07600, 1, 25, 16777215, 1697666971, 0, 6b42119c, 1430893283458359552, 10">然然晚安啦</d>
    <d p="5083.97500, 1, 25, 16777215, 1697666971, 0, eee9ad2d, 1430893282996978944, 10">贪吃</d>
    <d p="5083.10300, 1, 25, 16777215, 1697666971, 0, 5f6be484, 1430893282795657216, 10">晚安晚安</d>
    <d p="5082.84200, 1, 25, 16777215, 1697666971, 0, d917eb78, 1430893282619499008, 10">就算流泪也要和你一起</d>
    <d p="5082.30000, 1, 25, 16777215, 1697666971, 0, d7a78585, 1430893282107814656, 10">就算流泪也要和你一起</d>
    <d p="5082.13900, 1, 25, 16777215, 1697666971, 0, fcada9ed, 1430893281780648192, 10">和你一起</d>
    <d p="5082.20700, 1, 25, 16777215, 1697666971, 0, a1d90df, 1430893281763878144, 10">晚安啦~</d>
    <d p="5082.09600, 1, 25, 16777215, 1697666971, 0, 355d2899, 1430893281369613056, 10">就算流泪也要和你一起</d>
    <d p="5081.87400, 1, 25, 16777215, 1697666971, 0, 969159c7, 1430893281143112704, 10">就算流泪也要和你一起</d>
    <d p="5081.46600, 1, 25, 16777215, 1697666971, 0, ed102a94, 1430893280924999936, 10">嘉心糖</d>
    <d p="5081.18200, 1, 25, 16777215, 1697666971, 0, 6b42119c, 1430893280463622656, 10">就算流泪也要和你一起</d>
    <d p="5080.44100, 1, 25, 16777215, 1697666971, 0, 38fe8101, 1430893280245169152, 10">早睡</d>
    <d p="5079.96800, 1, 25, 16777215, 1697666971, 0, 75908dbc, 1430893279951647744, 10">就算流泪也要和你一起</d>
    <d p="5079.89100, 1, 25, 16777215, 1697666971, 0, 1806991b, 1430893279750347776, 10">就算流泪也要和你一起</d>
```

图1 部分截取的弹幕数据

```
1  import requests
2  import re
3  url = 'https://api.bilibili.com/x/v1/dm/list.so?oid=1303871228'
4  headers = {
5      "user-agent":"Mozilla/5.0 (Windows NT 10.0; Win64; x64) AppleWebKit/537.36 (KHTML, like Gecko) Chrome/64.0.3282.
6  }
7  response = requests.get(url=url,headers=headers)
8  response.encoding= "utf-8"
9  print(response.text)
10 content_list= re.findall( pattern '<d p=",*?">(.*?)</d>',response.text)
11 print(content_list)
12 for content in content_list:
13     with open("弹幕.txt",mode="a",encoding="utf-8")as f:
14         f.write(content)
15         f.write("\n")
16     print (content)
```

图 2　Python 爬虫数据

随后，调用 Python 中 jieba、wordcloud 库编写代码，将获取的数据进行词云图的频数统计，得到了以下词云图（见图 3），部分 Python 爬虫代码见图 4。

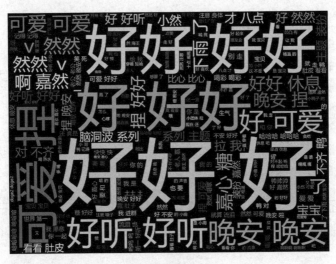

图 3　弹幕词云图

本研究引入弹幕多维情感词典的分析方法，即情感维度从"乐"、"好"、"怒"、"愁"、"惊"、"恶"和"惧"七种维度细化情感类别，前两种情感为正向，后五种情感为负向。

根据爬虫数据分析可知（见图 5），直播样本的弹幕内容高度趋向于正

```
1  import jieba
2  import wordcloud
3  f = open("弹幕.txt",encoding="utf-8")
4  txt = f.read()
5  print(txt)
6  string = ' '.join(jieba.lcut(txt))
7  print(string)
8  wc = wordcloud.WordCloud(
9      width=400,
10     height=300,
11     scale=15,
12     font_path='msyh.ttc',
13 )
14 wc.generate(string)
15 wc.to_file("弹幕词云.png")
16
```

图 4 Python 爬虫数据

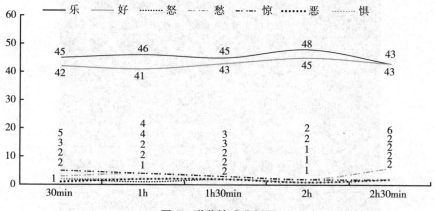

图 5 弹幕情感分析图

向情感。

一方面，虚拟直播本质上是御宅族圈层的集体欢腾，具有很强的圈层隔绝性。除了少量虚拟直播可以被推荐上 B 站主页之外，绝大多数用户必须主动选择虚拟直播板块才能进入直播间，所以进入直播间的受众多是粉丝。除此之外，要想在直播中进行弹幕发言还必须通过 B 站的答题测试。双重的筛选机制确保了虚拟直播受众成分的纯洁性，实现了爱好相同的粉丝聚合。

另一方面，受众和虚拟主播在直播间形成了情感连带的即时关系，虚拟主播的情感剧目设计（精彩的表演、积极的情感互动、生动的故事讲述）极大调动着受众的情绪，使受众对"情感剧目"产生强烈的情感共鸣，并表达在弹幕当中。

此外，粉丝在观看直播的过程中并非只能作为"剧目表演"的观看者，而是可以成为"剧目导演"，通过弹幕来选择直播节目，甚至可以通过"欠债"的形式（指的是粉丝想看主播唱歌跳舞，主播答应了下来但是却暂时没有兑现）来决定之后直播的内容走向。弹幕不仅是受众回应主播互动内容，甘愿走进主播提前预设的"剧目高潮"的"台词"，更是受众权利反转的"剧本"，决定着直播"剧目"的走向。所以，受众会更愿意进行积极的情感表达。

（二）社交回避和苦恼者的社交转向

1. 动因分析

根据 Watson 和 Friend（1969）编制的《社交回避及苦恼量表》，在对 194 名被试者进行测试之后，共筛选和确认了社交回避和苦恼者 98 人，占调查总人数的 50.5%。

其中，对于"您观看嘉然直播的原因"问卷题项分析后发现，在"新鲜事物，猎奇选择""娱乐休闲，放松选择""偶像养成，粉丝追星"选项上，社交回避和苦恼的被试者与普通的被试者存在相似的选择表现，但在"情感陪伴，社交补偿"选项上，社交回避和苦恼者的个案百分比整体数据高 9.4 个百分点（见图 6），同时，社交回避和苦恼者对于虚拟主播的青睐要远远高于真人主播。

通过对受访者半结构式访谈后发现，社交回避和苦恼者将现实社交转向虚拟主播的原因可以分为两个层面。

一方面，社交回避和苦恼者在面临现实社交时普遍存在困难，表现为不愿意社交或者面对现实社交时存在苦恼。他们往往对于真实赤裸的人类情感

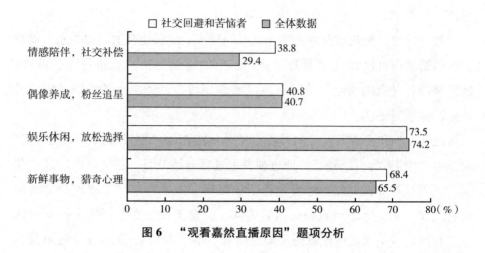

图6 "观看嘉然直播原因"题项分析

具有反感情绪，会对人类情感波动和陌生的社交状况感到惶恐和无所适从，进而抵触现实社交。［"虽然有时候不得不与班上同学和舍友们进行社交，但我更想一个人待着。"（F4）］

另一方面，虚拟主播借助外在的二次元形象塑造了与受众之间的"人类"身份差异，拉大了与受众之间的身份接近性，降低了受众的心理抵触情绪；同时，虚拟主播在直播间与受众进行真实的情感互动、细致入微的情感关怀，在最大限度摒弃"中之人"情绪外露的同时尽可能扮演虚拟角色，从而在提高受众情感卷入度的同时，让受众在心理上坚定地相信虚拟主播是处于另外时空的真实存在。看似异空间的"虚拟角色"却能成为关心体贴的"知心朋友"，虚拟主播双重身份的构建，完美契合了社交回避和苦恼者的情感需求，赢得了他们的喜爱［"真实直白的人类情感常常更不为人所喜欢，我也更喜欢曲折精致的情感表达手法。"（F3）"我从来都不会混淆嘉然和她的扮演者，我喜欢的永远只可能是二次元的可爱少女。"（F2）］

2.人机情感依恋的感知和构建

如果说普通的受众只是在与虚拟主播的即时互动中寻求娱乐和放松，社交回避和苦恼者则在虚拟直播中投射了更多的情感。并且不满足于即时的情感互动，更致力于构建延伸至现实的人机情感依恋。

在被问及"除了观看嘉然直播之外，你是否会通过其他形式了解嘉然动态？"时，社交回避和苦恼者选择"总是""经常"选项的比整体数据分别高 6.3 个百分点和 1.1 个百分点（见图 7）。可见，社交回避和苦恼者在观看直播之外，会更多地把虚拟主播放在更重的情感位置上，成为其情感关系中不可或缺的一部分。

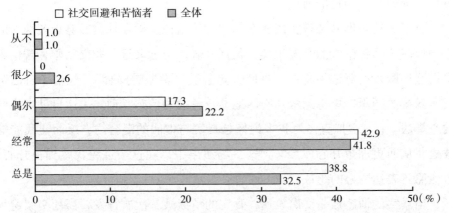

图 7 "除了观看嘉然直播之外，你是否会通过其他形式了解嘉然动态"题项分析

面对虚拟的形象、不存在的真实客体，社交回避和苦恼者不会受到虚假的影响吗？又是如何构建人机情感依恋关系的？

对受访者半结构化访谈后发现，他们在观看嘉然直播时，同样能够感知到直播"剧目"背后设计好的流程情节与主播基于偶像身份而诠释的表演内容［"我觉得依托虚拟直播的情感表达并不更加真实，好的直播都是筹备的"（F3）］，加上受众从直播间看到的只是承载"中之人"灵魂的皮套，真实的面部情绪难以被完全准确地呈现，受众只能通过虚拟主播的语言和肢体动作来感知"中之人"扮演出的所谓真实情感，所以受众其实能够切实感受到虚拟主播的虚假成分［"少了真人直接眼神的交流，用 3D 形象取而代之，在受众和主播之间形成了一种无形的墙"（F4）］。

但与此同时，虚拟外形下却又是真实的"中之人"，不经意的真情流露让受众感觉到了真实。嘉然会在分享自己喜欢的"桂花食物"时谈到自己小时候家里做桂花糕的经历，会透露出自己生病的近况，并嘱咐粉丝们注意身体。虚假的皮套下，是一个真实存在的个体。粉丝们听到的是嘉然分享的贴近日常生活的故事，感受到的是接近于日常人际交往的情感流动，这种实在的情感感知与确认，让受众感觉到真实。所以，受众在观看虚拟直播时所感知到的真实并非客体真实，而是感知到了情感交互流动的真实。这正是人机情感依恋关系构建的前提。

也正是这种虚假和真实的相互作用，让虚拟主播在社交回避和苦恼者的心中形成了一种微妙的心理距离，既真又假，既远又近。社交回避和苦恼者也在这种微妙的舒适距离下，为自己套上了"隐形的皮套"，放松了自己被真实暴露的顾虑，更愿意敞开心扉地参与直播的情感互动，表达自己真实的内心想法。["虚拟直播对我来说像是真实与虚假的混合物，反而让我能够放松，从而更加敞开心扉参与到这一场演出中，在这个过程我感到很开心，自然愿意表达内心的想法。"（F6）]

当真实的情感被一次次表达，真实的情绪被一次次抒发，当社交回避和苦恼者在其中获得情感满足的时候，虚拟主播的情感重要性被不断提高，情感依恋也随之诞生了。

（三）虚拟直播对社交回避和苦恼者的影响表现

社交回避和苦恼者青睐虚拟直播的本质，在于他们对于现实社交的反感与逃避，从而借助虚拟直播寻找"异世界"的朋友，获得现实社交的补偿。

但当社交回避和苦恼者被问及虚拟直播对他们现实社交的影响时，他们则给出了出人意料的回答。绝大多数受访者都表示不会影响到他们和现实生活中朋友的交往，一方面他们能够区分现实和虚拟，另一方面他们由于社交回避和苦恼会更珍惜已有的朋友["没有减少，我属于那种虚拟和现实分得很清的那种人，甚至我还会和我现实朋友讨论虚拟直播的内容呢。"（F2）]。而在必须认识新朋友的社交场合，他们也会基于社会标准去开展社交活动，即使这可能会让他们惶恐和不安。面对利用虚拟身份进入元宇宙开展社交的采访假设，他们也表现出较为不认可的态度，集中表达当虚拟和现实的选择依旧面临着世俗批判时，他们就不会抛弃现实［"这个可能是未来的趋势，但我一直认为现实的交往才是人赖以生存的根本，哪一种交流最终也会回归现实，我认为这是不能逃避的，真有到未来科技发展非常迅速有什么类似赛博空间，虚拟和现实别无二致的情况就当我没说。至少在将来很长一段时间里，虚拟交流只是为了更好地面对现实，本末倒置就不好了。"（F5）］。

总结来看，对于社交回避和苦恼者来说，虚拟直播的确是他们情感寄托的乌托邦，是临时的安全之所，但就算现实让他们苦恼和压抑，他们依旧不会选择沉溺于乌托邦之中，而是选择回归现实，除非到了真实和虚拟边界消亡的那一天。

五　总结

本文围绕数字时代的新兴产物：虚拟数字人下的核心分支——虚拟主播展开研究，以虚拟主播 A-SOUL 嘉然为例，运用文本分析法、问卷调查法、半结构化访谈的研究方法，分析虚拟直播的人机情感互动模式，聚焦探索社交回避和苦恼者社交转向虚拟直播的动因、人机情感依恋构建的历程和影响。

研究发现，虚拟直播具有高度集中的粉丝圈层属性，这与 B 站的筛选机制有着密切联系。在此基础上，虚拟主播通过可互动式的"情感剧目设计"与受众进行情感互动，受众则运用弹幕演绎与主播情感互动的"台词"，助推提前预设好的"剧目情节"走向高潮，同时运用弹幕修改"剧本"决定着直播的内容走向。

受众知晓虚拟直播"情感剧目"的本质，却愿意沉浸其中，关键不在于客体真实，而在于受众感受到了虚拟主播表达的情感真实，以及受众情感表达的自我真实。而恰恰是这种"虚假加真实"，在受众心目中营造出了微妙的距离感，让社交回避和苦恼者更加愿意真实表达自我，从而在他们心中

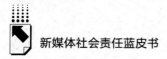

形成了对虚拟主播的情感依恋。

　　虚拟直播的情感互动模式和情感依恋的形成为回避苦恼现实社交的群体打造了情感寄托的乌托邦，他们得以在虚拟直播的空间中回避现实社交带给他们的不适情绪，回避过分直白赤裸的情感表达方式，找寻到一个异世界的"虚拟朋友"，获得真实的情感慰藉。也在无力抵抗的世俗目光中，坚强地回应让他们不适的现实社交。

十周年特别访谈

B.20

中国新媒体社会责任：十年回顾与未来之问

——网络传播学会会长访谈

芦何秋　熊馨雅*

摘　要：《中国新媒体社会责任研究报告》已连续出版十本，记录了中国新媒体发展的关键进程，并深入研究了新媒体社会责任的理论与实践。值蓝皮书第十本出版之际，蓝皮书课题组特别邀请中国网络传播学会现任会长王斌教授和原会长董天策教授进行专题访谈，回顾中国新媒体社会责任履行的历程，剖析核心问题与关键要素，并探讨未来治理体系的优化路径。两位专家从历史与现实的结合、新媒体社会责任的理论发展与实践责任以及技术变革带来的机遇与挑战等多维度展开论述，探讨了新媒体在中国式现代化中的角色定位及其社会责任。本次访谈不仅是对十年成果的总结，更为明确中国新媒体社会责任研究的未来方向提供了参考。

---

* 芦何秋，新闻学博士，湖北大学新闻传播学院副教授，主要研究方向为网络传播；熊馨雅，华中科技大学新闻与信息传播学院博士研究生。

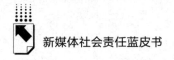

关键词： 新媒体社会责任　中国新媒体发展　社会责任治理　传播创新

自 2013 年以来，由华中科技大学新闻与信息传播学院与中国网络传播学会共同编撰的《中国新媒体社会责任发展报告》，已连续出版十本，成为新媒体社会责任研究领域的重要标杆。十年来，蓝皮书不仅客观记录了中国新媒体发展的脉络，还深入探讨了新媒体社会责任的理论框架与实践路径，其内容涵盖从推动社会进步到促进信息公平的多重维度。

值蓝皮书第十本出版之际，《新媒体社会责任发展报告》课题组特别邀请中国网络传播学会现任会长王斌教授与原会长董天策教授展开专题访谈，共同回顾新媒体发展历程，总结社会责任实践经验。这不仅是对过去十年的学术总结，更是展望未来的契机。希望能够通过历任会长的深刻见解，进一步推动新媒体领域的理论创新与实践探索。

一　新媒体社会责任的重要性

问：如何理解新媒体社会责任的重要性？

王斌：

新媒体社会责任是一个连通历史与现实、理论与实践的重要领域。从历史上看，媒体社会责任在传媒业职业化进程中引发了业界和学界的高度关注，因为这关乎媒体的社会角色扮演和媒体生存合法性，也因此积淀了诸多理论学说。从现实看，新媒体在传播中凸显参与性和连通性，用户在接收和传播内容的同时也把对新媒体自身的认知和评价不断释放，因此，新媒体社会责任已经深度嵌入新媒体的业务模式和商业模式中，成为既"形而上"又很现实的关键问题。

在当前建设网络强国和数字中国的时代背景下，如习近平主席在 2023 年世界互联网大会上所提到的"互联网日益成为推动发展的新动能、维护安全的新疆域、文明互鉴的新平台"，新媒体社会责任的内涵更加丰富、更加复杂，已经从传统的媒体社会责任和企业社会责任发展成为新型的社会责任领域，从政治责任、经济责任、文化责任延伸到发展与安全责任、驱动引领责任，其随着经济社会发展的时代性特色越发显著。

董天策：

我们都很熟悉社会责任这个概念，往往把一个机构承担社会责任看成理所当然，而且自觉不自觉地认为一个机构承担社会责任是很重要的。这就意味着，在中国，社会责任意识深入人心。问题在于，我们老是在谈论社会责任，这又表明社会责任的践行还不够理想。

追本溯源，"社会责任"的观念来自美国工商管理学界。早在 1924 年，美国就有学者提出"企业社会责任"的概念，要求企业不仅要最大限度地为股东创造财富，而且负有维护和增进社会公益的义务。在此后的理论探索中，有学者不认可企业社会责任理念，譬如诺贝尔经济学奖得主米尔顿·弗雷得曼就认为，企业唯一的社会责任是尽可能多地为股东赚钱，自由市场经济中的社会问题应该由政治家们去解决。但是，认可企业社会责任理念，企业努力承担社会责任，逐渐成为主流观念与实践。1971 年，美国经济开发委员会在《商业公司的社会责任》的报告中指出，为了促进社会进步，企业应当承担的社会责任是：（1）经济增长与效率，（2）教育，（3）用工与培训，（4）公民权与机会均等，（5）城市改建与开发，（6）污染防治，（7）资源保护与再生，（8）文化与艺术，（9）医疗服务，（10）对政府的支持。

在美国，自 19 世纪 30 年代兴起的便士报以来，传媒就是自由市场经济中的企业。发展到 20 世纪三四十年代，媒体的集中与垄断、媒体对商业利益的追逐，对美国的自由主义新闻业造成了某种程度的伤害。为调查分析美国报刊自由现状和前景，哈钦斯委员会于 1943 年成立。经过数年努力，哈钦斯委员会 1947 年出版了《一个自由而负责的新闻界》研究报告，强调为了"拯救"和巩固美国自由主义的核心价值观，媒体应当承担对于公众的责任、服务公众利益，并对新闻界提出了五项要求，包括：（1）在揭示事件意义的情境中真实、全面和理智地报道每天发生的事情，（2）传媒要成为交流评论和批评的论坛，（3）反映社会组成群体的典型画面，（4）呈现与阐明社会的目标和价值，（5）让人能够充分接触到当天的信息。1956 年，《传媒的四种理论》出版，传媒的社会责任理论正式成为一种媒体规范理论。

中国媒体从近代报刊的"文人论政"，到现代报刊以政党机关报为主体，向来以担当社会责任为使命。在相当长的历史时期，媒体承担社会责任乃不言自明。改革开放以来，传媒业保持事业性质，同时实行企业化经营管理。在市场竞争过程中，媒体出现了这样那样的问题，譬如一段时间出现了有偿新闻、虚假报道、低俗之风和不良广告"四大公害"。正是在这样的背景下，媒体社会责任在 21 世纪初成为国人关注的问题。而网络与新媒体，不仅是现代信息技术与传播科技的产物，而且是现代市场经济的产物，互联网企业生来就是企业，传统媒体创办的新闻网站，大多是按照企业化、市场化、产业化来经营的。因此，中国的网络与新媒体诞生不久，就提出了履行社会责任的使命。

二　新媒体社会责任的核心问题与关键要素

问：您认为中国新媒体在履行社会责任方面面临的核心问题是什么？相关研究应当聚焦于哪些关键的理论与实践问题？

王斌：

中国新媒体在履行社会责任方面面临的核心问题，首要的是能否准确理解和扮演好在中国式现代化中的社会角色。社会责任是一个宽泛的概念，包含的方面很多，新媒体行业又在快速迭代中，具体的行为标准可能会变动不居，或者仁者见仁智者见智。但这不能成为社会责任浅表化、模糊化的理由。人们观察和评判新媒体社会责任还有一个更为有效和相对稳定的标杆，这也是新媒体传播领域"水面下的冰山"，当遇到利益纠纷和争议性情境时，新媒体看待问题和采取行动的立足点是什么。简单而言，中国新媒体的社会角色是：引领社会生产新变革，创造人类生活新空间，拓展国家治理新领域。新媒体在这些方面有所作为、善于作为，就能够助力中国社会发展。

比如，在国家治理方面，新媒体不只是要做好信息甄别和信息传播，还需要有舆论导向意识。"2·19"讲话中明确指出，新闻舆论工作各个方面、各个环节都要坚持正确舆论导向，各级党报党刊、电台电视台要讲导向，都市类报刊、新媒体也要讲导向。我们可以看到，在热点事件中，平台在留言区刻意放出一些极化言论，它们既不是社会意见真实分布中的代表性看法，也不是有助于增进对此议题了解的事实或观点，这种为了流量而操纵意见呈现甚至制造刚性对冲的做法，显然是没有舆论导向的体现。对于传统媒体来说，尽管每一个媒体的具体操作方式有所差异，但是在平衡社会意见、促进社会沟通方面有基本的共识，新媒体恰恰需要锚定适合本行业的边界和尺度，在整个社会场域中不可能成为"有权无责"的飞地。

董天策：

无论媒体社会责任，还是新媒体社会责任，都是人人可以意会而又难以清楚界定的概念。浏览有关论文和著作，真是言人人殊，各不相同。个人认为，新媒体社会责任与传统媒体社会责任一脉相承，应包括五个主要方面：（1）遵守法治底线责任，不得违反国家对出版物、广播电视电影、网络与新媒体内容的禁止性法律规定，违反即追究法律责任；（2）捍卫专业伦理责任，譬如新闻的真实、客观，言论的理性、公正等；（3）承担社会公益责任，譬如慈善、扶贫、环保、医疗、灾害救援、残障服务、支持少数民族和少数族裔的发展等；（4）促进文明发展责任，包括传承社会文化，促进文化交流，推动科学普及，弘扬道德风尚，促进文明进步等；（5）履行自身使命责任，新媒体形态多样、机构多种，不同形态、不同机构的新媒体具有各自的使命担当。

历史地看，媒体社会责任的内涵随着社会的发展而不断变化。在不同的历史时期，由于政治、经济、法律、社会环境的不同，社会对媒体应承担的社会责任有所不同，不同时期的学者对媒体社会责任的含义与内容也有不同的理解与认识。新媒体的历史相当短暂，不过二三十年。新媒体究竟应当承担什么样的社会责任，本身是一个发展中、探索中的问题。换句话说，新媒体在履行社会责任方面面临的核心问题，本身就带有相当程度的不确定性。

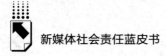

正因为如此，学界对新媒体履行社会责任的评判也没有形成统一的认识和标准。钟瑛等在《中国新媒体社会责任研究报告（2014）》一书中从操作层面构建了考量和评估新媒体社会责任的五个维度：信息生产、教育大众、文化传承、提供娱乐和协调关系。2017 年，周葆华等在《新媒体社会责任表现的实证研究》一文中提出了新媒体社会责任评估的七个一级指标，包括内容质量责任、法律责任、道德伦理责任、政治与公共事务报道责任、公益责任、文教责任以及受众主观评价。2014 年，中国记协制定了媒体社会责任报告制度的 8 个评价指标，分别是"正确引导"、"提供服务"、"人文关怀"、"繁荣发展文化"、"遵守职业规范"、"合法经营"、"安全刊播"和"保障新闻从业人员权益"，这是对包括传统媒体与新媒体在内的所有媒体的社会责任要求。

可见，深入研究媒体社会责任，弄清楚"什么是媒体的社会责任""媒体社会责任包含哪些内容""为什么媒体需要履行社会责任"等基本问题，找到普遍认同的答案，仍是摆在学界面前的基本课题。在此基础上，学界应当深入研究新媒体社会责任的特殊性或个性化特点。新媒体是一个正在发展壮大的"家族"，网络媒体、社交媒体、平台媒体、智能媒体，不一而足。新媒体家庭成员既有相似性，又有区别性，各自的社会责任是否应当有所不同？从逻辑上说，自然应当有所区别，但区别何在？我们其实说不清楚。又如，新媒体的社会责任主体，究竟是新媒体平台或新媒体机构，还是将其扩大到"包括具备传播影响力的个人用户在内的所有新媒体信息生产者和传播者"，理论上也有待澄清。无论如何，在承担社会责任上，个人用户没法与新媒体平台或新媒体机构相提并论。

三　新媒体社会责任的治理思路

问：您认为应如何构建和完善新媒体社会责任的治理体系？

王斌：

新媒体社会责任治理体系的构建有一个实践过程，需要尊重现实，体现特质。我特别想强调的一点是我们需要以新媒体的发展为依据，建立合理、务实、前瞻的治理理念，才能保障治理体系的可持续性。比如，2021 年 12 月 28 日发布的《"十四五"国家信息化规划》指出，需"建立健全规范有序的数字化发展治理体系"，"推动建立公正、合理、透明的治理体系和规则体系，携手构建网络空间命运共同体"。其中，命运共同体表明算法生态中涉及的主体具有多元性和复杂性，因而治理体系在规范发展的同时需不忘平衡各方利益，以对话协商的方式共同推进算法生态治理。因此，新媒体社会责任治理需传媒业、平台技术公司、政府、公众、行业组织、专家学者等的共同努力。

再如在治理理念上，需要从一事一议的运动型治理转为以结构性调整为宗旨的生态型治理。虚假新闻、网络霸凌、网络谣言、网络暴力等问题之所以像狗皮膏药一样在新媒体环境中屡禁不止，与目前的运动型治理理念难以动摇问题的基底有关。典型案例发生以后往往启动专项行动治理，这种基于一事一议形成的治理举措对于特定问题的裁定所依据的法理、事理、情理都是有明确标准的，也是有明确指向的。但是在数字环境下新媒体传播的场景得以贯通和嵌套，同类问题在多种场景下显示出具体差异和背景同构，也显示出对同类问题的不同处理方式和处理重点所蕴含的治理体系内在的矛盾。生态型治理更为看重问题产生的结构性条件，对个人隐私、市场权利、垄断地位等规制目标中常用的单因素放在动机与义务、财产权益和人格权益、商业利益与公共利益、平台逻辑和公用事业逻辑、外在监管与自我调整等多重因素架构下予以考量，并评估特定治理举措对新媒体行业不同主体的差异化影响，由此才能提高新媒体社会责任治理效能。

董天策：

对新媒体社会责任的关注和研究，理论思路和内在逻辑是这样的：感觉到新媒体发展过程中存在某些问题，于是要求新媒体承担社会责任，从自身出发解决好那些问题，于是对新媒体履行社会责任进行评估与测量，衡量新媒体履行社会责任的状况。这样的理论思路和内在逻辑都是治理思路。从理论上说，"治理"是可取的，因为"治理"不同于"管理"，是面对社会问题的多元主体彼此协同、齐抓共管的过程。问题在于，新媒体履行社会责任，仅仅是建设良好新媒体传播生态的一个环节，或者说一个方面。新媒体传播生态是社会现实的映射，要建设良好的新媒体传播生态，需要整个社会治理的进步。当然，整个社会治理的进步必然是缓慢的过程，所以构建和完善新媒体社会责任的治理体系，也是必须的。单就构建和完善新媒体社会责任的治理体系来说，不仅要加强新媒体社会责任的研究，加强新媒体履行社会责任的评估，而且要加强新媒体履行社会责任的批评，建立和完善新媒体履行社会责任的督察机制。

四 新媒体社会责任的前沿问题与挑战

问：随着人工智能领域的持续快速发展，您如何看待新技术对新媒体社会责任履行产生的机遇与挑战？

王斌：

人工智能的发展在原有人—人关系、人—内容关系的基础上又引入了人—机关系，而人—机沟通的模式和规律与人类互相沟通、人与人借助新媒体沟通（Computer-Mediated Communication）有显著的不同，这就增加了新媒体行业中的不确定性。相应的，履行和评价新媒体社会责任也要发生变化。比如，在一般公众乃至第三方力量都无法有效理解人工智能技术黑箱的背景下，透明性和可解释性就成为新的重要的考察维度。

2022 年 3 月 1 日实施的《互联网信息服务算法推荐管理规定》要求：所有"具有舆论属性或者社会动员能力的算法推荐服务提供者"需依照规定进行算法备案，应以"显著方式告知用户其提供算法推荐服务的情况，并以适当方式公示算法推荐服务的基本原理、目的意图和主要运行机制等"。其中"显著方式"和"适当方式公示"说明了算法的可解释性（explainability）对提高新媒体业务透明性、提升其公众信任度的重要价值。需要明确的是，算法语言对于非专业人士具有较高的技术壁垒，因而源代码的公开很难直接加大社会多方主体对新媒体业务发展进行监督、规范的力度。相关研究指出，如果对公开后的算法停留在"seeing without knowing"（看到了却不了解），则算法透明性促进平台相关主体间协商的效果将极为有限。因此，人工智能的引入既需要践行透明性，强化信息披露，公开后的新媒体运行规则也需要具备可解释性，才能使得新媒体社会责任进入可监测、可分析、可评价的区间。

董天策：

人工智能的持续快速发展，不断重构新媒体形态及其传播方式，使新媒体家族处于不断拓展过程中，新媒体业务不断创新发展，必然增加新媒体社会责任履行的不确定性。任何一种媒体形态，从产生到成熟总要经历一个发展过程。媒体社会责任的履行，总要等它呈现相对稳定的形态才能提出明确的要求。由于技术的创新应用而给新媒体在发展过程中带来社会责任履行的不确定性，既是一个挑战，也是一个机遇，因为这种不确定性会促使人们高度关注，加强研究，形成新的认识与观点，促进新媒体社会责任研究的深入与拓展，从而促进新媒体社会责任的履行不断规范。

五　新媒体社会责任研究的未来展望与建议

问：您对新媒体社会责任研究的未来有什么期待和展望？您对《中国新媒体社会责任研究报告》有何期望？

王斌：

第一是加强整合性和总结规律性。十年来，蓝皮书做了大量细致的工作，特别是在把新媒体社会责任问题具象化、操作化方面做了很多开拓性的工作，积累了宝贵的数据资料和案例资料。在此基础上，可以考虑对分类讨论的合成和提炼。比如在我们考察过的新闻网站、微博、微信、客户端等多种介质类型中，有什么共同点的发现，造成差异点的结构性条件是什么？在我们考察过的直播、健康科普、突发事件、反转新闻事件、公益传播、政府新媒体、网络暴力等诸多传播场景中，哪些是新媒体社会责任履行整体较好的，为什么，反之，履行不好的又是为什么。进而探讨新媒体社会责任表现好坏的议题敏感性、场景敏感性、介质敏感性等，为进一步优化指标体系和评价标准提供更为可靠的学理依据。

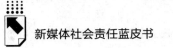

第二是增强对话与合作意识。一方面，中华全国新闻工作者协会（简称中国记协）连续组织发布"媒体社会责任报告"，对中央主要新闻媒体和全国性行业类媒体进行了分析，已经发展出了包括履行政治责任、阵地建设责任、服务责任、人文关怀责任、文化责任、安全责任、道德责任、保障权益责任、合法经营责任在内的九大维度。另一方面，过去的十几年中，企业社会责任在总的商界和学界都有了快速的推进，产生了大量研究成果。新媒体社会责任的研究应该深入了解这些成果，包括媒体社会责任和企业社会责任在20世纪的发展演化，以此来重新确认我们的理论前提和分析框架，使这一项头绪庞杂的工作更加成熟、可靠。

董天策：

满打满算，对新媒体社会责任的关注和研究已有20年时间。20年来，新媒体一直处于发展过程中，对新媒体社会责任的研究也在不断拓展。不过从学理上看，对新媒体社会责任的学术共识还没有真正形成。因此，新媒体的社会责任究竟如何界定，新媒体究竟应承担哪些社会责任，新媒体究竟如何承担社会责任，仍是需要深入研究的基本问题。只有对这些基本问题的研究越来越深入、越来越清晰、越来越有共识，才能对新媒体社会责任的履行发挥切实的理论指导作用。由于人工智能的发展与创新，新媒体仍然是正在拓展的一个领域。面对新媒体的变化，要及时跟踪研究新媒体发展与创新中的新形态与新责任，让新媒体社会责任研究与时俱进。当然，还要拓宽理论视野，把新媒体的社会责任履行与传播权利保障有机地结合起来，使新媒体发展在中国式现代化进程中发挥更大更好的作用。

《中国新媒体社会责任研究报告》自2014年开始出版以来，到2024年刚好十周年。十年来，《中国新媒体社会责任研究报告》不断跟踪中国新媒体社会责任履行的足迹，发现问题，探索学理，不断深入，不断细化，全面而系统地体现了中国新媒体社会责任研究的最高水平，可喜可贺！衷心期望《中国新媒体社会责任研究报告》不断总结经验，吸取学术智慧，凝聚学术共识，促进新媒体社会责任研究迈向更高的学术水平，促进中国新媒体更好地履行社会责任。

Abstract

This report is the 2023 – 2024 annual analytical report of the "Social Responsibility of New Media" research team at Huazhong University of Science and Technology, compiled by the School of Journalism and Information Communication in collaboration with the China Network Communication Society. As a special report commemorating the tenth anniversary of the Blue Book on Social Responsibility of New Media in China, this document systematically reviews the developmental trajectory of research on new media social responsibility over the past decade. It focuses particularly on the new trends, phenomena, and issues of the 2023–2024 period.

Centered on the theme of "Social Responsibility of New Media," the report employs the "3. 0 Evaluation System for New Media Social Responsibility" to conduct a systematic assessment and in-depth investigation of the social responsibility performance of major domestic new media platforms during 2023 – 2024. Since 2022, the rapid development of generative artificial intelligence technologies has profoundly transformed the media ecosystem and communication landscape, becoming a key driving force behind media technology innovation while simultaneously raising numerous new social responsibility issues. This report focuses on intelligent technologies such as generative AI, short video algorithm recommendations, and the HarmonyOS ecosystem. It highlights their positive roles in reshaping information production processes and optimizing communication efficiency, alongside emerging challenges like ethical risks, algorithmic biases, and data privacy concerns brought about by their application.

The general report, themed "Intelligent Upgrades and Governance Innovation," reviews the historical accumulation of research on new media social responsibility, analyzes its future development directions, and proposes a new

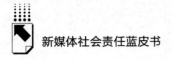

framework for social responsibility governance. The special interview section invites two presidents of the China Network Communication Society to reflect on the past decade and look ahead, providing insights for the academic and practical development of new media social responsibility.

The evaluation section utilizes the "3. 0 Evaluation System for New Media Social Responsibility" to conduct empirical analysis and theoretical discussion of six types of typical new media platforms: national news websites, local news websites, county-level integrated media platforms, media WeChat public accounts, media Weibo accounts, and platform video accounts. Notably, it provides a retrospective assessment of the social responsibility performance of national news websites, media Weibo accounts, and media WeChat public accounts over the past ten years, systematically reviewing their performance and changes across different developmental stages. The selection of research subjects balances breadth and depth, encompassing platforms across various levels and types while emphasizing long-term social responsibility practices of core platforms. Through a horizontal analysis of the current state of new media social responsibility in 2024 and a longitudinal evaluation of key platforms' historical practices, this section reveals the differences and patterns in platforms' responsibilities concerning information production, value guidance, cultural education, and relational coordination. It clarifies the correlations between platform types and social responsibility performance levels.

The special topics section delves into the typical phenomena, hot issues, and key groups in new media development during 2023 - 2024, focusing on the multifaceted dimensions of intelligent technology transformation and social responsibility. Regarding typical phenomena, it examines the application of generative AI and short video algorithm recommendations in information production and their reshaping of the communication ecology, while also exploring the development path of the HarmonyOS ecosystem in new media contexts. Concerning hot issues, it discusses the protective mechanisms for adolescents on short video platforms, the public governance functions of government-affiliated new media, and the role of platform video accounts in content regulation. In terms of key groups, it analyzes rural female college students' social support on social media, elderly users' communication behaviors on short video platforms, and Gen Z users' media behaviors in social avoidance and human-machine emotional attachment, revealing the diverse needs and social responsibility practices across different demographics. This section showcases the complex interactions between technology, policy, and society in the new media realm, providing theoretical foundations and practical references for exploring new media social responsibility in the intelligent era.

The case studies section examines six representative cases, focusing on the performance and challenges of new media social responsibility in areas such as government communication, corporate social responsibility, media literacy, scenario-based communication, and data security. By analyzing specific contexts, this section offers practical references and theoretical support for improving industry governance.

Keywords: New Media; Social Responsibility; High-quality-Development

Contents

I General Report

Abstract: This report reviews the research progress on social responsibility of new media since 2014. The research finds that the fulfillment of social responsibility by new media platforms is generally at a medium level, with an average score exceeding 2.5 (score rate 50%), but the average scores of each platform vary greatly, showing a significant trend of differentiation. The key issues in the research of new media social responsibility include six aspects: platform management and content norms, government new media and public governance, technological development and ethical responsibility, news practice and reporting responsibility, health communication and public health, and opinion leaders and public opinion guidance. In the intelligent era, the social responsibility of new media has formed a new subject predicament around platforms and technologies. This report puts forward innovative suggestions on the practical path of new media social responsibility in the intelligent era from three aspects: responsibility technology system, responsibility endogenous platform and responsibility ethics education.

Keywords: New media social responsibility; Intelligent media; Dilemma and adaptation; Media governance

430

II   Evaluation Articles

B.2   Social Responsibility and Evaluation of National News

Websites (2014−2024)   *Zhang Siyi* / 038

Abstract: This article analyzes and reflects on the current situation of social responsibility practice of new mainstream media, led by national news websites, from 2014 to 2024. Based on content analysis of news reports from eight national news websites, as well as analysis of various forms of online materials including interview transcripts and reports, the study found that the social responsibility practice of national news websites has shown a clear trend and characteristics of phased shift and diversification in the past decade. Specifically, it is manifested in the shift from focusing on news content, creating high-quality information to optimizing consensus shaping, innovating value leading models, and then strengthening information feedback and improving communication efficiency. This diversified feature is shaped by the triple logic of digital technology, integrated narrative, and platformization, and is presented in three aspects: content aggregation, user connection, and service integration. Based on the above analysis, this article proposes response strategies from three aspects: digital news ecology, full media communication system, and composite talent cultivation, in order to help new mainstream media better fulfill their social responsibilities.

Keywords: National News Website; Ten-year Evaluation; Social Responsibility; Convergence Narrative

B.3   Research on Social Responsibility and Evaluation of

Media Microblogs (2014−2024)   *Chen Ran*, *Deng Xihan* / 055

Abstract: Based on the accumulated data of media microblogs from 2014 to

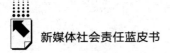
2024, this paper conducts a diachronic analysis of the performance of media microblogs in fulfilling their social responsibilities over the past decade. The study finds that with the advancement of China's media convergence strategy and the development of media technology, media microblogs have shown a phased upward trend in their awareness and ability to fulfill social responsibilities, from the initial exploration stage to rapid development stage, and now to a stage of high-quality development. At present, media microblogs can perform its social responsibilities as a professional media relatively well. However, some media microblogs still tend to chase hot topics in their communication practices, lacking in-depth analysis and independent judgment of complex issues. Their participation depth and guiding force in public issue discussions are also notably insufficient. Facing the complexity and challenges of the information ecology in the era of artificial intelligence, media microblogs should establish an information verification system that meets the needs of the times, enhance the innovation and diversity of information production, strengthen the constructive and continuous nature of public opinion supervision, and actively play the role of organizer and participant in rational negotiations, thereby facilitating the coordination of social relations and the consolidation of social consensus.

Keywords: Media Microblog; Diachronic Analysis; Social Responsibility; Generative Artificial Intelligence

B.4 Social Responsibility Evaluation of Media WeChat Official Accounts (2014-2024) *Li Yaling* / 072

Abstract: This paper outlines the change trend of media WeChat official accounts' social responsibility in the past decade. And evaluates the social responsibilities of 20 media WeChat official accounts in 2024. The research found that the social responsibility score of the media WeChat official accounts has kept rising for most of the past decade, reaching a peak in 2022, and began to fluctuate in the past two years. In 2024, there was a slight increase compared to the previous year, with China News Service, People's Daily, and China News Network ranking in the top three on the list. After ten years of development, the media WeChat official accounts have always maintained their advantages in information production, and the ability to guide values has increased year by year, especially in delivering mainstream social values. Although the development of WeChat public platform shows a decline, the official account still has a huge amount of high-quality private domain traffic, and its influence cannot be underestimated. In the face of the complex social media ecology, the official accounts of professional media still need to make efforts to take news seriously and provide value rationality.

Keywords: Wechat Official Account; Social Responsibility; Decade Change

B.5 Social Responsibility of Local News Websites and Its

Evaluation (2024) *Wang Jing, Lin Xinyue* / 094

Abstract: Based on the data accumulated from local news websites between 2014 and 2024, this paper conducts a diachronic analysis of the fulfillment of social responsibilities by local news websites over the past decade. The study finds that with the integrated development of online media, local news websites have gone through an initial exploration phase, a rapid development phase, and then a phase of rapid iteration characterized by challenges alongside development. During these phases, their awareness and capacity to fulfill social responsibilities have shown a fluctuating trend in stages. At the current stage, the difficulty of reforming the systems and mechanisms of news websites, as well as the mixed-ownership reforms, has increased. Coupled with the acceleration of information production methods by AIGC (Artificial Intelligence Generated Content), a series of impacts have been brought to traditional information dissemination carriers like news websites, resulting in a coexistence of development and challenges for local news websites. In the face of existing problems at this stage, local news websites in Wuhan should actively integrate regional news resources, enhance information

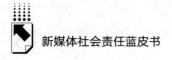
quality, serve new governance with new applications, and proactively engage in technology empowerment. By strengthening technological empowerment, they should strive to improve their ability to guide public opinion, pay attention to local culture, optimize social services, and achieve steady and long-term development.

Keywords: local news websites; diachronic analysis ; social responsibility; quantitative evaluationt;

B.6 Overall Social Responsibility and Evaluation of County-Level Integrated Media

Huang Lina, Tang Jiajie and Peng Xinyi / 111

Abstract: County-level integrated media centers play a significant role in information dissemination in China, particularly in areas such as social governance, public opinion guidance, and community services. This paper conducts a content analysis of the performance of 20 county-level integrated media WeChat public accounts during the 2024 National People's Congress and Chinese People's Political Consultative Conference, evaluating their fulfillment of social responsibilities. The findings indicate that county-level media performed well in information dissemination and policy interpretation, effectively conveying mainstream values. However, issues remain in content originality, interactivity, and diversity, particularly in enhancing public engagement and addressing social concerns. To further enhance the effectiveness of social responsibility, it is recommended that county-level media strengthen content originality and diversity, improve interactive communication with the public, and prioritize timeliness to achieve better communication efficiency and social impact.

Keywords: County-level Integrated Media; Social Responsibility; Public Platforms

Abstract: This study adopts content analysis method and uses the new media social responsibility evaluation index system as a tool to examine a total of 8011 videos from 250 representative accounts on 5 typical platforms in the industry. Through analysis, it was found that the video accounts have problems such as a lack of core information production capabilities, a complete loss of value guidance responsibilities, weak dissemination of traditional culture and educational technology content, a lack of social coordination functions, and insufficient communication and interaction. This article believes that in order to urge video producers to better fulfill their social responsibilities, it is necessary to strengthen support for high-quality content production, encourage diverse stakeholders to participate in video content production, and promote platforms to continuously optimize algorithms.

Keywords: Video Accounts; Social Responsibility; UGC

Ⅲ   Special Topic

Abstract: National policies play a crucial role in the governance of short video and live streaming content in China. Under government leadership, a policy network for short videos and live streaming has been jointly established by the government and platforms. This report, adopting a policy network perspective, selects 33 government policy documents and 14 current policy texts from short video and live streaming platforms spanning the decade from 2014 to 2023.

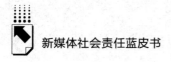
Through algorithmic mining and content analysis methods, it reviews and summarizes policies related to short videos and live streaming over this period. The study finds that from 2014 to 2023, the ecological governance of short video and live streaming content in China has shifted from government-led to collaborative governance involving multiple stakeholders; in form, it has transitioned from passive to proactive and from coercive to mixed approaches; in content, it has expanded from specific issues to comprehensive coverage, and from existing frameworks to innovative solutions. The governance of short video and live streaming content in China necessitates balancing the digital power relationship between the government and platforms, as well as the relationship between humans and technology, and exploring new modes of human-machine collaborative governance.

Keywords: Short Video and Live Streaming Policies; Internet Governance; Policy Network

B.9 The Application Ecology Development and Construction

Strategy of HarmonyOS

Li Weidong, Dong Yuhang, Sun Keke and Meng Chuiyao / 172

Abstract: In 2019, Huawei officially announced the launch of HarmonyOS, a microkernel-based distributed operating system designed for seamless interconnectivity across various devices and scenarios. As an emblematic milestone in Huawei's strategic advancement towards leadership in the Internet of Things (IoT) era, HarmonyOS is positioned as a formidable contender challenging the dominance of Apple and Android operating systems. The introduction and ongoing development of "Pure-Blood Hongmeng" HarmonyOS NEXT signify the maturation of its native application ecosystem. HarmonyOS stands out as a significant representative in the domains of intelligent communication, cloud computing, and the Internet of Everything, achieving substantial practical outcomes and demonstrating notable research value in academia. However, it has not yet garnered sufficient attention within the journalism and communication sectors. From a journalistic and communicative perspective, this paper delves into the construction of HarmonyOS's native application ecosystem: Firstly, it elucidates the technical features and architectural framework of the HarmonyOS operating system; Secondly, it examines the ecological layout and current status of mobile services within the HarmonyOS environment. Based on data survey reports, app store listings and download statistics, and official public information regarding the HarmonyOS native ecosystem, the paper analyzes the development status of both domestic and international application ecosystems and native application ecosystems. It also expounds on the critical importance of constructing and enhancing the HarmonyOS ecosystem for national information security, autonomy, and social information dissemination progress. Finally, it proposes macro-level strategies and specific measures for the development of the HarmonyOS native application ecosystem.

Keywords: HarmonyOS; Application of Ecological; Cloud Spread; All Things Connected

B. 10   The Becoming Mechanism and Avoiding Principle of Video

Conference Accidie from the Perspective of Cognitive Value

Deng Xiujun, Zhou Xiaoxi and Han Xiaohan / 206

Abstract: Since the outbreak of the COVID-19 pandemic, video conference has gradually emerged as a critical medium for interpersonal communication. Due to its advantages such as convenience, time and place flexibility, and low costs etc. , Video Conference has been widely adopted. However, its pervasive use has blurred the boundaries between work and personal life, encroaching on users' personal time and space, and resulting in increasingly severe video conference tiredness. This study focuses on video conference fatigue as its research subject, adopting the theoretical lens of perceived value and employing a grounded theory-based mixed-methods approach to conduct an in-depth analysis of the contributing factors, behavioral patterns, and social impacts of video conference fatigue. The findings reveal that functional value and cognitive value negatively influence video conference fatigue, whereas cost value, self-monitoring, and others' monitoring positively influence it. Additionally, video conference fatigue positively affects psychological and behavioral performance, while psychological performance and behavioral performance show a positive correlation.

Keywords: Video conference; Accidie; Cognitive value; Becoming mechanisms; Avoiding principle

B.11 Ethical Risk Analysis of Automated Algorithmic Journalism

Luo Xin, *Liu Xinyi* / 231

Abstract: Automated algorithmic journalism, grounded in natural language generation technologies, involves the selection of data from private or public databases, the allocation of correlations between pre-selected and unselected data features, and the structuring of relevant data sets into a semantic framework for dissemination through online or offline platforms. Such automated algorithms are revolutionizing traditional journalism; the data-driven nature significantly enhances the efficiency of conventional news production processes, while algorithmic processing technologies liberate journalistic productivity, ultimately resulting in the generation of personalized content that optimizes audience experience. However, automated algorithmic journalism also confronts ethical risks: privacy breaches and unclear accountability may infringe upon user rights, while data biases and algorithmic prejudices pose threats to social stability. Furthermore, value drift and news manipulation can trigger a crisis within the industry. Therefore, both producers and consumers of news must enhance their algorithmic literacy; regulatory bodies should refine algorithm governance frameworks; and all societal stakeholders must collaboratively build ethical risk prevention systems to promote the healthy development of automated algorithmic journalism, guided by the principle of "technology for good."

Keywords: Algorithmic Journalism; Natural Language Generation; Ethical Risks; Risk Avoidance

Abstract: Generative AI, a technology that leverages machine learning models to create new data. This technology has notably increased the efficiency and scale of news production. However, its application also brings forth social responsibility challenges, including the spread of misinformation, the potential for bias and discrimination, data misuse, and violations of privacy and copyright. To address these issues, we propose several strategies: guiding the application of generative AI with core journalistic values, refining laws, regulations, and industry standards, and enhancing safety supervision and evaluation systems. These measures aim to promote the responsible and regulated use of generative AI in the news industry, elevate the level of social responsibility, and maintain the credibility of news media.

Keywords: Generative AI; Journalism; Social Responsibility

Abstract: In the era of mobile Internet, Internet platform enterprises have emerged as key players in social governance. In recent years, these platform

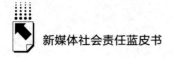

enterprises have played an active role in promoting economic growth, safeguarding social well-being and responding to the call for common prosperity. However, along with their rapid development, they have also revealed the diversity and complexity of their motivations when participating in social governance. Taking four representative Internet enterprises, including ByteDance (Jitterbug), Meituan, Alibaba, and Ant Group, as research objects, this study applies actor network theory, and through analyzing the existing information and interview records, reveals that Internet platform enterprises' participation in social governance is influenced by enterprise scale and revenue, management and employees, partners and technology, and the state and the society, and that they have multiple motives, and further puts forward possible improvement directions and suggestions for Internet enterprises' participation in social governance, with a view to promoting them to serve social development and public interests more effectively.

Keywords: Chinese Internet Enterprises; Social Governance; Actor-Network Theory; Motivations for Social Governance

B.14　Facilitating Social Integration of Older Adults: The Responsibility of Short Video Platforms in Aging Communication

Zeng Runxi, Liu Zhuyan and Huang Luying / 293

Abstract: Short video platforms have become an emerging and vital channel for elderly self-disclosure, offering opportunities for their social integration. This report conducts semi-structured in-depth interviews with 18 elderly users of short video platforms to investigate the process of social integration through self-disclosure on short videos and to reveal the responsibility of these platforms in facilitating older adults' social integration. The study finds that self-disclosure on short video platforms positively influences various levels of older adults' social integration, which can be delineated into three levels: the formation of social support networks, acceptance of cognitive concepts, and the reconstruction of identity. The study suggests that, given the affirmative role of short video platforms in facilitating older adults' social integration, attention should be paid to their responsibility in aging communication. It is important to focus on the social integration needs of the older adults and actively create conditions to provide digital support for them.

Keywords: Older Adults; Social Integration; Short Video Platforms; Aging communication

B . 15 Online Social Support Seeking and Obtaining by Rural Female College Students on Social Media

Zhou Tingting, Li Nana and Niu Jing / 315

Abstract: This study focuses on the practice of seeking and obtaining social support among rural female college students on the rednote, and conducts the research by combining content analysis method and semi-structured interview method. The study finds that the main forms of social support sought and obtained by rural female college students include information, emotions, and support from three types of sources. Rural female college students search for and obtain social support by using the platform's algorithm and emotional networks. It also shows that they are significantly influenced by other users and the social support of other groups on the platform, thus reflecting the main role of social media technologies in supporting the seeking and obtaining of online social support.

Keywords: Online social support; rural female college students; rednote; algorithm; emotional networks

B . 16 Study on the Use of Youth Mode on Short Video Platforms and Its Influencing Factors

Liu Qiong, Zhang Wenwei and Xi Zhihui / 334

Abstract: Short video platforms have become an important channel for teenagers to access information and entertainment but they also bring many risks. This report uses grounded theory methods to systematically analyze the usage of the Youth Mode on short video platforms and its influencing factors. The study found that the use of the youth mode includes four aspects: usage motivation, usage context, content preference, and usage purpose, where the usage motivation is divided into mandatory use and autonomous exploration, the usage context is mainly individual context and intermittent cessation context, the preferences are for leisure and educational content, and the usage purpose covers emotional regulation and social interaction; user factors, environmental factors, and product factors are the main factors affecting the use of the Youth Mode, where media literacy and perceived risk constitute user factors, interpersonal influence and social influence constitute environmental factors, and product efficacy and age-appropriateness constitute product factors. Based on this, this paper proposes multidimensional strategies for optimizing the use of the Youth Mode on short video platforms, aiming to build a safe and healthy digital ecosystem through cooperation between individuals, families, society, platforms, and governments, and to enhance the effectiveness of the youth mode in online protection.

Keywords: Youth Mode; Short Video Platform; Youth Network Protection; Social Responsibility

IV   Cases

B.17   The Datafied Existence, Subjectivity Dilemma, and Social Responsibility in the Context of Human-Code Integration

Yu Hong, Bei Jiali / 358

Abstract: The development of digital technology has given rise to a new form of datafied existence. Codes, as convenient and efficient carriers of information, connect the virtual and the real, and are deeply embedded in social life in diverse scenarios. However, this integration also exposes individuals to the dilemma of subjectivity resulting from technological encroachment. Taking the representative code applications in transportation and payment sectors as examples, this report conducts a content analysis of the answer texts on related topics from Zhihu, analyzing these texts from the dual perspectives of discussion topics and emotional tendencies. The study finds that the current environment of human-code integration presents three dilemmas of subjectivity: cognitive disparities, power imbalances, and technological manipulation, which trigger many real-world problems. Based on this, this report proposes solutions from the perspective of new media social responsibility, from the media side, government side, technology side and individual side, advocating for the restitution of human subjectivity in datafied existence. **Keywords:** Digital Code Technology; Datafied Existence; Subjectivity; Social Responsibility

B.18 Human-Machine Symbiosis: Cognitive Risks of AI-Generated Content and Governance of Media Social Responsibility

—*A Case Study of Weibo and Bilibili Platforms*

Xu Minghua, Kong Weizhi / 374

Abstract: AI-generated content (AIGC) is being progressively integrated into practical applications. Given its proactive agency, the content production mechanisms and information dissemination patterns inherent to AIGC introduce multidimensional risks to users. Grounded in human cognitive logic and AI-driven information production frameworks, this study investigates AIGC-related discourse through empirical data collected from Weibo and Bilibili. By systematically crawling and analyzing topic distribution patterns, interaction metrics, and sentiment dynamics, three critical findings emerge: (1) AIGC-related content attracts significant public engagement on social media; (2) Discussion themes exhibit broad thematic diversity with marked inter-platform differences; (3) Sentiment analysis reveals moderate-to-high attitudinal polarization, particularly

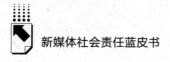

pronounced on Weibo. Building on these insights, the study identifies risk implications across individual, collective, societal, and national dimensions, ultimately proposing four actionable governance strategies to mitigate these challenges.

Keywords: AI-generated content (AIGC); Cognitive risks; Media social responsibility

B.19 Digital Concerns: Social Avoidance of Generation Z and Their Emotional Attachment to Humans and Machines

Zhang Meilan, Zhang Meng and Yin Xiuyuan / 397

Abstract: With the arrival of the digital age, virtual digital humans have been popular among young people, bringing about a new interactive pattern change from "human-machine interaction" to "human-machine emotional attachment". As a result, digital worries have arisen. How is the human-machine emotional interaction? What impact does it have on people who have social avoidance and distress? In this paper, tVTuber A-SOUL Jiaran was taken as an example. The text analysis method was used to analyze the data of Jiaran live barrage, and 194 Jiaran fans were investigated by questionnaire method, and 7 of them were semi-structured interviews. The study found that VTuber formed a subtle sense of distance between "real" and "false" in the minds of the audience, making the audience more willing to express themselves truthfully. At the same time, this mode of emotional interaction creates a utopia of emotional sustains for people who have social avoidance and distress so that they can avoid the uncomfortable emotions of real social interaction and obtain real emotional comfort.

Keywords: Virtual Digital Humans; Social Avoidance and Distress; Human-machine Emotional Attachment

V   10th Anniversary Special Interview

Abstract: The *Report on the China's New Media Social Responsibility* has been published for ten consecutive years, documenting key developments in the evolution of Chinese new media and conducting in-depth studies on the theory and practice of New Media Social Responsibility. On the occasion of the publication of the tenth volume, the editorial team invited Professor Wang Bin, current president of the Chinese Association for Cyber Communication, and Professor Dong Tiance, former president, for a special interview. The conversation reviews the trajectory of New Media Social Responsibility in China, analyzes core challenges and key factors, and explores possible pathways for improving future governance frameworks. From multiple perspectives—historical and contemporary, theoretical and practical, as well as the opportunities and challenges posed by technological transformation—the two scholars reflect on the role and responsibility of new media in the context of China's modernization. This interview not only summarizes the achievements of the past decade but also offers forward-looking insights for advancing research on New Media Social Responsibility in China.

Keywords: New media social responsibility; Development of New Media in China; Social Responsibility Governance; Communication Innovation

皮 书

智库成果出版与传播平台

❖ 皮书定义 ❖

皮书是对中国与世界发展状况和热点问题进行年度监测，以专业的角度、专家的视野和实证研究方法，针对某一领域或区域现状与发展态势展开分析和预测，具备前沿性、原创性、实证性、连续性、时效性等特点的公开出版物，由一系列权威研究报告组成。

❖ 皮书作者 ❖

皮书系列报告作者以国内外一流研究机构、知名高校等重点智库的研究人员为主，多为相关领域一流专家学者，他们的观点代表了当下学界对中国与世界的现实和未来最高水平的解读与分析。

❖ 皮书荣誉 ❖

皮书作为中国社会科学院基础理论研究与应用对策研究融合发展的代表性成果，不仅是哲学社会科学工作者服务中国特色社会主义现代化建设的重要成果，更是助力中国特色新型智库建设、构建中国特色哲学社会科学"三大体系"的重要平台。皮书系列先后被列入"十二五""十三五""十四五"时期国家重点出版物出版专项规划项目；自2013年起，重点皮书被列入中国社会科学院国家哲学社会科学创新工程项目。

皮书网

（网址：www.pishu.cn）

发布皮书研创资讯，传播皮书精彩内容
引领皮书出版潮流，打造皮书服务平台

栏目设置

◆ **关于皮书**
何谓皮书、皮书分类、皮书大事记、
皮书荣誉、皮书出版第一人、皮书编辑部

◆ **最新资讯**
通知公告、新闻动态、媒体聚焦、
网站专题、视频直播、下载专区

◆ **皮书研创**
皮书规范、皮书出版、
皮书研究、研创团队

◆ **皮书评奖评价**
指标体系、皮书评价、皮书评奖

所获荣誉

◆ 2008 年、2011 年、2014 年，皮书网均
在全国新闻出版业网站荣誉评选中获得
"最具商业价值网站"称号；
◆ 2012 年，获得"出版业网站百强"称号。

网库合一

2014 年，皮书网与皮书数据库端口合
一，实现资源共享，搭建智库成果融合创
新平台。

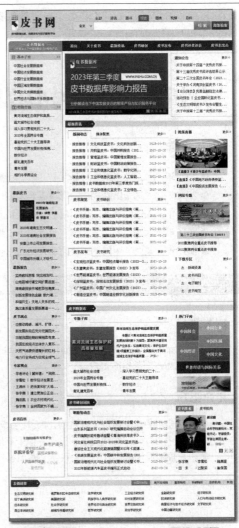

皮书网

"皮书说"
微信公众号

权威报告·连续出版·独家资源

皮书数据库
ANNUAL REPORT(YEARBOOK) DATABASE

分析解读当下中国发展变迁的高端智库平台

所获荣誉

- 2022年，入选技术赋能"新闻+"推荐案例
- 2020年，入选全国新闻出版深度融合发展创新案例
- 2019年，入选国家新闻出版署数字出版精品遴选推荐计划
- 2016年，入选"十三五"国家重点电子出版物出版规划骨干工程
- 2013年，荣获"中国出版政府奖·网络出版物奖"提名奖

皮书数据库

"社科数托邦"
微信公众号

成为用户

登录网址www.pishu.com.cn访问皮书数据库网站或下载皮书数据库APP，通过手机号码验证或邮箱验证即可成为皮书数据库用户。

用户福利

- 已注册用户购书后可免费获赠100元皮书数据库充值卡。刮开充值卡涂层获取充值密码，登录并进入"会员中心"—"在线充值"—"充值卡充值"，充值成功即可购买和查看数据库内容。
- 用户福利最终解释权归社会科学文献出版社所有。

数据库服务热线：010-59367265
数据库服务QQ：2475522410
数据库服务邮箱：database@ssap.cn
图书销售热线：010-59367070/7028
图书服务QQ：1265056568
图书服务邮箱：duzhe@ssap.cn

S 基本子库
SUB DATABASE

中国社会发展数据库（下设 12 个专题子库）

　　紧扣人口、政治、外交、法律、教育、医疗卫生、资源环境等 12 个社会发展领域的前沿和热点，全面整合专业著作、智库报告、学术资讯、调研数据等类型资源，帮助用户追踪中国社会发展动态、研究社会发展战略与政策、了解社会热点问题、分析社会发展趋势。

中国经济发展数据库（下设 12 专题子库）

　　内容涵盖宏观经济、产业经济、工业经济、农业经济、财政金融、房地产经济、城市经济、商业贸易等 12 个重点经济领域，为把握经济运行态势、洞察经济发展规律、研判经济发展趋势、进行经济调控决策提供参考和依据。

中国行业发展数据库（下设 17 个专题子库）

　　以中国国民经济行业分类为依据，覆盖金融业、旅游业、交通运输业、能源矿产业、制造业等 100 多个行业，跟踪分析国民经济相关行业市场运行状况和政策导向，汇集行业发展前沿资讯，为投资、从业及各种经济决策提供理论支撑和实践指导。

中国区域发展数据库（下设 4 个专题子库）

　　对中国特定区域内的经济、社会、文化等领域现状与发展情况进行深度分析和预测，涉及省级行政区、城市群、城市、农村等不同维度，研究层级至县及县以下行政区，为学者研究地方经济社会宏观态势、经验模式、发展案例提供支撑，为地方政府决策提供参考。

中国文化传媒数据库（下设 18 个专题子库）

　　内容覆盖文化产业、新闻传播、电影娱乐、文学艺术、群众文化、图书情报等 18 个重点研究领域，聚焦文化传媒领域发展前沿、热点话题、行业实践，服务用户的教学科研、文化投资、企业规划等需要。

世界经济与国际关系数据库（下设 6 个专题子库）

　　整合世界经济、国际政治、世界文化与科技、全球性问题、国际组织与国际法、区域研究 6 大领域研究成果，对世界经济形势、国际形势进行连续性深度分析，对年度热点问题进行专题解读，为研判全球发展趋势提供事实和数据支持。